Frank Kleemann · Uwe Krähnke · Ingo Matusche

Interpretative Sozialforschung

Frank Kleemann
Uwe Krähnke · Ingo Matuschek

Interpretative Sozialforschung

Eine praxisorientierte Einführung

VS VERLAG FÜR SOZIALWISSENSCHAFTEN

Bibliografische Information der Deutschen Nationalbibliothek
Die Deutsche Nationalbibliothek verzeichnet diese Publikation in der Deutschen Nationalbibliografie; detaillierte bibliografische Daten sind im Internet über <http://dnb.d-nb.de> abrufbar.

1. Auflage 2009

Lektorat: Frank Engelhardt

VS Verlag für Sozialwissenschaften ist Teil der Fachverlagsgruppe Springer Science+Business Media.
www.vs-verlag.de

Umschlaggestaltung: KünkelLopka Medienentwicklung, Heidelberg
Druck und buchbinderische Verarbeitung: Krips b.v., Meppel
Gedruckt auf säurefreiem und chlorfrei gebleichtem Papier
Printed in the Netherlands

ISBN 978-3-531-15233-2

Inhaltsverzeichnis

Drittes Kapitel
Narrationsanalyse

Viertes Kapitel
Objektive Hermeneutik

Fünftes Kapitel
Dokumentarische Methode

Sechstes Kapitel
Vergleich der vier interpretativen Verfahren

Siebentes Kapitel
Anwendung interpretativer Methoden auf Leitfadeninterviews

Über das Lehrbuch

Dieses Lehrbuch bietet eine praxisnahe Einführung in interpretative Methoden der qualitativen Sozialforschung. Die vier vorgestellten Ansätze (Konversationsanalyse, Narrationsanalyse, Objektive Hermeneutik und Dokumentarische Methode) eröffnen jeweils auf Grundlage einer elaborierten Methodologie konkrete Verfahrensregeln für die Interpretation textförmiger Daten – seien es Schrifttexte oder Verschriftlichungen von Interview- oder Gesprächsaufzeichnungen. Mit Hilfe interpretativer Methoden kann methodisch kontrolliert rekonstruiert werden, wie die Beforschten soziale Wirklichkeit wahrnehmen, deuten und durch eigene Aktivitäten auch herstellen. Vermieden wird damit, dass ForscherInnen ihre eigenen Alltagsdeutungen unreflektiert in den zu interpretierenden Text hineinlesen.

Bei allen Unterschieden in ihren originären Erkenntniszielen und Verfahrensweisen schaffen die im vorliegenden Band ausführlich dargestellten interpretativen Methoden in ihrer Gesamtheit grundlegende Orientierungen dafür, wie ein methodologisch fundiertes Interpretieren „am Text" konkret vonstatten gehen kann. Mit dem Erlernen dieser Methoden vertieft man daher zugleich die für qualitative Sozialforschung insgesamt zentrale Kompetenz, textförmige Daten systematisch zu interpretieren.

An wen richtet sich dieses Lehrbuch?

Das Lehrbuch richtet sich an Studierende und Postgraduierte, die bereits Grundkenntnisse in qualitativer Sozialforschung haben und einen systematischen, praxisorientierten Einstieg in interpretative Verfahren finden möchten. Die Leserinnen und Leser sollen in die Lage versetzt werden, sich die methodologischen Grundlagen und konkreten Analyseschritte anzueignen und an Übungsbeispielen selbst anzuwenden.

Hauptziele des Lehrbuchs

Das Lehrbuch hat zwei Hauptziele: Es will für Leserinnen und Leser mit geringen Vorkenntnissen einen Zugang zu interpretativen Methoden eröffnen und zugleich eine Einführung in die *Praxis* des Interpretierens textförmiger Daten bieten. Im Zentrum steht also, was genau Forschende eigentlich machen, wenn sie interpretieren. Dies wird letztlich nur erfahrbar, wenn man es selbst praktiziert. Aus diesem Grund werden den Leserinnen und Lesern zu einzelnen Interpretationsschritten der vorgestellten Methoden jeweils Übungsaufgaben gestellt, die sie selbst bearbeiten sollen.

Beispiellösungen

Auf der Begleit-CD können die eigenen Ausarbeitungen mit Beispiellösungen verglichen werden, die von Studenten in Seminarsitzungen erarbeitet (und zum Teil von den Autoren des Buchs weiter verdichtet) wurden. Auch über die Musterlösungen hinaus ist die beigefügte Begleit-CD ein wichtiger Bestandteil des Lehrbuchs. Sie enthält auch Audio-Mitschnitte von einzelnen Interpretationssitzungen und Ergebnisprotokolle. Somit kann man als Leserin oder Leser einen Eindruck gewinnen, wie Interpretationen 'praktisch' ablaufen.

Schlagworte, Fachbegriffe und Glossar

Das Lehrbuch eignet sich sowohl für das Selbststudium als auch für die Vertiefung des Stoffes aus entsprechenden Lehrveranstaltungen. Orientierung bieten die Zusammenfassungen der Absätze durch Schlagworte am äußeren Seitenrand in allen Kapiteln. Zentrale Fachbegriffe, die im Glossar erläutert werden, sind im Text farblich markiert. Dieses befindet sich am Ende des Buches.

Es sollte aber auch gesagt werden, was das Buch *nicht* zu leisten vermag. Zum einen kann es keine *umfassende* Einführung insbesondere in die methodolo-

Was vermag das Buch nicht zu leisten?

gischen Grundlagen der vier Methoden bieten. Hierzu ist weitere eigenständige Lektüre der Leserinnen und Leser erforderlich. Einige Literaturverweise werden dazu im Text gegeben, sollen aber nicht von einer weiter gehenden selbstständigen Recherche abhalten. Zum anderen sind die Übungsaufgaben natürlich kein vollständiger Ersatz für die Arbeit an bzw. Mitarbeit in einem Forschungsprojekt.

Wie ist das Lehrbuch aufgebaut?

Das Buch gliedert sich in sieben Kapitel:

Kapitel I

I Grundlagen interpretativer Sozialforschung

Hier werden zentrale methodologische Aspekte erläutert, auf die Verfahren der interpretativen Sozialforschung aufbauen. Geklärt wird, was der eigentliche Untersuchungsgegenstand solcher Verfahren ist und nach welchen allgemeinen Kriterien aus den erhobenen empirischen Daten theoretisch fundierte Aussagen generiert werden.

Kapitel II-V

II-V Konversationsanalyse – Narrationsanalyse – Objektive Hermeneutik – Dokumentarische Methode

In jedem dieser vier Kapitel wird das genannte interpretative Verfahren ausführlich erläutert. Die Darstellungen der Methoden erfolgen nach einem einheitlichen Gliederungsraster:

Einführung (mit der Charakterisierung des spezifischen Untersuchungsgegenstands).

Gliederung der Kapitel II-V

1. Forschungsprogramm (mit den Aspekten: grundlagentheoretische Voraussetzungen; Erkenntnisziel und Leitprinzipien der Forschung).
2. Methodische Vorgehensweise (mit den Arbeitsschritten „Datenerhebung und -aufbereitung" und „Analyseschritte" einschließlich einer Anwendung dieser Schritte anhand eines Fallbeispiels).
3. Anwendungsfelder und exemplarische Studien (mit Beispielen von publizierten Forschungsprojekten und der ausführlicheren Darstellung einer Untersuchung).
4. Nutzen und Grenzen der Methode
5. Zusammenfassung
6. Literaturverzeichnis

Fallbeispiel und praktische Übungen

Zum didaktischen Konzept des Lehrbuches gehört das Aufzeigen, wie sich die vier interpretativen Verfahren ergebnisorientiert in der empirischen Forschung anwenden lassen. Die praktische Vorgehensweise der Verfahren wird jeweils entlang eines Fallbeispiels dargestellt (2. Abschnitt). Die zentralen Arbeitsschritte sind ausführlich dokumentiert. Durch die Übungsaufgaben wird der Leser eingeladen, selbst in den Forschungsprozess „einzusteigen". Anhand der Beispiellösungen können die eigenen Ergebnisse überprüft werden. Die Lösungen finden sich auf der beiliegenden Begleit-CD.

Kapitel VI

VI Vergleich der vier interpretativen Verfahren

Dieses Kapitel ist als systematischer Vergleich der vier interpretativen Verfahren angelegt. Es werden die Gemeinsamkeiten (Abschn. 1) und die Unterschiede (Abschn. 2) herausgearbeitet und Grundmodi des Interpretierens erläutert (Abschn. 3).

Kapitel VII

VII Anwendung interpretativer Methoden auf Leitfadeninterviews

Gezeigt wird, wie sich verschiedene, in den Kapiteln zuvor erarbeitete Interpretationstechniken bei der Analyse von Leitfadeninterviews Ergebnis orientiert anwenden und zum Teil auch kombinieren lassen. Leitfadeninterviews sind die in der qualitativen Forschung wohl am häufigsten verwendete Datenerhebungsmethode.

Darin sind die zentralen Fachbegriffe aus den einzelnen Kapiteln noch einmal kurz erläutert und die entsprechenden Verweisstellen im Text – wie bei einem Register – angegeben.

Hinweise zur Begleit-CD

Integraler Bestandteil des Lehrbuches ist die beigefügte Begleit-CD. Sie enthält neben Arbeitsmaterialien (wie druckbaren Dateien von zu bearbeitenden Interviewtranskripten) und Audiodateien von Originaldaten vor allem Beispiellösungen für die im Lehrbuch gestellten Übungsaufgaben sowie Audio-Mitschnitte und Ergebnisprotokolle von einzelnen Interpretationssitzungen. Neben einer Navigation über das Inhaltsverzeichnis der Begleit-CD ist es auch möglich, einzelne Dokumente, auf die am Seitenrand des Lehrbuchs mittels CD-Icon – nebenstehend ein Beispiel – verwiesen wird, durch Eingabe der angegebenen Ordnungszahl („Kennung") in ein Suchfenster direkt anzusteuern.

0-00

Danksagung

Dieses Lehrbuch ist im Prozess des Entstehens von denen evaluiert worden, für die es geschrieben wurde. Die Anmerkungen, Kritiken und Ratschläge von Studierenden und Postgraduierten sind in vielfältiger Weise eingeflossen. Insofern gilt unser Dank den TeilnehmerInnen der Lehrveranstaltungen, die mit uns durch viele der Beispiele interpretativ gegangen sind und auch Entwürfe der Kapitel mit ihren Verständnisfragen positiv beeinflusst haben.

Besonderer Dank geht an die Studierenden, die darüber hinaus als Hilfskräfte und als Kritiker an dem Lehrbuchprojekt mitgewirkt haben: Jana Bettzüge, Christoph Handrich, Margit Harmel, Anke Hoffmann, Christian Papsdorf, Jan Reißig, Martin Wetzel und Anja Zschirpe.

Für die Arbeiten am Layout des Buches danken wir herzlich Holm Krieger, für die Gestaltung und Programmierung der Nutzeroberfläche der Begleit-CD Torsten Mayer.

Ein großer Dank geht an Frank Engelhardt vom Verlag für Sozialwissenschaften für sein Entgegenkommen bezüglich unserer Gestaltungswünsche sowie für seine Engelsgeduld.

Last but not least bedanken wir uns bei der dr. dresing & pehl GmbH (www.audiotranskription.de) für die Bereitstellung der Software f4 auf der Begleit-CD.

ERSTES KAPITEL

Grundlagen interpretativer Sozialforschung

Inhalt

GRUNDLAGEN

Einführung

Bedeutung der Methodologie

Interpretative Sozialforschung wird mit dem Anspruch praktiziert, wissenschaftlich fundierte Erkenntnisse über die soziale Wirklichkeit zu erlangen. Es müssen jeweils Kriterien benannt werden, mit denen empirische Daten systematisch und methodisch kontrolliert analysiert werden. Die Erarbeitung solcher Grundlagen ist Aufgabe der Methodologie. In Methodologien werden praktische Schritte (Methoden) des Erhebens und Auswertens von Daten reflektiert und in dieser Weise grundlagentheoretisch abgesichert. Ohne methodologische Reflexionen liefe die Forschung Gefahr, willkürliche und nicht überprüfbare Aussagen über die Wirklichkeit zu produzieren.

Anders als in der quantitativ-empirischen Sozialforschung gibt es innerhalb der interpretativen Ansätze keine vollständig einheitliche Methodologie. Vielmehr bauen einzelne Ansätze auf unterschiedlichen methodologischen Prämissen auf. Dies wird auch daran ersichtlich, dass Vertreter unterschiedlicher Richtungen ihre Ansätze wahlweise als „hermeneutische", „rekonstruktive", „qualitative" oder „nichtstandardisierte Sozialforschung" bezeichnen. Bei aller Differenz weisen diese Ansätze aber grundlegende Gemeinsamkeiten auf, die es gerechtfertigt erscheinen lassen, sie zusammenfassend mit dem Oberbegriff ‚interpretative Sozialforschung' zu bezeichnen.

Interpretative Ausrichtung

Im Folgenden sollen jene grundlegenden methodologischen Aspekte erläutert werden, die für die vier im Zentrum dieses Lehrbuches stehenden interpretativen Verfahren – Narrationsanalyse, Konversationsanalyse, Objektive Hermeneutik und Dokumentarische Methode – von Bedeutung sind:

- der möglichst umfassende und unverstellte Zugang zu sozialen Sinnstrukturen durch deutendes Verstehen (Abschn. 1);
- ein für die Entdeckung von Neuem systematisch offener Zugang zur empirischen Wirklichkeit (2);
- die auf einem rekursiven Wechsel zwischen Erhebung, Auswertung und Theoriebildung basierende Logik der sukzessiven Fallauswahl nach theoretischen Kriterien mit dem Ziel eines systematischen (Einzel-)Fallvergleichs (3); und
- soziale Wirklichkeit dokumentierende textförmige Daten als Ausgangspunkt der Interpretation (4).

An den letzten Punkt schließen einige abschließende Hinweise zur Transkription von Audiodaten an (5).

1 Deutendes Verstehen von Sinnstrukturen

Verstehen als Erkenntnisprinzip

Ein gemeinsamer Bezugspunkt der in diesem Buch vorgestellten Analyseverfahren ist der Vorgang des Interpretierens von textförmigen empirischen Daten. Dieser Vorgang basiert auf einer Kompetenz, die wir in unserem Alltag ständig nutzen: dem deutenden Verstehen von Sinnstrukturen. Was hat es damit auf sich und warum interessieren sich Sozialforscher dafür?

Im Alltagsleben sind wir häufig geradezu darauf angewiesen, zunächst fremd erscheinende Situationen schnell zu begreifen, respektive sie zu deuten und zu verstehen. Wir versuchen möglichst zielsicher herauszufinden, was vor sich geht. Im Umgang mit anderen Menschen wollen wir dahinter kommen, warum Menschen so handeln, wie man es gerade beobachtet, und was eine angemessene Reaktion sein könnte. Kurzum, im Zuge des deutenden Verstehens wird das Fremde zu etwas Vertrautem gemacht.

Grenzen des Verstehens

Zweifelsohne sind dem sinnhaften Verstehen auch Grenzen gesetzt. So kann bereits die Interpretation von Gesten und einfachen Sätzen Probleme verursachen. Wohl jeder hat schon die Erfahrung machen müssen, zu fremden Verhaltensweisen bzw. Bräuchen keinen Zugang zu finden – es bleibt einem unverständlich, was die Menschen da eigentlich machen oder man merkt erst hinterher, was gemeint war. Im Austausch mit anderen wird man gelegentlich darauf hingewiesen, dass man die Dinge „durchaus auch anders sehen" könne oder dass man mit der eigenen Deutung einer Situation „über das Ziel hinausschießt"; manchmal erkennt man zu spät, dass der Andere „eigentlich etwas ganz Anderes gemeint hat".

1.1 Unterschiedliche Ebenen von Sinnstrukturen

Forschungsrelevante Sinnebenen

Offenbar lassen sich nicht alle Erscheinungen der sozialen Welt umstandslos interpretieren. Dass es Grenzen des Verstehbaren gibt, hat eine (methodologische) Konsequenz für die interpretative Sozialforschung: es muss festgelegt werden, welche Sinnstrukturen einer Analyse überhaupt zugänglich sind. Grob vereinfacht lassen sich drei forschungsrelevante Sinnebenen unterscheiden, von denen vor allem die zuletzt genannte im Mittelpunkt des Interesses interpretativer Sozialforschung steht:

a) subjektiv intendierter Sinn
b) ‚universale' gesellschaftliche Sinnmuster
c) gruppen- und milieuspezifische Deutungsmuster und Wissensbestände.

Ad a)

Subjektiv intendierter Sinn

Unser Alltag ist dadurch geprägt, dass der Einzelne mit seinem Handeln einen Sinn verbindet. Dieser subjektive Sinn umfasst die Motive, Intentionen, Interessen und persönlichen Befindlichkeiten von situativ handelnden Personen. D. h. in der Regel denken und fühlen wir etwas dabei, wenn wir dies oder jenes tun oder es unterlassen. Das ist uns häufig nicht ‚bewusst'; andererseits planen wir oft regelrecht den nächsten Handlungsschritt und verfolgen bestimmte Absichten.

Bsp.

> So kann die Intention, pünktlich zur Arbeit zu kommen, einen Autofahrer dazu verleiten schnell zu fahren. Möglicherweise sind auch negative Folgen, wie das „Geblitzt werden" in Anbetracht der bekannten Standorte der Blitzkästen als tragbares Risiko kalkuliert. Dagegen könnte ausgeblendet sein, dass durch das Rasen andere Autofahrer gefährdet sind. Vielleicht redet sich die Person auch ein, dass schon kein Unfall passieren werde, weil er ein „guter Fahrer" sei.

Generalisierbare Aussagen als Fokus

Intentionen und Absichten können durchaus analysiert werden, sie sind aber als solche nur bedingt interessant für die interpretative Sozialforschung. Vielmehr soll herausgearbeitet werden, in welcher Weise die untersuchten Personen dem eigenen Handeln Sinn zuschreiben und ob diese fallbezogenen Erkenntnisse hinsichtlich Prozessen intentionalen Handelns verallgemeinerbar sind. Um im obigen Beispiel zu bleiben: mit einer Forschungsfrage nach Grenzüberschreitungen interessiert dann weniger das faktische Handeln der konkreten Person, als vielmehr die unter Autofahrern typisch anzutreffende Bereitschaft, Grenzen (hier: Geschwindigkeitsgebote) zu überschreiten, um andere Grenzen (hier: Pünktlichkeit) einzuhalten. Offensichtlich entscheidet sich die Person im Beispiel in der Frage der Grenzenabwägung für eine Richtung, die zwar risikobehaftet ist, aber die Chance beinhaltet, nicht erwischt zu werden – während die verspätete Ankunft im Betrieb auf jeden Fall Sanktionen nach sich zieht. Die dazu abgegebenen intentionalen Erklärungen eines Probanden sind sozusagen nur eine Illustration dessen. Jenseits des faktischen Handelns und der dazu abgegebenen Erläuterungen interessiert sich interpretative Sozialforschung dafür, wie es zu solchen Entscheidungen kommt. Sie muss dazu ein Stück unter die Oberfläche des intentionalen Sinns gehen.

Ad b)

Universale gesellschaftliche Sinnstrukturen

Wir leben nicht isoliert voneinander, sondern sind eingebunden in einer Gesellschaft, die sich selbst Regeln und Gesetze gibt, aber auch ein mehr oder weniger intensiv geteiltes Grundverständnis von Normalität ausbildet. Gemeint sind vor allem Common-Sense-Wissensbestände, Deutungsmuster sowie kulturell verankerte Wert- und Normenvorstellungen. Solche universalen gesellschaftlichen Sinnstrukturen lassen sich in Hinblick auf Reichweite und Verpflichtungscharakter unterscheiden. Sie können als regelrechte Kodifizierungen auftreten (etwa die in der Verfassung verbrieften Grundrechte), tradierte Vorstellungen umfassen (etwa die zehn Gebote des Christentums) oder Reaktionen auf entstandene Probleme sein (z. B. das Inzestverbot oder die Monogamie). Entsprechend ihres Status sind sie mehr oder weniger eindeutig formuliert, in jedem Fall stellen sie aber einen kulturell etablierten Bezugspunkt für das Handeln dar.

Ad c)

Gruppen- und milieuspezifische Sinnstrukturen

Neben den universalen Sinnstrukturen prägen auch gruppen- und milieuspezifische Sinnstrukturen unser individuelles Denken und Handeln. Auch wenn uns dies nicht immer bewusst ist, übernehmen wir bestimmte Handlungs-, Kommunikations- und Denkweisen aus unserer direkten sozialen Umwelt bzw. teilen gemeinsame Erfahrungsräume mit Anderen. Nicht nur die Herkunftsfamilie ist ein solcher Generator für solche kollektiven Deutungsmuster, Normenvorstellungen und Wissensbestände. Bedeutsam sind zudem auch das soziale Milieu, peer-groups oder Interessenvereine, denen wir angehören, sowie die jeweils durchlaufenen Sozialisationsinstanzen. Hier gibt es soziale Prägewirkungen, die bis zur Habitusausprägung (d. h. Verinnerlichung von Denk- und Verhaltensmustern) und charakterlichen Beeinflussung der Persönlichkeit führen können.

Bsp.

Die Bildungsforschung belegt in vielen Untersuchungen, dass etwa die Wahl des weiterführenden Schultyps nach der Grundschule nicht allein von den Schulleistungen der Kinder abhängt: So gehen vor allem Mittel- und Oberschichtkinder manchmal auch trotz gegenteiliger Schulempfehlung aufs Gymnasium; dagegen werden insbesondere Kinder aus den unteren Schichten nicht selten trotz entsprechender Empfehlung vom Gymnasium fern gehalten. Das ist natürlich weniger eine Entscheidung der Kinder, sondern der Eltern. Sie haben meist eine klare Vorstellung, ob ihr Kind nach der Grundschule das Gymnasium besuchen soll, und diese Vorstellung ist abhängig von der eigenen Position in der Bildungshierarchie, eigenen Erfahrungen und den Zukunftserwartungen für das Kind: Nimmt man eine hohe Formalbildung als guten Start in das Leben wahr oder setzt man eher auf eine Ausbildung in Facharbeiterberufen? Hat man die Perspektive, dass Gymnasien und Universitäten eher etwas für Kinder reicher Eltern seien und das eigene Kind dort nichts zu suchen habe oder erachtet man das Abitur als notwendig für die erfolgreiche Berufskarriere? Solche Erwartungen sind in der Gesellschaft ungleich verteilt und in spezifischen Milieus ganz unterschiedlich ausgeprägt. Unter den Angehörigen eines Milieus gibt es ein mehr oder weniger gemeinsames Grundverständnis davon, was die angemessene Schulwahl sei.

Kollektive Sinnstrukturen

Gruppen- und milieuspezifische Sinnstrukturen ermöglichen, dass Menschen eine Perspektive auf das eigene Leben einnehmen. Diese Perspektive beinhaltet die Positionierung der eigenen Person in der Gesellschaft und strukturiert entsprechend das individuelle Handeln. Die Prägekraft solcher kollektiv geteilten Sinnmuster wird im Alltag eher selten reflektiert oder gar hinterfragt, da das eigene Handeln als normal und passgerecht empfunden wird – die anderen aus dem gleichen Milieu machen es ja ähnlich. Für Sozialforscher sind aber jene verborgen auftretenden gruppen- und milieuspezifischen Sichtweisen aufschlussreich. Bezogen auf das Beispiel von eben ließen sich etwa Rückschlüsse ziehen, entlang welcher Dimensionen soziale Ungleichheit jenseits der Intelligenz von Kindern tradiert wird.

Analyse von sozial strukturierten Sinnzusammenhängen

Im Mittelpunkt des Forschungsinteresses interpretativer Verfahren stehen Sinn- und Handlungsmuster in ihrer überindividuellen, gruppen- oder milieuspezifischen bzw. gesellschaftlichen Geprägtheit. Intentionen oder Absichten von Individuen sind dagegen eher als Hinweis auf solche Sinnstrukturen von Interesse. Das Erkenntnisinteresse der interpretativen Sozialforschung ist nicht primär darauf gerichtet, was die untersuchten Personen jeweils subjektiv mitteilen wollen, sondern, was mit ihren dokumentierten Äußerungen bzw. Interaktionen in Hinblick auf soziale Prägungen und die damit verbundenen Sinnstrukturen oder Handlungsweisen tatsächlich zum Ausdruck kommt. Es geht um die Rekonstruktion von sozial typischen Mustern respektive Regelmäßigkeiten, die gleichsam hinter den konkreten Absichten der Einzelnen liegen.

> Bei Verfahren der interpretativen Sozialforschung geht es um das deutende Verstehen von Sinnstrukturen. Es handelt sich um einen vielschichtigen Prozess der Erkenntnisgewinnung. Ziel ist nachzuvollziehen, welche (überindividuellen und sozial verankerten) Sinnstrukturen dem Handeln und Denken der Akteure zugrunde liegen.

Vertiefende Literatur: Hitzler 2000; Seipel / Rieker 2003: 53-66; Uhle 2002.

1.2 Soziale Konstruktion der Wirklichkeit und Standortgebundenheit

Alltagsdeutungen als Konstruktionen 1. Grades

Im Alltag deuten wir ständig unsere Umwelt und konstruieren dadurch unser Bild von ihr; dies erscheint uns als Wirklichkeit. In solche „Konstruktionen ersten Grades" gehen subjektive Wahrnehmungsweisen, Wertungen und Relevanzsetzungen ein, aber ebenso übersubjektive und gesellschaftlich verankerte Deutungsmuster, Erfahrungen und Wissensbestände. Mit Hilfe dieser sozial geprägten Sinnstrukturen erfahren die Menschen nicht nur die Welt, sondern strukturieren auch ihr praktisches Alltagshandeln.

Interpretative Sozialforschung hat den Anspruch, die Komplexität dieser sozialen Konstruktionsleistung in dem jeweiligen Untersuchungsfeld analytisch zu erfassen. Die Bedeutungszuschreibungen und sozialen Regeln von Individuen oder Gruppen sollen identifiziert und deutend verstanden werden. Insofern versuchen Forschende mit Hilfe interpretativer Verfahren zu rekonstruieren, wie die Beforschten ihre Wirklichkeit konstruieren. Diese Ausrichtung findet ihren Niederschlag in der weitestgehend synonymen Bezeichnung „rekonstruktive Sozialforschung", die einige Vertreter interpretativer Verfahren verwenden (vgl. Bohnsack 2008; Meuser 2003).

Standortgebundenheit als blinder Fleck

Wie man etwas wahrnimmt und versteht, d. h. die Wirklichkeit konstruiert, ist voraussetzungsreich und in jedem Fall von der eigenen sozialen und kulturellen Position abhängig: Geschlecht, Alter oder die Einbindung in einem Milieu bzw. in einem Kulturkreis sind einige der beeinflussenden Faktoren. Das wird im Alltag kaum reflektiert, sondern kommt unversehens zum Tragen. Wie weit diese Standortgebundenheit reicht, soll an einer einfachen Übung erprobt werden:

Übung: Zeichnen Sie auf ein Blatt Papier aus der Erinnerung eine Weltkarte mit den ungefähren Umrissen aller Kontinente.

1-01

Gehen Sie dann zur angegebenen Stelle auf der Begleit-CD und vergleichen Sie Ihre Zeichnung mit der dortigen Abbildung. Was fällt Ihnen auf?

Reagieren unter Handlungsdruck

Verinnerlichte Wissensbestände unhinterfragt abzurufen, ist die übliche Art und Weise, wie wir im Alltag entscheiden und bewerten. In der Regel stehen wir unter Handlungsdruck, müssen also relativ schnell und zielsicher reagieren. Es wäre kontraproduktiv, würden wir in solchen Situationen erst die relevanten Hintergrundannahmen zu ergründen versuchen. Erst durch Irritationen (wie etwa durch die Übung) stoßen wir auf das Phänomen der sozio-kulturellen Standortgebundenheit unserer individuellen Sichtweisen auf die Welt.

Standortgebundenheit der Forschenden

Zweifelsohne existiert auch für Forschende die Standortgebundenheit; sie sind selbst einem sozio-kulturellen Kontext verhaftet. Karl Mannheim verwies bereits darauf, dass aufgrund ihrer eigenen Standortgebundenheit für die Forschenden im Grunde kein intuitives Verstehen des fremden Untersuchungskontextes möglich ist. Sie können nicht die Interpretationsleistungen und Handlungspraxen der Beforschten eins zu eins reproduzieren. Nur wenn die Forschenden ebenfalls exakt dem beforschten sozialen Kontext entstammten, gäbe es diese kulturelle Differenz nicht.

Da die Forschenden keinen unmittelbaren Zugang zu den spezifischen Lebenswelten der Beforschten haben, aber dennoch den Anspruch hegen, diese Lebenswelten in ihrer jeweiligen Eigensinnigkeit und Komplexität zu verstehen, müssen sie den Weg methodisch angeleiteten Fremdverstehens gehen. Die in diesem Lehrbuch vorgestellten interpretativen Verfahren weisen jeweils spezifische Herangehensweisen auf, um die Konstruktionsleistungen der Beforschten angemessen und methodisch kontrolliert rekonstruieren zu können.

„Konstruktionen 2. Grades"

Mit Hilfe der interpretativen Verfahren entstehen „Konstruktionen zweiten Grades", d. h. sie sind nicht in die alltäglichen Abläufe und erlebnismäßigen Vollzüge der untersuchten Kontexte („Konstruktionen ersten Grades") eingebunden. Die damit gegebene Entlastung von der Notwendigkeit, in dieser sozialen Situation selbst unter Zeitdruck handeln zu müssen, ermöglicht es den Forschenden, die Konstruktionen ersten Grades in begrifflich-theoretische Explikationen zu überführen, wie sie für wissenschaftliche Erkenntnisse notwendig sind. Dies bedeutet keineswegs, dass jene wissenschaftlichen „Konstruktionen zweiten Grades" den nichtwissenschaftlichen Alltagskonstruktionen überlegen seien; sie stellen vielmehr eine andere, den Handelnden oft nicht mögliche Reflektionsebene dar.

> Subjekte bilden aufgrund ihrer alltäglichen Erfahrungen Sinnstrukturen aus, die ihr Handeln prägen und sich in ihren Äußerungen manifestieren. Aufgrund eigener Standortgebundenheit können Forschende diese kontextspezifischen Sinnstrukturen nicht unmittelbar erfassen. Methodisch begründet überführen sie die alltagsweltlichen „Konstruktionen ersten Grades" in „Konstruktionen zweiten Grades".

Vertiefende Literatur: Berger / Luckmann 1992; Bohnsack 2008; Meuser 2003; Uhle 2002.

2 Explorative Forschung und Prinzip der Offenheit

Explorative Forschung

Interpretative Verfahren sollen Aufschluss darüber geben, wie Menschen ihre soziale Wirklichkeit konstruieren. Auf der Grundlage von empirischen Einzelfallanalysen werden die zugrunde liegenden typischen (d. h. regelmäßig auftretenden) Sinnstrukturen rekonstruiert. In diesem Zusammenhang ist häufig die Rede vom „explorativen" (also entdeckenden, erkundenden) Vorgehen bzw. vom „Prinzip der Offenheit" gegenüber dem Untersuchungsgegenstand (vgl. Meinefeld 2000). Was ist damit gemeint?

Offensein für Neues

Zwangsläufig geht in die sozialwissenschaftliche Fallanalyse auch Vorwissen der Forschenden ein. Wichtig ist, dass solche aus ihrer jeweiligen sozio-kulturellen Standortgebundenheit resultierenden Wissensbestände (vgl. Abschn. 1.2, S. 18) anhand der vorliegenden empirischen Daten systematisch überprüft werden. Anstatt eigene fertige Hypothesen im Zuge der Datenanalyse lediglich empirisch testen zu wollen, sollten die Forschenden bei der interpretativen Datenanalyse stets offen sein für die Entdeckung neuer Zusammenhänge oder andersartige Konstellationen bekannter Faktoren. Wie bei der Erkundung eines fremden Kontinents müssen sie in ihrem soziologischen Untersuchungsfeld explorativ vorgehen. Die Analyse ist an der empirischen Wirklichkeit ausgerichtet und nicht am theoretischen Wissensbestand der Forschenden.

Strategien für explorative Forschung

Geht man mit einer solchen Haltung der Offenheit in das Untersuchungsfeld, besteht die Gefahr, dass man sich im Untersuchungsfeld „verliert" bzw. keine soziologisch relevanten Ergebnisse erzielt. Um dies zu verhindern, muss die Suchbewegung bei der Analyse möglichst systematisch erfolgen. Hierbei helfen zwei Analysestrategien:

- Sequenziell-formalanalytische Interpretation (Abschn. 2.1)
- Abduktives Schließen (Abschn. 2.2)

2.1 Sequenziell-formalanalytische Interpretation

Konsequente Beachtung der Reihenfolge

Eine zentrale Grundlage interpretativer Verfahren ist ein strikt sequenzielles Analyseverfahren, das die genaue Reihenfolge der sprachlichen und nichtsprachlichen Aktivitäten berücksichtigt und kein Element unberücksichtigt lässt. Das ist insofern von großer Bedeutung für eine Annäherung an empirische Phänomene, als jede einzelne Äußerung in den Kontext des vorher Gesagten eingebettet ist und dadurch eine spezifische Bedeutung für den Gesamtablauf einer Sequenz hat. Das bezieht sich ebenso auf einzelne Textstellen wie auf die übergreifende Struktur eines Gesamttextes. Der Vorgriff auf eine nachgelagerte Textstelle mag zwar einem intuitiven Verständnis dienen, er verträgt sich aber kaum mit einem methodisch reflektierten Vorgehen.

Die Analyse entlang der genauen Abfolge der empirischen Daten verhindert, dass einzelne Elemente oder Passagen willkürlich aus ihrem sequenziellen Zusammenhang heraus gerissen werden und ihnen auf dieser Grundlage möglicherweise ein anderer Sinngehalt zugewiesen wird. Für die interpretative Sozialforschung haben alle Bestandteile von Äußerungen eine Bedeutung. Im Abweisen der Annahme von Zufällen entsteht getreu der ethnomethodologischen Maxime Ordnung an allen Punkten („order at all points", vgl. Kapitel II, Abschn. 1.2), und diese Ordnung ist nur dadurch nachzuvollziehen, dass ihr Entstehungszusammenhang mittels eines sequenzanalytischen Zugangs erkennbar bleibt.

Ausklammerung inhaltlicher Vorannahmen

Die generelle Fragestellung der Untersuchung im Rahmen der interpretativen Sozialforschung sollte so formuliert sein, dass darin keine inhaltlichen Vorannahmen oder erklärende Hypothesen zum Untersuchungsgegenstand enthalten sind. Die Forschenden nähern sich vielmehr den konkreten empirischen Fällen in einer Suchbewegung an, die auf formaltheoretische Erkenntnisse – also Wissensbestände jenseits eines konkreten Gegenstandsbezugs – zurückgreift. Eine wichtige formaltheoretische Grundlage der Datenanalyse bilden Erkenntnisse der Sprach- und Sprechtheorie; zum Beispiel über die möglichen sozialen Verwendungskontexte bestimmter sprachlicher Ausdrücke, über die impliziten Regeln der mündlichen Darstellung eigener Erlebnisse oder über die Bedeutung des ‚Durcheinanderredens' mehrerer Beteiligter einer Diskussion. Eine mit solchem formalen Grundlagenwissen durchgeführte Analyse fragt nicht primär danach, was die Beforschten sagen. Anstatt eine reine Inhaltswiedergabe durchzuführen, wird analysiert, wie die Beforschten über einen bestimmten Gegenstand sprechen. Eine solche Analyseperspektive eröffnet einen systematischen Zugang zur Bedeutung des Gesagten (und damit zu den Denk- und Handlungsweisen der Untersuchten), ohne dass die Forschenden verleitet werden, den eigenen Annahmen und Deutungen „aufzusitzen". Diese formalanalytische Vorgehensweise soll anhand eines Beispiels illustriert werden.

> Ein Paar ist seit einigen Stunden im Auto unterwegs in den Urlaub. Kurz vor der Ausfahrt auf einen Rasthof fragt die Frau den Mann: „Hast Du Hunger?" Der Mann antwortet: „Nö" und fährt an der Ausfahrt vorbei. Die Frau reagiert daraufhin verärgert: „Was machst Du denn? Ich hab Hunger".

Bsp.

Alltagsdeutungen des Beispiels

Wie ist diese Situation zustande gekommen? Als Alltagsmenschen sind wir unwillkürlich geneigt, zu bewerten, wer von beiden etwas „falsch" gemacht hat. In der Regel greifen wir dabei auf Stereotypen zurück. Entweder man ordnet den Mann als ignorant ein, weil er sich nicht nach den Bedürfnissen der Frau erkundigt, oder wir kritisieren die Frau dafür, dass sie nicht einfach ihre eigenen Bedürfnisse klar äußert.

Formalanalytische Interpretation des Beispiels

Bei einer formalanalytischen Interpretation geht es vielmehr darum, zu verstehen, wie die beiden Akteure hier überhaupt agieren und welche Vorstellungen sie jeweils der Situation zugrunde legen: Dass die Frau verärgert ist, verweist darauf, dass sie eine andere Reaktion des Mannes auf ihre Frage erwartet hat. Der Mann interpretiert diese offensichtlich nicht als versteckten Hinweis darauf, dass sie gern eine Pause machen würde, sondern fasst sie so auf, dass die Frau nur eine Information bei ihm einholen will. Im Hinblick darauf gibt er eine aus seiner Sicht ausreichende Antwort. Er entspricht damit dem alltäglich üblichen formalen Kommunikationsmuster „Einholen einer Sachauskunft", das sich allein in einer Frage und einer darauf bezogenen Antwort erschöpft und keine weiteren Anschlüsse impliziert (z. B. „Wie spät ist es?" – „Halb vier"). Dieses Kommunikationsmuster ist aber keineswegs der einzige formale Rahmen, in den sich die Frage „Hast Du Hunger?" einordnen lässt – und daraus erwächst auch das offensichtliche „Missverständnis" der beiden Akteure in der Situation. Andere Muster der Alltagskommunikation basieren nämlich auf der Reziprozitätsnorm; und in diesem Rahmen wird erwartet, dass der Gefragte im unmittelbaren Anschluss an seine Antwort die entsprechende Gegenfrage stellt, etwa im Kontext einer Begrüßung: „Hallo, wie geht's?" – „Ganz gut. Und Dir?" – „Naja, geht so." Eine entsprechende Reaktion hat die Frau offensichtlich auch in unserer Beispielsituation erwartet (etwa: „Nö. Und Du?"), um damit die Gelegenheit zu der Mitteilung zu erhalten, dass sie sehr wohl Hunger habe und deshalb gern auf dem Rasthof Halt machen würde. Kurzum: die Frau in der Situation praktiziert eine indirekte Kommunikationsstrategie, um mitzuteilen, dass sie gerne anhalten möchte, wobei sie mit dieser Strategie an der andersartigen Wahrnehmung ihrer Mitteilung durch den Mann scheitert.

Nutzen der formalanalytischen Interpretation

Dem formalsprachlichen Vorgehen ist eine für die interpretative Sozialforschung insgesamt grundlegende Prämisse eigen: Eigene Vorstellungen von richtigem oder falschem Vorgehen in der Situation werden ausgeklammert. Es geht darum, die Interaktion vor dem Hintergrund allgemeiner sprachlicher Muster respektive Sprachhandlungsmuster zunächst formal zu analysieren und unter Einbezug des vorhandenen Kontextwissens (Mann fährt weiter, Frau hat Hunger und hätte gern angehalten) darauf rückzuschließen, welche Definition jeder der beiden Akteure der Situation zugrunde legt – welche Konstruktion der Wirklichkeit erster Ordnung sie also besitzen – und wie sich auf dieser Grundlage das entstandene Missverständnis erklären lässt. Dieses formal-analytische Vorgehen ermöglicht es, auch ‚intuitiv' weniger leicht erschließbare Situationen methodisch zu durchdringen.

> Das sequenzanalytische Vorgehen berücksichtigt konsequent die zeitliche Abfolge von Ereignissen in den erhobenen Daten. Die formalanalytische Interpretation eröffnet unter Verzicht auf inhaltliche Vorannahmen einen auf grundlagentheoretischem Wissen basierenden Zugang zu in den Daten dokumentierten sozialen Situationen.

Vertiefende Literatur: Bohnsack 2008: 81 ff.

2.2 Abduktives Schließen

Infragestellen des „sicheren" Wissens

Das Leitprinzip der Offenheit zielt darauf, die Analyse nicht auf eine reine Überprüfung von vorab aufgestellten Hypothesen zu reduzieren. Anstatt bereits Bekanntes zu verallgemeinern, geht es darum, Neues zu entdecken. Angebracht ist dieses explorative Vorgehen insbesondere dann, wenn über den Untersuchungskontext zu wenig gesichertes Vorwissen existiert, um auf theoretischem Wege plausible Hypothesen über den Gegenstand bilden zu können, oder wenn es plausible Gründe gibt, den bisherigen (vermeintlich ‚sicheren') Wissensstand zum Untersuchungsgegenstand anzuzweifeln.

Abduktion

In diesem Zusammenhang ist häufig die Rede von der „Abduktion" bzw. vom „abduktiven Schließen". Das bezeichnet einen Modus des regelgeleiteten Erkenntnisgewinns und der Theoriegenerierung, mit dem eine neue theoretische Annahme zunächst hypothetisch formuliert und in den Erklärungsansatz eingeführt wird, mit der empirische Fälle erfasst werden können, die in den vorhandenen Theorierahmen nicht integrierbar sind. Dieser Modus soll mit dem folgenden Forschungsbeispiel verdeutlicht werden.

Bsp.

Leitend für ein Forschungsprojekt zur Motivstruktur von Mitarbeitern des DDR-Geheimdienstes ist zunächst die Hypothese, dass hauptamtliche Mitarbeiter des Ministeriums für Staatssicherheit (MfS) von einer ausgeprägten Staatsloyalität zur DDR und einer kommunistischen Grundüberzeugung getragen waren. Der hypothetisch formulierte Zusammenhang zwischen den Merkmalen hauptamtliche Mitarbeit, Einstellung zum Staat und politische Überzeugung soll empirisch überprüft werden. Als Datengrundlage werden zunächst Kaderakten verwendet.

Die Akte des MfS-Offiziers Herrn A beispielsweise belegt, dass dieser zweimal mit dem Vaterländischen Verdienstorden der DDR ausgezeichnet wurde, bereits mit 18 Jahren in die SED eintrat und von den Vorgesetzten aufgrund seines „parteilichen Standpunktes" gelobt wurde. Die Ausgangshypothese lässt sich an diesem konkreten Fall bestätigen.

Auch in den Akten der hauptamtlichen Stasi-Mitarbeiter B und C ist belegt, dass sie eine positive Einstellung zum DDR-Staat hatten, die mit staatlichen Auszeichnungen honoriert wurde, und dass sie aktive Parteimitglieder der SED waren. Dagegen zeigen die Kaderakten der Stasi-Mitarbeiter D und E, dass diese nie eine Auszeichnung erhalten haben.

Daraus wird – unter Aufrechterhaltung der leitenden Hypothese – der Schluss gezogen, dass sich hauptamtliche Mitarbeiter des DDR-Geheimdienstes durch eine besonders ausgeprägte Staatsloyalität zur DDR und eine kommunistische Grundüberzeugung auszeichneten, die im Einzelfalle keiner besonderen Honorierungen bedurfte.
Da sich dieser Schluss auf der Grundlage der Kaderakten empirisch weder beweisen noch widerlegen lässt, wird zusätzlich ein ausführliches biographisches Interview (narratives Interview, vgl. Kapitel III) mit der ehemaligen hauptamtlichen Mitarbeiterin Frau F geführt. Die Analyse ergibt zunächst Folgendes: Obwohl es sich um eine erfolgreiche berufliche Entwicklung handelt – von der unqualifizierten Arbeiterin in einem Fischverarbeitungsbetrieb 1957 zum Hauptmann des MfS 1989 – wird von der Befragten permanent der Eindruck vermittelt, ein unglückliches Leben gelebt zu haben. Sie stilisiert sich rückblickend als „fünftes Rad am Wagen", als „Verliererin" und „Opfer". Einen großen Raum ihrer Darstellung nimmt ihre Kindheit und Jugend ein, d. h. die Lebensabschnitte vor ihrem MfS-Eintritt. Diese Phasen waren dadurch gravierende Mängel charakterisiert. Es handelt sich um emotionale, soziale, materielle sowie Bildungsdefizite, wie sie für ihre Nachkriegsgeneration typisch waren.
Ihre Lebensgeschichte passt auch deshalb nicht in das gängige Erklärungsmuster der hauptamtlichen MfS-Mitarbeit, weil Aspekte der Staatsloyalität und parteipolitischen Linientreue keine große Relevanz in ihrer erzählten Lebensbiographie hatten. Anstatt – wie man es erwarten würde – die MfS-Tätigkeit damit zu rechtfertigen, dass man etwas für den Frieden und den Sozialismus tun wollte, schilderte die Befragte ihre Tätigkeit eher als einen permanenten Kraftakt, weil sie ständig den an sie gestellten (fachlichen) Anforderungen „hinterherhinkte".
Im Verlauf der Detailinterpretation des Interviews (mit den Verfahren der Objektiven Hermeneutik, vgl. Kapitel III, und der Narrationsanalyse, vgl. Kapitel IV) wird zur Erklärung der Fallstruktur die Hypothese formuliert, dass das MfS der Frau F primär eine günstige Gelegenheitsstruktur bot, ihre frühen Defizite abzubauen bzw. zu kompensieren. Diese Hypothese wird anhand der Interviewdaten überprüft und weiter ausformuliert. Auf dieser Grundlage wird am konkreten Fall der Frau F der Typus „individuelle Wohlfahrtsorientierung" als weitere Motivstruktur der Geheimdienst-Mitarbeit entwickelt, die sich systematisch von dem bislang als einheitlich angenommenen Typus „staatsloyale kommunistische Grundüberzeugung" unterscheidet. Anhand weiterer Fälle wird überprüft, ob sich dieser Typus auch jenseits des Einzelfalles Frau F wieder findet und daher generalisierbar ist.

Zusammenfassung des Beispiels

Das Beispiel verdeutlicht das abduktive Vorgehen: ausgehend von empirischen Daten, die sich durch vorhandenes Wissen über den Gegenstand nicht erklären lassen, werden neue Thesen generiert, die in der Lage sind, die vom bisherigen Wissensstand ‚abweichenden' Phänomene im Datenmaterial zu erklären. Hier ist das zunächst jene These, die zu erklären vermag, warum manche MfS-Mitarbeiter trotz Parteimitgliedschaft nie eine Auszeichnung erhalten haben (These, dass gerade wegen der Staatsloyalität und kommunistischen Grundüberzeugung keine besondere Honorierung erforderlich ist). Anhand der erzählten

Lebensbiographie von Frau F wird aber ersichtlich, dass sich diese Annahme nicht aufrechterhalten lässt. Daraufhin wird die Eingangsthese, dass alle Stasi-Mitarbeiter durch Staatsloyalität und kommunistische Grundüberzeugung zur Mitarbeit motiviert waren, aufgegeben. Durch eine vertiefende Einzelfallanalyse des Interviews mit Frau F wird schließlich die Annahme formuliert, dass neben diesem (offenbar für die meisten MfS-Mitarbeiter tragenden) Motivtypus bei anderen Personen eine abweichende Motivstruktur für die Mitarbeit leitend war („individuelle Wohlfahrtsorientierung"). Diese These wird wiederum anhand weiteren empirischen Materials überprüft.

> Ausgehend von einer Haltung der Offenheit gegenüber dem empirischen Material und einem sequenzanalytischen Vorgehen zielt das abduktive Schließen darauf, neue Erklärungen für auf den ersten Blick ‚unverständliche', im bisherigen theoretischen Rahmen nicht erfassbare Phänomene bzw. nicht erklärbare Zusammenhänge aufzufinden. Diese zunächst rein hypothetisch formulierten neuen Annahmen müssen fortlaufend am empirischen Material überprüft und ggf. weiterentwickelt werden.

Vertiefende Literatur: Reichertz 2000.

3 Empirisch begründete Theoriebildung und fallvergleichende Analyse

Grounded Theory

Mit Verfahren der interpretativen Sozialforschung wird eine „gegenstandsbezogene" respektive „empirisch begründete Theoriebildung" (Kelle 1994) angestrebt. Diese Bezeichnungen gehen auf die Grounded Theory zurück, die von den beiden US-amerikanischen Soziologen Barney Glaser und Anselm Strauss (1967) entwickelt wurde. Der Anspruch dieses Ansatzes ist es, auf der Grundlage einer explorativ ausgerichteten Forschung und dem Prinzip der Offenheit theoriefähige Erklärungsansätze zu generieren. Es geht ihm also darum, anhand der aus empirischen Untersuchungsfällen gewonnenen Erkenntnisse theoretische Verallgemeinerungen abzuleiten.

Fallvergleich und Verallgemeinerung

Wie bereits anhand des Forschungsbeispiels zur Stasi-Mitarbeit (Abschn. 2.2, S. 22 f.) veranschaulicht wurde, arbeiten interpretative Verfahren mit Vergleichen zwischen den Einzelfällen des Samples. Allerdings unterliegt die Auswahl der Einzelfälle keiner unabänderlichen Systematik. Statistische Repräsentativität (wie bei der quantitativen Sozialforschung) wird nicht angestrebt und wäre aufgrund relativ kleiner Fallzahlen auch nicht herzustellen. Dennoch erhebt die interpretative Sozialforschung den Anspruch, anhand der untersuchten konkreten Einzelfälle generalisierbare (d. h. verallgemeinerbare) Aussagen über das gesamte Forschungsfeld machen zu können. Dazu greift sie auf ganz spezifische Methoden der Samplebildung zurück.

Theoretical Sampling

Zunächst beginnen die Forschenden mit der Auswertung eines bzw. einiger weniger Fälle. Aus den ersten Erkenntnissen ergeben sich in der Regel Modifikationen bzw. Ergänzungen der ursprünglichen Vorannahmen (vgl. Beispiel zur Stasi-Mitarbeit). Dieser neue, vorläufige Wissensstand bildet die Grundlage dafür, gezielt nach weiteren Fällen zu suchen. Diese Suche wird in Anschluss an Glaser / Strauss (1967: 51 ff.) als „Theoretical Sampling" (d. h. „theoriegeleitete Fallauswahl") bezeichnet.

Rekursivität von Datenerhebung und -auswertung

Charakteristisch für diese Art der Samplebildung ist, dass die jeweils neu hinzukommenden Fälle einer Überprüfung dieses Wissensstands dienen und zugleich geeignet sein sollen, die Reichweite der bisherigen Interpretationen bzw. Theorieansätze auszubauen. Demzufolge sind die drei grundlegenden Arbeitsschritte – Datenerhebung, Datenanalyse und Theoriebildung – zeitlich und inhaltlich miteinander verschränkt (rekursiv). Indem das Untersuchungsfeld auf diese Weise nach und nach erschlossen wird, können die relevanten theoretischen Begriffe und Konzepte im Zuge der empirischen Datenanalyse Schritt für Schritt abduktiv gewonnen werden.

Systematische Fallauswahl

Dieses rekursive Verfahren wiederholt sich bis zum Zustand der „theoretischen Sättigung". Ein solcher Zustand tritt dann ein, wenn eine konsistente und plausible Theorie gewonnen wurde, die alle Merkmalsausprägungen in den theoretisch für relevant erachteten Dimensionen erfasst. Eine günstige Strategie, um nicht zu früh mit der Fallauswahl abzubrechen, ist es, systematisch nach Gegenbeispielen (Kontrastfällen) im Untersuchungsfeld zu suchen. Wenn sich auch nach systematischer Suche keine von der generierten Theorie nicht erklärbaren Fälle mehr finden lassen, kann die empirisch begründete Theoriebildung als abgeschlossen gelten.

> Das Theoretical Sampling ermöglicht das Finden von tragfähigen Hypothesen und Konzepten anhand empirischer Fälle sowie deren Modifizierung, Differenzierung und Erweiterung in der fortlaufenden Fallauswertung. Die so betriebene empirisch begründete Theoriebildung ist abgeschlossen, wenn keine weiteren strukturell neuen Phänomene in Bezug auf die Forschungsfrage zu erkennen sind (theoretische Sättigung).

Theoretical Sampling durch Kontrastierung

Hinsichtlich des ‚theoretical samplings' könnte der Eindruck entstehen, dass die Auswahl der konkreten Untersuchungsfälle relativ willkürlich geschieht. Es ist zu fragen, ob sich überhaupt relevante Fälle systematisch identifizieren lassen, die stellvertretend für das Untersuchungsfeld analysierbar sind. Tatsächlich kann man zu Beginn der empirischen Forschung nur auf vorläufige Auswahlkriterien zurückgreifen. Hierbei erweisen sich häufig soziodemographische Merkmale wie Geschlecht, Beruf, Alter, Bildungsabschluss, Schicht- oder Milieuzugehörigkeit als instruktiv, da sie spezifische Wahrnehmungs- und Handlungsmuster der Individuen indizieren. Im Verlauf der Forschung verdichten sich dann die Hinweise auf weitere Merkmale, zu denen dann jeweilige Fälle gefunden werden müssen.

Bei der so angelegten Samplebildung sind gerade in der Anfangsphase des Forschungsprozesses vermeintliche Fehlentscheidungen nicht ausgeschlossen. So kann sich etwa ein geführtes Interview als unbrauchbar erweisen, da es keinerlei Erkenntnisse in Hinblick auf die Forschungsfrage bringt (allerdings könnte dies unter Umständen seinerseits einen relevanten Befund darstellen). Auch in späteren Phasen, wenn es darum geht, durch Vergleichsfälle den Erkenntnisstand weiter zu erhöhen und abstraktere Interpretationen aufzustellen, ist die Frage nach der systematischen Samplefestlegung virulent. Die Forschenden müssen sich Klarheit über die jeweiligen Kriterien verschaffen, die im Sinne der empirisch begründeten Theoriebildung (grounded theory) den Vergleich von Fällen überhaupt sinnvoll erscheinen lassen.

Fallkontrastierung

Bei der systematischen Suche nach Vergleichsfällen hat sich ein doppeltes Vorgehen bewährt:

a) minimale Kontrastierung:

Minimale Kontrastierung

Ein minimaler Kontrast zwischen Vergleichsfällen ist gegeben, wenn diese Fälle im Hinblick auf bestimmte Vergleichsdimensionen strukturelle Ähnlichkeiten aufweisen. Dies ist für die Analyse dahingehend relevant, dass die Reichweite der Gemeinsamkeiten zwischen strukturell ähnlichen Fällen und die Bandbreite unterschiedlicher Ausprägungen hinsichtlich weiterer Analysedimensionen innerhalb ähnlicher Fälle ausgelotet werden kann.

b) maximale Kontrastierung:

Maximale Kontrastierung

Ein maximaler Kontrast erfasst konträre Merkmale in bestimmten Vergleichsdimensionen (und dadurch auch Extremgruppen, kritische oder abweichende Fälle innerhalb des Forschungsfeldes). Diese Form der Kontrastierung dient insbesondere zur Prüfung, welchen Grad der Verallgemeinerbarkeit einzelne theoretische Kategorien aufweisen. Im Prozess der Typenbildung dienen maximale Kontraste außerdem dazu, frühzeitig typologische Unterschiede zwischen Fällen bzw. Fallgruppen zu identifizieren.

Was jeweils einen minimalen oder maximalen Kontrast ausmacht, ist jeweils abhängig von der Wahl der Vergleichsdimensionen. Die Fälle kontrastieren also nie in einem absoluten Sinne miteinander, sondern relational in Bezug auf die Vergleichskriterien (die sich im Verlauf des – inhaltlich ‚offenen' – Forschungsprozesses verändern können).

> Durch Aufnahme minimaler und maximaler Kontrastfälle in das Sample lässt sich vor dem Hintergrund der Forschungsfrage das Forschungsfeld inhaltlich in seiner Vielschichtigkeit und Breite erfassen. Das vermeidet die Überhöhung eines Einzelphänomens und fundiert die Verallgemeinerung von Erkenntnissen.

Vertiefende Literatur: Brüsemeister 2000: 217-230; Glaser / Strauss 1967: 51-83; Kelle / Kluge 1999: 46-53; Strauss / Corbin 1996: 148-165.

4 Analyse textförmiger Daten

Qualität der empirischen Daten

Mit den in diesem Buch vorgestellten vier Verfahren der interpretativen Sozialforschung werden in der Regel Äußerungen und Sprachhandlungen von Personen analysiert. Um die für das Untersuchungsfeld relevanten Sinnstrukturen in ihrer Komplexität rekonstruieren und sich dabei auf die Praxis der betreffenden Personen einlassen zu können, sind von Forschereinflüssen möglichst freie empirische Daten vonnöten. Solche Daten erhält man, wenn die Untersuchten ein Thema in ihrer eigenen Sprache und innerhalb ihres lebensweltlichen Bedeutungsrahmens entfalten. Hierunter fallen vor allem:

- ‚non-reaktive' Kommunikationen, also durch die Forschenden unbeeinflusste Situationen wie z. B. Mitschnitte von telefonischen Mitarbeiter-Kunden-Gesprächen sowie schriftliche Dokumente (z. B. Briefe)

- weitgehend ‚non-direktive' Interviews und Diskussionen, bei denen die Befragten von sich aus eigene Wahrnehmungen, Perspektiven und Relevanzen im Hinblick auf die von ihnen erlebte Wirklichkeit zur Entfaltung bringen. Solche non-direktiven Interviewformen werden mit dem narrativen Interview in Kapitel III und dem Gruppendiskussionsverfahren in Kapitel V vorgestellt; sie beschränken sich ohne detaillierte Themenvorgaben auf initiale Aufforderungen zum Sprechen. – Aber auch Interviewverfahren, bei denen Interviewer zum Teil direktiv vorgehen (z.B. im Leitfadeninterview), können mit Hilfe interpretativer Verfahren einer methodischen Kontrolle unterzogen und anschließend ausgewertet werden (vgl. Kapitel VII, S. 208).

Zu Forschungszwecken erzeugte Daten

Ein Problem für die Auswertung solcher Daten ist, dass die im Erhebungsprozess wahrgenommenen Aspekte fluide (d.h. vergänglich) sind und damit von den Forschenden nur in eingeschränktem Maß als Basis der Erkenntnis verarbeitet werden können. Die Redewendung „Aus den Augen, aus dem Sinn" verdeutlicht, dass etwa visuelle Daten eine besonders flüchtige Qualität haben. Aber auch das gesprochene Wort geht „zum einen Ohr rein, zum anderen heraus".

Ein weiteres Problem von für die interpretative Sozialforschung relevanten Daten ist, dass – sofern überhaupt deutlich ausgedrückt – mündliche Äußerungen häufig von parasprachlichen Lauten (Lachen, Schnaufen etc.) begleitet sind und sich einem unmittelbaren tiefgehenden Verständnis entziehen.

Transkript

Solche Feinheiten erschließen sich den Forschenden in ihrer ganzen Varianz kaum allein durch Zuhören. Dazu bedarf es vielmehr einer Übertragung in die besser überprüfbare schriftliche Form. Dabei bietet sich ein möglichst genaues, das faktische Geschehen detailliert wiedergebendes Transkript an, dass zudem noch auf seine Richtigkeit hin zu überprüfen ist.

Bsp.

> Das Transkript eines Gespräches zwischen einem Call-Center-Agenten und einem Kunden weist den Satz „Ich habe der Frau Niemer niemals gesagt, dass ich die Überweisung nicht mehr am gleichen Tag machen möchte." aus. Bei der Überprüfung des Transkripts durch nochmaliges Anhören der Audioaufzeichnung fällt einem der Interpreten auf, dass der Satz korrekt lauten müsste: „Ich habe der Frau Nieme- Niemahr gesagt, dass ich die Überweisung nicht mehr am gleichen Tag machen möchte". Bei der Erstverschriftlichung hatte sich also ein kleiner Fehler eingeschlichen. Der Aussage des Satzes wird gegenüber dem in der Überarbeitung festgehaltenen tatsächlich Gesagten genau negiert. Wenn die Fülle von sprachlichen und parasprachlichen Äußerungen schon professionelle Transkriptoren Fehler machen lässt – wie hoch wäre dann erst die Fehlerquote, wenn sich die Interpreten rein auf das Gehörte verließen?

Verschriftlichung der Daten

Was im Detail zu hören ist, ist daher vor einer Interpretation des Geschehens in Form eines Transkripts (vgl. Abschn. 5, S. 28) systematisch schriftlich zu protokollieren und dieses Protokoll muss anschließend genau überprüft werden. Mit einer exakten Verschriftlichung wird vermieden, dass ‚subjektive' Wahrnehmungen der Forschenden in die inhaltliche Interpretation Eingang finden. Die Transkription, also die (von allen an der Analyse Beteiligten autorisierte) schriftliche Dokumentation der Rohdaten nach einem einheitlichen Standard, ‚objektiviert' insofern die Grundlage der weiteren Interpretation. Sie ist ihrerseits anhand der Datenaufzeichnungen jederzeit auf ihre Richtigkeit hin überprüfbar und kann bei Bedarf auch nachträglich in einer detailgenaueren Form ausgearbeitet werden.

Die sich ergebenden Interpretationen sind unter Umständen nur vorläufige bzw. partielle. Auch aus diesem Grund ist eine Transkription der Rohdaten sinnvoll, da auf dieser Grundlage schnell ein erneuter Zugriff auf einzelne Fälle und ein Vergleich mit anderen Fällen möglich wird, ohne dass bereits weitergehende Interpretationen in die schriftliche Protokollierung der Rohdaten Eingang gefunden haben.

Einbeziehung von Kontextinformationen

Unabhängig davon, ob natürliche oder erzeugte Daten vorliegen: Kontextinformationen über das Untersuchungsfeld und den jeweiligen Einzelfall sind hilfreich und werden im Verlauf des Interpretationsprozesses – allerdings für gewöhnlich nicht schon zu Beginn der Textinterpretation – in jeweils methodisch kontrollierter Weise mit einbezogen. Um Kontextinformationen zu gewinnen, können auch ergänzende Beobachtungen durchgeführt werden. Um der methodisch kontrollierten Interpretation zugeführt zu werden, müssen solche Daten in schriftlicher Form festgehalten werden. Lediglich mündliche Mitteilungen an Mitinterpreten oder die Abspeicherung im Gedächtnis des Forschenden sind kaum robust genug, um eine verlässliche Datengrundlage bereitzustellen.

> Grundlage interpretativer Analyseverfahren sind natürliche bzw. methodisch kontrolliert erhobene, zumeist auf Datenträger konservierte Daten. Diese werden in Schrifttexte (Transkriptionen von audiovisuellen bzw. Audio-Aufzeichnungen bzw. Protokolle von Bildmaterial) umgewandelt, die jeweils auf einheitlich definierten Standards der Verschriftlichung basieren. Ebenso sollten Beobachtungen und Kontextinformationen in transkribierter und damit überprüfbarer Form vorliegen.

Vertiefende Literatur: Dittmar 2002.

5 Hinweise zur Transkription von Daten

Verschriftlichung nach einheitlichen Regeln

Wie sollte die Verschriftlichung aufgezeichneter Daten erfolgen? Einen allgemein einheitlichen Standard gibt es nicht. Die Möglichkeiten bewegen sich auf einer Bandbreite zwischen der rein schriftsprachlichen Wiedergabe des Gesagten einerseits und phonetischen Protokollen andererseits. In jedem Fall sind Transkripte eines Datensatzes nach Regeln und eindeutig definierten Transkriptionssymbolen zu erstellen, und die Transkriptionssymbole sind offen zu legen.

Bevor im Folgenden einige allgemeine Leitlinien für die Transkription angegeben werden, sollen kurz die praktischen Schwierigkeiten veranschaulicht werden, die sich bei der Transkription von Audioaufzeichnungen ergeben. Dazu soll ein ursprünglich für interne Trainingszwecke aufgezeichnetes Telefongespräch eines Call-Center-Mitarbeiters einer Direktbank mit einem Kunden dienen, das Sie als Audiodatei auf der Begleit-CD finden. An mehreren Stellen der Audioaufzeichnung hört man nur ein leises Rauschen – diese Stellen sind zur Wahrung des Bankgeheimnisses vor Übergabe der Audiodaten von Seiten der Bank überblendet worden. An einigen weiteren Stellen werden Sie bei genauerem Hinhören bemerken, dass Eigennamen aus Gründen der Anonymi-

1-02

sierung der Bank und der aufgezeichneten Mitarbeiter mit Phantasienamen übersprochen worden sind. Die „FIDI-Bank" gibt es also in Wirklichkeit gar nicht.

Übung: Hören Sie sich den Anfang des Telefongesprächs „FIDI 101" mehrmals aufmerksam an. Versuchen Sie das Gehörte zu verschriftlichen.[1]

So lange keine speziellen Transkriptionssymbole definiert sind, wird sich die Verschriftlichung notgedrungen an schriftsprachlichen Standards orientieren. Eine solche Verschriftlichung des Hörbeispiels könnte dann in etwa so aussehen:

Verschriftlichung des Beispiels

```
A:      Schönen guten Tag. Hier ist die Customer Care Hotline der
        Fidi-Bank. Ich bin Adam Bauer.
K:      Ja Hi (Auslassung) und zwar die Kundennummer eins (Auslas-
        sung)
A:      Vielen Dank Herr (Auslassung) brauch ich von ihrer Geheimzahl
        die dritte Stelle bitte. (Auslassung) und die letzte. (Aus-
        lassung.) So Herr Hin (Auslassung 1 Sek.)
K:      Ja? Und zwar, wir, ich hab wieder n Problem mit ihnen.
A:      oh Gott.
K:      Nicht mit ihrer Person, sondern mit ihrer Bank.
```

Problem der Genauigkeit

Die Verschriftlichung gibt das Gesagte im Wortlaut wieder, in der Audiodatei hörbare Lücken sind mit „(Auslassung)" gekennzeichnet, und die Redebeiträge sind streng nacheinander aufgeführt. Bei genauem Hinhören zeigt sich aber, dass das „oh Gott" des Mitarbeiters zeitlich unmittelbar an das „ihnen" des Kunden anschließt und dass der Agent parallel zum „mit ihrer Bank" des Kunden auch kurz und kaum verständlich etwas sagt, was hier nicht wiedergegeben wird.

Da, wie oben in Abschn. 2.1 (S. 18 f.) ausgeführt, für die Interpretation der Sequenz alle Elemente der Interaktion in ihrer genauen Abfolge bedeutsam sind, benötigt man ein dafür geeignetes Transkriptionssystem, das die hier vermerkten (und weitere) Defizite einer einfachen schriftsprachlichen Wiedergabe des Wortlauts der Äußerungen behebt. Bevor ein dafür geeigneter Satz von Transkriptionsregeln vorgestellt wird, sollen zunächst einige allgemeine Leitlinien der Transkription aufgezeigt werden.

Leitlinie für Transkriptionen

Als allgemeine Regel gilt, den aufgezeichneten Interaktionsverlauf so genau zu erfassen, wie es das Untersuchungsziel erfordert. Erst ein Protokoll, das jede Sequenz einer Interaktion genau erfasst, lässt unterschwellige Phänomene hervortreten. Wenn auch in unterschiedlicher Detailgenauigkeit, sollten die folgenden Aspekte bei der Transkription erfasst werden:

a) genauer Wortlaut von Äußerungen
b) Sprecherüberlappungen
c) prosodische Elemente

1 Um sich Audio-Dateien anzuhören, eignen sich natürlich alle gängigen Player. Nur wird man beim einmaligen Durchlaufen der Aufzeichnungen kaum in der Lage sein, alle Äußerungen genau zu erfassen und niederzuschreiben. Speziell für Transkriptionen gibt es daher verschiedene Softwarelösungen, die neben dem „normalen" Anhören, Vor- und Rückspulen auch über weitere hilfreiche Funktionen verfügen, z. B. das automatische Zurückspulen um eine selbstdefinierbare Dauer auf Tastendruck hin, um sich kurze Passagen mehrfach anzuhören, oder das verlangsamte oder beschleunigte Abspielen, um schwer verständliche Passagen genauer anzuhören. Die Installationsdatei für eine solche Transkriptionssoftware (f4) finden Sie auf der Begleit-CD.

1-03

GRUNDLAGEN

Ad a)

Erfassen des genauen Wortlauts

Unabdingbar ist eine Erfassung von Äußerungen in ihrem genauen Wortlaut. Ein Transkript ist keine Paraphrase der dokumentierten Äußerungen, sondern eine genaue Wiedergabe des Gesagten.

Ad b)

Erfassen von Sprecherüberlappungen

Auch das gleichzeitige Sprechen mehrerer Personen, Zwischenrufe oder das ‚Ins-Wort-Fallen' sind möglicherweise relevant für die Interpretation. Diese Sprecherüberlappungen sollten daher ebenfalls im Transkript dokumentiert werden.

Partiturschreibweise

Um solche parallelen oder unmittelbar aufeinander folgenden Äußerungen zweier Sprecher zu dokumentieren, ist die sogenannte Partiturschreibweise (benannt in Anlehnung an Musikpartituren, bei denen mehrere Stimmen in je eigenen Zeilen untereinander notiert werden) sinnvoll: Zeitgleiche Äußerungen mehrerer Sprecher werden in zwei aufeinander folgenden Zeilen unmittelbar untereinander gesetzt und der Anfang (und ggf. auch das Ende) des parallelen Sprechens durch ein eigens dafür definiertes Sonderzeichen (z. B. eckige Klammern oder Schrägstrich) markiert.

Ad c)

Erfassen der Prosodie und parasprachlicher Elemente

In den meisten Transkriptionssystemen werden zur Erfassung der Prosodie – d. h. für die Gliederung der Rede relevanter Merkmale wie Betonungen, Pausen, Intonation, Sprechtempo, Wortdehnungen, Lautstärke oder das Verschlucken von Silben – sowie parasprachlicher Elemente (z. B. lautes Ausatmen) Interpunktionszeichen und weitere definierte Sonderzeichen verwendet. Dazu werden aus der Schriftsprache geläufige Interpunktionszeichen zum Teil nicht deckungsgleich mit ihrer grammatikalischen Funktion verwendet. Deswegen ist es für die Weiter- oder Wiedergabe von Transkripten erforderlich, eine Erläuterung aller verwendeten Transkriptionssymbole beizufügen.

Ein elaboriertes Transkriptionssystem, das die gerade aufgestellten Kriterien umfassend erfüllt, stellt beispielsweise das Gesprächsanalytische Transkriptionssystem GAT (vgl. Selting u. a. 1998) dar, das allerdings von (und für) Linguisten entworfen wurde, deren disziplinärer Fokus eben primär auf sprachlichen Details liegt und das unterschiedliche Detaillierungsgrade zulässt.

Für sozialwissenschaftliche Analysen ist meist ein vergleichsweise einfacher Standard hinreichend – der aber im Vergleich zu üblichen Transkriptionssystemen für Interviews immer noch recht komplex ist. Ein solches Regelwerk – das in den Kapiteln II und V dieses Buches zur Anwendung kommt – wird nachfolgend präsentiert.

Kleinschreibung

Grundlage für die Transkription nach den nachfolgend definierten Regeln ist eine konsequente Kleinschreibung. Großbuchstaben haben allein die Funktion, Akzentuierungen (betOnungen und EMPHASEINTONATIONEN) zu markieren. Üblicherweise als Satzzeichen verwendete Symbole dienen dazu, das Ende einer sprachlichen Einheit zu markieren und in welcher Weise die Stimme sich am Ende dieser Einheit hebt, senkt oder konstant bleibt. Ein Punkt zeigt beispielsweise an, dass die Stimme sich deutlich senkt und der Sprecher zumindest kurz absetzt. So intoniert man auch, wenn man einen Schrifttext vorliest und bei Satzende zu einem Punkt gelangt. (Eine Frageintonation hört sich anders an: Wird nicht die Stimme zum Satzende deutlich gehoben?) Allerdings steht nicht überall dort im Transkript ein Punkt, wo man ihn gemäß der grammatikalischen Regeln der Schriftsprache erwartet, sondern nur dort, wo der Sprecher im phonetischen Sinne „einen Punkt macht", also die Stimme erkennbar senkt. In mündlicher Rede kommt es häufig vor, dass jemand „ohne Punkt und Komma redet".

Unverständliche Äußerungen

Unverständliche Wortäußerungen werden mit transkribiert. Hierbei sollte die Zahl der verwendeten „&"-Zeichen im Transkriptionssymbol „(&&&&&&&)" die Länge der unverständlichen Passage anzeigen. Ein schwer verständlicher und daher unsicherer Wortlaut wird ebenfalls eigens angezeigt, genauso Atemgeräusche „.hhh" und andere parasprachliche Äußerungen „((stöhnt))". Weitere prosodische Elemente können durch Buchstabenkürzel bezeichnet werden; die betreffende Textpassage wird dann in eckige Klammern gesetzt.

Anonymisierung

Wenn auf der Audioaufzeichnung Passagen zu Anonymisierungszwecken überblendet wurden (beispielsweise wenn man Aufzeichnungen von Dritten zur Verfügung gestellt bekommen hat, die ihrerseits an Datenschutzvorgaben gebunden sind), dann ist dies mit einem Vermerk „(Auslassung N Sek.)" gesondert zu markieren, damit man weiß, dass in dieser Zeit gesprochen wurde. Will man selbst personenbezogene Angaben anonymisieren, so werden geänderte Namen mit gleicher Silbenzahl in Kapitälchen ins Transkript eingefügt.

Schreibmaschinenschrift

Die Verwendung einer nicht-proportionalen Schriftart („Schreibmaschinenschrift") ist ebenfalls ein funktionales Element des Transkriptionssystems. Dies macht in Kombination mit dem Einsatz manueller Zeilenumbrüche und -zählung sowie dem Verzicht auf Tabulatoren und andere Auto-Formate unabhängig von wechselnden Programmversionen und unterschiedlichen Voreinstellungen auf verschiedenen Rechnern. Das ist insbesondere bei der Verwendung der Partiturschreibweise ein nicht zu unterschätzender Vorteil.

1-04

Das basale Symbolsystem, das wir zugrunde legen, sieht wie folgt aus. Eine Version zum Ausdrucken finden Sie auf der Begleit-CD:

Transkriptionssymbole für Gesprächsaufzeichnungen von Alltagsinteraktionen

Notation	Erläuterung
A: oder [etwa nicht?	
B: [ja, stimmt.	Simultanphase: Sprecher A und B reden ab dem „Klammer"-Zeichen parallel
(.)	kurze Pause, Stockung
(-), (--)	längere Pausen (unter einer Sekunde)
(2.5)	Pause mit Zeitangabe (hier: 2,5 Sekunden)
mein Brud/	Abbruch eines Wortes
mAchen	Betonung (= einzelne Vokale werden akzentuiert)
NA MACH SCHON	Emphaseintonation (= ganzes Wort wird lauter und höher ausgesprochen)
ne:t	Lautlängung
dann=doch	schneller Anschluss
ja?	Tonhöhenbewegung: stark steigend
so,	Tonhöhenbewegung: mittel steigend
wolln-	Tonhöhenbewegung: gleichbleibend
passiern;	Tonhöhenbewegung: mittel fallend
sonst nicht.	Tonhöhenbewegung: tief fallend
(&&&)	Wortlaut unverständlich
(dummes)	Wortlaut unsicher
.hhh	hörbares Ein- oder Ausatmen
((stöhnt))	Handlungs- und Verhaltensbeschreibungen

<p>das stimmt>	*Angaben zur Prosodie (gültig jeweils für die Textpassage innerhalb der spitzen Klammer)* p: leise (piano) f: laut (forte) t: tief h: hoch all: schnell (allegro) len: langsam (lento) cresc: lauter werdend (crescendo) dim: leiser werdend (diminuendo) acc: schneller werdend (accelerando) rall: langsamer werdend (rallentando)
(Auslassung 4 Sek.)	Ausblendung auf der Audioaufzeichnung (z.B. zur Wahrung der Anonymität einer Person, die namentlich genannt wird) mit Angabe der Dauer in Sekunden
ADAM BAUER	Anonymisierung personenbezogener Angaben in KAPITÄLCHEN

Transkription des Beispiels

Auf der Grundlage der obigen Transkriptionsregeln sieht eine Verschriftlichung des bereits erfassten Gesprächsausschnittes wie folgt aus:

```
Gespräch FIDI 101

A11 = Call-Center-Agent (m); K101 = Kunde (m)

01 A11:  schönen guten tAg. hier ist die CUSTOMER CARE HOTLINE der
02       FIDI-BANK. ich bin ADAM BAUER.
03 K101: ja HI- (Auslassung 1 Sek.) und zwar die kundenummer ei-
04       (Auslassung 5 Sek)
05 A11:  vielen dank herr (Auslassung 1 Sek.) brauch ich von
06       ihrer gehEImzahl; (.) die dritten stelle bitte.
07       (Auslassung 3 Sek.)
08 A11:  und die letzte.
09       (Auslassung 5 Sek.)
10 A11:  so herr HIN- (Auslassung 1 Sek.)
11 K101: ja:; (.) und zwa:r- wir/ich hab wIEder ne problem
12       mit Ihn=n, [(.)
13 A11:             [oh gOtt.=
14 K101: =nicht mit ihrer person, sondern [mit ihrer bank;
15 A11:                                   [(nicht mit mir)
```

Genauigkeit

Eine entsprechend detaillierte Transkription mag zunächst als umfangreiche und teils mühevolle Vorableistung erscheinen, erleichtert aber die spätere Datenanalyse erheblich. Hier ungenau zu arbeiten, rächt sich möglicherweise in der weiteren Arbeit.

So genau wie nötig

Abschließend sei nochmals auf die generelle Leitlinie hingewiesen, dass die Transkription so genau wie im Hinblick auf das Untersuchungsziel nötig sein sollte. Das impliziert auch, dass sie nicht genauer als erforderlich sein muss. So ist speziell für sozialwissenschaftliche Interviewdaten, die ganz überwiegend eine geringere Interaktionsdichte aufweisen als Gesprächsaufzeichnungen in natürlichen Alltagssituationen, eine weniger aufwändige Transkriptionsweise als die hier präsentierte meist hinreichend. In den wenigen Fällen, wo das nicht der Fall ist, kann immer noch auf den elaborierteren Standard zurückgegriffen werden. Auch für Interviews gilt, dass der Transkriptionsstandard stark variieren kann. Wichtig ist in jedem Fall, Überlappungen zwischen verschiedenen Sprechern und Unterbrechungen eines durch einen anderen Sprecher zu dokumentieren.

Gängige Transkriptionsregeln

Daher kommen in den Kapiteln III und VII dieses Buches Transkriptionsregeln zur Anwendung, die Ihnen auf den ersten Blick zwar auch sehr komplex erscheinen mögen, die aber zu einfacheren, die Prosodie weniger detailliert erfassenden Transkripten führen, wodurch der Wortlaut der Äußerungen stärker in den Vordergrund rückt. Auf dieser Grundlage kann der Sinngehalt der Äußerungen leichter erfasst werden.

> Die Transkription von verbalen Äußerungen entsprechend des jeweils verwendeten Transkriptionssystems bildet die Basis für die weitere Analyse. Möglich wird so eine nah an der Originalsprache orientierte und detaillierte Interpretation.

Vertiefende Literatur: Dittmar 2002; Selting u. a. 1998.

6 Literaturverzeichnis

Berger, Peter L. / Luckmann, Thomas (1992): Die gesellschaftliche Konstruktion der Wirklichkeit. Eine Theorie der Wissenssoziologie. Frankfurt am Main: Fischer (zuerst 1969).

Bohnsack, Ralf (2008): Rekonstruktive Sozialforschung. Einführung in qualitative Methoden. Opladen, Farmington Hills: Verlag Barbara Budrich (7. Auflage, zuerst 1991).

Brüsemeister, Thomas (2000): Qualitative Forschung. Ein Überblick. Wiesbaden: Westdeutscher Verlag.

Dittmar, Norbert (2002): Transkription. Ein Leitfaden mit Aufgaben für Studenten, Forscher und Laien. Opladen: Leske+Budrich.

Glaser, Barney G. / Strauss, Anselm L. (1967): Grounded Theory. Strategien qualitativer Forschung. Göttingen: H. Hubertus.

Hitzler, Ronald (2000): Sinnrekonstruktion. Zum Stand der Diskussion (in) der deutschsprachigen interpretativen Soziologie. In: Schweizerische Zeitschrift für Soziologie, 26 (3), 459-484.

Kelle, Udo (1994): Empirisch begründete Theoriebildung. Zur Logik und Methodologie interpretativer Sozialforschung. Weinheim: Deutscher Studienverlag.

Kelle, Udo / Kluge, Susann (1999): Vom Einzelfall zum Typus. Fallvergleich und Fallkontrastierung in der qualitativen Sozialforschung (Qualitative Sozialforschung, Bd. 4). Opladen: Leske+Budrich.

Meinefeld, Werner (2000): Hypothesen und Vorwissen in der qualitativen Sozialforschung. In: Flick, Uwe / von Kardorff, Ernst / Steinke, Ines (Hrsg.): Qualitative Forschung. Ein Handbuch (S. 265-275). Reinbek bei Hamburg: Rowohlt.

Meuser, Michael (2003): Rekonstruktive Sozialforschung. In: Bohnsack, Ralf / Marotzki, Winfried / Meuser, Michael (Hrsg.): Hauptbegriffe Qualitativer Sozialforschung (S. 140-142). Opladen: Leske+Budrich.

Reichertz, Jo (2000): Abduktion, Deduktion und Induktion in der qualitativen Forschung. In: Flick, Uwe / von Kardorff, Ernst / Steinke, Ines (Hrsg.): Qualitative Forschung. Ein Handbuch (S. 276-286). Reinbek bei Hamburg: Rowohlt.

Seipel, Christian / Rieker, Peter (2003): Integrative Sozialforschung. Konzepte und Methoden der qualitativen und quantitativen empirischen Sozialforschung. Weinheim: Juventa.

Selting, Margaret / Auer, Peter / Barden, Birgit / Bergmann, Jörg / Couper-Kuhlen, Elisabeth / Günthner, Susanne / Meier, Christoph / Quasthoff, Uta / Schlobinski, Peter / Uhmann, Susanne (1998): Gesprächsanalytisches Transkriptionssystem (GAT). In: Linguistische Berichte, 173, 91-122.

Strauss, Anselm L. / Corbin, Juliet (1996): Grounded Theory. Grundlagen qualitativer Sozialforschung. Weinheim: Beltz.

Uhle, Reinhard (2002): Qualitative Sozialforschung und Hermeneutik. In: König, Eckhard / Zedler, Peter (Hrsg.): Qualitative Forschung. Grundlagen und Methoden (S. 99-122). Weinheim: UTB.

ZWEITES KAPITEL

Konversationsanalyse

Inhalt

Einführung

Gespräche als Gegenstand

Gegenstand der Konversationsanalyse sind alle Arten von Gesprächen, die in natürlichen Situationen vorkommen. Aber was sind eigentlich „Gespräche in natürlichen Situationen" – und was nicht?

Zum einen geht es um den verbalen Austausch zwischen Beteiligten. Es handelt sich also um Kommunikation, bei denen zwei oder mehr Teilnehmer sich im Dialog wechselseitig sprachlich austauschen, eben: ein Gespräch führen. Hierunter fallen Formen direkter Kommunikation zwischen den Akteuren ebenso wie telefonisch vermittelte Gespräche. Schriftwechsel, Briefe und E-Mail-Kommunikation sind dagegen ebenso wenig Gegenstand der Konversationsanalyse wie monologische Formen von Kommunikation, etwa Vorträge und Referate.

Natürliche Interaktionssituationen

Zum anderen handelt es sich um Gespräche, die in „natürlichen" Interaktionssituationen stattfinden. Sie werden also nicht eigens zu Forschungszwecken initiiert, sondern entwickeln sich in einem beliebigen sozialen Kontext ohne das Zutun der Forschenden. Das bedeutet auch, dass die Kommunikation möglichst unbeeinflusst von den Forschenden (authentisch) eingefangen werden kann – und soll. Damit sind implizit einige Anforderungen an die Datenqualität formuliert: Sie müssen die Konversation wortgetreu wiedergeben, was z. B. üblicherweise sprachlich geglättete Zeitungsinterviews ausschließt, die originäre Tonbandaufzeichnung von Interviews aber zulässt.

Analysiert wird, wie im Verlauf eines Gesprächs soziale Ordnung durch wechselseitig aufeinander bezogene Sprechhandlungen der beteiligten Akteure gemeinsam hergestellt wird. Diese Perspektive ist deckungsgleich mit der soziologischen Theorieperspektive der Ethnomethodologie, auf der die Konversationsanalyse aufbaut.

1 Forschungsprogramm

1.1 Ethnomethodologische Grundlagen der Konversationsanalyse

Soziale Ordnung

Was Ethnomethodologen, und damit auch Konversationsanalytiker als soziale Ordnung bezeichnen, ist nicht ganz das, was wir im Alltag unter Ordnung verstehen. Das soll anhand eines Beispiels kurz erläutert werden.

Bsp.

Unser Alltagsverständnis ist, dass die Straßenverkehrsordnung durch sanktionierte Regeln eine Ordnung darstellt, an der sich alle Verkehrsteilnehmer orientieren (sollten) und in die sie sich mehr oder weniger einfügen. Die Ethnomethodologie fokussiert nun aber nicht auf die kodifizierten Regeln, sondern darauf, was Akteure in der Situation tatsächlich tun – und genauer: was sie wechselseitig aufeinander bezogen tun –, um diese Regeln auch faktisch einzuhalten oder sie zu überschreiten. Um beim Beispiel Straßenverkehr zu bleiben: Die StVO formuliert die Regel „rechts vor links", soweit eine Straßeneinmündung nicht anderweitig beschildert ist. Was müssen zwei Autofahrer aber tun, um die Regel auch zu befolgen? Man ahnt schon: „die Regel befolgen" ist als Antwort auf die

Frage ein bisschen dünne. Der geradeaus Fahrende muss zunächst überhaupt wahrnehmen, dass von rechts eine Einmündung kommt und dass er einem aus dieser Straße heraus Fahrenden gegebenenfalls Vorfahrt gewähren muss. Dazu muss er rechtzeitig bremsen – und zwar nicht nur rechtzeitig genug, um zur Not noch irgendwie zum Halten zu kommen, sondern so rechtzeitig, dass der andere, einmündende Fahrer aufgrund der Verlangsamung des Fahrzeugs erkennen kann, dass der geradeaus Fahrende ihm die Vorfahrt gewähren möchte. Fährt der geradeaus Fahrende dagegen lange mit hohem Tempo weiter, verzichtet der Einmündende lieber auf Vorfahrt und drohende Kollision.

Dieses Beispiel ließe sich noch weiter aufschlüsseln. Wir wollen hier nur noch auf zwei Dinge kurz verweisen. Zum einen, dass die Regel „rechts vor links" nicht verpflichtend ist in dem Sinne, dass der von rechts Kommende tatsächlich unbedingt zuerst fahren muss. Er kann auch auf seine Vorfahrt verzichten. Auch hierbei ist im ethnomethodologischen Sinne die entscheidende Frage, was er tut (und wie der Andere kooperiert), um es ‚erfolgreich' zu bewerkstelligen. Zum anderen ist die Regel gar nicht in jedem Fall hinreichend zur Herstellung von Ordnung. Die Frage, wie sich jeder Akteur tatsächlich verhält, ist spätestens dann von Bedeutung, wenn von allen vier Seiten gleichzeitig Verkehrsteilnehmer kommen. In dieser Situation ist formal völlig offen, wer zuerst fährt und wie eine Lösung herbeigeführt wird.

Wechselseitige Abhängigkeit

Aus Sicht der am Straßenverkehr teilnehmenden Personen, die angesichts ständig sich verändernder Gegebenheiten immer aufs Neue aktiv handeln (also nicht bloß „reagieren") müssen, haben die Regeln der Straßenverkehrsordnung vor allem orientierenden Charakter. Um aber in diesem praktischen Sinne handlungsfähig zu sein, müssen die Beteiligten auf noch eine ganze Reihe anderer ‚Regeln' zurückgreifen, die sie dazu befähigen, in Bezug auf Andere kompetent zu agieren. Diese Anderen handeln wiederum in Bezug auf diese Aktionen. Und es gibt in den seltensten Fällen nur *eine* Weise, „richtig" zu agieren. Das heißt, dass jeder der aufeinander bezogenen Schritte der Beteiligten die weitere Interaktion in bestimmter Weise strukturiert, indem der gewählte Handlungsschritt bestimmte Handlungsmöglichkeiten des Anderen eröffnet und andere verschließt.

Soziale Ordnung als Vollzugswirklichkeit

Theoretischer gesprochen: Soziale Ordnung wird in der Ethnomethodologie, und damit auch in der Konversationsanalyse, als „Vollzugswirklichkeit" („ongoing accomplishment") untersucht, also als fortlaufende *Ausführung* von Handlungen, die aber in ihrer ständigen Wiederholung oft ähnliche Muster aufweisen. Soziale Ordnung wird in dieser Perspektive in jeder Situation sukzessive gemeinsam mit anderen *hergestellt* – gewissermaßen in jeder Situation immer wieder von Neuem. Dem liegt die Annahme zugrunde, dass Individuen prinzipiell handlungsmächtig sind und nicht nur als Ausführende ‚gesellschaftliche Strukturen' reproduzieren. Die Vorstellung, dass die Akteure gewissermaßen wie Schauspieler handeln, die einen bereits vorgegebenen und ihnen bekannten Text nur zur Aufführung bringen, weist die Ethnomethodologie zurück. In Bezug auf Gespräche ist vielmehr davon auszugehen, dass die Akteure ihren Text im Verlauf des Gesprächs sukzessive improvisieren – also ein Gespräch ebenso aktiv herstellen, wie letztlich auch das gesamte Theaterstück ihres Lebens.

Ethnomethoden

Dazu verfügen sie über Ethnomethoden, d.h. in der Sozialisation vermittelte Methoden der Hervorbringung sozialer Praktiken und über ebenfalls sozialisatorisch eingeübte Kommunikations- bzw. Handlungsschemata. Akteure besitzen ein gemeinsames und stillschweigend akzeptiertes Wissen darüber, nach welchen basalen Regeln die Improvisation im Handlungsvollzug verläuft. Dieses handlungsleitende Wissen umfasst sowohl allgemeine Regeln des wechselseitigen Sprechens und der Interaktion als auch situationsspezifisches Wissen. Je nachdem, ob man sich bei einer Arbeitsbesprechung, im Wartezimmer beim Arzt oder in der Fankurve bei einem Fußballspiel befindet, gibt es andere Regeln und Muster dafür, worüber in welcher Weise gesprochen werden kann.

Nehmen wir als einfaches allgemeines Beispiel die Interaktionsform Begrüßung. Wir haben von Kindheit an gelernt, wie das vonstatten geht, und können die dazu erlernten Ethnomethoden in Alltagssituationen einsetzen. Aber wie geht das eigentlich vonstatten?

Bsp.

> Wenn ein Unbekannter auf mich zukommt, mich ansieht und die rechte Hand ausstreckt, dann erkenne ich für gewöhnlich noch bevor er ein Wort gesprochen hat, dass er mit seinen Handlungen die soziale Situation Begrüßung eingeleitet hat, und reagiere unwillkürlich darauf, indem ich ihn meinerseits ansehe und die rechte Hand zum Handgeben vorbereite. Wenn er dann eine Begrüßungsformel gesprochen hat, reagiere ich auf diese Formel in einer entsprechend vorgeformten Weise. Wenn er etwa sagt „Guten Tag, mein Name ist Peter Schneider“ und mich anblickt, werde ich mit „Hans Müller, sehr angenehm“ reagieren und die Begrüßung hat sich zur wechselseitigen persönlichen Vorstellung entwickelt. Es kann auch sein, dass wir uns bereits kennen, er mich daher mit „Guten Tag, Herr Müller“ begrüßt und ich entsprechend mit „Guten Tag, Herr Schneider“ erwidere. In beiden Fällen ist an dieses Muster sozialer Interaktion die normative Erwartung geknüpft, dass sie mit dem Austausch der Grußformeln noch nicht zu Ende ist, sondern dass zumindest ein weiterer Wortwechsel folgt. Je nach dem situativen Kontext kann etwa weiterer Smalltalk (wenn wir uns beispielsweise auf einer privaten Party befinden) oder ein fachlicher Austausch (z.B. auf einem Empfang im Anschluss an einen Fachvortrag) anschließen. Man kann sich aber im Vorübergehen mit dem Hinweis „ich hab's leider gerade eilig, ich rufe Sie mal an“ auch schnell wieder verabschieden. In jedem Fall aber besagt die in der Sozialisation eingeübte Regel, dass bestimmte implizite Erwartungen des Gegenübers zu befriedigen sind, wenn man nicht unhöflich sein will: Auf eine Begrüßung müssen andere sprachliche Handlungen folgen.

In Echtzeit laufen solche sozialen Interaktionen blitzschnell ab und es ist uns nur selten ganz bewusst, was wir da eigentlich aufgrund welcher verinnerlichter Regeln und Methoden tun. Darauf, und auf die normative Verbindlichkeit dieser Formen, bauen beispielsweise Verkäufer in Call-Centern, indem sie ihren Gesprächspartner begrüßen und sich mit dessen nach den Regeln der Höflichkeit erfolgten Erwiderung das Recht sichern, das Gespräch fortzuführen. Sie „beherrschen“ die der Alltagsinteraktion zugrunde liegenden sozialen Regeln und instrumentalisieren sie. Und es ist schwer für ihr Gegenüber, sich dem zu entziehen – unsere eigenen Ethnomethoden legen uns, so handlungsentlastend sie oft auch sind, ein Stück weit in unserem Verhalten fest und schließlich folgt auch das Beenden eines Gespräches spezifischen Regeln.

Bsp.

> Nehmen wir an, Sie erhalten einen Anruf, in dem sich der Anrufer als Repräsentant eines Meinungsforschungsinstituts vorstellt und daran die Frage anschließt „Darf ich Ihnen fünf ganz kurze Fragen zum Thema Handynutzung stellen?". Um geradeheraus mit „nein" zu antworten, muss man sich für gewöhnlich ein Stück weit überwinden: Fünf kurze Fragen sind nicht viel, und aus Höflichkeit ist man geneigt, sie zu beantworten, auch wenn man „nichts davon hat" – so wie man nach Möglichkeit Auskunft gibt, wenn man auf der Straße nach der Uhrzeit gefragt wird. Haben Sie die Frage des Anrufers bejaht, so wird er Ihnen einige kurze Fragen stellen, und möglicherweise ergeben sich aus Ihren Antworten heraus weitere Nachfragen. Sie werden schnell merken, dass „fünf kurze Fragen" wohl nicht ganz wörtlich gemeint war, und dazu gesellt sich irgendwann der Verdacht, dass der Anrufer Ihnen eigentlich etwas verkaufen will – spätestens dann, wenn er Sie fragt, ob Sie an einer Produktberatung interessiert wären und ein Kollege Sie später nochmal zurückrufen kann bzw. wenn er diese „Produktberatung" gleich ungefragt selbst beginnt.

Internalisierte Basisregeln der Alltagsinteraktion

Das Interessante an Situationen wie dieser ist, dass man häufig auch dann weiter „mitmacht", wenn man die eigentliche Zielsetzung des Anrufers bereits ahnt, und das Gespräch selbst dann nicht sofort abbricht, wenn er diese bereits explizit gemacht hat. Der Grund dafür ist, dass man allgemeine Höflichkeitsregeln internalisiert hat, z. B. eine geringfügige Bitte nicht abzuschlagen oder jemanden nicht ‚mittendrin' zu unterbrechen, sondern zu warten, bis sich eine Gelegenheit dazu ergibt. Wenn man in eine konkrete Alltagssituation verstrickt ist, dann ist es schwierig, aus diesen verinnerlichten und latent wirksamen Basisregeln der Alltagsinteraktion auszubrechen.

> Die zentrale Frage der Konversationsanalyse ist, wie „soziale Ordnung" in Gesprächen von Akteuren wechselseitig immer wieder hergestellt wird. Untersucht wird, mit welchen basalen Methoden und Techniken – die allen Interaktionsteilnehmern als im Verlauf ihrer Sozialisation gelernte „Ethnomethoden" zur Verfügung stehen – dies geschieht und wie die jeweilige Ordnung typischerweise beschaffen ist.

Handlungsmuster zur Herstellung sozialer Wirklichkeit

Situationsspezifische Regeln lernen wir ebenfalls in der Sozialisation – und wir lernen ständig dazu. Aber nicht immer kennt jeder einzelne die in einem Bereich geltenden Regeln, und nicht alle Menschen haben die gleichen Regeln und Muster erlernt. Es kann also auch zu Regelverletzungen kommen.

Im Hinblick auf die Konversationsanalyse gilt es zu beachten, dass nicht die situationsspezifischen Regeln als solche im Vordergrund der Analyse stehen, sondern in einer mikroskopischen Betrachtungsweise das, was die Akteure in der Situation aufeinander bezogen tun: Wie sprechen sie miteinander und wie erzeugen sie dadurch die soziale Situation ihres Gespräches? Es geht also primär darum, Handlungsmuster zu identifizieren, mit denen soziale Ordnung hergestellt wird. Auf dieser Grundlage sind dann Rückschlüsse auf zugrunde liegende Regeln möglich.

Mit dem Begriff Handlungsmuster wird betont, dass das praktische Tun der Akteure fokussiert wird und nicht dem Handeln möglicherweise zugrunde liegende Intentionen der Akteure. Jener *subjektiv gemeinte* Sinn ist für die Konversationsanalyse nicht von zentralem Interesse. Es geht vielmehr darum, was ein Akteur tut und was der Handlungsvollzug beim Anderen bewirkt, der daraufhin seinerseits wieder etwas tut und dadurch bei dem Ersten etwas bewirkt (usw.). Die Begründung für soziale Ordnungen bzw. Strukturen wird also nicht in (sozial geformten) Deutungen, Orientierungen, Relevanzen, Dispositionen oder Einstellungen der einzelnen Akteure verortet, sondern in der *Praxis* der interagierenden Akteure, der wiederum bestimmte Methoden ihrer Hervorbringung, die Ethnomethoden, zugrunde liegen. Eine wichtige Konsequenz für die praktische Anwendung dieser Perspektive bei der Datenanalyse: Wir können uns in der Konversationsanalyse allein auf das *Gesagte* konzentrieren, das die Aktivitäten der Gesprächspartner unmittelbar dokumentiert, und können darauf verzichten, aus den vorliegenden Äußerungen auf mögliche Intentionen der Akteure zu schließen – was in gesicherter Form prinzipiell weder den Beteiligten wechselseitig selbst noch beobachtenden Wissenschaftlern unmittelbar möglich ist.

Vertiefende Literatur: Joas / Knöbl 2004: 220-250; Schneider 2002: 13-53.

1.2 Ausgangspunkte: order at all points und turn taking

„order at all points"

In der Perspektive der Konversationsanalyse wird *Ordnung* im Prozess der Interaktion erst hergestellt – und zwar Schritt für Schritt von den Beteiligten. Dabei handelt es sich um eine sozusagen „lokale" Ordnung für die Akteure, die sie an jedem beliebigen Punkt der Konversation durch ihr kommunikatives Handeln (Reden, Schweigen, Streiten etc.) etablieren. Dies fasst die konversationsanalytische Maxime „order at all points" (Ordnung an jedem beliebigen Punkt der Konversation). Sie impliziert, dass kein einzelner Beitrag der gesamten Interaktion ‚sinnlos' ist, sondern im Gegenteil zu einer Gesamtordnung beiträgt. Allerdings ist auch hier wieder der spezifische Begriff von Ordnung zu beachten: die Frage, ob sie aus Sicht eines Beobachters in irgendeinem absoluten oder normativen Sinne auch als „Ordnung" erscheint, ist zunächst zweitrangig.

> Die Maxime „order at all points" besagt, dass jede sprachliche Aktivität sinnhaft Bezug auf die vorgängige(n) Äußerung(en) nimmt und dass sie sprachliche Anschlussaktivitäten eröffnet.

Es geht nicht darum, dass die Akteure irgendwelchen Vorgaben oder Vorschriften entsprechend ‚ordnungsgemäß' agieren. In allen Konversationen finden sich an jeder Stelle jeweils Anhaltspunkte dafür, dass von den Akteuren (irgendeine) Ordnung hergestellt wird. Menschen können gewissermaßen gar nicht anders, als sinnhaft zu handeln bzw. Sinn aus einer Situation machen zu wollen.

Ein anschaulicher Beleg für diesen menschlichen Drang, aus allem „Sinn zu machen", ist das Computerprogramm „Eliza" von Joseph Weizenbaum aus dem Jahr 1966 (siehe z. B. http://de.wikipedia.org/wiki/ELIZA), mit dem man per Tastatureingaben ein therapeutisches „Gespräch" führen konnte. Eliza verarbeitete die erhaltenen Inputs stets in neutral gehaltene Fragen oder Erzählaufforderungen, die, Schlüsselwörter aus den Inputs aufgreifend, eine Reaktion auf die Äußerungen simulierten und zu weiteren Inputs aufforderten. Versuchspersonen, die sich mit Eliza unterhielten, hatten das Gefühl, dass ihr Gesprächspartner wirkliches Verständnis für ihre Probleme hatte, weil die gegebenen Antworten und Fragen ihnen menschlich erschienen. Einige Versuchspersonen weigerten sich sogar, nachdem man sie darüber informiert hatte, zu akzeptieren, dass es sich nur um ein Computerprogramm handelte. (Testen Sie selbst unter http://www.med-ai.com/models/eliza.html.de.)

Sequenzielles Analyseverfahren

Aus der Tatsache allein, dass Menschen immer versuchen, Sinn aus einer Situation zu machen, folgt allerdings nicht, dass der jeweilige Sinn dem Interpreten einer aufgezeichneten Konversation unmittelbar zugänglich ist. Der Text des Gespräches transportiert in mehr oder minder verschlüsselter Weise die jeweilige Ordnung, die von den Akteuren hergestellt wird. Ziel der Konversationsanalyse ist es, eben diese Ordnung methodisch aufzuschlüsseln. Dazu bedarf es einer spezifischen Herangehensweise. So ist ein sequenzielles Vorgehen zwingend erforderlich: Jede Konversation ist „Schritt für Schritt" dahingehend zu analysieren, wie in wechselseitiger Rede eine Sprechsequenz an die vorhergehenden anschließt und welche Anschlussmöglichkeiten sie für die nachfolgenden Sequenzen eröffnet.

Rederecht und Sprecherwechsel: turn taking

Sequenziell ist eine Konversation auch in der Hinsicht, dass die Beteiligten im Wechsel aufeinander bezogen sprechen. Die Teilnehmer an einem Gespräch orientieren sich ganz allgemein an der Regel, dass jeweils einer von ihnen redet und die anderen abwarten müssen, bis der momentane Sprecher „fertig ist".

Eine allgemeine Grundlage für die sequenzielle Analyse von Gesprächen bietet die Systematik von Sacks, Schegloff und Jefferson (1974) zu den Basisregeln des turn taking, d. h. des Sprecherwechsels. Zentral ist, dass zu einem Zeitpunkt in einer Konversation jeweils eine Person das Rederecht besitzt. Diese kann eine andere Person explizit als nächsten Sprecher benennen, z. B. mit der offensiven Aufforderung: „Fritz, sag du auch mal was dazu", und ihm damit das Rederecht übergeben. Tut der Sprecher dies nicht und beendet seinen Beitrag, so entsteht eine offene Situation: das Rederecht erhält derjenige, der als nächster zu sprechen beginnt; ergreift niemand das Wort, verbleibt das Rederecht beim vorherigen Sprecher. Im Extremfall redet dann keiner mehr und die Konversation ist beendet.

TRP

Der Wechsel des Rederechts zwischen den Sprechenden vollzieht sich an sogenannten „transition relevant points" (TRP). Dieser Punkt beschreibt jene Momente im Verlauf des Gesprächs, an denen das Rederecht wechselt, beibehalten wird oder auch umkämpft ist. Formalisiert lauten die basalen Regeln wie folgt (vgl. Dittmar 1997; C = current, N = next speaker):

Regel 1 (wird beim ersten TRP eines Redebeitrags angewandt):

turn taking: Basisregeln

a) Wenn C im Laufe eines Redebeitrages N als nächsten Sprecher wählt, dann muss C zu reden aufhören und N als Nächster reden, wobei die Redeübergabe bei dem ersten TRP nach der N-Wahl erfolgt.
b) Wenn C N nicht wählt, kann sich jeder beliebige andere Teilnehmer selbst wählen; der Erste gewinnt das Recht auf den nächsten Redebeitrag.

c) Wenn C N nicht gewählt hat und sich kein anderer Teilnehmer gemäß b) selbst wählt, kann C den Redebeitrag fortsetzen (d. h. das Recht auf einen weiteren Redebeitrag beanspruchen), ist jedoch nicht dazu verpflichtet.

Regel 2 (wird bei allen folgenden TRPs angewandt):

Wenn C Regel 1 c) angewandt hat, dann gelangen Regeln 1 a) – c) zur Anwendung und dies geschieht rekursiv an dem nächsten TRP, solange bis der Wechsel vollzogen ist.

Hohe Dynamik realer Gespräche

Dieses sehr mechanisch erscheinende Regelwerk erfasst idealtypisch die Grundregeln für einen ‚ordnungsgemäßen' Sprecherwechsel in allen möglichen Kommunikationssituationen (im Sinne alltagskultureller Grundregeln, die allen bekannt sind). Die Dynamik realer Gespräche ist allerdings weitaus höher, da die Regeln in der Gesprächspraxis häufig verletzt werden, z. B. wenn die Gesprächspartner durcheinander reden, ohne zu warten bis ein Sprecher ‚von selbst' zu reden aufhört. Die basalen turn-taking-Regeln ermöglichen dann aber eine nähere Bestimmung der Abweichungen.

Bsp.

Würden beispielsweise in einer Fernsehdebatte von Politikern die Regeln strikt befolgt, so könnte es passieren, dass derjenige, der zu reden beginnt, einen Monolog bis Sendeschluss hält. Politiker haben eben viel mitzuteilen, sie wollen ihre Position stark machen, und das Rederecht ist umkämpft. Gerät ein Wortbeitrag allzu ausführlich, ohne dass ein Ende unmittelbar abzusehen ist, so hat der Moderator das Recht, den Sprecher zu unterbrechen und das Wort an einen anderen Teilnehmer weiterzugeben. Diese sind aber auch selbst aktiv und versuchen in geeigneten Momenten den Redefluss des momentanen Sprechers durch thematisch an das Gesagte anknüpfende Zwischenrufe (z. B. „Das ist doch gar nicht wahr!") zu unterbrechen. Gelingt dies einem Gesprächsteilnehmer, so kann er seinen Zwischenruf weiter ausführen. Zumeist kontert der momentane Sprecher solche Zwischenrufe mit einer Aufforderung wie „Lassen Sie mich bitte den Gedanken noch zu Ende führen".

Damit sichert er sich das Recht, noch zu Ende zu reden, bestimmt aber zugleich gemäß Regel 1 a) den Zwischenrufer als nächsten Sprecher. Gegen den ersten Anschein greifen also auch hier die Basisregeln des turn-taking. Aber auch das Anknüpfen von N's Zwischenruf an von C Gesagtes vollzieht sich innerhalb der Regel 1 a): N definiert die Situation so, dass die Äußerung von C, an die er anknüpft, eine Aufforderung an ihn zur Stellungnahme darstellt – also eine durch C erfolgte Wahl von ihm als nächsten Sprecher. Und sein Zwischenruf fungiert zugleich als implizite Ermahnung an C, dass dieser sich nicht an die Regel hält, da er einen nächsten Sprecher zwar gewählt, aber nicht zu reden aufgehört hat.

In verschiedenen sozialen Situationen unterliegen die Basisregeln jeweils unterschiedlichen Anwendungsnormen (die den Sprechern für gewöhnlich vertraut sind). Mit Hilfe der Konversationsanalyse ist es möglich zu bestimmen, in welchen Situationen welche Regeln herrschen.

Hörersignale

Dass jemand das Rederecht besitzt, heißt nicht immer (oder vielmehr: nur selten), dass alle anderen Gesprächsteilnehmer die ganze Zeit über völlig stumm wären. So ist es in Alltagsgesprächen völlig üblich (und zuweilen sogar notwendig), dass ein Zuhörer dem Sprecher fortlaufend sogenannte Hörersignale, beispielsweise in Form eines kurzen „mhm“ oder „ja“, gibt, die seine fortgesetzte Aufmerksamkeit bekunden. Das ist besonders bei Telefonaten erforderlich, da hier die Aufmerksamkeit allein über den akustischen Kanal und nicht gestisch oder mimisch bekundet werden kann. Zuhörer können auch mit parasprachlichen Elementen wie Lachen oder Räuspern auf den Redebeitrag eingehen. All diese Lautkundgebungen haben unter Umständen einen Einfluss auf den weiteren Redebeitrag des Sprechers, ohne ihm aber unmittelbar das Rederecht zu entreißen. Alle verbalen und paraverbalen Hörersignale sind folglich in die Analyse eines Gesprächs mit einzubeziehen.

Parasprachliche Äußerungen markieren scheinbar zugleich Grenzfälle der Regel „order at all points“: Gerade bei Husten oder Räuspern kann es sich ja um unwillkürliche, nicht unmittelbar auf den Redebeitrag bezogene Lautäußerungen handeln. Auch kann ein Lachen auf einen gesprächsexternen Einfluss zurückzuführen sein. Offen ist aber, ob der Sprecher solche Lautäußerungen auch entsprechend interpretiert oder ob er sie auf seinen Redebeitrag bezieht. Entsprechend der Prämisse, dass es der Konversationsanalyse um das Herstellen sozialer Ordnung unabhängig von intentionalen Absichten der Sprechenden geht, ist die Frage also auch hier wieder, welche Effekte die erfolgte Lautäußerung auf das Gespräch hat.

1.3 Zielpunkte der Konversationsanalyse

Formal-sprachliche Analyse von Gesprächen

Die Konversationsanalyse ist im Wesentlichen ein formalanalytisches Verfahren. Im Mittelpunkt steht zunächst, wie Konversationen strukturiert sind und nicht, welche Inhalte behandelt werden. Sie folgt einer ‚Logik der Entdeckung‘ von sprachlichen Mustern bzw. Mechanismen. Innerhalb des Gegenstands ‚Gespräche in natürlichen Situationen‘ können die unterschiedlichsten sozialen Gesprächssituationen untersucht werden – seien es Videokonferenzen, militärische Lagebesprechungen, psychotherapeutische Patientengespräche, telefonische Notrufe, Seminardiskussionen an der Uni, Tischgespräche oder sonstige Interaktionen.

Offene Annäherung an das Datenmaterial

Die zu untersuchende inhaltliche Fragestellung muss von den Forschenden selbst festgelegt werden. Dabei kann es produktiv sein, zunächst mit einer offenen und weiten Fragestellung („Was passiert hier?“) zu beginnen und diese – entsprechend der für die Konversationsanalyse typischen ‚Logik der Entdeckung‘ – erst im Verlauf der Auseinandersetzung mit dem empirischen Material weiter zu spezifizieren (z. B. die Herstellung von Dominanz, die Aushandlung von Kompromissen, Wege der Problemlösung etc.). Die Fragestellung ergibt sich dann, überspitzt gesagt, ‚aus dem Material heraus‘ bzw. genauer gesagt aus dem, was die Forschenden im Material an soziologisch interessanten Zusammenhängen entdecken können. So ‚lose‘ aber die verfolgte Fragestellung zu Beginn der Untersuchung sein mag: irgendein Forschungsinteresse (z. B.: Wie verlaufen Call-Center-Gespräche?) sollte vorhanden sein, da sonst das ‚Entdecken‘ von Zusammenhängen im Material kaum gelingen kann.

Ziel der Konversationsanalyse

Ziel der Konversationsanalyse in ihrer ‚Reinform' ist jeweils eine Bestimmung der sozialen Ordnung und ihrer Herstellungsweisen in einer bestimmten Gesprächsform. Daraus lassen sich idealerweise auch einzelne soziale Kontexte und Gesprächsformen übergreifende Erkenntnisse zu Strukturen und Mechanismen von Konversation gewinnen.

Bsp.

Jörg Bergmann (1993) arbeitet in seiner Untersuchung zu Feuerwehrnotrufen sowohl deren „kommunikative Verlaufsstruktur" (Bergmann 1993: 293) als auch in den Gesprächen wiederkehrende Mechanismen und Regelmäßigkeiten heraus. Sein Vorgehen soll für beide Analyseziele skizziert werden:

1) Die Verlaufsstruktur erfasst er, indem er alle vorliegenden Gesprächsaufzeichnungen vergleichend betrachtet und regelmäßig vorhandene Elemente (z.B. Begrüßung, Verabschiedung) und deren musterhafte Reihenfolge bestimmt und auf diese Weise die typischen Phasen eines Notrufgesprächs identifiziert. „Regelmäßig vorhanden" und „typische Phasen" verweist darauf, dass empirisch gesehen nicht unbedingt in jedem Gespräch jede Phase auch vorkommen muss, dass aber von dem typischen Muster abweichende Fälle in ihrer Besonderheit charakterisierbar und auf besondere Bedingungen zurückführbar sind.

2) Mechanismen und Regelmäßigkeiten in Feuerwehrnotrufen identifiziert Bergmann nach einer ‚Logik der Entdeckung'. Wenn ihm an einem einzelnen Gespräch oder im Vergleich mehrerer etwas auffällig erscheint, so wird es registriert und nach Möglichkeit wird eine Arbeitshypothese dazu formuliert, die anschließend systematisch anhand des gesamten Datenkorpus überprüft wird. Auch hier geht es also um die Entdeckung von Regelmäßigkeiten. Diese kommen aber unter Umständen nicht in allen Gesprächen zum Ausdruck und ihr Auftreten unterliegt teils besonderen Bedingungen.

Weiterer Fokus

Die Anwendung der Konversationsanalyse ist aber nicht zwangsläufig darauf beschränkt, die Besonderheiten einzelner Gesprächssorten bzw. -gattungen als solche oder Merkmale von Gesprächen im Allgemeinen zu analysieren. Die Konversationsanalyse kann auch zur Untersuchung spezifischerer inhaltlicher Fragestellungen dienen, etwa um zu untersuchen, wie Dominanz im Gespräch hergestellt wird.

Vertiefende Literatur: Schneider 2002: 53-83.

2 Methodische Vorgehensweise

2.1 Datenerhebung und -aufbereitung

Mittels der Konversationsanalyse werden Gespräche in authentischen Alltagssituationen untersucht. Empirische Grundlage sind natürliche Daten, d.h. audiovisuelle oder Audio-Aufzeichnungen von Gesprächen, die nicht von den Forschenden initiiert worden sind, sondern auch ohne deren Einfluss stattfinden würden. Die Forschenden müssen entweder Zugang zu hierbei aufgezeichneten Daten (z. B. Notrufe bei der Feuerwehr oder Kundengespräche von Telefonbanken) gewinnen oder solche Daten zu Forschungszwecken selbst aufzeichnen. Dabei ist darauf zu achten, dass die Aufzeichnung die Gesprächssituation nicht beeinflusst (nonreaktives Verfahren).

Natürliche Daten

Gegenstand und zugleich empirische Grundlage von Konversationsanalysen sind jeweils Gespräche gleicher Art, seien es nun telefonische Notrufe, Arbeitsbesprechungen, therapeutische Sitzungen oder Tischgespräche. Grundsätzlich ist eine hinreichende Anzahl von empirischen Daten und gegebenenfalls eine angemessene Varianz nötig: sollen ausschließlich Notrufe bei Feuerwehren untersucht werden, sind womöglich unterschiedliche Notrufzentralen einzubeziehen. Ist dagegen der Fokus einer Studie auf Notrufe allgemein gerichtet, dann sollten daneben auch Polizeistationen, Notrufsäulen an der Autobahn, gegebenenfalls auch seelsorgerische Hotlines o. Ä. in die Studie einbezogen werden. Welches empirische Material die Konversationsanalytiker heranziehen, bestimmen sie also anhand ihrer Forschungsperspektive. Ziel ist jeweils, die besonderen Merkmale der Gesprächsart in ihrer Struktur zu erfassen sowie spezifische sprachliche Mechanismen zu identifizieren und in ihrer Funktion zu analysieren.

2.1.1 Datenerhebung

Gespräch als Audioaufzeichnung

Eine Aufzeichnung der Gespräche auf Ton- oder Videodatenträger ist zwingend erforderlich, da nur auf dieser Grundlage die Handlungsvollzüge der beteiligten Akteure hinreichend genau dokumentiert werden können. Bloßes Mitschreiben des Gesagten wäre keinesfalls hinreichend. Waren früher Aufzeichnungen per Tondatenträger das am meisten verbreitete Verfahren, so nimmt seit einigen Jahren der Anteil der Videoaufzeichnungen als Basis konversationsanalytischer Untersuchungen zu. Vorteil des Videos ist, dass neben akustischen Informationen auch Motorik, Gestik und Mimik erfasst und in die Interpretation mit einbezogen werden können. Da damit aber zusätzliche methodische Probleme bei der Transkription und Analyse verbunden sind, die zu behandeln den Rahmen einer Einführung zur Konversationsanalyse sprengen würden, beschränken wir uns im Folgenden auf die Analyse von Tondokumenten.

2.1.2 Transkription

Erfassung aller Gesprächsmerkmale

Der erste grundlegende Schritt der Konversationsanalyse besteht darin, die auf Ton- (oder Video-) Datenträger aufgezeichneten Gesprächsdaten zu transkribieren. Wie gesprochen wird und wie die Sprecher aufeinander Bezug nehmen und einander beim Sprechen abwechseln, liefert wichtige Hinweise für die Analyse von Gesprächen. Egal ob die Sprecher ohne Punkt und Komma aufeinander einreden, dem anderen ins Wort fallen oder jedes Argument der anderen Seite erst verarbeiten, bevor sie antworten – all dies ermöglicht Rückschlüsse darüber, welchen Regeln der Gesprächsführung die Akteure folgen, welche Rollen sie im Gespräch einnehmen, welche Über- und Unterordnungsverhältnisse im Gespräch zum Tragen kommen, etc. Da alle genannten Gesprächsmerkmale möglicherweise eine Bedeutung für die Interpretation haben, ist für die Konversationsanalysen eine detaillierte Transkriptionsweise erforderlich, die auch Aspekte wie gleichzeitiges Sprechen mehrerer Akteure, Tonlagen, Pausen, Dehnungen von Wörtern, das Verschlucken von Silben oder parasprachliche Elemente wie lautes Atmen erfasst.

Partiturschreibweise

Bei der Analyse von Gesprächen hat die Art der wechselseitigen Bezugnahme der Gesprächsteilnehmer aufeinander eine besondere Bedeutung. Weil in Gesprächen viel häufiger, als man gemeinhin als Teilnehmer selbst registriert, parallel geredet wird, ist zudem eine Verschriftlichung in Partiturschreibweise unabdingbar, die paralleles Reden mehrerer Sprecher erkennbar macht (vgl. Kapitel I, Abschn. 5, S. 28).

Transkription als Wiedergabe des zu Hörenden

Generell gilt in der Konversationsanalyse, dass für die Transkription nur objektiv zu bestimmende Aspekte von Interesse sind. Vorschnelle Interpretationen sollten vermieden werden. So kann man etwa mit einem Klammerzusatz „(*lautes Einatmen*)" ein hörbares nichtsprachliches Ereignis dokumentieren. Eine aufgrund des Tonfalls *unterstellte* Ironie in einer sprachlichen Äußerung, z. B. „hahaha (*lacht ironisch*)", hätte dagegen nichts in der Transkription verloren, da es sich um eine Interpretation und nicht um eine reine Wiedergabe dessen handelt, was zu hören ist. Konversationsanalytische Transkriptionen sollen sich solcher Interpretationen enthalten.

1-02

Die Bedeutsamkeit einer exakten Transkription soll anhand der bereits in (Kapitel I, Abschn. 5, S. 29 f.) aufgeführten – und als Audiodatei abhörbaren – Anfangssequenz eines Telefongesprächs zwischen einem Call-Center-Agenten einer Direktbank (A01) und einem Kunden (K101) nochmals erläutert werden.

1-04

Die Transkription folgt den in Kapitel I, Abschn. 5 aufgeführten Transkriptionsregeln für Gesprächsaufzeichnungen, auf die Sie auch auf der Begleit-CD zugreifen können:

Bsp.

```
FIDI 101
A11 = Call-Center-Agent (m); K101 = Kunde (m)
01 A11:  schönen guten tAg. hier ist die CUSTOMER CARE HOTLINE der
02       FIDI-BANK. ich bin ADAM BAUER.
03 K101: ja HI- (Auslassung 1 Sek.) und zwar die kundenummer ei-
04       (Auslassung 5 Sek)
05 A11:  vielen dank herr (Auslassung 1 Sek.) brauch ich von
06       ihrer gehEImzahl; (.) die dritten stelle bitte.
07       (Auslassung 3 Sek.)
08 A11:  und die letzte.
09       (Auslassung 5 Sek.)
10 A11:  so herr HIN- (Auslassung 1 Sek.)
11 K101: ja:; (.) und zwa:r- wir/ich hab wIEder ne problem
12       mit Ihn=n, [(.)
13 A11:             [oh gOtt.=
14 K:101 =nicht mit ihrer person, sondern [mit ihrer bank;
15 A11:                                   [(nicht mit mir)
```

Das Transkript dokumentiert, dass der Agent in Zeile 13 in unmittelbarer Reaktion auf die Äußerung des Kunden und noch bevor dieser seine Aussage beendet hat mit Betonung „oh gOtt" ausruft. In unmittelbarer Reaktion darauf präzisiert der Kunde in Zeile 14 seine Aussage. Solche Wendungen des Gespräches genau zu protokollieren ist Ziel einer guten Transkription. Dabei ist es hilfreich, sich am Regelwerk eines Transkriptionssystems zu orientieren und auf dieser Grundlage sein eigenes Regelwerk zu definieren. Gemeinhin werden sprachwissenschaftliche Transkriptionssysteme einen höheren Genauigkeitsgrad erzielen, als dies etwa für sozialwissenschaftliche Protokolle normalerweise nötig wäre.

Transkribieren Sie das Gespräch FIDI *115, das Sie als Audio-Datei auf der Begleit-CD finden, gemäß den für das obige Transkript von* FIDI *101 verwendeten Transkriptionsregeln.*
Vergleichen Sie Ihre Transkription mit der unten in 2.2.4 auf Seite 52 f. und auf der Begleit-CD wiedergegebenen Version.

2-01
2-02

2.2 Analyseschritte

Die Datenanalyse erfolgt in drei Verfahrensschritten:

- Sequenzielle Analyse von Einzelfällen (2.2.1)
- Einbeziehung von Kontextwissen (2.2.2) und
- Fallvergleichende Analyse (2.2.3)

Rekursives Vorgehen

Die Auswertungsschritte stehen *nicht* in einer streng linearen Abfolge, sondern sind *rekursiv* aufeinander bezogen. Es erfolgt also ein stetiger Wechsel zwischen der Analyse einzelner Fälle bzw. ausgewählter Sequenzen einzelner Fälle, der Berücksichtigung von Kontextinformationen und dem Vergleich des Einzelfalles bzw. einer Einzelsequenz mit anderen Fällen. Dadurch werden die Einzelfälle im Verlauf der Analyse fortlaufend genauer durchdrungen. Auf dieser Grundlage ergeben sich weitere Hinweise auf Besonderheiten innerhalb einzelner Gespräche, die wiederum fallvergleichend und unter Einbeziehung von Kontextinformationen auf ihre Verallgemeinerbarkeit hin überprüft werden. So gelangt man peu à peu zu einer systematischen Erfassung der besonderen strukturellen Merkmale der untersuchten Gesprächssorte und zur Erfassung der in ihr zur Anwendung kommenden sprachlichen Mechanismen.

Aufgrund des nicht-linearen Vorgehens der Konversationsanalyse ist die nachfolgende Darstellung – anders als an entsprechender Stelle in den nachfolgenden Kapiteln III bis V – so aufgebaut, dass die drei Auswertungsschritte zunächst nacheinander allgemein erläutert werden (2.2.1-3) und dann unter 2.2.4 anhand eines Fallbeispiels in ihrem tatsächlichen Ablauf exemplarisch dargestellt werden.

2.2.1 Sequenzielle Analyse

Sequenzierung

Am Anfang steht die Auseinandersetzung mit dem empirischen Einzelfall. Dieser wird in seinem Aufbau untersucht und in einzelne voneinander abgrenzbare Einheiten, Sequenzen, zergliedert, um diese genauer zu untersuchen. Das offensichtlichste Kriterium der Sequenzierung ist der Sprecherwechsel: Auf den Redebeitrag eines Sprechers folgt der eines anderen, und jeder einzelne Beitrag bildet eine Einheit, die auf vorherige (fremde und / oder eigene) Redebeiträge Bezug nimmt. Es ist Aufgabe der Sequenzierung zu bestimmen, inwieweit mehrere dieser Einheiten insgesamt im sprachlich-funktionalen Sinne eine übergeordnete Sequenz bilden: Zum Beispiel ist eine Begrüßungssequenz im Gespräch nur als Interaktion zwischen Beteiligten denkbar – d. h. als Wechselspiel zwischen aufeinander bezogenen Äußerungen, die die Beteiligten beisteuern und die als Einzelsequenzen innerhalb der Begrüßung identifizierbar sind. Die Begrüßungen können folglich von angrenzenden Sequenzen unterschieden und als eigene Gesprächsform analysiert werden. Gleiches gilt auch für Gesprächsituationen wie Frage und Antwort, Frage und Gegenfrage etc., die formalsprachlich als Paarsequenzen gelten. Jenseits dessen kann es aber auch Sinn machen, Sequenzen innerhalb eines Redebeitrags nach ihrer unterschiedlichen sprachlichen Form und / oder Funktion zu unterteilen. Sind die Sequenzen einmal identifiziert, gilt es, die sequenzielle Organisation des Gesprächs zu analysieren, also die Art und Weise, wie einzelne Sequenzen aufeinander Bezug nehmen und eine zeitliche Abfolge hergestellt wird.

Analyse der sequenziellen Gesprächsabfolge

Die Sequenzanalyse zielt also keineswegs darauf ab, einzelne Äußerungen nur zu isolieren. Vielmehr geht es darum, der jeweiligen Einbettung einer Textstelle in den Gesprächsverlauf Beachtung zu schenken – entsprechend der Maxime „order at all points" (vgl. Abschn. 1.2), die besagt, dass jede Gesprächssequenz die nachfolgenden strukturiert und auf die vorherigen Bezug nimmt. Das gilt wohlgemerkt auch für Äußerungen, die nach unserem Alltagsverständnis nicht auf das vorher Gesagte Bezug nehmen, z. B. wenn man seinen telefonischen Gesprächspartner unterbricht mit der Mitteilung „Warte mal kurz, der Paketbote ist grad an der Tür." Auch diese Äußerung nimmt auf das vorher Gesagte Bezug, indem sie an geeigneter Stelle die Ausführungen des anderen unterbricht, und strukturiert das Nachfolgende: Man muss sich beim Anderen wieder zurückmelden – „so, da bin ich wieder" – und den Gesprächsfaden wieder aufnehmen. Daher legt die Konversationsanalyse Wert darauf, Gespräche nach ihrem faktischen Verlauf zu unterteilen, also den Text von Beginn an unter dem Gesichtspunkt seiner sequenziellen Abfolge zu lesen und entsprechende Vermerke ohne Vorgriff auf erst später folgende Textstellen zu setzen.

Erfassung sprachlicher Besonderheiten und Regelmäßigkeiten

Ist der Bezug eines Redebeitrages immer auf den vorherigen Redebeitrag gerichtet, so enthalten Redebeiträge implizit auch bestimmte Folgeerwartungen. Auf bestimmte Äußerungen lassen sich legitimer Weise bestimmte Anschlussäußerungen erwarten, etwa auf eine Frage eine Antwort. Faktisch kommen aber Brüche mit dieser Normalitätsvorstellung immer wieder vor. Hinzu kommt, dass Aussagen zurückgenommen oder im weiteren Lauf durch den Sprechenden modifiziert werden können. Möglich sind auch Resümees, Rechtfertigungen oder Korrekturen des bisher Gesagten. Auch hierbei lassen sich aber Regeln und Regelmäßigkeiten feststellen. Aufgabe der Konversationsanalyse ist es, sprachliche Phänomene aufzuspüren, in ihrer Wirkung zu prüfen und als strukturierenden Aspekt eines Gespräches zu werten.

Sprecherwechsel

Der Sprecherwechsel (vgl. Abschn. 1.2, S. 41 f.) mit seinen Hinweisen auf die Dynamik des Gespräches erlaubt weitere Erkenntnisse: Sprecherwechsel können glatt verlaufen, d. h. beide Sprecher halten sich an die Konventionen des turn taking. Üblicherweise darf man dann eine kurze Pause zwischen den Beiträgen erwarten. Es existiert aber auch eine Vielzahl von Abweichungen davon: Nicht ausreden lassen, einen Satzanfang des Gesprächspartners unterbinden, Satzabbrüche, mehrmaliges Ansetzen zur eigenen Rede, Ausrufe ohne weitere Erläuterungen (Aha!), parasprachliche Eingaben (wie lautes Atmen) oder auch Stille.

Zu analysierende sprachliche Merkmale

Im Rahmen der sequenziellen Analyse gilt es daher, sprachliche Besonderheiten aller Art zu erfassen. Das umfasst:

- phonetische Phänomene (Dialekt, Lautbildung),
- prosodische Elemente (d. h. Intonationen, Lautstärke, Tempo- / Rhythmuswechsel, Pausen, etc.),

- den Gebrauch der Grammatik (z. B. in der Wortfolge etc.),
- Lexik (Wahl von Fachbegriffen oder Jargons etc.) sowie
- Stilistik (Redewendungen, Metaphern, sprachliche Formeln etc.).

Bei all diesen Merkmalen ist zu fragen, warum ein Sprecher diese so anwendet und welche (intentionalen, unbewussten oder unbeabsichtigten) Wirkungen Redebeiträge dadurch erhalten. Um deren Bedeutung zu erkennen, ist beispielsweise die Beachtung von Widersprüchen in der Rede ebenso wichtig wie weitschweifige Ausführungen eines Arguments. Auch hier greift die Maxime „order at all points".

Vertiefende Literatur: Linke u. a. 1996; Schwitalla 1997.

2.2.2 Einbeziehung von Kontextwissen

Zusätzliche Informationen über den Kontext eines Gesprächs, also gesprächsexterne Informationen beispielsweise über Besonderheiten des verhandelten Vorgangs, die beteiligten Personen oder den institutionellen Rahmen des Gesprächs sind so weit bekannt in die Analyse mit einzubeziehen. Allerdings sollten die Daten zunächst möglichst kontextfrei formalsprachlich analysiert werden: Die soziale Interaktion soll aus sich heraus rekonstruiert werden, ohne dass man auf möglicherweise vorhandenes zusätzliches Wissen zu dem jeweiligen Gespräch zurückgreift, da dieses zu voreiligen inhaltlichen Zuordnungen verleiten könnte. Der analytische Blick soll aber möglichst unmittelbar auf den Ablauf der aufgezeichneten und transkribierten Interaktion gerichtet werden.

Sonderwissen über den Untersuchungsgegenstand

Kontextwissen ist aber dort unmittelbar einzubeziehen, wo Sequenzen ohne Sonderwissen über den Untersuchungsgegenstand unverständlich bleiben. Sonderwissen ist insbesondere für die Analyse bestimmter ‚nichtalltäglicher' Untersuchungsbereiche (etwa wenn man militärische Lagebesprechungen oder die Fachgespräche von Piloten untersucht) erforderlich, etwa um im Gespräch vorkommende Begriffe oder Sachverhalte richtig verstehen zu können. Man benötigt dann als Forscher praxisrelevantes und mitunter sehr spezifisches Kontextwissen, wie es die Personen in diesem Untersuchungsbereich ganz selbstverständlich besitzen: Kenntnisse über soldatische bzw. fliegerische Fachsprache, evtl. auch über dortige Handlungspraxen. Ein bloß abstrakt bleibendes Wissen darüber, wie Militär funktioniert oder wie der Luftverkehr organisiert ist, reicht dann nicht mehr aus, um das für die Gesprächsanalyse notwendige Verständnis einzubringen.

Allgemeines soziologisches Hintergrundwissen

Darüber hinaus ist für die Konversationsanalyse das Hinzuziehen von allgemeinen soziologischen und linguistischen Wissensbeständen, die dem Forschenden zugänglich sind, ein wichtiger Auswertungsschritt. Dazu zählen Kenntnisse über Bedingungen des Handelns im jeweiligen Untersuchungsfeld ebenso wie über Besonderheiten der Kommunikation in bestimmten Situationen, Milieus oder Kommunikationsformen oder über allgemeine Höflichkeitsregeln und Umgangsformen.

Bsp.

In Bergmanns (1993) im Abschn. 1.3 bereits angeführter Untersuchung zu Feuerwehrnotrufen werden die Besonderheiten der Kommunikationsgattung „Notrufe" reflektiert. So stehen die Beteiligten unter besonderem Handlungsdruck: Es geht in der Regel um Not- und Alarmsituationen, die unverzügliches Handeln erforderlich machen. Der Feuerwehr ist daran gelegen, Fehlalarme zu vermeiden. Soweit es bei den Anrufen um andere Belange geht, hat die Feuerwehr ein Interesse daran, dies unverzüglich zu klären und den Anruf zu beenden, um wieder für ihren eigentlichen Zweck frei zu sein. Der Empfänger des Anrufs muss also prüfen, ob der Anruf überhaupt in ernster Absicht erfolgt, er muss die Bedingungen der Situation genau erfassen und prüfen, ob und gegebenenfalls in welcher Form ein Notfalleinsatz erforderlich ist. Umgekehrt stehen die Anrufer unter dem Druck, plausibel zu machen, dass es sich wirklich um einen Notfall handelt, der einen Einsatz erforderlich macht. Zu all dem haben die Beteiligten keine anderen Mittel als ihre Sprache zur Verfügung. Ein weiteres Spezifikum ist, dass die Anrufenden in den wenigsten Fällen auf vorherige eigene Erfahrungen mit dieser Art von Notfallmeldung zurückgreifen können. Zur Verfügung haben sie allenfalls die bereits Kindern vermittelten Leitlinien darüber, wie solche Notfallmeldungen zu strukturieren sind.[1] Das heißt, dass sich die Konversation in hohem Maße in der Gesprächssituation selbst auf der Grundlage des Alltagswissens (Ethnomethoden) der Anrufer strukturiert. Der Empfänger des Anrufs dagegen verfügt über umfangreiches Erfahrungswissen mit Anrufen dieser Art.

2.2.3 Fallvergleichende Analyse

Ziele und Vorgehensweise des Fallvergleichs

Der Fallvergleich dient der Analyse von Gleichförmigkeiten aller Art, die zwischen einzelnen Fällen des Datenkorpus bestehen: sei es in Bezug auf die Verlaufsstruktur der Gespräche oder in Bezug auf einzelne soziale Mechanismen oder Prozesse, die sich innerhalb von Gesprächen identifizieren lassen. Das Vorgehen folgt wiederum einer Logik der Entdeckung von Mustern und Gemeinsamkeiten zwischen den Fällen. Je nach Untersuchungsinteresse wird die Aufmerksamkeit des Forschers dabei auf unterschiedlichen Aspekten liegen; gleichwohl sollte der Forscher ‚offen' sein für die Entdeckung ‚unerwarteter' Zusammenhänge. In diesem Sinne ist neben einem systematischen Vorgehen eine abduktive Orientierung gegenüber dem Datenmaterial von hoher Bedeutung.

Bsp.

2-03

Ein Beispiel für ein komplexes Forschungsergebnis über die typische Verlaufsstruktur von Feuerwehrnotrufen nebst einer Illustration an einem konkreten Beispielfall aus der bereits in 1.3 und 2.2.2 erwähnten Studie von Bergmann (1993) finden Sie auf der Begleit-CD.

Ein weiteres Ziel des Fallvergleichs kann in der Erfassung von systematischen Unterschieden bestehen, die sich zwischen verschiedenen *Typen* von Gesprächen innerhalb eines Untersuchungsfeldes festmachen lassen. Es wurde bereits darauf hingewiesen, dass sich die Gesprächsart Notruf in diesem Sinne in unterschied-

1 „112 – Das ist der Notruf. Wenn du dich meldest, musst du drei wichtige Fragen beantworten: WO? Wo ist etwas passiert? Du sagst die Adresse. WAS? Was ist passiert? Du erzählst, was du siehst. WER? Wer ruft an? Jetzt nennst du deinen Namen." Quelle: Mit der Feuerwehr unterwegs. Text: Claudia Toll. (Reihe: Wieso? Weshalb? Warum? Die Sachbuchreihe ab dem Kindergartenalter) Ravensburger Buchverlag Otto Maier: Ravensburg, 29. Aufl. 2005. S. 16.

liche Klassen (z. B. Polizeinotruf, Feuerwehrnotruf, Meldungen via Autobahnnotrufsäule, Seelsorge etc.) aufteilen lässt – wenn es denn empirisch belegbar ist. Dazu ist aber eine entsprechende vorgängige Typisierung erforderlich, die wiederum zunächst Gleichförmigkeiten zwischen Gesprächen eines Typus aufdecken muss. Auch hier geht es also um die Entdeckung von Gleichförmigkeiten in (genauer zu bestimmenden) Teilen des Datenkorpus.

2.2.4 Exemplarische Analyse eines Fallbeispiels

Hinweise zum Fallbeispiel und Vorgehen

Bei den im Folgenden zur praktischen Demonstration des Verfahrens analysierten Fallbeispielen handelt es sich um Telefongespräche zwischen Kunden und Agenten der Hotline („Customer Care Hotline") einer Direktbank („FIDI-Bank"), die für Reklamationen und Problemfälle zuständig ist.[2] Die Auswertung konzentriert sich zunächst allgemein auf die (bewusst unspezifisch formulierte) Leitfrage, welche Rollen bzw. Positionen sich Kunden und Agenten in diesen „Customer-Care"-Telefonaten zuweisen und mit welchen Methoden sie dies tun. Entsprechend der Zielstellung der Konversationsanalyse, ausgehend von Auffälligkeiten in Einzelfällen mögliche Besonderheiten der Gesprächsart insgesamt fallvergleichend zu entdecken, wird auf die vorgängige Formulierung einer inhaltlich engeren Fragestellung verzichtet.

Zunächst erfolgt rein auf die Einzelfälle bezogen eine sequenzielle Analyse einer Anfangssequenz (FIDI 101) und eines vollständigen Gesprächs (FIDI 115). Anschließend werden die Fälle unter Einbeziehung von Kontextinformationen über das Untersuchungsfeld und im Fallvergleich mit anderen Gesprächen im Hinblick auf die hier interessierende Forschungsfrage untersucht.

Sequenzielle Analyse des Anfangs von Gespräch FIDI 101 (Z. 1-15)

Sequenzierung FIDI 101 (Z. 1-15)

2-04
1-02

Das zu analysierende Transkript des Beginns einer telefonischen Dienstleistungsinteraktion ist oben in Abschn. 2.1.2 auf S. 46 wiedergegeben. Eine Text-Datei zum Selbst-Ausdrucken und Analysieren finden Sie ebenso auf der Begleit-CD wie die zugrunde liegende Audiodatei. Es wird empfohlen, die Datei zunächst mehrmals anzuhören.

Der Gesprächsanfang FIDI 101 wird zunächst sequenziell analysiert. Dazu werden in einem ersten Schritt Sequenzen identifiziert und benannt. Der Gesprächsabschnitt wird nachfolgend unter Rückgriff auf Kontextwissen und Vergleiche mit anderen Fällen eingehender analysiert.

In Zeile 1-2 setzt der Call-Center-Agent mit einer allgemeinen Grußformel ein („schönen guten tAg."), gefolgt von einer Identifikation seiner Abteilung sowie seiner Person („hier ist die customer care hotline der FIDI-Bank. ich bin adam bauer."). Insoweit hier Begrüßung und Identifikation zusammenfallen, lässt sich von einer Sequenz Gesprächseröffnung des Agenten sprechen.

2 Das umfasst etwa Beschwerden über die Servicequalität des „normalen" Call Centers der FIDI-Bank, über fehlerhaft, nicht zur Zufriedenheit der Kunden oder in einem bestimmten Zeitraum noch gar nicht ausgeführte Aufträge, die Stornierung von durch Kunden fehlerhaft getätigten Aufträgen, die Behandlung technischer Probleme mit der Internet- oder Telefonplattform der FIDI-Bank und Anfragen zu besonderen Finanzdienstleistungen, für die die FIDI-Bank über kein standardisiertes Verfahren verfügt oder die sie nicht anbietet. Das heißt aus linguistischer Perspektive, dass mehrere Gesprächssorten, neben Beschwerde- und Reklamations- auch etwa Beratungs- oder Problemlösungsgespräche, vorkommen, teils sogar innerhalb eines Telefonats.

In Z. 3 schließt der Kunde an die Eröffnung des Agenten an. Die kurze Auslassung („ja HI- *(Auslassung 1 Sek.)*") in der Audioaufzeichnung lässt darauf schließen (ein anderer Anlass zur erfolgten Überblendung der Stelle seitens der Bank zur Wahrung des Bankgeheimnisses ist an dieser Stelle nicht plausibel), dass der Kunde an die Namensnennung durch den Agenten seinerseits unmittelbar mit der Nennung seines eigenen Namens anschließt. Unmittelbar danach nennt der Kunde seine Kundenkennzahl („und zwar die kundennummer ei- *(Auslassung 5 Sek)*"), womit die Sequenz *Gesprächseröffnung des Kunden* erkennbar abgeschlossen ist.

Mit der Angabe seiner Kundenkennzahl in Z. 4 eröffnet der Kunde zugleich die nächste, mit mehreren Auslassungen in der Tonbandaufzeichnung durchsetzte Sequenz der *informationstechnischen Identifikation des Kunden*, in der die beiden Protagonisten bis Z. 9 als weiteren Verfahrensschritt zur Einleitung des Dienstleistungsprozesses die Authentifizierung des Kunden per Geheimzahl abwickeln.

In Z. 10 zeigt der Agent dem Kunden die Beendigung dieser Prozedur an („so herr HIN- *(Auslassung 1 Sek.)*") und übergibt dem Kunden damit das Rederecht für die Darstellung seines Anliegens.

Das quittiert der Kunde in Z. 11-12 mit „ja:; (.)" und schließt die *Rahmung des Kundenanliegens als Beschwerde* an („und zwa:r- wir/ich hab wIEder ne problem mit Ihn=n,"). Mit „wieder" verweist der Kunde explizit darauf, dass er schon zuvor Anlass zu Reklamationen hatte.

Auf diese Eröffnung reagiert der Agent in Z. 13 mit einem Bestürzung zum Ausdruck bringenden *Zwischenruf* („oh gOtt").

Der Kunde reagiert in Z. 14-15 auf diesen Zwischenruf mit der *Präzisierung seiner Äußerung* in Z. 11-12, dass es sich nicht um ein persönliches Problem mit dem Agenten, sondern um ein institutionelles mit dem Geldinstitut handele.

Soweit die sequenzielle Analyse des Anfangs von FIDI 101. Um diese einordnen zu können, ist ein Vergleich mit anderen Gesprächseröffnungen erforderlich. Dazu wird zunächst ein weiteres Gespräch hinzugezogen.

Sequenzielle Analyse von Gespräch FIDI 115

Der erste Auswertungsschritt besteht wiederum darin, Sequenzen des Gesprächsverlaufs zu identifizieren.

```
FIDI 115
A14 = Mitarbeiterin (w); K115 = Kunde (m)
01  A14:   schönen guten morgen, hier ist die CUSTOMER CARE
02         HOTLINE der FIDI-BANK, ich bin PETRA MAIER.
03  K115: ja grüß gott etz wollt i grad einen
04  K115  dAUErauftrag machen [(-) und des (.) ge/
05  A14:                      [ja?
06  K115  gelump funktioniert net,
07  A14:  im internet? o[de:r/
08  K115:                [ja im Internet, da steht immer
09  K115  da, bitte morgen öh übermorgen ausfülln; so
10        ein kÄse <<acc> i=habs gestern a=schon probiert und
11  K115  da steht immer=s=gleiche drauf[.>
12  A14:                                [mhm, mhm, (.)
13  A14:  also wenn sie mi:m internet jetzt ä:h (-)
14        probleme haben; da kann ich sie (.)
15        weiterverbinden an unsere InternethOtline.
16  K115: naa (.) nh (-) da/s=geht=um=n dAUErauftrag.
```

```
A14:  mhm; da kann ich sie dann an die
A14:  kundenberatung wei[terverbinden die hilft
K115:                    [ja ja, dann machens=des
A14:  [ihnen gerne. (.) aber wenn sie wie gsagt
K115: [schnell=amal.
A14:  dann noch zum Internet(.) [äh/
K115:              <<acc + cresc> [i hAb zum
K115  internet keine probleme, [i hab zum
A14:                           [keine
K115: [DAUERAUFTRAG probleme; schnEll=[schnEll.> .hhh=
A14:  [(fragen)                  <<all> [okay.>
A14:  =<<all> ja.> geben sie mir bitte die
      personennummer?
K115: mh; <<rall> des is> (.) äh (Auslassung 6 Sek.)
A14:  so. da stell ich sie jetzt dIrekt durch
      (Auslassung 2 Sek.) (&&) und die nehmen den dann
A14:  gleich für sie auf; [den dauerauftrag; [ja?
K115:                     [ja                [mh
A14:  n kleinen moment dauerts; sie ham kEIne
A14:  warteschleifenmusik.
K115: ja:
A14:  sso. (.) wünsche ihnen noch en schönen
      tag [(herr) (&&&&)
K115:     [ja ebenfalls
```

2-02

Auf der Begleit-CD finden Sie das Transkript als Textdokument zum Ausdrucken und Bearbeiten.
Übung: Analysieren Sie dazu dieses Transkript von Gespräch FIDI 115 sequenziell. Orientieren Sie sich dazu zunächst an den Sprecherwechseln. Versuchen Sie analog zum Vorgehen zu FIDI 101, die Sequenzen zu bezeichnen. Achten Sie dabei auch darauf, inwieweit sich Untersequenzen identifizieren lassen und arbeiten Sie heraus, welche aufeinander folgenden Sequenzen in formalsprachlicher Sicht miteinander verknüpft sind (z. B. als Paarsequenz von Frage und Antwort, von Vorschlag und dessen Annahme / Ablehnung etc.).
Vergleichen Sie im Anschluss Ihre eigene Auswertung mit der von uns im Rahmen einer Seminarsitzung erarbeiteten Analyse auf der Begleit-CD. Dort können Sie auch Ausschnitte von Auswertungssitzungen zu einzelnen Sequenzen als Audiodateien abrufen.

2-05

Analyse von FIDI 101 unter Einbeziehung von Kontextwissen und Fallvergleichen

Analyse des Anfangs von FIDI 101

Die weitere Analyse der Einzelfälle besteht nun darin, erkennbare Besonderheiten genauer unter die Lupe zu nehmen und unter Hinzuziehung von Kontextwissen und im Vergleich mit entsprechenden Sequenzen aus anderen Fällen genauer zu reflektieren. Ziel ist, generalisierbare Muster und Mechanismen zu identifizieren, die für die untersuchte Gesprächssorte (hier: telefonische Beschwerde-, Reklamations- und Problemlösungsgespräche) konstitutiv sind. Es gibt kein allgemeines Kriterium dafür, was eine *Besonderheit* ist. Hier sind allein die Aufmerksamkeit und Neugier der Forschenden gefragt. Es gilt, Vermutungen anzustellen, was hinter bestimmten Interaktions- und Darstellungsformen steckt. Das soll zunächst anhand der Anfangssequenz des Beispielfalls FIDI 101 exemplarisch vorgeführt werden.

2-04

Was fällt an der Gesprächspassage Z. 1-15 von FIDI 101 (Transkript vgl. S. 46 bzw. auf der Begleit-CD) auf? Hilfreich ist, die sprachliche Funktion einzelner Segmente genauer zu reflektieren. So enthält die Gesprächseröffnung des

Kunden (Z. 3 f.) eine Identifikation des Kunden in zweifacher Hinsicht: Im *sozial-interaktiven* Sinne, als Person und Gesprächspartner des Agenten, durch die Namensnennung im Anschluss an die Grußformel, und im *prozeduralen* Sinne als Kunde der Fidi-Bank durch die Nennung der Kundennummer und anschließende Identifikation des Kunden im Informationssystem der Bank. An dieser Stelle ist Kontextwissen über die Verfahrensabläufe der Bank hilfreich: Erst nach der Identifizierung des Kunden im Informationssystem mittels Kundennummer und Geheimzahl wird eine computerbasierte Sachbearbeitung von Kundenanliegen, die die Konten des Kunden betreffen, möglich. Allgemeine Informationen, etwa über die Produktpalette der Bank, oder allgemeine Beschwerden über die Servicequalität der Bank können demgegenüber auch ohne diese Identifikation bearbeitet werden. Indem der Kunde selbst seine informationstechnische Identifizierung einleitet, verweist er also implizit darauf, dass er ein spezifisch seine Finanztransaktionen betreffendes Anliegen hat.

Die Initiative des Kunden bei der Nennung der Kundenkennziffer dokumentiert zudem, dass dem Kunden das Procedere der telefonischen Bankdienstleistungen bei der Fidi-Bank und die Notwendigkeit der Kundenidentifizierung im Informationssystem bekannt sind. Aber das bloße Wissen um das Procedere allein ist noch kein hinreichender Grund dafür, auch mit der Nennung der Kundenkennnummer zu beginnen.

Fallvergleich mit Anfang von FIDI 115

Der vergleichende Blick auf andere Fälle zeigt, dass das übliche Vorgehen von Anrufern darin besteht, nach der Begrüßung zunächst ihr Anliegen zu formulieren. Ein Beispiel hierfür ist das von Ihnen in Abschn. 2.2.4 bearbeitete Gespräch Fidi 115, in dem der Kunde sofort nach einer knappen Erwiderung der Begrüßungsformel der Agentin sein Problem mitteilt, dass es ihm nicht gelingt, via Internet einen Dauerauftrag einzurichten. Vor der Identifizierungsphase (Z. 28-31) folgt in diesem Gespräch eine Abklärung des genauen Anliegens.

Fallvergleich mit Anfang von FIDI 103

Im Vergleich mit weiteren Gesprächen wird deutlich, dass das in Fidi 115 praktizierte Vorgehen des Kunden, seinen Namen im Anschluss an die Begrüßungsformel nicht zu nennen, untypisch ist und mit der insgesamt unfreundlichen und dominanten Art der Gesprächsführung des Kunden zusammenhängt. Einen typischen Gesprächsanfang dokumentiert das nachfolgende Beispiel:

```
FIDI 103
A12 = Call-Center-Agentin (w); K103 = Kundin (w)
01 A12:  guten tag, FIDI-BANK, sie sprechen mit der CUSTOMER CARE
02       HOTLINE, mein Name ist HEIKE SCHNEIDER?
03       (Auslassung 2 Sek.)
04 K103: gudn=Abend.
05 A12:  gudn Abend.
06 K103: ä:hm Ich hab ne frage. also ich bin jetzt schon ne
07       weile kunde bei ihnen,
08 A12:  mhm,
09 K103: und hab vor (.) ungefähr (--) ja:, etwas über zwei (.)
10       wochen, (-) ä:hm (-) einen zugang äh (.) fürs
11       internetbanking beantragt.
12 A12:  mm.
13 K103: hab seitdem aber nIchts wieder davon gehört. jetzt wollt
14       ich mich mal nach dem status erkundi[gen.
15 A12:                                      [ja; schau ich gerne
16 A12:  nach. das hört sich für mIch auch zu lang an.
17 K103: ((lacht))
18 A12:  geben sie mir doch grad mal ihre personennummer bitte.
19 K103: ja, das is die ein (Auslassung 5 Sek.) fünf.
```

Der Anfang des Gesprächs FIDI 103 zeigt, dass der Kunde nach der Begrüßungssequenz Z. 1-5 zunächst sein Anliegen benennt und die Agentin dann in Z. 18 die Initiative zur informationstechnischen Identifizierung des Kunden übernimmt, indem sie einleitend nach der Kundennummer fragt. Der Vergleich mit den weiteren Fällen zeigt, dass die Identifizierung der Kunden im Informationssystem für gewöhnlich vom Call-Center-Agenten eingeleitet wird. Aber auch wenn der Kunde selbst die Identifizierung einleitet, bleibt die Reihenfolge Begrüßung – Darstellung des Anliegens – informationstechnische Identifizierung für gewöhnlich erhalten, wie das folgende Fallbeispiel zeigt:

```
FIDI 120
A14: = CuCa-Mitarbeiterin (w);  K120: = Kunde (m)
01 A14:  schönen guten morgen, hier ist die customer care
02       hotline der fidi-bank, mein name ist petra maier.
03       (Auslassung 1,5 Sek.)
04 K120: ich bin auf der suche nach meiner- n meinen zinsen.
05       die sollten eigentlich vor vierzehn tagen gut=
06       geschrieben werden; jetzt hatt ich nochmal bei der
07       vermögensberatung angerufen, und die hatten mir
08       gesacht, dass man Ihnen das schon übergeben hät[te.
09 A14:                                                [ja;
10 K120: ich geb=ihnen mal die personennummer.
11 A14:  ja, gerne.
12       (Auslassung 7 Sek.)
```

Fallvergleich mit Anfang von FIDI 120

Die Anfangssequenzen von FIDI 103 und 120 kontrastieren auch dahingehend, dass Kunde 103 sein Anliegen umständlich zur Sprache bringt: Er rahmt es ungenau als „Frage" und auch die Formulierung des Anliegens in Z. 13-14 („`jetzt wollt ich mich mal nach dem status erkundigen`") ist ungenau; die Information in Z. 6-7, dass er schon länger Kunde bei FIDI ist, tut nichts zur Sache. Kunde 120 hingegen kommt geradeheraus „zur Sache". Mit der initiativen Nennung der Kundennummer in Z. 10 bringt er zum Ausdruck, dass er sein Anliegen als eines definiert, das der Bearbeitung im Informationssystem bedarf, und er bringt zum Ausdruck, dass dies – in Fortsetzung seiner stringenten Sachverhaltsdarstellung in Z. 4-8 – unverzüglich geschehen soll.

Muster in FIDI 101 und 120: Kunde ergreift Initiative

Die gleiche Funktion hat das Einleiten der Identifikationsprozedur durch den Kunden auch in FIDI 101: Mit dem selbst vollzogenen Übergang von Namensnennung zur Angabe der Kundenkennzahl ergreift Kunde 101 die Initiative und manifestiert dadurch seine Erwartung, unverzüglich die Dienstleistung des Agenten in Anspruch zu nehmen. Der Agent geht, dieser Erwartung entsprechend, unmittelbar zur Identifikation des Kunden im Computersystem über.

Besonderheit FIDI 101: keine Nennung des Anliegens

Anders als in FIDI 120, wie auch in allen anderen Fällen des Samples, übergeht Kunde 101 aber den Schritt „Nennung des Anliegens", der für gewöhnlich nach der Begrüßung und vor der informationstechnischen Identifikation des Kunden erfolgt, indem er von der Begrüßung unmittelbar auf die informationstechnische Identifikation überleitet.

Anders als bei Kunde 120 dient die von Kunde 101 selbst initiierte Identifikationsphase nicht unmittelbar dazu, die Behandlung seines Anliegens im Anschluss daran zu forcieren. Vielmehr verzögert Kunde 101 in Z. 11-12 die Nennung des konkreten Anliegens („`und zwa:r- wir/ich hab wIEder ne problem mit Ihn=n,`"), indem er nicht etwa ein Thema benennt, sondern seine weitere Darstellung zunächst formal als ‚Beschwerde im

Wiederholungsfall' („wIEder ne problem") rahmt. Dadurch reklamiert er für sich die Position eines Beschwerdeführers, der aktuell Grund zur Klage hat, dazu aber auch früher bereits Anlass hatte. Diese spezifische Rahmensetzung markiert, dass das weitere Gespräch zwei zu behandelnde Gegenstände hat: Zum einen die ‚technische' Lösung des noch ungenannten aktuellen „Problems", zum anderen die ‚moralische' Wiedergutmachung der aktuell und in der Vergangenheit begangenen Fehler der Bank dem Kunden gegenüber.

Indem Kunde 101 sich mit der Rahmung des Anliegens in Z. 11-12 als jemand darstellt, der zum wiederholten Male Anlass zur Beschwerde hat, emotionalisiert er zugleich das Gespräch: Er zeigt an, dass er Grund dazu hat, über den Service der FIDI-Bank verärgert zu sein. Agent 01 reagiert darauf mit dem umgangssprachlichen, Bestürzung zum Ausdruck bringenden Zwischenruf „oh gOtt." in Z. 13, der ebenfalls eine Emotionalisierung darstellt. Kunde 101 fasst dies aber nicht als Form der Anteilnahme an seiner Verärgerung auf, sondern als Reaktion des Agenten auf einen Vorwurf gegenüber seiner Person. Daher präzisiert er in Z. 14, dass er ein Problem mit der Institution und nicht mit der Person des Agenten habe.

Damit ist eine genauere fallvergleichende Analyse der Gesprächseröffnung des Einzelfalles FIDI 101 erfolgt. Dies dokumentiert natürlich nur einen möglichen ersten Schritt einer umfassenden Analyse des Datenkorpus, die an dieser Stelle nicht geleistet werden kann. Diese könnte etwa in der Richtung fortgesetzt werden, dass andere ‚auffällig' erscheinende Gesprächsanfänge vergleichend im Hinblick darauf untersucht werden, in welcher Form die Beteiligten die Konversation strukturieren, und ob sich die gleichen Muster auch in anderen Gesprächen wiederfinden. Mit diesem Wissen kann dann eine Typisierung von Kommunikationselementen erstellt werden, die hilft, genauer zu verstehen was in Gesprächen eigentlich geschieht und wie das genau vonstatten geht.

3 Anwendungsfelder und exemplarische Studien

Anwendungsfeld

Die Konversationsanalyse hat ein klar umrissenes Anwendungsfeld: Gespräche bzw. gesprächsförmige Interaktionssequenzen aller Art, die in „natürlichen Situationen" (vgl. Abschn. 1) vonstatten gehen. Das heißt, dass sie zur Analyse anderer sprachlicher Daten weniger geeignet scheint. In der Realität kommt es aber zu Mischformen und Überschneidungen: Zwischenrufe in einer Debatte verändern die Kommunikationsform Vortrag und erzeugen möglicherweise eine dialogische Situation, die Konversationsanalytiker interessieren könnte. Ein weiterer Grenzfall wären sozialwissenschaftliche qualitative Interviews, die (abseits ihrer inhaltlichen Fragestellung) als besondere Kommunikationsform untersucht werden könnten: wie interagieren Interviewte und Interviewer?

Exemplarische Studien

In der unter den Abschn. 1.2, 2.2.2 und (mit Verweis auf die Begleit-CD) 2.2.3 bereits kurz vorgestellten Untersuchung zu Feuerwehrnotrufen arbeitet Jörg Bergmann (1993) die typische Verlaufsstruktur und besondere Merkmale und interaktive Mechanismen von Feuerwehrnotrufen heraus.

Die Studie von Jörg Bergmann u. a. (2006) über das Kommunikationsverhalten von Piloten im Cockpit von Verkehrsflugzeugen zielt darauf ab, Prozesse und Mechanismen der Entscheidungsfindung zu erfassen. Dazu wurden Videoaufzeichnungen von 66 Trainingseinheiten in Flugzeugsimulatoren sowie von acht Echtflügen untersucht. Entlang der sprachlichen Äußerungen wurde untersucht, wie Verstehensprozesse sich im Handeln der Probanden manifestieren. Es geht also nicht darum zu analysieren, was in den Köpfen der Leute vor sich geht, sondern wie sie gegenseitiges Verstehen herstellen. Dazu werden die aufgezeichneten Videosequenzen konversationsanalytisch bearbeitet und entlang ihres Verlaufes unterschieden. Im Ergebnis zeigen sich u. a. zwei voneinander abweichende Stile der Entscheidungsfindung (deliberativ vs. argumentativ).

Christoph Meiers (1998, 1999) Konversationsanalyse von Videokonferenzen – gemeinsame Besprechungen von Personengruppen an zwei Standorten, von denen Ton und Bild wechselseitig per Kamera aufgezeichnet und live am jeweils anderen Standort ausgestrahlt werden – untersucht die Auswirkungen der audiovisuellen technischen Vermittlung auf den Ablauf und die Interaktionsdynamik von Arbeitsbesprechungen. Datengrundlage der Untersuchung sind ohnehin aufgezeichnete Videokonferenzen in einem mittelständischen Unternehmen mit mehreren Standorten in Deutschland. Meier kommt beispielsweise zu dem Befund, dass die Sitzposition vor der Kamera darüber mitentscheidet, in welchem Maße man in einer Videokonferenz Gehör findet: Die übertragende Kamera war an beiden Orten über dem Monitor installiert, auf dem man die andere Seite sah. Durch die Ausrichtung der Teilnehmer an beiden Orten auf die Kamera hin schauten die vorne Sitzenden – diese Plätze nahmen vor Beginn jeder Videokonferenz jeweils quasi naturwüchsig die ranghöchsten Beteiligten ein – jeweils zur Kamera hin, aber achteten nicht auf die hinter ihnen Sitzenden. Auch wurden die vorne Sitzenden aufgrund des Weitwinkelfokus der Kamera weit größer und deutlicher dargestellt und auch deren Äußerungen lauter und deutlicher übertragen als die Äußerungen der hinten Sitzenden. Im Ergebnis führt die videotechnisch vermittelte Kommunikation also im Vergleich zu Arbeitsbesprechungen, die face to face in einem Raum stattfinden, zu einer verstärkten Hierarchisierung des fachlichen Austauschs und der Entscheidungsfindung.

Ausführliche Darstellung einer exemplarischen Studie

Stephan Wolff/Hermann Müller (1997): Kompetente Skepsis. Eine konversationsanalytische Untersuchung zur Glaubwürdigkeit in Strafverfahren, Opladen: Westdeutscher Verlag.

Wolff und Müller untersuchen die „gerichtliche Handlungspraxis" mit dem speziellen Fokus, wie die Glaubwürdigkeit von Zeugenaussagen in Strafverfahren bei Gericht festgestellt wird. Datengrundlage für die Rekonstruktion der „interaktiven Glaubwürdigkeitskonstruktion" in der Gerichtsverhandlung sind konversationsanalytisch ausgewertete Transkripte von 36 auf Tonband aufgezeichneten Strafprozessen, bei denen insgesamt 67 Zeuginnen und Zeugen vernommen wurden. Weiterhin wurden 23 Interviews, die transkribiert und inhaltsanalytisch ausgewertet wurden, mit Richtern, Staatsanwälten und Strafverteidigern geführt, in denen vor allem die Bewertungsmaßstäbe der professionellen Prozessbeteiligten für die Glaubwürdigkeit von Zeugen erfasst wurden. Ergänzend haben die Forschenden parallel zur Auswertung der Transkripte jeweils zu zweit 21 weitere Hauptverhandlungen, die sich teils mit mehr als zehn Sitzungsterminen über mehrere Monate erstreckten, beobachtet und darüber Gedächtnisprotokolle angefertigt, um sich einen besseren Eindruck über die Atmosphäre bei Gericht zu machen und um die Bedeutung nicht-visueller Aspekte, die auf den Tonbandaufzeichnungen nicht dokumentiert sind, systematisch erfassen zu können. Als Grundlage für die Analyse der Herstellung von Glaubwürdigkeit in der Verhandlung erwiesen sich die Gedächtnisprotokolle dagegen als nicht detailliert und zuverlässig genug. Die zeitlich späteren Beobachtungen dienten auch dazu, die aus der Analyse der Transkripte gewonnenen Hypothesen und Befunde daraufhin zu prüfen, ob sie verallgemeinerbar sind bzw. inwieweit sich Variationen ergeben, die in der Person des verhandlungsführenden Richters, des Gerichtsstandorts oder den verhandelten Delikten begründet sind. (Überdies wurde ein Datensatz von 190 Urteilen ebenfalls konversationsanalytisch daraufhin untersucht, wie die Glaubwürdigkeit bzw. Unglaubwürdigkeit von Zeugen durch die urteilenden Richter *dargestellt* wird. Die diesbezüglichen, in der Studie in einem separaten Kapitel ausgearbeiteten Befunde werden nachfolgend nicht referiert.)

Im Hinblick auf die „interaktive Herstellung von Glaubwürdigkeit", die im Wesentlichen auf der Analyse der transkribierten Gerichtsverhandlungen basiert, arbeiten Wolff und Müller zunächst die Strukturmerkmale der Situation „Zeugenvernehmung bei Gericht" heraus. Charakteristisch ist, dass die Zeugenvernehmung einem einheitlichen Verfahrensablauf – von Ladung, Aufruf, Belehrung, Vernehmung zur Person, Vernehmung zur Sache (zunächst durch Richter, dann durch Staatsanwaltschaft, Verteidigung und Angeklagte) und Entlassung – folgt, der wiederum durch weitere prozessrechtliche Vorschriften gerahmt wird. Die Äußerungsmöglichkeiten für die Beteiligten bei der Vernehmung sind an ihre Rolle im Verfahren gebunden; die Zeugen dürfen nur auf Fragen hin Antworten auf diese Fragen geben.

Die Detailanalyse des Verlaufs von Zeugenvernehmungen erweist eine Präferenz der Prozessbeteiligten dafür, das Thema Glaubwürdigkeit nicht direkt anzusprechen, sondern vorhandene Skepsis in indirekter Weise zum Ausdruck zu bringen. Die Beteiligten verständigen sich diesbezüglich untereinander und Bezweiflungsaktivitäten steigern sich schrittweise. Grundlage der Glaubwürdigkeitsprüfung ist die „professionelle Skepsis" der (professionellen) Prozessbeteiligten. Überprüft wird die „soziale Rationalität" von Aussagen, also nicht die ‚Richtigkeit' oder ‚Falschheit' von Aussagen, sondern ihre Plausibilität, d.h. ob sie entsprechend der Vorstellungen der Fragenden über die in Frage stehenden sozialen Abläufe als konsistent, vernünftig und nachvollziehbar gelten können.

Solche Bezweiflungsprozesse verlaufen in zwei Stufen: In der Phase der „allgemeinen Glaubwürdigkeitsprüfung" kommen (in der Reihenfolge ihrer Intensität) folgende Formate zur Anwendung: Fragen unter Verwendung von Skepsis signalisierenden Partikeln (z.B. „war es denn wirklich so, dass ..."), die Kontrastierung mit Normalitätsmodellen (z.B. darüber, woran man sich ‚normalerweise' erinnern kann bzw. woran man sich ‚eigentlich' gar nicht erinnern dürfte) und der Vorhalt (v.a. der Verweis auf eine Widersprüchlichkeit in den Aussagen des Zeugen). Die „Konstruktion von Unglaubwürdigkeit" ist an zwei Voraussetzungen gebunden: Zum einen muss dem Zeugen aufgrund seiner sozialen Kategorisierbarkeit (bspw. als Freund des Angeklagten) ein Motiv zur Falschaussage zugeschrieben werden können, und die Zuschreibung in der Situation muss unvermeidlich sein. Es kommen (in der Reihenfolge ihrer Intensität) folgende Formate zur Anwendung: die Wiederholung bereits beantworteter Fragen, die Wiederholung der Zeugenbelehrung, die Konfrontation mit unbeabsichtigt widersprüchlichen Aussagen, Vorhalte und Ironisierungen.

Die intendierte Wirkung dieser Formate ist, Zeugen „sprachlos" zu machen, was als Ausdruck ihrer Unglaubwürdigkeit gewertet wird. Die Unglaubwürdigkeit von Zeugen wird im Prozessverlauf typischerweise nicht während der Zeugenvernehmung explizit konstatiert, sondern später durch Verfahrensentscheidungen über die „Unbrauchbarkeit" der Aussage für einen gerichtlichen Entscheidungsprozess festgestellt (z. B. dass mit der Aussage etwas „nicht zweifelsfrei" bewiesen werden kann).

4 Nutzen und Grenzen der Methode

Voraussetzungen

Obwohl die auf die Entdeckung von Zusammenhängen im empirischen Material orientierte Methode der Konversationsanalyse auf den ersten Blick äußerst offen und für Neulinge praktikabel ist, so ist sie bei genauerem Hinsehen doch alles andere als voraussetzungslos: Sie greift zurück auf formales Wissen über Sprache und Gespräche – insbesondere linguistisches Fachwissen ist daher förderlich für die Durchführung eigener konversationsanalytischer Untersuchungen. Da die Konversationsanalyse ein relativ geschlossenes Forschungsprogramm verfolgt, ist die möglichst breite Kenntnis der Vielzahl bereits vorliegender konversationsanalytischer Untersuchungen zu verschiedenen Themenfeldern ebenfalls von Nutzen.

Bezogenheit auf eine Gesprächsart

Das spezifische fallvergleichende und entdeckende Verfahren der Konversationsanalyse macht es erforderlich, dass jeweils gesprächsförmige Daten strukturell gleicher Art (seien es beispielsweise Zwischenrufe in Bundestagsdebatten, Feuerwehrnotrufe, persönliche Begrüßungen in unterschiedlichen Kontexten oder Telefonate in Banken-Call-Centern) untersucht werden. Die jeweilige Forschung ist also auf einen klar umrissenen Typus gesprächsförmiger Daten festgelegt. Dem entsprechend sind die Fragestellungen der Konversationsanalyse mehr oder weniger eng mit dem jeweiligen Gesprächstyp bzw. Interaktionsmuster verknüpft, und die Ergebnisse sind mehr oder weniger stark auf die jeweiligen *sprachlichen* bzw. *interaktiven* Aspekte – und damit auf situationsspezifische Analysen der Herstellung von sozialer Ordnung und sozialem Sinn – bezogen. Mit diesem engen Fokus ist einerseits eine unaufhebbare *Beschränkung* des Zugriffs auf soziale Wirklichkeit verbunden. Konversationsanalyse gerät so schnell in den Verdacht kleinteiliger Sisyphusarbeit. Andererseits steckt in dieser vermeintlichen Schwäche auch eine Stärke des methodischen Ansatzes: im genauen Hinschauen können die Selbstverständlichkeiten des Alltags erst analytisch durchdrungen werden. Inwieweit im Wechselspiel zwischen Tiefenanalyse und Verallgemeinerung allerdings über das bearbeitete Sample hinausgehende Erkenntnisse gewonnen werden konnten, erschließt sich selten direkt aus dem Material, sondern muss durch Literaturvergleich bzw. weitere Untersuchungen erst erschlossen werden.

Unzureichender Einbezug von Kontextwissen?

Das Heranziehen des Kontextwissens ist für die Analyse unabdingbar, zugleich aber ist die Gewinnung von Kontextwissen formal-methodisch wenig ausgearbeitet. Hier scheint eine Lücke zwischen dem ausgeprägten sprachanalytischen Vorgehen und der Kopplung mit anderen sozialwissenschaftlichen Erhebungsmethoden zu bestehen. Insbesondere bleibt die Bedeutung, die einzelne Sprecher den (von den Forschenden bemerkten) Kontextbedingungen zumessen und nach denen sie ihre Sprechhandlungen gegebenenfalls ausrichten, unterbelichtet. So wäre z. B. im Zusammenhang mit Call-Center-Kommunikation zu fragen, welche sozialen Ordnungen dort möglicherweise in einem Gespräch parallel zum Tragen kommen (z. B. Kunde-Agent vs. Vorgesetzter). Eine solche Mehrebenenanalyse erfordert für die dazu herangezogenen Daten eine ebenso hohe Qualität, wie sie Gesprächsdaten der Konversationsanalyse aufweisen. Hier als Forscher nur additiv zu agieren und der Analyse von Gesprächen eine unsystematische Sammlung von Kontextwissen zuzuordnen, dürfte jedenfalls der Güte und einem umfassenden Generalisierungsanspruch der Konversationsanalyse zuwider laufen.

Anwendungsbezug

Die intensive Auseinandersetzung mit sprachlichen Äußerungen scheint auf den ersten Blick rein grundlagentheoretische Ergebnisse zu erzeugen. In der Praxis finden aber konversationsanalytische Erkenntnisse unter anderem dann Anwendung, wenn es etwa um Kommunikationsbeziehungen zwischen Wirtschaftsunternehmen und Kunden, interkulturelle Arbeitszusammenhänge oder Arzt-Patienten-Kommunikation geht. Aus der Identifizierung potenziell konfliktträchtiger Kommunikationen lassen sich ganz generell Empfehlungen und Prozeduren ableiten, die dazu dienen können, durch aneinander vorbei laufende Sprechakte begründete Missverständnisse zu minimieren und die Kommunikation zielführender zu gestalten.

5 Zusammenfassung

Analyseperspektive

Analysiert werden Gespräche in natürlichen Alltagssituationen unter der

- Fragestellung, wie soziale Ordnung in bestimmten Situationen hergestellt wird, unter der
- Zielstellung, *Handlungsmuster* zu identifizieren (Intentionen oder Deutungen der Akteure sind demgegenüber nicht von Interesse)

Theoretische Grundlagen

Ethnomethodologische Perspektive

- Fokus auf das Herstellen sozialer Ordnung in natürlichen Situationen
- soziale Ordnung als Vollzugswirklichkeit („ongoing accomplishment")
- „order at all points"
- „turn taking"

Empirische Grundlage

„natürliche Daten": nonreaktiv entstandene audiovisuelle oder Audio-Aufzeichnungen von Gesprächen in alltäglichen Interaktionsfeldern

Auswertungsverfahren

Rekursives Vorgehen zur Endeckung von Mustern und Mechanismen

- Sequenzierung (formalsprachliche Gliederung des Textes)
- Einbeziehung von Kontextwissen
- Vergleich mit anderen Fällen

6 Literaturverzeichnis

Bergmann, Jörg (1993): Alarmiertes Verstehen. Kommunikation in Feuerwehrnotrufen. In: Jung, Thomas / Müller-Doohm, Stefan (Hrsg.): „Wirklichkeit" im Deutungsprozess. Verstehen und Methoden in den Kultur- und Sozialwissenschaften (S. 283-328). Frankfurt am Main: Suhrkamp.

Bergmann, Jörg / Dolscius, Detlef / Finke, Holger / Nazarkiewicz, Kirsten (2006): „Tough decision, can you go along with it?" The safety relevance of opening up and closing decisions in cockpit communication when dealing with technical troubles in line-oriented flight trainings. Talk at the International Conference on Conversation Analysis 2006, Helsinki, 12.5.2006 (http://www.uni-bielefeld.de/soz/personen/bergmann/cockpit, Abruf: 18.03.2009).

Deppermann, Arnulf (1999): Gespräche analysieren. Opladen: Leske+Budrich.

Dittmar, Norbert (1997): Grundlagen der Soziolinguistik. Ein Arbeitsbuch mit Aufgaben. Tübingen: Max Niemeyer.

Joas, Hans / Knöbl, Wolfgang (2004): Sozialtheorie. Zwanzig einführende Vorlesungen. Frankfurt am Main: Suhrkamp.

Linke, Angelika / Nussbaumer, Markus / Portmann, Paul R. (1996): Studienbuch Linguistik. Tübingen: Max Niemeyer.

Mayring, Philipp (1990): Einführung in die qualitative Sozialforschung. Eine Einleitung zu qualitativem Denken. Weinheim: Beltz.

Meier, Christoph (1998): Zur Untersuchung von Arbeits- und Interaktionsprozessen anhand von Videoaufzeichnungen. In: Arbeit. Zeitschrift für Arbeitsforschung, Arbeitsgestaltung und Arbeitspolitik, 7 (3), 257-275.

Meier, Christoph (1999): Die Eröffnung von Videokonferenzen. Beobachtungen zur Aneignung eines neuen interaktiven Mediums. In: Hebecker, Eike / Kleemann, Frank / Neymanns, Harald / Stauff, Markus (Hrsg.): Neue Medienumwelten. Zwischen Regulierungsprozessen und alltäglicher Aneignung (S. 267-283). Frankfurt am Main, New York: Campus.

Sacks, Harvey / Schegloff, Emanuel A. / Jefferson, Gail (1974): A simpliest systematics for the organisation of turn-taking in conversation. In: Language, 50 (4), 696-735.

Schneider, Wolfgang Ludwig (2002): Grundlagen der Soziologischen Theorie. (Bd. 2: Garfinkel – RC – Habermas – Luhmann). Wiesbaden: Westdeutscher Verlag.

Schwitalla, Johannes (1997): Gesprochenes Deutsch. Eine Einführung. Berlin: Schmidt.

Selting, Margaret / Auer, Peter / Barden, Birgit / Bergmann, Jörg / Couper-Kuhlen, Elisabeth / Günthner, Susanne / Meier, Christoph / Quasthoff, Uta / Schlobinski, Peter / Uhmann, Susanne (1998): Gesprächsanalytisches Transkriptionssystem (GAT). In: Linguistische Berichte, 173, 91- 122.

Wolff, Stephan / Hermann Müller (1997): Kompetente Skepsis. Eine konversationsanalytische Untersuchung zur Glaubwürdigkeit in Strafverfahren, Opladen: Westdeutscher Verlag.

DRITTES KAPITEL

Narrationsanalyse

Inhalt

NARRATIONSANALYSE

Einführung

Spontane Erzählungen

Die Narrationsanalyse[1] ist ein Verfahren, um spontane Erzählungen („Narrationen") von Personen über selbst erlebte Ereignisse oder Prozesse zu interpretieren. Solche narrativen Darstellungen folgen einer besonderen inneren Logik. Durch die Rekonstruktion dieser Logik erhalten die Forschenden einen Zugang zur sozialen Wirklichkeit, wie sie von Individuen selbst wahrgenommen wird.

Ausgangspunkt der Narrationsanalyse ist, dass wir im Alltag eher selten eine erlebte Situation vor anderen unvoreingenommen erzählen, d. h. so wiedergeben, wie wir sie unmittelbar erlebt hatten. In der Regel schildern wir ein Ereignis mit einer Absicht – z. B. wollen wir uns in einem guten Licht präsentieren oder wir wollen von der eigenen Schuld ablenken. Für den Zuhörer sind solche Absichten nicht unbedingt erkennbar.

Bsp.

> Fragen etwa Eltern ihr Kind, was bei den letzten, allesamt schlecht benoteten Mathe-Tests los war, bekommen sie Antworten wie: „die anderen in der Klasse waren auch so schlecht" oder „der Lehrer ist voll krass drauf und stellt extra fiese Aufgaben". Eltern sind in der Lage, solche Antworten kritisch zu hinterfragen. Intuitiv erkennen sie die dahinter stehende Absicht. Sie ahnen, dass das Kind versucht, den Problemfokus von den eigenen schlechten Schulleistungen pauschal auf die gesamte Klasse bzw. auf den Lehrer zu verschieben. Sie geben sich nicht mit solchen Antworten zufrieden und werden deshalb nachfragen.

Dass Menschen Sachverhalte nicht unvoreingenommen darstellen, stellt Sozialforscher vor Probleme. Sie kennen die befragte Person und die Kontextbedingungen nicht umfassend. Zwar könnten sie versuchen, das Geschilderte intuitiv nachzuvollziehen, aber eine solche Interpretation wäre nicht methodisch kontrollierbar. Die Befragten müssen vielmehr auf systematische Weise zum Reden gebracht und ihre Darstellungen anschließend anhand formaler methodischer Standards ausgewertet werden.

Narratives Interview

Das narrative Interview als elaborierte Befragungsmethode hat Fritz Schütze Mitte der 1970er Jahre im Verlauf einer empirischen Untersuchung zu Machtstrukturen in der Lokalpolitik entwickelt: Es zeigte sich, dass die befragten Lokalpolitiker mittels pauschaler Beschreibungen eine offizielle Fassade des Geschehens präsentierten, die den Blick auf die eigentlich interessierenden Hintergründe und politischen Interessen verstellte. Wurden dagegen die Lokalpolitiker gebeten, beispielhafte einzelne Ereignisse bzw. Abläufe detailliert zu erzählen, so gerieten sie – ob sie wollten oder nicht – in Redefluss und verstrickten sich allmählich in ihre Erzählungen. Um die eigene Darstellung für dem Interviewer verständlicher zu machen, mussten sie nun auch unangenehme Details schildern. Diese Informationen über das tatsächliche Geschehen eröffneten den Forschenden einen Blick hinter die Kulissen, der verallgemeinernde Aussagen über lokale Machtstrukturen ermöglichte. Der vermeintliche Um-

1 Im Folgenden wird begrifflich unterschieden zwischen dem Erhebungsverfahren (und der Interviewform) des narrativen Interviews (vgl. Abschn. 2.1) einerseits und dem darauf bezogenen Auswertungsverfahren der Narrationsanalyse andererseits. In der Literatur wird dagegen häufig auch das Auswertungsverfahren mit dem Begriff „Narratives Interview" bezeichnet.

weg über detaillierte Erzählungen, die dem Anschein nach nur Facetten beleuchten, erbrachte letztlich genaueren Aufschluss über den Prozess und seine Handlungsbedingungen als direkte Fragen nach dem die Forschenden interessierenden Untersuchungsgegenstand.

Diese wichtige, in der Forschungspraxis gewonnene Erkenntnis über die innere Logik von Erzählungen bildete die Grundlage für Schützes nachfolgende Ausarbeitung des Auswertungsverfahrens der Narrationsanalyse.

1 Forschungsprogramm

Grundzüge der Methode

Mit der Narrationsanalyse soll soziale Wirklichkeit so erfasst werden, wie sie sich aus der Sicht von Befragten darstellt. Dazu werden Schilderungen über konkrete Geschehnisse oder Abläufe analysiert, die den Charakter von Erzählungen haben. Rekonstruiert werden sowohl die Geschehnisse, die tatsächlich stattgefunden haben, als auch die Wahrnehmungsweisen der Befragten und ihnen zugrunde liegende Orientierungen und Deutungen. Die Narrationsanalyse basiert auf Schützes Erzähltheorie (Abschn. 1.1). Heute findet die Narrationsanalyse vor allem in der Biographieforschung Anwendung, also in der soziologischen Erforschung von Lebensgeschichten und -verläufen. Dazu hat Schütze biographietheoretische Grundlagen formuliert, die als Leitlinien der Analyse biographischer Verläufe dienen (Abschn. 1.2).

1.1 Erzähltheoretische Grundlagen

1.1.1 Erzählung – Beschreibung – Argumentation

Schütze unterscheidet grundlegend drei sprachliche Darstellungsformen, die im Interview zum Tragen kommen (s. Tabelle nächste Seite).

Auch wenn die drei Darstellungsformen – Erzählung, Beschreibung, Argumentation – als analytische Kategorien klar voneinander unterscheidbar sind, kommen sie in Gesprächen selten in Reinform vor. So enthält eine alltagssprachliche Erzählung in der Regel auch beschreibende oder argumentative Elemente, um das eben Erzählte dem Zuhörer plausibel zu machen. Umgekehrt enthalten auch Beschreibungen und Argumentationen jeweils Elemente der beiden anderen Darstellungsformen.

> Bei der Narrationsanalyse wird das Interview in Abschnitte unterteilt, in denen jeweils eine Darstellungsform dominant ist. Die Bestimmung geschieht nach rein formalsprachlichen Kriterien, d.h. nicht der Inhalt des Gesagten ist entscheidend, sondern die Art der sprachlichen Darstellung. Abschnitte mit erzählendem Charakter stehen bei der Auswertung im Zentrum des Interesses.

Übung: Auf der Begleit-CD finden Sie drei kurze Texte. Stellen Sie fest, welche Darstellungsform jeweils dominiert und benennen Sie die Kriterien für Ihre Entscheidung. Vergleichen Sie diese mit den Kommentaren zu den Kurztexten auf der Begleit-CD.

3-01

Drei sprachliche Darstellungsformen

Darstellungsform	Merkmale	Sprachliche Indikatoren	Beispiel
Erzählung	differenzierte Darstellung eines konkreten (selbst erlebten) Ereignisses oder Prozesses in seinem zeitlichen Ablauf; meist präzise Angaben über Ort, Zeit, Beteiligte und weiteren Kontext; hoher Detaillierungsgrad	„1948"; „letzten Monat"; „in München"; „Erst ..., dann ... und zum Schluss ..."	„Gestern bin ich dann zu den anderen auf den Platz gegangen. Wir ham uns gefragt, wann Antje wohl wieder kommt vom Training. Wir haben dann schon mal begonnen zu spielen. Sie kam dann auch bald."
Beschreibung	zusammenfassende bzw. resümierende Darstellung wiederkehrender, gleichartiger Sachverhalte; oft sprachliche Hinweise auf den generalisierenden Charakter der Darstellung oder verallgemeinernde Zeitangaben	„normalerweise"; „immer"; „jedes Jahr im Sommer"; „montags"	„Montags ist meistens so: Wir müssen auf Antje warten. Bis die vom Training kommt. Und das kann dauern."
Argumentation	Fokus auf generelle kausale Zusammenhänge mit dem Ziel der Begründung bzw. Rechtfertigung einer bestimmten Einstellung oder Verhaltensweise	„denn", „also", „von daher" „weil", „obwohl", „deswegen"	„Antje ist so ehrgeizig. Drum wird sie nie pünktlich mit ihrem Training fertig, und wir müssen hier immer auf sie warten."

1.1.2 Soziolinguistische Theorie der Stegreiferzählung

Stegreiferzählung

Der spontanen, vom Erzähler nicht vorher zurecht gelegten Stegreiferzählung kommt eine besondere Bedeutung für die Analyse sozialer Wirklichkeit zu. Wer im Anschluss an eine spontane mündliche Erzählaufforderung einmal mit dem Erzählen begonnen hat, unterliegt drei „Zugzwängen des Erzählens". Sie gründen in gemeinsam geteilten, alltagskulturell verankerten Erwartungen darüber, wie „richtige" Erzählung auszusehen hat. Die drei Zugzwänge sind:

Drei Zugzwänge des Erzählens

a) Gestaltschließungszwang,

b) Kondensierungszwang und

c) Detaillierungszwang.

Ad a)

Gestaltschließungszwang und Coda

Der Gestaltschließungszwang verpflichtet den Erzähler, eine einmal begonnene Erzählung in kohärenter Weise fortzuführen und zu einem angemessenen Ende zu bringen. Da es innerhalb unserer Kultur einen Common Sense darüber gibt, was ein angemessenes Ende ist, erkennen wir intuitiv, wenn eine Erzählung nicht zu Ende geführt wird oder wenn das Ende „irgendwie komisch" ist. In solchen Fällen fühlen wir uns berechtigt, vom Erzähler eine Art Reparatur der fehlerhaften Darstellung einzufordern. Normalerweise antizipiert der Erzähler diesen Anspruch des Zuhörers und ist bemüht, die Erzählung in angemessener Form zu Ende zu führen. Dass seine Erzählung zu Ende ist, wird häufig mit Formulierungen wie „Das war's dann eigentlich." oder „So ist es also dazu gekommen." markiert. Solche expliziten Beendigungssätze einer Erzählung werden Erzählcoda bzw. Coda (angelehnt an die Bezeichnung „Coda" für den Schlussteil eines Musikstücks) genannt.

Ad b)

Kondensierungszwang

Der Kondensierungszwang verpflichtet den Erzähler, die Darstellung zu verdichten. Er muss sich auf das für das Verständnis Wesentliche beschränken. Er darf sich also nicht in endlosen Ausführungen ergehen, sondern nur die relevanten Sachverhalte darstellen. Der Zuhörer hat nicht ewig Zeit, und die Erzählung soll in einem akzeptablen Zeitrahmen zu einem Ende gelangen. Komplementär zu dem Zwang, Unwesentliches wegzulassen, ergibt sich für den Erzähler eine weitere Anforderung.

Ad c)

Detaillierungszwang

Der Detaillierungszwang verpflichtet den Erzähler, für das Verständnis der Erzählung notwendige Sachverhalte und Hintergründe darzustellen (z. B. über den Ort des Geschehens, den Zeitraum, die Beteiligten und den weiteren Kontext). Er muss also den Kenntnisstand der Zuhörer beachten und ihnen vermutlich nicht bekannte Sachverhalte erläutern. Notwendige Detaillierungen werden in die fortlaufende Erzählung exkursförmig eingeschoben. Sie wird also der jeweiligen Erzählsituation angepasst.

Bsp.

> Ein literarisches Beispiel für die (bewusste) Verletzung der Zugzwänge des Erzählens ist „Die Begegnung" von Daniil Charms: „Da ging einmal ein Mann ins Büro und traf unterwegs einen anderen, der soeben ein französisches Weißbrot gekauft hatte und sich auf dem Heimweg befand. Das ist eigentlich alles." Der erste Satz eröffnet eine normale Erzählung. Der zweite Satz ist eine formal korrekte Coda. Allerdings wird die Kondensierung des Mittelteils der Erzählung etwas zu weit getrieben – die Entfaltung einer Erzählung wird komplett verweigert.

Orientieren am Erlebten

In alltäglichen Stegreiferzählungen beachten wir die drei Zugzwänge des Erzählens intuitiv. Sie fokussieren die Aufmerksamkeit so sehr, dass es kaum möglich ist, die begonnene Stegreiferzählung systematisch zu überformen oder zu verzerren. Vielmehr gibt der Erzählende ad hoc seine Erinnerungen an den zu erzählenden Sachverhalt („Erlebnisaufschüttungen") wieder. Das hat den Effekt, dass die Darstellung nah an den erlebten Sachverhalten ausgerichtet wird, so wie sie in der Situation erfahren wurde. Die als besonders relevant erlebten Sachverhalte rücken in den Vordergrund.

Sequenzialität von Erzählungen

Ein weiteres für die Interpretation wichtiges Merkmal ist die Sequenzialität von Erzählungen: Es wird (notwendigerweise) eins nach dem andern erzählt. Die Erzählung gliedert sich in aufeinander folgende Einheiten, die jeweils einen bestimmten Sachverhalt oder Ablauf zum Thema haben und durch formalsprachliche Marker („Rahmenschaltelemente") erkennbar werden. Die einzelnen Sequenzen sind in sinnhafter Weise miteinander verknüpft, so dass sie insgesamt eine geschlossene Darstellung (d. h. eine „Gestalt") ergeben.

> Die Narrationsanalyse geht davon aus, dass spontan begonnene, vom Erzähler nicht vorher zurecht gelegte Stegreiferzählungen den Forschenden im Gegensatz zu anderen Darstellungsformen im Interview (Beschreibung, Argumentation) einen relativ unverstellten Zugang zur sozialen Wirklichkeit eröffnen. In Stegreiferzählungen gibt der Erzähler ein Geschehen, an dem er selbst beteiligt war, ohne vorgängige Reflexion, also weitgehend ohne strategische Auslassungen oder Schönungen wieder. Der Grund dafür liegt darin, dass der Erzähler drei „Zugzwängen des Erzählens" unterliegt, die seine Aufmerksamkeit so absorbieren, dass er dazu gebracht wird, seine Darstellung eng an seinem eigenen Erleben und seinen subjektiven Relevanzen auszurichten.

Vertiefende Literatur: Brüsemeister 2000: 119-141; Hermanns u. a. 1984: 97-114; Küsters 2006: 17-38; Lucius-Hoene / Deppermann 2004: 141-175; Schütze 1976, 1977, 1987.

Die Narrationsanalyse findet heute überwiegend in der Biographieforschung Anwendung. Dazu hat Fritz Schütze weitere theoretische Grundlagen erarbeitet, die im Folgenden kurz dargestellt werden sollen.

1.2 Biographietheoretische Grundlagen

Biographieforschung

Das Leben zwischen Geburt und Tod und wird von den Einzelnen gewöhnlich als Abfolge von Lebensabschnitten in verschiedenen Dimensionen (z. B. Beruf, Partnerschaft / Familie, gesundheitlicher Zustand, soziale Beziehungen) wahrgenommen, die miteinander in Wechselwirkung stehen. In ihrer Gesamtheit ergeben diese Komponenten die Biographie einer Person. Die Biographieforschung rekonstruiert (anders als die Lebensverlaufsforschung), wie Subjekte ihren Lebenslauf selbst als geordneten Ablauf von aufeinander bezogenen Lebensabschnitten hervorbringen und erfahren. Die Analyse erfolgt also auf der Grundlage der subjektiven Wahrnehmungen und Deutungen der Biographieträger und nicht aus der mit Vorannahmen operierenden Fremdperspektive des Forschenden. Insbesondere interessiert sich die Biographieforschung für die innere Logik und die wechselseitige Verschränkung der Lebensabschnitte in den einzelnen Dimensionen.

> Die Biographieforschung steht vor der doppelten Aufgabe: Einerseits soll der tatsächliche Lebensablauf von Personen rekonstruiert und andererseits die damit verbundenen subjektiven Wahrnehmungen und Deutungen der Personen analysiert werden.

Schütze (1983: 284) formuliert als „heuristische Ausgangsfrage": „Was hat sich in soziologisch interessierenden Lebensgeschichten faktisch ereignet?" Auf dieser Grundlage soll die zweite Leitfrage beantwortet werden: „Wie deutet der Biographieträger seine Lebensgeschichte?" (ebd.)

Institutionalisierte Lebensverläufe

In modernen Gegenwartsgesellschaften ist der Lebenslauf stark *institutionalisiert*. Grundlegend ist die Dreiteilung in die Lebensphasen Kindheit / Jugend, Erwachsenenalter und Rentenalter (Kohli 1985). Innerhalb dieser institutionalisierten Lebensphasen bestehen gesellschaftliche Normalitätsmuster, die den

Lebenslauf verschieden stark strukturieren. Schul- oder Wehrpflicht etwa sind gesetzlich festgesetzt und kaum zu umgehen. Entwicklungspfade wie Studium, Familiengründung oder berufliche Karrieremuster sind dagegen weniger verbindlich, aber gleichwohl vorstrukturiert, wenn man sie einmal einschlägt. So kann man beispielsweise in der Familiengründungsphase die soziokulturellen Normen über Kinderbetreuung, das Elternzeit-Gesetz oder das Angebot an öffentlichen Kinderbetreuungsangeboten nicht außer Acht lassen. Entsprechend dieser Vorgaben sind die individuellen Handlungsoptionen kanalisiert. Während viele Handlungsmöglichkeiten gesellschaftlich vorgeformt sind, und man sich in der Regel an diesen Vorgaben orientiert, bestehen jedoch durchaus Möglichkeiten, die institutionell vorgegebenen Muster eigensinnig zu durchbrechen oder sie zu umgehen. Ein extremes Beispiel hierfür sind „Aussteiger“ aller Art.

Biographisches Scheitern/ „Erleiden“

Lebenswege verlaufen nicht immer selbstbestimmt und erfolgreich. Es besteht jederzeit das Risiko, an Anforderungen zur Gestaltung des eigenen Lebensablaufs bzw. zur Befolgung institutionalisierter Vorgaben zu scheitern, ohne in der Lage zu sein, sich eigenständig Alternativen zu erschließen. Das Individuum verliert die Kontrolle über die eigene Biographie und reagiert nur noch auf äußere Einflüsse, die seinen Lebensablauf bestimmen. Ebenfalls von außen induziert, können sich aber auch biographische Wandlungsprozesse ergeben, die dem Individuum neue Handlungspotenziale eröffnen und zu einer grundlegenden Veränderung der bisherigen Prozessstruktur führen.

Im Rahmen seiner biographietheoretischen Arbeiten kritisiert Schütze (1995), dass soziologische Handlungstheorien stets nur auf das aktive und intentionale Handeln des Individuums fokussieren. Demgegenüber werden Aspekte des reaktiven Erleidens bzw. des Scheiterns nicht systematisch erfasst.

> Individuen können Lebensabschnitte ebenso aktiv gestalten wie reaktiv erdulden, sie können erfolgreich sein, aber auch scheitern, die Kontrolle über ihr Leben verlieren oder auch einen unvorhergesehenen Lebensweg einschlagen. Diese Optionsvielfalt sollte in der Forschung angemessen berücksichtigt werden. Zur Erfassung von aktiven und passiven Momenten des Lebenslaufes unterscheidet Schütze (1983, 1995) vier idealtypische Prozessstrukturen des individuellen Lebensablaufs.

Prozessstrukturen des Lebensablaufs

Damit werden die typischen Verlaufslogiken einzelner Lebensabschnitte zunächst danach kategorisiert, welche (aktive oder reaktive) Haltung die Subjekte ihrer Biographie gegenüber einnehmen, und auf dieser Grundlage einer genaueren inhaltlichen Bestimmung unterzogen. Die vier idealtypischen Prozessstrukturen des individuellen Lebensablaufs sind:

a) Institutionelles Ablaufmuster,
b) Biographisches Handlungsmuster,
c) Verlaufskurve und
d) Biographischer Wandlungsprozess

Ad a)

Institutionelles Ablaufmuster

Als institutionelles Ablaufmuster werden solche biographischen Handlungen bezeichnet, die im Rahmen einer sozialen, den Lebensabschnitt strukturierenden Institution stattfinden (z. B. Absolvieren eines Studiums; Familiengründung).

Schütze spricht hier vom „normativ-versachlichten Prinzip" des Lebensablaufs (Schütze 1983: 288). Auch wenn in diesen Fällen die Biographie gewissermaßen der Institution überantwortet wird, muss das Individuum sich zunächst einer biographischen Institution überantworten sowie während des Verbleibs soziale Normen einhalten. In diesem Sinne gestaltet es seinen Lebenslauf aktiv selbst (z. B. Studienwahl, Erwerb von erforderlichen Leistungsnachweisen im Verlauf des Studiums).

Bsp.

> Eine Außendienstmitarbeiterin erzählt über ihren Berufseinstieg: „ich hab nach dem Abitur ähm direkt bei <Firma Rot> eine Lehre angefangen zur Industriekauffrau und diese Ausbildung dauerte zwanzig Monate; man kann das mit Abitur n bisschen vorziehen; (.) und nach der Ausbildung hab ich dann ein dreiviertel Jahr; so circa zehn Monate war das; äh im Werk selbst gearbeitet (..) auf einer sogenannten Sachbearbeiterstelle oder Industriereferentin heißt das; aber das ist so ich sach mal das erste Niveau was man nach ner kaufmännischen Ausbildung dort äh annehmen kann. Hab dann- nach diesen zehn Monaten bin ich nach <Italien> geschickt worden also versetzt worden, also versetzt worden nach <Rom> (.) ähm war dort zwei Jahre und bin dann im Alter von? warten Se mal jetzt muss ich rechnen (.) ja dreiundzwanzig vierundzwanzig wieder zurückgekommen und das war auch sag ich jetzt mal der Grund weshalb ich in en Außendienst gekommen bin".

Ausbildung und anschließende Berufstätigkeit in einem großen Industrieunternehmen verlaufen in geregelten Bahnen; die einzelnen Stationen sind von Seiten der Organisation klar definiert („das erste Niveau was man nach ner kaufmännischen Ausbildung dort äh annehmen kann") bzw. werden vorgegeben („bin ich nach <Italien> geschickt worden"). Die Erzählerin folgt dem selbst gewählten institutionellen Ablaufmuster „Berufstätigkeit und -karriere im Großbetrieb".

Ad b)

Biographisches Handlungsmuster

Ein biographisches Handlungsmuster stellt eine selbst initiierte und gesteuerte Entwicklung dar. Schütze spricht hier vom „intentionalen Prinzip" des Lebensablaufs (Schütze 1983: 288). Institutionalisierte Vorgaben sind entweder nicht klar vorgegeben oder werden umgangen (z. B. Abbruch der Lehre, um eine eigene Internet-Firma zu gründen).

Bsp.

> Eine freiberufliche Webdesignerin erzählt vom Abbruch ihres Studiums: „Also ich hab dann das Jurastudium- also hab ich abgebrochen, nachdem ich alle Scheine hatte und gemerkt hatte, daß ichs nicht packe, was (.) zu hundert Prozent zu lernen was mich nur zu dreißig Prozent interessiert, ja? (.) Und- dann hat mich noch besonders die Referendarzeit geschreckt; zwei Jahre wo man überhaupt kein Interesse hat; neee. Und dann hab ich damit einfach aufgehört, bin nach K-Stadt gezogen; dacht ich, da wirst Du schon was Neues erleben."

Sie hatte keinen alternativen Handlungsplan für ihre berufliche Zukunft. Das zentrale Handlungsziel bestand darin, aus ihrem konservativen Herkunftsmilieu auszubrechen und sich auf die Suche nach neuen Möglichkeiten zu begeben – der Weg war das Ziel. In K-Stadt fand sie schnell Anschluss an die dortige Alternativszene, verdiente ihren Lebensunterhalt mit diversen Jobs, war politisch in mehreren Initiativen als Öffentlichkeitsarbeiterin aktiv, entdeckte dabei ihr gestalterisches Talent und studierte „nebenbei" Grafikdesign. Das Ausbrechen aus der institutionell vorgegebenen Bahn des Jurastudiums kurz vor Studienende stellt eine selbst gewählte biographische Handlung dar, die damit begonnene neue Prozessstruktur folgt ebenfalls dem biographischen Handlungsmuster der Suche nach Selbstverwirklichung.

Ad c)

Verlaufskurve

Im Gegensatz zu a) und b) beschreibt die Verlaufskurve[2] „das Prinzip des Getriebenwerdens durch sozialstrukturelle und äußerlich-schicksalhafte Bedingungen der Existenz" (Schütze 1983: 288). In diesem Fall sieht sich das Individuum nicht umfassend in der Lage, selbstbestimmt und gestaltend auf die eigene Biographie einzuwirken. Bei dieser Form des biographischen Getriebenwerdens unterscheidet Schütze zwischen der negativen Verlaufs- bzw. Fallkurve und der positiven Verlaufs- bzw. Steigkurve. Bei der negativen Verlaufskurve erleidet das Individuum die in Form von äußerlichen Bedingungen gegenübertretenden Ereignisse. Es fühlt sich ihnen ausgesetzt. In dieser ausweglosen Situation erscheint dem Individuum selbst ein aktives „Gegensteuern" unmöglich. Tatsächlich werden die Spielräume für die eigene Lebensgestaltung eingeengt und die weitere Entwicklung gerät außer Kontrolle. Umgekehrt können sich durch äußerlich-schicksalhafte Bedingungen auch neue Handlungs- und Entwicklungsmöglichkeiten ergeben – etwa durch eine Beförderung im Unternehmen. In solch einem Fall handelt es sich um eine positive Verlaufs- bzw. Steigkurve.

Bsp.

> Ein Haftentlassener erzählt über seine kriminelle Vorgeschichte: „und denn war ich bei der Mundon-Gang, bin da irgendwie reingerutscht, als ich den Tommy kennenlernte. Das war 1985. Wir sind so durch die Straßen und haben uns geholt was wir brauchten – ging auch ne Weile sehr gut. Aber dann waren se hinter uns her. Und dann kamste da nich mehr raus – die haben voll drauf geachtet, mit wem haste Kontakt. Und die waren ja alle stärker und so bin ich dann dabei geblieben – bis sie mich erwischt haben und dann war ja fünf Jahre Bau hier, nich."

Das reaktive Gefangensein in der Gang wird nicht nur in der Erzählung thematisiert („bin da reingerutscht"), sondern spiegelt sich auch in der Wortwahl wider: Letztlich war der Erzählende nicht mehr Herr seiner Handlungen, sondern durch die Gruppe („Mundon-Gang") in seiner biographischen Gestaltungsmacht beschnitten: „da kamste nicht mehr raus". Insoweit folgte seine Biographie einem negativ-verlaufskurvenhaften Muster des zunehmenden Hineingezogenwerdens in eine kriminelle Karriere, das schließlich mit der Inhaftierung seinen Tiefpunkt erreicht.

2 Der Begriff „Verlaufskurve" ist ein Kunstbegriff von Schütze, der alltagssprachlich-intuitiv nur schwer zugänglich ist. Es handelt sich um den Versuch einer Übersetzung des von Anselm Strauss in ähnlicher Absicht wie bei Schütze eingeführten englischen Begriffs „trajectory", der im ursprünglichen Wortsinne unter anderem die Flugbahn eines Geschosses oder die Gleitbahn eines Flugkörpers bezeichnet. Der semantische Kern des Begriffs ist, dass ein Objekt, einmal auf die Bahn geschickt, auf der Grundlage eines anfänglich erhaltenen Impulses eine bestimmte Bahn beschreibt. D. h. das Objekt wird als reaktiv gefasst, es reagiert auf einen äußeren Impuls.

NARRATIONSANALYSE

Ad d)

Biographischer Wandlungsprozess

Die vierte idealtypische Prozessstruktur des Lebenslaufs ist der biographische Wandlungsprozess. Damit werden Übergangsphasen meist im Anschluss an eine negative Verlaufskurve bezeichnet, die zur abrupten Beendigung des verlaufskurvenhaften Prozesses und damit zu einer grundlegenden biographischen Veränderung führen. Dadurch gewinnt das Subjekt biographische Handlungsfähigkeit zurück. Ein biographischer Wandlungsprozess kommt ursächlich nicht durch intentionale Handlungen des Subjekts zustande, sondern ist von außen induziert: Dem Subjekt eröffnen sich aufgrund von Aktivitäten Dritter oder aufgrund von strukturellen Veränderungen neue Handlungsmöglichkeiten, bzw. es erhält Anstöße zu einem Wandel der eigenen Wahrnehmungen und Orientierungen, die zuvor nicht wahrgenommene eigene Handlungspotenziale bzw. -ressourcen offen legen.

Bsp.

> Als Beispiel für einen biographischen Wandlungsprozess soll die Fortsetzung der Erzählung des Haftentlassenden aus c) dienen: „Und da war da der Sozialarbeiter, der Heiner, der hat mir dann die Sache mit der Schule angeboten; also Hauptschulabschluss. Da hab ich gemerkt, das is ne Chance; und an den Heiner hab mich dann gehalten. Und so bin ich dann so langsam da rausgekommen."

Die verlaufskurvenhafte Prozessstruktur wird durch das Zusammentreffen mit einem Sozialarbeiter im Gefängnis aufgebrochen: Der Erzähler nimmt dessen Angebot zum Nachholen des Hauptschulabschlusses als Chance wahr, sein Leben zu ändern und sich aus den Verstrickungen der Vergangenheit zu befreien. Das „Rauskommen" aus der kriminellen Vergangenheit wird zur dominanten biographischen Prozessstruktur.

Bitte beachten Sie: Ob ein aktives biographisches Gestaltungsmuster gemäß a) oder b) oder ein reaktives Erleiden bzw. Erdulden gemäß c) vorliegt, entscheidet sich nicht am „guten" oder „schlechten" Ausgang des Prozesses. So können erstere auch zu einem Resultat führen, das aus der Beobachterperspektive „negativ" gilt. Umgekehrt kann eine Verlaufskurve – wie etwa bei einer turnusmäßigen Beförderung – durchaus zu „positiven" Resultaten führen. Entscheidend ist, ob die beschriebene Entwicklung aus Sicht des Subjekts eher einen „aktiven", d. h. selbst gewählten, oder „reaktiven", d. h. von außen induzierten Charakter hat. Oder mit Schütze gesprochen: Ob das Individuum seine sozialen Aktivitäten primär als intentional, d. h. bewusst und geplant, oder als konditional, d. h. auf äußere Bedingungen reagierend, erfährt (vgl. Übersicht nächste Seite).

> Die vier Prozessstrukturen des Lebensablaufs sind Idealtypen. Sie dienen bei der empirischen Analyse einzelner biographischer Abschnitte als heuristische Instrumente. Die Analyse des empirischen Materials darf aber nicht bei der bloßen Zuordnung von Lebensabschnitten zu einer der vier Prozessstrukturen stehen bleiben. Ziel ist vielmehr, darauf aufbauend die spezifische Qualität und Verlaufslogik einzelner biographischer Sequenzen inhaltlich möglichst genau zu bestimmen. Anschließend werden die Verlaufslogiken der einzelnen Sequenzen vergleichend analysiert, um die gesamtbiographische Verlaufslogik des Falles zu bestimmen.

Prozessstruktur	Erläuterungen
a) institutionelles Ablaufmuster	selbst gewähltes Hineinbegeben in einen institutionalisierten biographischen Ablauf und anschließendes Handeln entsprechend den institutionellen Vorgaben (Schütze: „normativ-versachlichtes Prinzip")
b) biographisches Handlungsmuster	selbst initiierte und gesteuerte Entwicklung jenseits institutionalisierter Vorgaben bzw. Erwartungen (Schütze: „intentionales Prinzip")
c) Verlaufskurve	Hineingeraten in einen Ablauf, bei dem äußere Existenzbedingungen den biographischen Ablauf bestimmen; Kontrollverlust des Subjekts (Schütze „Prinzip des Getriebenwerdens")
d) biographischer Wandlungsprozess	(meist an eine negative Verlaufskurve anschließende) Übergangsphase, in der das Subjekt aufgrund von Veränderungen der Handlungsmöglichkeiten bzw. der eigenen Wahrnehmungen und Orientierungen biographische Handlungsfähigkeit wiedergewinnt

Homologie zwischen Erzählung und erlebter Biographie

Welcher Zusammenhang besteht nun aber zwischen der tatsächlich erlebten Lebensgeschichte und der Erzählung darüber? Schütze geht gemäß seinen erzähltheoretischen Annahmen davon aus, dass die biographische Stegreiferzählung in ihrer formalen sequenziellen Struktur die subjektiven Erlebnisaufschüttungen des Biographieträgers widerspiegelt („Homologieannahme"). Die formalsprachliche Gliederung der biographischen Erzählung in Sequenzen und der jeweilige Detaillierungsgrad einzelner Passagen bilden das subjektive Erleben der eigenen Biographie ab.

Vertiefende Literatur: Schütze 1981, 1983, 1995; zur Biographieforschung allgemein: Fuchs-Heinritz 2000; Lucius-Hoene / Deppermann 2004: 17-92.

2 Methodische Vorgehensweise

Zentrale Datengrundlage der Narrationsanalyse sind, wie bereits erläutert, Stegreiferzählungen, also von Befragten ohne vorherige Planung und Überlegung begonnene Darstellungen eigener Erlebnisse. Dazu ist ein Interviewverfahren erforderlich, das den Befragten zu einer solchen spontanen Erzählung anregt. Denn nur Interviewdaten mit hohen Erzählanteilen lassen sich überhaupt sinnvoll narrationsanalytisch auswerten. Datenerhebung und Datenauswertung sind also eng miteinander verknüpft.

2.1 Datenerhebung und -aufbereitung

Narratives Interview

Das Interviewverfahren des Narrativen Interviews ist eine genau auf das Auswertungsverfahren der Narrationsanalyse zugeschnittene und gegenstandsbezogene Methode der Datenerhebung. Die Verfahrensweise wird im Folgenden dargestellt.

2.1.1 Interviewführung

Das narrative Interview ist in drei Teile gegliedert:

Erzählaufforderung

1) Das narrative Interview beginnt mit einer expliziten Erzählaufforderung. Der Interviewer grenzt den Gegenstand der erwarteten Erzählung genauer ein und bittet den Befragten, dazu möglichst genau und umfassend so zu erzählen, wie es ihm in den Sinn kommt. In der daran anschließenden Anfangserzählung des Befragten enthält sich der Interviewer weitestgehend aller Zwischenfragen und Kommentare, signalisiert aber zwischenzeitlich (sei es durch Nicken oder Hörersignale wie „m-hm“ oder „ja“) immer wieder seine Aufmerksamkeit.

Erzählgenerierende Nachfragen

2) Wenn der Befragte seine Darstellung – im Normalfall durch eine Erzählcoda (z. B. „das war's eigentlich“) – erkennbar zum Abschluss gebracht hat, schließen erzählgenerierende Nachfragen zu einzelnen Aspekten der vorangegangenen Erzählung an („Sie erwähnten vorhin kurz, ... Könnten Sie das noch mal genauer erzählen?“, „Was mir bei Ihrer Umschulung noch nicht ganz klar geworden ist, ...“).

Ergänzende Beschreibungen und Stellungnahmen

3) Erst im dritten Teil wird der Befragte durch entsprechende Nachfragen systematisch zu abstrahierenden Beschreibungen und argumentativen Stellungnahmen aufgefordert.

2.1.2 Transkription

Das auf Tonband aufgezeichnete Interview wird im Wortlaut verschriftlicht. Sofern parasprachlichen Elementen (z. B. einem Hüsteln oder Räuspern) oder gesprächsexternen Geräuschen beim Abhören des Bandes (z. B. extremer Lärm durch vorbeifahrenden Zug) ein möglicher Einfluss auf den Interviewverlauf beigemessen wird, sollten sie im Transkript festgehalten werden (vgl. Kapitel I, Abschn. 5, S. 28 ff.). Hörersignale wie „m-hm“ oder „ja“, mit denen ein Zuhörer beispielsweise signalisiert, dass er aufmerksam ist oder das Gesagte verstanden hat, sollten ebenfalls notiert werden. Eigennamen von Personen, Orten oder Organisationen, die Rückschlüsse auf den Interviewpartner ermöglichen, sind zu anonymisieren.

Vertiefende Literatur: Brüsemeister 2000: 156-166; Hermanns u. a. 1984: 49-97; Küsters 2006: 39-72; Rosenthal 2005: 137-160.

3-02
3-03

Das folgende Transkript wird in Abschn. 2.2 als Beispielfall analysiert.[3] Es wurde entsprechend den auf der Begleit-CD dokumentierten Regeln verschriftlicht. Die zugrunde liegende Audiodatei findet sich ebenfalls auf der Begleit-CD.

Fallbeispiel: Interview „Margot Herz“

Interview „Margot Herz“, Z. 01-77

```
01 I: wenn Sie dann einfach mal 'n bißchen erzählen so Ihren
02    Hintergrund, Biographie, wo sind sie groß geworden, (.)
```

3 Es handelt sich um den Anfang eines erzählgenerierenden Interviews zur Arbeits- und Alltagspraxis von TeleheimarbeiterInnen, d. h. von BüroarbeiterInnen, die zumindest einen Teil ihrer Arbeitszeit regelmäßig zu Hause statt im Betrieb tätig sind (vgl. Kleemann 2005). Nach einem nicht auf Tonband aufgezeichneten informellen Vorgespräch zu Datenschutz und Art der Verwendung der Daten begannen die Interviews jeweils mit einer absichtlich diffus formulierten Erzählaufforderung an die Befragten zu ihrer Biographie. Erst in dieser Phase wurde das Tonband eingeschaltet. Daher beginnt das Transkript mitten im Satz.

öh wie is die berufliche Karriere, und auch s Private
nochmal gesondert, das is für uns auch interessant
A: /ja
spielt ja alles ne Rolle im Moment
I: /Mh.
A: /bei mein- bei meiner
Heimtätigkeit. (..) Tja, großgeworden, oder geboren bin
ich hier in *<Rotstadt>*?/I: Mhm.// im Jahre vierundsechzich
also ich bin jetzt schon (.) zweiunddreißich,/I: M-h.//
äh-ch hab meine Realschule ganz normal gemacht, (.) wollte
eigentlich damals nach meiner Realschule zur Polizei (.)
das durfte ich aber nicht durch meinen Vater, der hat mir
das verboten, (.) weil er selbst Polizist ist/I: Ähä.//
und weiß wie's is,/I: Ja.// uuund (.) naja, Fotografin wollt
ich dann werden, da gabs aber damals nur fünf Lehrstellen
in *<Rotstadt>* und (.) auch keine Möglichkeit, und da hab
ich mir halt erstmal gedacht „okay, (.) gehn wir erstmal in
die gute alte *<Firma Rot>*, machen da ne Lehre und dann
(.) schaun mer weiter."/I: Mhm.// (.) Jaa, da hab ich dann
einunachtzich meine Lehre angefangen als, damals hieß es
Büroassistentin,/I: M-hm.// zwei Jahre gemacht, (.) kam
dann auch nach meiner Lehre in ne Werkstatt, wo ich n Büro
aufgebaut habe,/I: M-hm.// (..) pffff habe dann auch
gleich ein Jahr später mit Lehrlingen angefangen, also
Lehrlinge auszubilden im Betrieb;/I: M-hm.// was mir
natürlich sehr viel Spaß gemacht hat./I: A-ja;// (.)
sechsunachtzich hab ich dann meine (.) Sekretärin vor der I Ha
Ka gemacht, (.) pja, dann wurde meine Abteilung aufgelöst,
zusammengelegt, also ich mußte wieder n Büro aufbauen,
/I: Mhh;// des macht aber viel Spaß, also aus dem Nichts
was zu schaffen des macht Spaß; und hatte nebenbei halt immer
meine Lehrlinge laufen und so. (.) Ja. (.) Einunneunzig
hab ich dann meine Stelle gewechselt weil ich leider mit
meinem Chef nicht auskam, (.) bin dahin gewechselt
wo ich jetzt auch immer noch bin, hab meine Lehrlinge
mitgenommen,/I: M-hm.// hab sogar noch mehr mit Lehrlingen
zu tun bekommen indem ich halt gesamt damals Ingenieurtechnik-,
Ausbildungsbeauftragte war,/I: Mh-h.// also im
Quartal so dreißig Lehrlinge unter mir,/I: Whow.//
(.) d's war ne schöne Abbeit, (wirklich) schön.
(.) Jaa, dann hab ich mit meiner Schule angefangen zur
Lehrerin für die Berufsschule,/I: M-hm.// die ich aber
leider abbrechen mußte, weil ich schwanger wurde und s net
mehr konnte,/I: M-hh.// gesundheitlich; (.) jaa, vierun-
neunzich kam dann meine Tochter auf die Welt, (.) uund
ich bin kein Mensch der (.) ruhig zuhause sitzen kann/ *(I
lächelt)*// mit meinem Kind, also bin ich dann sie war zwei
Monate wieder arbeiten gegangen halbtags, im Rahmen des
Erziehungsurlaubes,/I: Ja.// und hab 'ch eigentlich sehr
gut unter einen Hut gekriegt,/I: M-hh.// (.) jaa, Erzie-
hungsurlaub hatte ich nur zwei Jahre beantragt;/I: Mh.//
hab mich dann auch innerhalb von diesen zwei Jahren von
meinem Partner getrennt gehabt also dann wurds dann auch
eng,/I: M-hm// uund (.) Halbtagsjob hat nicht mehr
gelangt, auch vom Geld her,/I: Ja.// jaa, und zwischen-
zeitlich hatt ich 'n neuen Chef, n ganz lieber Chef, der
gesagt hat „kein Problem, (.) schaff doch abends zuhause."
/I: Ehrlich?// Ja./I: Whow.// Also f- war wirklich ganz
toll./I: M-hm.// Un da hab ich mich dann halt umgehört bei
unserer Frau (..) *<Schneider>* glaub ich?/I: M- hm.// Genau;
und die fand die Idee ganz toll, „ne Sekretärin die zuhause
arbeitet, oah super". Also alles klar, ging auch ganz toll;
(.) nur ham wir dann halt festgestellt, Sekretärin,
halbtags da und dann zuhause,/I: *(leise:)* d's geht nicht?//
des geht nicht; also ne Sekretärin muß schon anwesend

`sein./I: M-hm.// Und dann kam halt wiederum mein Chef und hat gesagt „'s alles kein Problem, ich hab sowieso schon was Neues mit Ihnen vor, Sie übernehmen das Controlling,"/I: M-hm.// „das können Se halbtags hier machen und die Formulare die machen Se abends zuhause und das was halt so alles anfällt."/I: Mh-h.// Jaa, und des mach ich halt seit Ersten Ersten jetzt./I:M-hm.// (.) Obwohl das mit dem halbtags in der Firma auch net langt; sehen S ja jetzt,/I:M-hm.// ich kam auch eben erst heim. Aber, interessant, macht Spaß.`

2.2 Analyseschritte

Das Vorgehen der Narrationsanalyse ist zunächst darauf orientiert, den Einzelfall (für gewöhnlich also ein narratives Interview) intensiv zu analysieren. Gleichwohl handelt es sich um ein fallvergleichendes Verfahren. Im Anschluss an die Einzelfallanalysen werden die Fälle dann auf typische Unterschiede und Gemeinsamkeiten hin analysiert. Das Ziel ist in der Regel, eine Typologie im Hinblick auf die leitende Fragestellung der Untersuchung zu erstellen.

Fünf Analyseschritte

Die Narrationsanalyse umfasst fünf Schritte, die linear nacheinander abgearbeitet werden. Schematisch lassen sich diese Analyseschritte so darstellen:

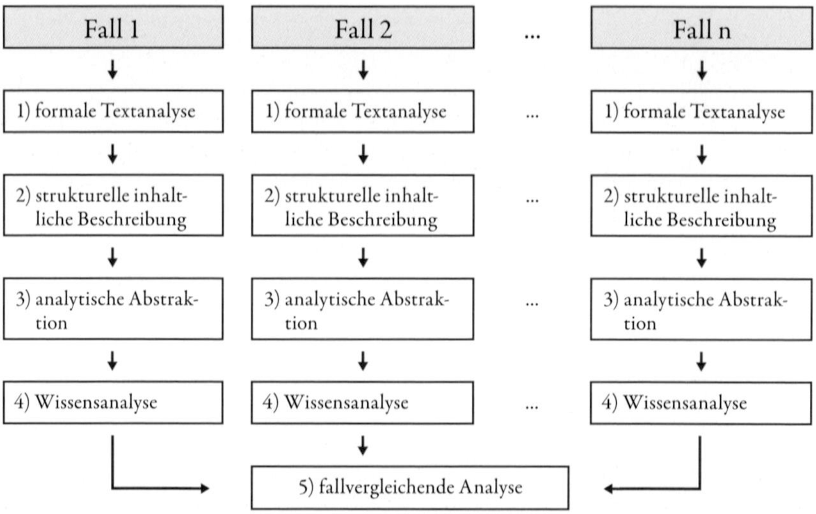

Bei der zunächst im Mittelpunkt stehenden Analyse von Stegreiferzählungen (Schritte 1-3) wird im ersten Schritt die formale sequenzielle Struktur der Erzählung herausgearbeitet. Denn Stegreiferzählungen enthalten für gewöhnlich auch beschreibende und argumentative Elemente, mit denen die Erzählung detailliert und plausibilisiert wird. Diese nicht narrativen Elemente der Erzählung werden zunächst ausgeklammert. Die so rekonstruierte reine Erzählung wird dann inhaltlich genauer bestimmt (2) und die ihr zugrunde liegende Handlungs- bzw. Verlaufslogik herausgearbeitet (3). Erst im vierten Schritt werden auch die nicht narrativen Passagen einbezogen. Es wird herausgearbeitet, welche Deutungen, Wertungen und Orientierungen dem Handeln des Erzählenden zugrunde liegen, und diese werden auf ihren Zusammenhang zum faktischen Ablauf des Prozesses hin untersucht. Daraus resultiert die Fallanalyse, auf deren Grundlage dann im fünften Schritt Fallvergleiche durchgeführt werden.

Fragestellung für die Analyse des Fallbeispiels

Im Folgenden wird zunächst jeder der fünf Analyseschritte erläutert und an dem unter Abschn. 2.1.2 angeführten Textbeispiel praktisch durchgeführt und kommentiert. Die leitende Fragestellung bei der Analyse des Textbeispiels ist zunächst (Schritte 1-3) allgemein die nach dem von der Interviewpartnerin erlebten Verlauf ihrer Berufsbiographie. Bei den nachfolgenden Auswertungsschritten 4 und 5 wird selektiver gefragt, wie Teleheimarbeitsarrangements zu Stande kommen: Welche (aktive bzw. reaktive) Rolle nehmen die Beschäftigten hierbei ein, und welche Bedeutung hat Teleheimarbeit für die Beschäftigten?

2.2.1 Formale Textanalyse

Zwei Teilschritte

Der erste Auswertungsschritt ist eine *formale* Gliederung des Interviews. Die vom Befragten dargestellten Sachverhalte werden nicht inhaltlich analysiert, sondern das Augenmerk liegt darauf, welche formalsprachliche Struktur der Darstellung zugrunde liegt. Die Erzählung wird auf der Grundlage ihrer sprachlichen Struktur formal gegliedert („sequenziert"). Die formale Textanalyse untergliedert sich in zwei Teilschritte:

a) die Ausklammerung nicht narrativer Passagen und

b) die Strukturierung der Erzählung in formale Sequenzen.

Ad a)

Ausklammerung nicht narrativer Passagen

Im ersten Teilschritt werden all jene Abschnitte ausgeklammert, die nicht primär erzählenden Charakter haben, in der also nicht konkrete einzelne Ereignisse bzw. Abläufe in geordneter Form geschildert werden. Das können längere Passagen, aber auch einzelne Sätze oder Satzteile sein. Es soll zunächst die reine Erzählung herauspräpariert werden. Dem liegt die erzähltheoretische Annahme (vgl. Abschn. 1.1.2) zugrunde, dass sich in dieser Schilderung die subjektiven Erlebnisaufschüttungen des Befragten widerspiegeln.

Auch Stegreiferzählungen sind zuweilen von (nicht narrativen) beschreibenden und argumentativen Passagen durchsetzt, weil die Befragten diese zur Detaillierung ihrer Erzählung für nötig halten (oder weil sie schlicht von ihrer Erzählung abschweifen). Wenn man die nicht narrativen Passagen zunächst ausblendet, gelangt man zur Struktur der reinen Erzählung. Das Ausblenden nicht narrativer Passagen ist ein Hilfsmittel, das insbesondere bei längeren Stegreiferzählungen Sinn macht.[4] Alle zunächst ausgeklammerten Passagen werden aber später im vierten Analyseschritt, der Wissensanalyse, wieder in die Interpretation einbezogen.

Hinweise zur Analyse des Beispiels

Für die Zeilen 1-42 der als Fallbeispiel zu analysierenden Interviewpassage werden die nicht narrativen Elemente jeweils ~~blau durchgestrichen~~ dargestellt. Im Anschluss wird kurz erläutert, warum eine nicht narrative Passage vorliegt. Die Analyse basiert auf Diskussionen von Studierenden in mehreren Interpretationssitzungen. Passagen, bei denen Uneinigkeit darüber bestand, ob

4 Im vorliegenden Beispielfall handelt es sich jeweils um kurze nicht narrative Elemente, die in die berufsbiographische Erzählung eingebettet sind, um das Erzählte zu plausibilisieren, und die den Blick auf die reine Erzählung auch nur wenig verstellen. Auf der Begleit-CD finden Sie mit der ausführlicheren berufsbiographischen Erzählung von Frau Roth einen weiteren Beispielfall mit längeren nicht narrativen Passagen. An diesem wird besser ersichtlich, warum die Ausblendung nicht narrativer Passagen ein hilfreicher Schritt für die weitere Analyse ist.

3-04

es sich um Bestandteile der Narration handelt oder um angehängte Argumentationen, sind ~~hellblau-unterbrochen-durchgestrichen~~ markiert. Die Diskussion zu diesen Passagen wird in den nachfolgenden Erläuterungen jeweils ausführlich referiert.

3-05
3-06

Einen Audiomitschnitt der Auswertungssitzung zu Z. 01-16 finden Sie auf der Begleit-CD. Ebenso zu Z. 29-34.

I: ~~wenn Sie dann einfach mal 'n bißchen erzählen so Ihren~~
~~Hintergrund, Biographie, wo sind sie groß geworden, (.)~~
~~öh wie is die berufliche Karriere, und auch s Private~~
~~nochmal gesondert, das is für uns auch interessant~~
A: ~~/ja~~
~~spielt ja alles ne Rolle im Moment~~
I: ~~/Mh.~~
A: ~~/bei mein- bei meiner~~
~~Heimtätigkeit.~~ (..) Tja, großgeworden, oder geboren bin
ich hier in <Rotstadt>? ~~/I: Mhm.//~~ im Jahre vierundsechzich
~~also ich bin jetzt schon (.) zweiunddreißich, /I: M-h.//~~
äh-ch hab meine Realschule ganz normal gemacht, (.) wollte
eigentlich damals nach meiner Realschule zur Polizei (.)
das durfte ich aber nicht durch meinen Vater, der hat mir
das verboten, (.) ~~weil er selbst Polizist ist/I: Ähä.//~~
~~und weiß wie's is, /I: Ja.//~~ uuund (.) naja, Fotografin wollt
ich dann werden, da gabs aber damals nur fünf Lehrstellen
in <Rotstadt> und (.) auch keine Möglichkeit, und da hab
ich mir halt erstmal gedacht „okay, (.) gehn wir erstmal in
die gute alte <Firma Rot>, machen da ne Lehre und dann
(.) schaun mer weiter." ~~/I: Mhm.//~~ (.) Jaa, da hab ich dann
einunachtzich meine Lehre angefangen als, damals hieß es
Büroassistentin, ~~/I: M-hm.//~~ zwei Jahre gemacht, (.) kam
dann auch nach meiner Lehre in ne Werkstatt, wo ich n Büro
aufgebaut habe, ~~/I: M-hm.//~~ (..) pffff habe dann auch
gleich ein Jahr später mit Lehrlingen angefangen, also
Lehrlinge auszubilden im Betrieb; ~~/I: M-hm.// was mir~~
~~natürlich sehr viel Spaß gemacht hat./I: A-ja;//~~ (.)
sechsunachtzig hab ich dann meine (.) Sekretärin vor der I Ha
Ka gemacht, (.) pja, dann wurde meine Abteilung aufgelöst,
zusammengelegt, also ich mußte wieder n Büro aufbauen,
~~/I: Mhh;// des macht aber viel Spaß, also aus dem Nichts~~
~~was zu schaffen des macht Spaß;~~ und hatte immer nebenbei
meine Lehrlinge laufen und so. (.) Ja. (.) Einunneunzig
hab ich dann meine Stelle gewechselt ~~weil ich leider mit~~
~~meinem Chef nicht auskam, /I: Mh-h.//~~ (.) bin dahin
gewechselt wo ich jetzt auch immer noch bin, hab meine
Lehrlinge mitgenommen, ~~/I: M-hm.//~~ hab sogar noch mehr
mit Lehrlingen zu tun bekommen indem ich halt gesamt
damals Ingenieurtechnik-, Ausbildungsbeauftragte war, ~~/I:~~
~~Mh-h.//~~ also im Quartal so etwa dreißig Lehrlinge unter
mir, ~~/I: Whow.// (.) d's war ne schöne Abbeit sehr schön.~~

Erläuterungen:

Z. 1-4 „wenn ... interessant"

Die Erzählaufforderung des Interviewers gehört nicht zur Erzählung der Befragten.

Z. 5-9 „ja spielt ... Heimtätigkeit"

Frau Herz kommentiert die Erzählaufforderung des Interviewers, bevor sie mit ihrer Erzählung beginnt.

Z. 7 „Mh."
Hörersignale (und andere Wortbeiträge) des Interviewers gehören nicht zur Erzählung.

Z. 11 „also ich bin jetzt schon (.) zweiunddreißich,"
Diese Passage wurde in Interpretationsgruppen kontrovers diskutiert. Die Äußerung von Frau Herz wurde als eine Art Zwischenresümee ohne Erzählcharakter erfasst. Dagegen wurde eingewendet, dass es integral mit der vorherigen Äußerung in Z. 9-11 verbunden sei und daher sehr wohl Teil der Erzählung. Dem wurde entgegnet, dass das „schon" die Äußerung zu einer der Erzählung externen, eingeschobenen Bewertung der Frau Herz bezüglich ihres Alters mache. Daraufhin wurde die Passage als nicht narrativ ausgeklammert.

Z 15-16 „weil er selbst Polizist ist / I: Ähä.// und weiß wie's is,"
Es handelt sich um eine explizite Begründung, d. h. eine argumentative Passage.

Z. 27-28 „was mir natürlich sehr viel Spaß gemacht hat."
Frau Herz erzählt hier nicht, sondern kommentiert das Geschehen. Dies wird an dem eingefügten „natürlich" ersichtlich, mit dem sie auf eine ihr selbstverständliche Einstellung gegenüber der Tätigkeit verweist.

Z. 32-33 „des macht aber viel Spaß, also aus dem Nichts was zu schaffen des macht Spaß;"
Frau Herz kommentiert hier wiederum das Geschehen. Sprachlich markiert wird das durch den Wechsel ins Präsens.

Z. 35 f. „weil ich leider mit meinem Chef nicht auskam,"
Die Passage wurde zunächst anhand der Satzstruktur als Argumentation identifiziert: Der mit „weil" eingeleitete Nebensatz stelle eine Argumentation dar. Dieser Einordnung wurde aber widersprochen: Der Nebensatz stelle eine für die Verständlichkeit der Erzählung notwendige Detaillierung dar (Detaillierungszwang) und gehöre damit unmittelbar zur Erzählung dazu. Außerdem handele es sich ja nicht um eine Argumentation im engeren Sinne, weil nur ein Einzelsachverhalt, nicht aber eine allgemeine, regelartige Aussage enthalten sei bzw. diese nicht expliziert werde (beispielsweise durch den Anschluss: „... und wenn man mit dem Chef nicht klarkommt, dann muss man eben die Stelle wechseln") Vergleichend wurde auf Z. 15 f. „weil er selbst Polizist ist ~~/ I: Ähä. //~~ und weiß wie's is" verwiesen, wo der Zusatz „und weiß wie's ist" in verkürzter Form eine allgemeine Regel ausdrückt, mit der die väterliche Autorität begründet wird.

Daher wurde die Passage insgesamt nicht als Argumentation, sondern als Teil der Narration identifiziert.

Z. 42 / I: „Whow.// (.) d's war ne schöne Abbeit sehr schön."
Frau Herz kommentiert ihre Tätigkeit auf einen erstaunten Ausruf des Interviewers hin.

Übung: Markieren Sie alle weiteren nicht narrativen Passagen in der Interviewsequenz ab Z. 43, so dass am Ende die reine Erzählstruktur steht. Halten Sie die entsprechenden Textstellen in gleicher Form fest wie im obigen Beispiel (Zeilenangaben plus Anfangs- und Endwort der Passage) bzw. markieren und nummerieren Sie die Passagen auf Papier.

3-07
3-08

Eine druckbare Version der Interviewpassage finden Sie auf der Begleit-CD. Notieren Sie eine kurze Begründung dafür, warum die Passage als nicht narrativ gelten kann. Eine auf Seminardiskussionen basierende Beispiellösung mit Erläuterungen für die Zeilen 43 ff. finden Sie ebenfalls auf der Begleit-CD.

Ad b)

Formalsprachliche Sequenzierung

Der zweite Teilschritt, die *Strukturierung der Erzählung in formale Sequenzen*, dient der Identifizierung der Erzählstruktur. Als wichtiges Hilfsmittel zur Identifikation formaler Sequenzen dienen Rahmenschaltelemente, also sprachliche Marker wie „dann“, „nachdem“, „bevor“, „im darauf folgenden Jahr“, „gleichzeitig“, die eine sequenzielle Abfolge einzelner Sachverhalte anzeigen. Sie verweisen darauf, dass der entsprechende Sachverhalt aus Sicht des Erzählers etwas Neues bzw. Eigenständiges darstellt.

Rahmenschaltelemente sind mit einem Satz oder Teilsatz verknüpft, in dem ein Ereignis dargestellt wird. Sie zeigen ein zeitliches Vor-, Nach- oder Nebeneinander von Geschehnissen an. Sind keine Rahmenschaltelemente erkennbar, ist gleichwohl zu prüfen, ob ein Satz oder Teilsatz ein eigenständiges Ereignis in einer sequenziellen Abfolge zum Ausdruck bringt. Insbesondere Verben können Ereignisse bzw. Veränderungen im Zeitverlauf markieren (z. B. „ ... hatte das Studium abgebrochen und hab eine Firma gegründet“). Sind keinerlei Hinweise erkennbar, so gehören alle Sätze oder Teilsätze so lange zu einer Sequenz, bis wiederum ein Rahmenschaltelement oder ein (Teil-)Satz eine neue Sequenz anzeigen.

Analyse des Fallbeispiels

Die formalsprachliche Sequenzierung des Fallbeispiels beginnt nach der in Teilschritt a) ausgeklammerten Passage Z. 1-9 („... Heimtätigkeit“). Rahmenschaltelemente sind fett dargestellt; die dazu gehörigen formalen Sinnabschnitte sind hellblau bzw. hellgrau hinterlegt.

3-09

Einen Audiomitschnitt der Auswertungssitzung zu Z. 12-16 finden Sie auf der Begleit-CD.

Rahmenschaltelemente

Tja, großgeworden, oder geboren bin
ich hier in <Rotstadt>? ~~/I: Mhm.//~~ im Jahre vierundsechzich
~~also ich bin jetzt schon (.) zweiunddreißich, /I: M-h.//~~
äh-ch hab meine Realschule ganz normal gemacht, (.) wollte
eigentlich **damals nach meiner Realschule** zur Polizei (.)
das durfte ich aber nicht durch meinen Vater, der hat mir
das verboten, (.) ~~weil er selbst Polizist ist/I: Ähä.//~~
~~und weiß wie's is, /I: Ja.//~~ uuund (.) naja, Fotografin wollt
ich **dann** werden, da gabs aber damals nur fünf Lehrstellen
in <Rotstadt> und (.) auch keine Möglichkeit, und **da** hab
ich mir halt erstmal gedacht „okay, (.) gehn wir erstmal in
die gute alte <Firma Rot>, machen da ne Lehre und dann
(.) schaun mer weiter." ~~/I: Mhm.// (.)~~ Jaa, da hab ich **dann**
einunachtzich meine Lehre angefangen als, damals hieß es
Büroassistentin, ~~/I: M-hm.//~~ zwei Jahre gemacht, (.) kam
dann auch **nach meiner Lehre** in ne Werkstatt, wo ich n Büro
aufgebaut habe, ~~/I: M-hm.//~~ (..) pffff habe **dann** auch
gleich **ein Jahr später** mit Lehrlingen angefangen, also
Lehrlinge auszubilden im Betrieb; ~~/I: M-hm.// was mir~~
~~natürlich sehr viel Spaß gemacht hat. /I: A-ja;// (.)~~
sechsunachtzig hab ich **dann** meine (.) Sekretärin vor der I Ha
Ka gemacht, (.) pja, **dann** wurde meine Abteilung aufgelöst,
zusammengelegt, also ich mußte wieder n Büro aufbauen,
~~/I: Mhh;// des macht aber viel Spaß, also aus dem Nichts~~
~~was zu schaffen des macht Spaß;~~ und hatte immer nebenbei
meine Lehrlinge laufen und so. (.) Ja. (.) **Einunneunzig**

```
hab ich dann meine Stelle gewechselt weil ich leider mit
meinem Chef nicht auskam, ~~/I: Mh-h.//~~ (.) bin dahin
gewechselt wo ich jetzt auch immer noch bin, hab meine
Lehrlinge mitgenommen, ~~/I: M-hm.//~~ hab sogar noch mehr
mit Lehrlingen zu tun bekommen indem ich halt gesamt
damals Ingenieurtechnik-, Ausbildungsbeauftragte war, ~~/I:
Mh-h.//~~ also im Quartal so etwa dreißig Lehrlinge unter
mir, ~~/I: Whow.//~~ (.) d's war ne schöne Abbeit sehr schön.
```

Erläuterungen:

Z. 9-11 „Tja ... vierundsechzich“

eine übliche Art der Eröffnung einer biographischen Erzählung: Mit der Nennung von Geburtsort und -jahr wird ein Anfangspunkt gesetzt. (Ein Rahmenschaltelement im engeren Sinne fehlt folglich.)

Z. 12 „äh-ch ... gemacht,“

umfasst die erste für relevant erachtete Verlaufssequenz, das Absolvieren der Realschule. Ein Rahmenschaltelement findet sich nach der vorhergehenden punktuellen Angabe des Geburtsjahrs nicht.

Z. 12-15 „wollte ... verboten,“

Die Zeitangabe „damals nach meiner Realschule“ in Z. 13 fungiert als Rahmenschaltelement, das auf eine neue Verlaufssequenz verweist: die Phase der Berufswahl, die in der vorliegenden Passage zunächst aus einer nicht erfolgreichen Bestrebung (Polizistin werden wollen – Verbot durch Vater) besteht.

(Die sprachliche Darstellung erweckt wörtlich genommen den Eindruck, es handele sich bei der Ablehnung ihres Berufswunsches „Polizistin“ durch den Vater um ein punktuelles Ereignis – tatsächlich handelt es sich beim Entwickeln und Äußern eines Berufswunsches ebenso wie beim Verbieten durch den Vater um ein Geschehen mit prozesshaftem Charakter.)

Z. 16-18 „uuund ... Möglichkeit“

„dann“ in Z. 17 markiert eine neue Teilsequenz der Berufswahlphase im Anschluss an die gescheiterte Erstpräferenz „Polizistin“. Das „damals“ in Z. 17 bezieht sich ebenfalls auf die mit „dann“ markierte Phase, zeigt also gegenüber „uuund (.) naja, Fotografin wollt ich dann werden,“ keine neue Sequenz an. Vielmehr ist „da gabs aber damals nur fünf Lehrstellen in <Rotstadt>“ als auf diese Feststellung bezogene Kontextinformation zu sehen, die der anschließenden Feststellung des Scheiterns des Berufswunsches („und (.) <u>auch</u> keine Möglichkeit,“) vorangeht. Von der Darstellungsweise her wird die Aussage (mit anderen Worten paraphrasiert:) „ich wollte Fotografin werden, aber der Plan scheiterte“ durch die zwischengeschaltete Kontextinformation (paraphrasiert: „weil es aber so wenige Lehrstellen dafür gab“) also implizit begründet. (Für eine umfassende Begründung erforderliche weitere Argumente – z. B. dass ihre Schulnoten zu schlecht dafür waren – werden allerdings ausgelassen.)

Z. 18-21 „und da ... weiter“

„da“ in Z. 18 trägt die temporale Wortbedeutung „dann“ und fungiert als Rahmenschaltelement, um die nächste Teilsequenz der Berufswahlphase anzuzeigen: die Entscheidung, eine Ausbildung in einer Fabrik zu beginnen.

(Bitte beachten Sie: Die Passage Z. 19-21 „okay ... weiter“ ist eine Wiedergabe wörtlicher Rede – genauer einer Art fiktiven Selbstgesprächs – durch die Erzählerin; die darin enthaltenen Zeitangaben „erstmal“ (zweimal in Z. 19) und „dann“ (Z. 21) können daher nicht als die Erzählung strukturierende Rahmenschaltelemente betrachtet werden. Das „dann“ in Z. 21 verweist überdies auf die Zukunft nach der Ausbildung, kündigt also allenfalls kommende Veränderungen an, dient aber keinesfalls als erzählstrukturierendes Rahmenschaltelement.)

Z. 21-23 „Jaa, ... gemacht,“
„dann einunachtzig“ (Z. 21 f.) markiert einen Zeitpunkt, an dem mit der Aufnahme der Lehre bei Firma Rot etwas Neues beginnt (wie zusätzlich durch das Verb „angefangen“ zum Ausdruck gebracht wird); die nachfolgende Formulierung „zwei Jahre gemacht“ drückt die Durchführung der begonnenen Aktivität aus und verweist bereits auf deren Abschluss (ohne aber eine eigene Sequenz zu markieren)

Z. 23-25 „kam ... aufgebaut habe“
„dann ... nach meiner Lehre“ zeigt die unmittelbar anschließende Übernahme von Frau Herz durch Firma Rot an (die Arbeitsaufgabe, ein Büro aufzubauen, ist sprachlich unmittelbar an die Zuweisung einer Stelle in einer „Werkstatt“ gekoppelt, bildet also keine eigene Sequenz)

Z. 25-27 „pffff ... Betrieb“
„dann ... ein Jahr später“ zeigt das nächste für Frau Herz relevante Ereignis innerhalb der begonnenen Berufslaufbahn an, die Übernahme von Aufgaben im Rahmen der Lehrlingsausbildung

Z. 29-30 „sechsunachtzig ... gemacht“
Jahresangabe und zusätzliches „dann“ benennen das nächste („punktuelle“) Ereignis, das Absolvieren einer berufsbegleitenden Fortbildung, des IHK-Zertifikats als Sekretärin

Z. 30-34 „pja ... und so.“
„dann“ in Z. 30 zeigt ein neues Ereignis an, die Zusammenlegung der bisherigen Abteilung mit einer anderen, aus der (wie in Z. 23-25 wiederum unmittelbar gekoppelt an die betriebliche Reorganisation) erneut die Aufgabe für Frau Herz erwuchs, ein Büro aufzubauen. Das auf die parallele Aufgabe der Lehrlingsbetreuung bezogene „immer“ in Z. 34 zeigt an, dass dieser Aufgabenbereich konstant blieb. („immer“ fungiert also gerade als sprachlicher Marker, um anzuzeigen, dass sich in diesem Bereich *keine* Veränderung ergab)

Z. 34-38 „Ja. (.) ... mitgenommen,“
„einundneunzig“ (Z. 34) und „dann“ (Z. 35) fungieren als Rahmenschaltelemente, die den Stellenwechsel in die jetzige Abteilung unter Beibehaltung der Aufgaben der Lehrlingsausbildung als nächsten relevanten biographischen Abschnitt markieren

Z. 38-42 „hab ... schön“
In einer Seminarsitzung wurde festgestellt, dass die Formulierung „hab sogar noch mehr mit Lehrlingen zu tun bekommen“, die sich unmittelbar an die Darstellung „hab meine Lehrlinge mitgenommen“ in Z. 37 f. anschließt, eine zeitlich nach dem (zuvor in Z. 34-38 dargestellten) Stellenwechsel erfolgende (durch die

Formulierung „sogar noch mehr" besonders betonte) Veränderung zum Ausdruck bringe. Daher handele es sich bei Z. 38-42 um eine eigene Sequenz, auch wenn kein eindeutiges Rahmenschaltelement erkennbar sei. Dagegen wurde argumentiert, dass die nachfolgende Darstellung „indem ich halt gesamt damals Ingenieurtechnik-, Ausbildungsbeauftragte war" zwar mit „damals" eine Zeitangabe enthalte, aber in einfacher Vergangenheitsform erfolge – also ohne dass dem Sachverhalt ein Ereignischarakter zugeschrieben werde – und damit die gesamte Passage Z. 38-42 als Detaillierung dem in Z. 34-38 dargestellten Ereignis des Stellenwechsels untergeordnet sei. Darauf wurde erwidert, dass es sich um einen mit „indem" eingeleiteten Nebensatz handele, der nur das unmittelbar zuvor dargestellte Ereignis „hab sogar noch mehr mit Lehrlingen zu tun bekommen" detailliere. Daraufhin wurde Z. 38-42 als eigenständige Sequenz erachtet.

Übung: Identifizieren Sie nach dem gleichen Muster die Rahmenschaltelemente ab Z. 43 und unterteilen Sie den Interviewtext in formale Sequenzen. Eine Beispiellösung auf der Grundlage vergangener Seminardiskussionen finden Sie auf der Begleit-CD. Diskussionen zum Status einzelner kontroverser Interviewpassagen sind dort ebenfalls dokumentiert.

3-10

> Die formale Textanalyse als erster Auswertungsschritt dient dazu, das zu interpretierende Interview anhand formalsprachlicher Merkmale – und nicht nach thematischen Sinneinheiten – zu gliedern. Zum einen werden nicht zur Erzählung gehörende Passagen ausgeklammert (und erst im vierten Schritt, der Wissensanalyse wieder berücksichtigt); zum anderen wird die sequenzielle Abfolge einzelner Erzählabschnitte herausgearbeitet, die durch sprachliche Merkmale (insbesondere „Rahmenschaltelemente") angezeigt wird.

2.2.2 Strukturelle inhaltliche Beschreibung

Beim zweiten Schritt der Narrationsanalyse werden die Handlungsweisen des Akteurs untersucht. Die in Abschn. 2.2.1 anhand formalsprachlicher Kriterien identifizierten Sequenzen werden inhaltlich genauer bestimmt und in ihrem inneren Zusammenhang analysiert. Um das Erlernen des Verfahrens zu erleichtern, wird das Vorgehen in drei Teilschritte untergliedert:

a) die inhaltliche Beschreibung der zuvor identifizierten Einzelsequenzen
b) deren Verbindung zu größeren zusammenhängenden Sinneinheiten und
c) die „eigentliche" strukturelle inhaltliche Beschreibung dieser größeren Sinneinheiten.

Ad a)

Inhaltliche Beschreibung der Einzelsequenzen

Die gemäß Schritt 1 formalsprachlich identifizierten Einzelsequenzen werden nun inhaltlich erfasst. Hierzu wird der zentrale Sachverhalt einer Sequenz überschriftartig benannt. Insbesondere bei komplexen Sachverhalten ist es hilfreich, den Sachverhalt in Satzform genauer auszuführen. Für die weitere Fallauswertung kann es zudem produktiv sein, erste am Datenmaterial belegbare Interpretationsansätze über die Handlungsweisen des Akteurs, dessen eingenommene Rolle, die strukturellen Handlungsbedingungen etc. schriftlich zu fixieren.

Die oben in Schritt 1 b) identifizierten Einzelsequenzen der Interviewpassage bis Z. 42 werden im Folgenden benannt und inhaltlich beschrieben. Dies wird wiederum ergänzt um die Wiedergabe unterschiedlicher Lesarten zum Text, wie sie in Interpretationssitzungen zu Tage getreten sind. Gerade die festgehaltenen unterschiedlichen Lesarten verdeutlichen, dass die im Resultat notierten Ergebnisse teils mühsam erarbeitet werden müssen und eine sorgfältige Auseinandersetzung mit dem Text erfordern.

Z. 9-11 Geburtsort und -jahr (Rotstadt 1964)

Z. 12 Realschulabschluss

Sie absolvierte ohne Besonderheiten („ganz normal") die Realschule.

In einer Interpretationssitzung wurde auch eine andere Lesart des „ganz normal" vorgeschlagen: Demnach sei es aus Frau Herz' subjektiver Sicht „ganz normal" gewesen, die Realschule zu absolvieren – und nicht etwa Gymnasium oder Hauptschule. Sie bringe also durch diese Äußerung eine Normalitätsvorstellung über den für sie (aufgrund ihrer sozialen Herkunft, ihres Geschlechts, etc.) angemessenen Bildungsweg (soziologischer formuliert etwa: über ihre milieuspezifischen Bildungsaspirationen) zum Ausdruck. Dagegen wurde eingewendet, dass die Formulierung dann eher „ich habe ganz normal meine Realschule gemacht" lauten müsse; mit dem nachgestellten „ganz normal" der vorliegenden Formulierung dagegen sei „ganz normal" eindeutig auf das unmittelbar folgende „gemacht" bezogen und antworte auf die Frage „wie habe ich meine Realschule absolviert": „ganz normal", also ohne besondere Auffälligkeiten wie z. B. Sitzenbleiben, Unterbrechungen oder Schulwechsel. (Diese Lesart wird durch weitere Indizien unterstützt: Sie hat, wie in Z. 22 gesagt, 1981 mit ihrer Ausbildung begonnen. Sie ist 1964 geboren, zum Zeitpunkt des Interviews im März 1997 aber noch 32 Jahre alt, hat also später im Jahr Geburtstag. Rotstadt liegt in Westdeutschland, wo es in den 1970er Jahren üblich war, Kinder, die zum Juli noch nicht 6 Jahre alt waren, erst im Folgejahr einzuschulen. Wenn dies bei ihr der Fall ist, dann wurde sie 1971 eingeschult und hat genau 10 Jahre später, nach dem „normalen" Absolvieren der Realschule, ihre Ausbildung begonnen.)

Z. 12-15 Scheitern des präferierten Berufswunsches Polizistin

Ihr Berufswunsch scheiterte am Verbot durch den Vater.

Frau Herz war zu diesem Zeitpunkt noch minderjährig, daher war seine Zustimmung als Erziehungsberechtigter erforderlich. Interessant ist aber an dieser Stelle, dass sie nicht formuliert „er hat mir das nicht erlaubt", sondern explizit „verboten" sagt. Zudem verstärkt und expliziert der Nachsatz die vorherige Äußerung „das durfte ich nicht". Die Fremdbestimmtheit der Entscheidung wird in dieser Passage gleich zweifach dargestellt.

Z. 16-18 Scheitern des zweiten Berufswunsches Fotografin

Ihr Berufswunsch scheiterte an der Tatsache, dass es kaum Lehrstellen für diesen Beruf in Rotstadt gab, wodurch sie keine Chance auf einen Ausbildungsplatz hatte.

Wie unter Abschn. 2.2.1 ad b), S. 81 bereits ausgeführt: Die Begründung ist natürlich unvollständig. Es fehlt ein Argument dafür, warum sie keine Chance auf einen der wenigen vorhandenen Ausbildungsplätze (z. B. schlechte Schulnoten, zu niedriger Bildungsabschluss) hatte. Außerdem erfahren wir zwischen den Zeilen, dass sie bei der Wahl ihrer Ausbildung nicht in Erwägung zog, einen weiter entfernten Ausbildungsort als Option mit einzubeziehen – es gab in Rotstadt keine Möglichkeit für sie, und damit war der Fall erledigt. Als Hintergrund dafür kann man sicher unterstellen, dass aufgrund der materiellen Lage von ihr und ihren Eltern ein Wegziehen an einen anderen Ort für die Ausbildung nur schwer möglich gewesen wäre; darüber hinaus verweist dieser Sachverhalt aber auch darauf, dass sie nicht bereit war, alles für einen präferierten Beruf zu tun, sondern stattdessen (siehe Folgesequenz) einen für sie leicht gangbaren und üblichen Ausbildungsweg einschlug.

Einen Audiomitschnitt der Auswertungssitzung zu Z. 18-21 finden Sie auf der Begleit-CD. 3-11

Z. 18-21 Wahl einer Büroausbildung in einem Industriebetrieb

Nachdem ihre beiden beruflichen Präferenzen sich nicht verwirklichen ließen, entscheidet sich Frau Herz für eine Lehre (zur Büroassistentin, Z. 23 f.) in einer offensichtlich alteingesessenen Fabrik („die gute alte Firma Rot") in Rotstadt. Für den Zugang zu einer solchen Lehrstelle gab es aus Sicht von Frau Herz keine gravierenden Barrieren.

Sie formuliert in Bezug auf die Art der Ausbildung unspezifisch „machen (wir) da ne Lehre", so als sei es zweitrangig, welchen Ausbildungsgang sie wählt. Das verweist auf eine geringe Identifikation mit der gewählten Ausbildung an sich. Zugleich formuliert sie weitergehende Ambitionen („erstmal ne Lehre machen, dann weiterschauen") auf ein berufliches Fortkommen über die Lehre hinaus. Bei der Firma Rot handelt es sich um ein Großunternehmen mit den dort üblichen Möglichkeiten zu internem positionalen Aufstieg („interner Arbeitsmarkt"). Diese Möglichkeiten sind Frau Herz offensichtlich bewusst, und sie interpretiert die gewählte Ausbildung nicht als endgültige berufliche Positionierung, sondern als notwendigen Einstieg in das Unternehmen mit daraus resultierenden Optionen zur innerbetrieblichen Weiterentwicklung.

Z. 21-23 Lehre zur Büroassistentin (1981)

Die Ausbildung absolviert sie als einen institutionell notwendigen Schritt, der über das Konstatieren seiner Erledigung hinaus keine weitere Erwähnung findet („angefangen"–„gemacht").

Z. 23-25 erste betriebliche Position nach der Lehre (1983)

Dass sie nach der Lehre vom Unternehmen übernommen wurde, ist ihr so selbstverständlich, dass es nicht eigens thematisiert wird. Erwähnenswert an der ersten beruflichen Station im Unternehmen ist nur die Tatsache, dass sie ein neues Büro „aufgebaut", also eine verantwortliche Aufgabe übernommen hat.

Z. 25-27 Ausbildung von Lehrlingen als zusätzliche Aufgabe (1984)

Als zusätzliche Aufgabe übernahm sie bereits ein Jahr nach Beendigung der Lehre die Aufgabe, Lehrlinge auszubilden. Mit der Formulierung „gleich ein Jahr später" betont sie den frühen berufsbiographischen Zeitpunkt, zu dem ihr diese Aufgabe übertragen wird und die eigenen Ambitionen, verantwortliche Aufgaben im Betrieb zu übernehmen, soweit dies in ihrer Reichweite liegt.

Z. 29-30 Qualifizierung zur Sekretärin (1986)

Die Weiterqualifizierung zur Sekretärin bei der Industrie- und Handelskammer konstatiert sie in einfacher Aussageform. Damit drückt sie die subjektive Selbstverständlichkeit dieses Qualifizierungsschrittes aus.

Z. 30-34 innerbetriebliche Umstrukturierung unter Beibehaltung von Position und Aufgaben

Nach einer betrieblichen Umstrukturierung blieben ihre Position und ihre Arbeitsaufgaben gleich. Erwähnenswert scheint in diesem Zusammenhang nur, dass sie wiederum die verantwortliche Aufgabe erhält, ein neues Büro „aufzubauen".

Z. 34-38 Stellenwechsel aus persönlichen Gründen (1991)

Wegen persönlicher Konflikte mit dem Vorgesetzten wechselte sie ihre Stelle auf eine andere gleicher Position und mit gleichen Aufgaben.

Z. 38-42 Ausweitung der Aufgabe der Lehrlingsbetreuung

Frau Herz wurde nach ihrem Stellenwechsel zur Ausbildungsbeauftragten ihres Arbeitsbereichs ernannt und hatte eine größere Zahl von Lehrlingen als vorher zu betreuen.

3-12

Übung: Beschreiben Sie die Einzelsequenzen ab Z. 43 inhaltlich. Eine Beispiellösung finden Sie auf der Begleit-CD.

Ad b)

Verbindung der Einzelsequenzen zu zusammenhängenden Sinneinheiten

Die inhaltlich beschriebenen Einzelsequenzen werden nun zu größeren zusammenhängenden Sinneinheiten verbunden. Solche Einheiten ergeben sich dort, wo über einzelne Sequenzen hinweg strukturell ähnliche Handlungsbedingungen *und* ähnliche Handlungsweisen des Erzählers vorliegen. Als Orientierungshilfe dienen bei biographischen Erzählungen die von Schütze unterschiedenen vier idealtypischen „Prozessstrukturen des Lebensablaufs".

Zu beachten ist, dass dieser Teilschritt eng mit der strukturellen inhaltlichen Beschreibung der hier gebildeten Sinneinheiten, dem nachfolgenden Teilschritt c), verschränkt ist. Denn um Sinneinheiten zu bilden, muss man die Handlungsbedingungen und Handlungsweisen bereits abstrahierend reflektieren. Mit zunehmender Sicherheit im Umgang mit dem Material kann man beide Teilschritte auch in einem Zuge vornehmen.

Im Beispielfall lassen sich bis Z. 42 zwei größere Sinneinheiten identifizieren:

Z. 12-21 Berufswahl

Die Phase der Berufsfindung und damit verbundenen Berufswahl besteht aus den drei Einzelsequenzen „Scheitern des präferierten Berufswunsches Polizistin", „Scheitern des zweiten Berufswunsches Fotografin" und „Wahl einer Büroausbildung in einem Industriebetrieb". Sie folgen einer gleichen Handlungslogik, die auf subjektive Selbstverwirklichung bei der Berufswahl zielt, aber limitierenden Handlungsbedingungen (juristische und ökonomische Abhängigkeit von den Erziehungsberechtigten; Limitationen durch mittleren Schulabschluss) unterliegt.

Z. 21-43 Berufstätigkeit bis zur Schwangerschaft

Die Aufnahme einer Lehre in der Firma Rot markiert den Eintritt in ein berufliches Ablaufmuster, dessen Handlungslogik bis zur Schwangerschaft von Frau Herz (Sequenz Z. 43-46) durch das Streben nach Selbstentfaltung und inkrementellem beruflichem Aufstieg durch die Übernahme zusätzlicher Aufgaben und Weiterbildungen gekennzeichnet ist.

Ein Audiomitschnitt der Auswertungssitzung zu Z. 12-42 finden Sie auf der Begleit-CD. 3-13

Übung: Bestimmen Sie die übrigen Sinneinheiten ab Z. 43. Eine Beispiellösung finden Sie auf der Begleit-CD. 3-14

Ad c)

Die unter b) identifizierten komplexeren Sinneinheiten werden strukturell-inhaltlich beschrieben. Im Vordergrund steht bei diesem Interpretationsschritt, für jede Sinneinheit das inhaltliche Geschehen in Hinblick auf die jeweilige (aktive bzw. passive) Handlungsweise des Erzählers unter Berücksichtigung der bestehenden Handlungsbedingungen zu analysieren. Im Falle biographischer Erzählungen können die Sinneinheiten zunächst mittels der vier idealtypischen „Prozessstrukturen des Lebenslaufs" (vgl. Abschn. 1.2, S. 69 f.) kategorisiert und in ihrer spezifischen Ausformung interpretiert werden. Zusätzlich zur eigentlichen strukturell-inhaltlichen Beschreibung wird im Anschluss an die Überschrift jedes Sinnabschnitts eine verdichtete generalisierende Beschreibung der Prozessstruktur eingefügt, die die jeweilige Prozessstruktur genauer charakterisiert. Es handelt sich hierbei um eine theoretische Verdichtung, die chronologisch nach der eigentlichen Beschreibung erstellt wird und als Grundlage für den dritten Auswertungsschritt (analytische Abstraktion) dient.

Z. 12-21 Berufswahl: Vergebliches Streben nach einer – im Rahmen des mit ihrem Schulabschluss Möglichen – subjektiv optimalen Berufsausbildung und daraus resultierende Wahl eines geschlechts-, milieu- und bildungsadäquaten Ausbildungsgangs (biographisches Handlungsmuster)

Die Versuche von Frau Herz, einen in ihren Augen „besonderen" Ausbildungsberuf zu wählen, sind als gestaltendes biographisches Handlungsmuster zu charakterisieren. Das Spezifische an ihrem Fall ist hierbei, dass ihre individuellen Berufspräferenzen am Ziel subjektiver Selbstverwirklichung ausgerichtet sind, aber zugleich den Rahmen der für sie erreichbar scheinenden Möglichkeiten (Frau aus einem bestimmten Herkunftsmilieu mit einem bestimmten Schulabschluss) nicht übersteigen.

Diese Berufswahlhandlungen scheitern aber, so dass sie schließlich pragmatisch die Lehre in der Firma Rot als eine für sie zugängliche, geschlechts-, milieu- und bildungsadäquate Option wählt.

Z. 21-42 Berufstätigkeit bis zur Schwangerschaft: Streben nach subjektiver Selbstentfaltung in der Tätigkeit und nach beruflicher Weiterentwicklung im Rahmen einer institutionalisierten Berufstätigkeit und -karriere im Großbetrieb (peripheres biographisches Handeln im Rahmen eines institutionellen Ablaufmusters)

Nach dem Einstieg in das Unternehmen „Firma Rot" in ausführender Angestelltenposition auf der Grundlage einer Lehre zur Büroassistentin ist der Berufsverlauf von Frau Herz (bis zu ihrer Schwangerschaft) durch Ambitionen gekennzeichnet, sich im Rahmen der betrieblichen Vorgaben im Beruf selbst zu verwirklichen („Spaß" an der Tätigkeit zu haben) und weiterzuentwickeln. Sich bietende Möglichkeiten zur Übernahme zusätzlicher Aufgaben und Verantwortlichkeiten sowie zur Weiterbildung werden von Frau Herz wahrgenommen. Im Rahmen des klare Vorgaben machenden institutionellen Ablaufmusters „mittlere Angestelltenlaufbahn in einem Großbetrieb" vollzieht Frau Herz also im Kleinen berufsbiographische Gestaltungsleistungen, die ansatzweise als biographisches Handlungsmuster identifiziert werden können.

3-15

Übung: Führen Sie die strukturelle inhaltliche Beschreibung für die übrigen Sinneinheiten ab Z. 43 fort. Eine Beispiellösung finden Sie auf der Begleit-CD.

> Die strukturelle inhaltliche Beschreibung dient dazu, die im ersten Auswertungsschritt nach formalsprachlichen Kriterien identifizierten Sequenzen inhaltlich zu beschreiben. Aufeinander folgende Einzelsequenzen, die durch strukturell ähnliche Handlungsbedingungen und ähnliche Handlungsweisen charakterisiert sind, werden zu größeren Sinneinheiten verbunden. Für diese Sinneinheiten wird das inhaltliche Geschehen in Hinblick auf die jeweilige (aktive bzw. passive) Handlungsweise des Erzählers und die bestehenden Handlungsbedingungen analysiert.

2.2.3 Analytische Abstraktion

Bei diesem Analyseschritt gilt es, sich von den konkreten Handlungskontexten der einzelnen Sinneinheiten zu lösen, um die „biographische Gesamtformung" (Schütze 1983: 286) des Falles zu erfassen, d.h. die für die Gesamtbiographie dominante Prozessstruktur des Lebensablaufs in ihrer spezifischen Ausprägung.

Dazu werden zunächst für jede Sinneinheit einzeln die zuvor inhaltlich erfassten konkreten biographischen Handlungsweisen (bzw. Formen des Erleidens) unter Rückgriff auf sozialwissenschaftliche Konzepte von den konkreten biographischen Ereignissen abstrahiert. Im Vergleich dieser abstrakten Handlungs- bzw. Verhaltenmuster wird dann die insgesamt dominante biographische Prozessstruktur des Falles identifiziert.

Für den Beispielfall Frau Herz sieht das Resultat wie folgt aus:

Die berufsbiographische Entwicklung von Frau Herz ist dominiert durch das institutionelle Ablaufmuster „mittlere Angestelltenlaufbahn in einem Großbetrieb", in das sich Frau Herz hineinbegibt und das sie befolgt. In der Folge strebt sie jeweils innerhalb der gegebenen Rahmenbedingungen subjektive Entfaltung in der Berufstätigkeit im Modus peripheren berufsbiographischen Handelns an (Erwerb von Zusatzqualifikationen und daran gekoppelter inkrementeller vertikaler Aufstieg; lateraler Positionswechsel wegen persönlicher Differenzen mit dem Vorgesetzten). Bedingt durch familiale Veränderungen (Geburt der Tochter und Trennung vom Partner) verflacht aber das aktive berufliche Entfaltungsstreben zugunsten einer Orientierung an der Sicherung der materiellen Reproduktion für sich und ihr Kind. Der Stellenwert der beruflichen Selbstentfaltung wird also relativiert.

Der berufsbiographische Verlauf verbleibt weitestgehend im Rahmen des institutionellen Ablaufmusters „mittlere Angestelltenlaufbahn in einem Großbetrieb". Dies gilt auch für die positiv-verlaufskurvenhaft erfahrene Lösung von Frau Herz' Dilemma zwischen beruflichen und familialen Zielen am Ende des Erziehungsurlaubs. Der Vorschlag ihres Vorgesetzten, anteilig abends zu Hause zu arbeiten, ist ebenfalls eingebettet in das institutionelle Ablaufmuster. Der zunächst praktizierte Modus des peripheren berufsbiographischen Handelns im institutionellen Rahmen entfällt nach Geburt der Tochter, da die familialen Aufgaben keine zusätzlichen berufsbezogenen Aktivitäten mehr erlauben. Dies ist allerdings als Effekt der veränderten Lebensbedingungen und nicht als Wandel der dominanten Prozessstruktur des Falles zu deuten. Dass Frau Herz im Rahmen der ihr gegebenen Möglichkeiten weiterhin subjektive Entfaltung in der Berufstätigkeit als biographisches Ziel anstrebt, zeigt sich darin, dass sie von der dominanten soziokulturellen Norm für Mütter abweicht, nach Geburt des Kindes für einen längeren Zeitraum ganz in der Erwerbstätigkeit zu pausieren.

> Die bisherigen Schritte der Narrationsanalyse haben ein vertieftes, sozialwissenschaftliches Verständnis dessen hervorgebracht, was die Erzählung über die eigene Biographie zum Ausdruck bringt. In der analytischen Abstraktion konnten Gestaltungsmuster und -logiken des dargestellten berufsbiographischen Verlaufs identifiziert werden. Die in der berufsbiographischen Eingangserzählung herausgearbeiteten Prozessstrukturen lassen sich nun gleichsam als Folie über weitere narrative Passagen auch zu biographischen Aspekten jenseits der Erwerbstätigkeit legen (und dadurch gegebenenfalls hinterfragen).

Spezifischere Fragestellung als Grundlage der weiteren Analyse

Zur Komplexitätsreduktion soll die weiterführende Analyse des Beispielfalles auf einen spezifischen Aspekt des berufsbiographischen Gesamtverlaufs, nämlich die Bedingungen und Bedeutungen des Zustandekommens des Teleheimarbeitsarrangements, reduziert werden. Die Auswertung fokussiert darauf, welche (aktive bzw. passive) Rolle Frau Herz dabei einnimmt und welche Bedeutung die Arbeitsform Teleheimarbeit für sie hat.

Aus der bereits durchgeführten Analyse der berufsbiographischen Erzählung (Z. 43-74) in den Schritten 1-3 ergibt sich unter Hinzuziehung einiger (jeweils in Klammern gesetzter) Kontextinformationen aus anderen (hier aus Gründen der Übersichtlichkeit nicht dokumentieren) Interviewpassagen folgendes vorläufiges Bild für das praktische Zustandekommen des Teleheimarbeitsarrangements:

Zwischenergebnis der Auswertung

Frau Herz erfährt Schwangerschaft und Geburt der Tochter als deutlichen Einschnitt für ihre bisherige, auf einen kontinuierlichen inkrementellen (schrittweisen) Aufstieg im institutionell vorgegebenen Rahmen eines Großbetriebs orientierte, berufliche Entwicklung. Nach Geburt der Tochter agiert sie wieder entsprechend der berufsbiographischen Handlungslogik, innerhalb ihrer – nunmehr aufgrund der familialen Situation veränderten – Möglichkeiten. Sie strebt eine maximale subjektive Entfaltung im Beruf an. Zwei Monate nach der Geburt nimmt Frau Herz wieder eine befristete Halbtagstätigkeit im Rahmen des Erziehungsurlaubs auf, während die Tochter von ihren nicht mehr berufstätigen Eltern betreut wird. Die Trennung vom Partner in diesem Zeitraum macht eine Ausdehnung ihres Arbeitszeitvolumens erforderlich. Zugleich möchte Frau Herz aber vermeiden, dass ihre Tochter länger als halbtags fremd betreut wird. Für Frau Herz ergibt sich ein Dilemma zwischen materiellen Erfordernissen in Verbindung mit den von ihr wahrgenommenen institutionell vorhandenen Möglichkeiten zur Gestaltung des Arbeitsverhältnisses einerseits und familialen Handlungszielen andererseits. Die Lösung des Dilemmas erfolgt durch ihren Vorgesetzten, der den aus Sicht von Frau Herz unkonventionellen und konstruktiven Vorschlag macht, sie solle weitere Arbeitsstunden abends zu Hause leisten. Frau Herz übernimmt die Initiative bei der Beantragung des Arrangements. Durch die Personalabteilung wird das Arrangement bewilligt. Frau Herz hat nun vertraglich eine 30-Stunden-Woche in ihrer alten Position als Sekretärin. Je vier Stunden täglich arbeitet sie im Betrieb, die übrigen Stunden leistet sie abends mit selbstbestimmten Arbeitszeiten zu Hause. Nachdem sich die Teleheimarbeit im Rahmen der alten Arbeitsaufgabe als Sekretärin als dysfunktional herausstellt, weist ihr Vorgesetzter ihr eine neue, zu Hause effizient bearbeitbare Aufgabe zu.

Um zu einer Beantwortung der oben formulierten spezifischeren Fragestellung – welche (aktive bzw. passive) Rolle Frau Herz einnimmt und welche Bedeutung für sie die Teleheimarbeit hat – zu gelangen, soll die bereits vorliegende Analyse zum faktischen Ablauf des Zustandekommens der Teleheimarbeit in Verbindung gesetzt werden mit einer Analyse der subjektiven Deutungen, Wahrnehmungen und Wertungen des Individuums. Dazu dient der vierte Schritt, die Wissensanalyse.

2.2.4 Wissensanalyse

Ziel dieses Auswertungsschritts ist, die rekonstruierten tatsächlichen Handlungs- und Verhaltensweisen des Akteurs mit seinen Deutungen, Wahrnehmungen und Wertungen in Beziehung zu setzen. Nachdem der untersuchte Prozess in seinem vom Befragten wahrgenommenen faktischen Verlauf gemäß den Schritten 1-3 rekonstruiert wurde, werden nun zur Analyse des Falles auch die zuvor ausgeklammerten nicht narrativen Passagen des Interviews hinzugezogen. Diese bieten Aufschluss darüber, welche Handlungsabsichten und Motive der Befragte zum Zeitpunkt des Geschehens hatte, welche sozialen Deutungen und Orientierungen seinem Verhalten zugrunde liegen und wie dieses Verhalten im Nachhinein bewertet wird. Herauszuarbeiten sind die sozial typischen Merkmale und Hintergründe der Deutungen, Wahrnehmungen und Wertungen des Akteurs.

Prozessuale Perspektive

Deutungen, Motivationen und Orientierungen einer Person können sich aber im Zeitverlauf ändern. Sie sind daher in einer prozessualen Perspektive zu erfassen, d. h. an den bereits rekonstruierten Verlauf des Prozesses (Schritte 1-3) zurückzubinden. Außerdem können die Gründe für ein bestimmtes Verhalten nicht nur in vorgängigen Deutungen, Wertungen und Orientierungen, sondern auch in der Handlungssituation selbst bzw. in dort sich ereignenden Veränderungen bzw. Entwicklungen verortet sein und sich verändernd auf die Deutungen, Wertungen und Orientierungen auswirken. Das bedeutet methodisch, dass auch die narrativen Sequenzen, soweit sie Hinweise darauf geben, in die Wissensanalyse mit einzubeziehen sind.

Bsp.

Ein Beispiel: Ein berufstätiges Akademikerpaar entscheidet sich vor dem Hintergrund einer gemeinsamen traditionalen Orientierung bezüglich der familialen Arbeitsteilung, dass nach Geburt des ersten Kindes allein die Frau drei Jahre Elternzeit nimmt, während der Mann weiter voll berufstätig bleibt. Am Ende der dreijährigen Elternzeit stellt die Ehefrau fest, dass ein beruflicher Wiedereinstieg in Teilzeit, wie sie ihn aufgrund ihrer familialen Orientierungen präferiert, nur um den Preis umsetzbar ist, dass sie eine geringer qualifizierte Tätigkeit aufnimmt. Zugleich macht sie die Erfahrung, dass ihr Kind sich im Kindergarten, den es seit Ende der

Elternzeit halbtags besucht, sehr wohl fühlt und dass die Fremdbetreuung ihm aus ihrer Sicht gut tut. Daraufhin interpretiert sie ihre frühere Entscheidung, drei Jahre voll zu pausieren, im Rückblick als Fehler. Nach einer Weile frustriert und gelangweilt von ihrer neuen Tätigkeit, wechselt sie – nach langem heftigem Streit mit ihrem Partner, der überzeugt ist, dass eine Ganztagsbetreuung außer Haus der kindlichen Entwicklung abträglich sei, es zugleich aber vehement ablehnt, seinerseits nur Teilzeit zu arbeiten – wieder auf eine Vollzeitstelle auf ihrem alten Qualifikationsniveau. Unter der Hand vollzieht die Frau also einen Einstellungswandel auf der Grundlage eigener biographischer Erfahrungen.

Hinweis zur Vermittlung des Interpretationsverfahrens

Eine Schwierigkeit für die praktische Vermittlung dieses vierten Auswertungsschritts besteht darin, dass die Narrationsanalyse hierzu kein elaboriertes Verfahren – analog etwa zu der dezidierten, kleinteiligen Vorgehensweise in den ersten beiden Schritten – angibt. Man interpretiert eben die nicht narrativen Sequenzen sowie Passagen der Erzählung, aus denen sich möglicherweise Veränderungen in der Wissensdimension ableiten lassen. Das heißt, dass diese Form des Interpretierens nur vermittelt werden kann, indem der Interpretationsprozess an exemplarischen Beispielinterpretationen nachvollzogen wird.

Hinweis zum Interpretationsprozess

Im Folgenden wird eine Textstelleninterpretation sehr akribisch vorgeführt. In der Regel muss die Interpretation nicht in dieser Ausführlichkeit dokumentiert werden. Was letztlich zählt, ist das Ergebnis der Interpretation. Allerdings muss man später in der Lage sein, den Weg zum Interpretationsergebnis nachvollziehen zu können. Daher sind Notizen zu den wichtigsten Eckpunkten der Interpretation sinnvoll.

Beginnen wir mit der auf das Zustandekommen ihrer Teleheimarbeit bezogenen nicht narrativen Äußerung „Also f- war wirklich ganz toll." (Z. 60-61) aus Frau Herz' biographischer Eingangserzählung. Dabei ergibt sich zunächst ein methodisches Problem, dessen Bearbeitung zugleich sehr instruktiv dafür ist, warum auch bei der Wissensanalyse ein sequenzielles Vorgehen der Interpretation produktiv ist:

Für sich genommen, bringt der Kommentar von Frau Herz die subjektiv wahrgenommene „Besonderheit" des Vorschlags ihres Vorgesetzten zum Ausdruck. Mit der Besonderheit könnte beispielsweise gemeint sein, dass der Vorgesetzte überhaupt die familiale Situation von Frau Herz berücksichtigt und einen entsprechenden Vorschlag macht (wozu er ja keineswegs verpflichtet ist), oder etwa auf die Tatsache, dass er ihr eine besondere Form des Arbeitsarrangements anbietet, die Frau Herz als eine von ihm gewährte Gunst erscheint.

Detailanalyse der nicht narrativen Passage Z. 60-61

Bei der Interpretation muss berücksichtigt werden, dass der Äußerung (Z. 60 -61) eine Nachfrage und ein Kommentar des Interviewers in Z. 60 vorausgehen, die sich wiederum auf die vorherige Darstellung von Frau Herz beziehen. Das methodische Problem besteht darin, dass die Interviewereinflüsse diese Äußerung möglicherweise erst hervorgerufen bzw. die Art und den Sinngehalt der Äußerung beeinflusst haben könnten. Um die Bedeutung der Äußerung von Frau Herz interpretieren zu können, muss daher zunächst die *gesamte* Sequenz von Z. 57-61 analysiert werden:

```
57                                        jaa, und zwischen-
58   zeitlich hatt ich 'n neuen Chef, n ganz lieber Chef, der
59   gesagt hat „kein Problem, (.) schaff doch abends zuhause."
```

```
/I: Ehrlich?// Ja./I: Whow.// Also f- war wirklich ganz
toll.
```

Die Passage „jaa, ... zuhause“ in Z. 57-60 wurde in Auswertungsschritt 1 b) (vgl. Begleit-CD 3-10) als eigene formale Sequenz identifiziert. Das heißt gemäß den erzähltheoretischen Annahmen der Narrationsanalyse zur Sequenzialität von Stegreiferzählungen (vgl. Abschn. 1.1.2), dass Frau Herz das Ereignis, einen neuen Vorgesetzten zu haben, der ihr vorschlägt, anteilig abends zu Hause zu arbeiten, als bedeutungsrelevant für ihre berufliche Entwicklung auffasst.

Eine formale Besonderheit der Darstellungsweise in dieser Passage ist, dass Frau Herz ihren Vorgesetzten mit den Worten „kein Problem ... zuhause“ (Z. 59-60) wiedergibt. Dabei handelt es sich aber offensichtlich nicht um eine exakte Wiedergabe von dessen Worten im Sinne eines wirklichen Zitats, sondern um ein „Pseudo-Zitat“, in dem sie mit ihren eigenen Worten formuliert, was ihr Vorgesetzter sinngemäß zum Ausdruck gebracht hat. Denn es ist unwahrscheinlich, dass ein neuer Vorgesetzter sie wirklich duzt und dass er im Mitarbeitergespräch eine umgangssprachliche Formulierung wie „zuhause schaffen“ verwendet. Es gilt nun, die Passage inhaltlich zu interpretieren.

Der unmittelbare Bezug für die Formulierung „kein Problem“, die Frau Herz ihrem Vorgesetzten sozusagen „in den Mund legt“, ist die Sequenz Z. 55-57 („also dann ... vom Geld her“), in der sie konstatiert, dass sie nach Ablauf des zweijährigen Erziehungsurlaubs infolge der Trennung von ihrem Partner aus materiellen Gründen ihr Arbeitszeitvolumen wieder erhöhen musste. Das allein bedeutet aber noch kein „Problem“, auf das der Vorgesetzte mit dem Angebot reagieren müsste, ihr Arbeitszeitvolumen mittels anteiliger Teleheimarbeit zu erhöhen.[5] Das „Problem“ kann also nur daraus erwachsen, dass sie – zumal nach der Trennung von ihrem Partner – zwar eine Halbtagsstelle mit der Kinderbetreuung „sehr gut unter einen Hut kriegt“, wie sie in Z. 51-52 („und hab ’ch ... gekriegt“) ausführt, nicht aber eine längere Tätigkeit im Betrieb, bzw. dass für sie eine starke Präferenz handlungsleitend ist, ihr Kind nicht länger als halbtags von Dritten betreuen zu lassen. Die Problematik, mit der sich ihr Vorgesetzter auseinandersetzt, ist also offensichtlich die individuelle Vereinbarkeit von Erwerbsarbeit und Familie, mit der seine Mitarbeiterin konfrontiert ist. Er handelt so, weil er – in Frau Herz’ Wahrnehmung – ein „lieber Chef“ ist, der auf die individuellen Bedürfnisse seiner MitarbeiterInnen eingeht.

Die Sequenz „jaa, ... zuhause“ in Z. 57-60 bringt im Umkehrschluss auch zum Ausdruck, dass für sie selbst diese Form der Arbeitsgestaltung ursprünglich jen-

5 Der Vollständigkeit halber: Das „auch“ in ihrer Formulierung „Halbtagsjob hat dann nicht mehr gelangt, auch vom Geld her“ (Z. 56-57) verweist auf (mindestens) einen weiteren relevanten Faktor, der ein Rearrangement erforderlich macht. Sie muss nach Ablauf ihres „nur“ für zwei Jahre beantragten Erziehungsurlaubes (Z. 52-53 „jaa, ... beantragt“; maximal waren nach dem bis 2001 gültigen Erziehungsurlaubsgesetz bis zu drei Jahre möglich, die aber unmittelbar nach Geburt des Kindes geltend gemacht werden mussten), während dessen sie ein gesetzliches Anrecht auf eine Teilzeittätigkeit hatte, entweder wieder auf ihre vorherige Vollzeitstelle zurückkehren oder aber ein neues dauerhaftes arbeitsvertragliches Arrangement mit ihrem Arbeitgeber aushandeln, das aber dessen Zustimmung bedarf. Es ist also wahrscheinlich, dass der Arbeitgeber nicht bereit ist, sie nur im Rahmen einer Halbtagsstelle weiter zu beschäftigen, sondern ihre Arbeitskraft umfassender nutzen möchte. Auch daraus erwächst aber noch kein „Problem“, auf das mit Teleheimarbeit reagiert werden muss.

seits des von ihr wahrgenommenen eigenen Gestaltungsreichhorizonts lag: Entweder es war ihr gar nicht als Möglichkeit bewusst (= Nichtwissen) und der Vorgesetzte eröffnete ihr eine neue Gestaltungsoption, oder sie kannte die Option zwar abstrakt, aber erachtete diese als für sich selbst (aufgrund ihrer betrieblichen Position bzw. ihres beruflichen Status') nicht als relevant. Die dem Vorgesetzten in den Mund gelegte, beiläufige Formulierung „schaff doch abends zuhause" normalisiert für Frau Herz mit einem Schlag zwei im Kontext konventioneller Büroarbeit eines Wirtschaftsunternehmens außergewöhnliche Optionen: Arbeit am Abend und zu Hause.

Der „ganz liebe", d. h. um das Wohl seiner Mitarbeiter bemühte, Vorgesetzte „versetzt" sie mit seinem Vorschlag, anteilig abends zu Hause zu arbeiten, zugleich in einen besonderen Status. Mit der Beiläufigkeit der Formulierung des Pseudo-Zitats, die übliche Erwartungen bezüglich der Redeweise eines Vorgesetzten unterläuft, betont Frau Herz die Besonderheit des Vorschlags des Vorgesetzten zusätzlich.

Der Interviewer reagiert daraufhin spontan mit einem rhetorisch-fragenden Ausruf des Erstaunens („Ehrlich?"), der das Außergewöhnliche des Ereignisses unterstreicht, und fügt an das die rhetorische Frage bestätigende „Ja." der Frau Herz mit „Whow." einen weiteren Ausdruck des Erstaunens hinzu, den Frau Herz dann mit „Also f- war wirklich ganz toll." resümiert, mit dem sie die Außergewöhnlichkeit des Vorgehens ihres Vorgesetzten nochmals unterstreicht.

Diese explizit euphorische Bewertung von Frau Herz ist möglicherweise allein den vorgängigen positiv-erstaunten Reaktionen des Interviewers geschuldet und sollte daher nicht in die weitere Interpretation einbezogen werden. Aber im Verlauf der gerade erfolgten Interpretation der Sequenz Z. 57-60 ist ja auch ohne Einbezug dieser Äußerung bereits herausgearbeitet worden, worin in den Augen von Frau Herz die Besonderheit des Vorgehens ihres Vorgesetzten liegt, so dass man getrost auf die möglicherweise allein durch Interviewereinflüsse hervorgerufene nichtnarrative Passage verzichten kann.

Zusammenfassend lassen sich Frau Herz' Deutungen und Orientierungen wie folgt interpretieren:

Befunde der bisherigen Detailanalyse Z. 60-61

Für Frau Herz ist Teleheimarbeit eine besondere Arbeitsform, die ursprünglich außerhalb ihres eigenen Gestaltungshorizonts lag: Entweder sie wusste gar nicht, dass diese Option in ihrem Unternehmen bestand, oder ihre subjektive Wahrnehmung war, dass diese Arbeitsform für sie nicht zugänglich ist.[6] Erst durch den expliziten Vorschlag ihres Vorgesetzten fühlte sie sich berechtigt und in der Lage, die praktische Umsetzung des Arrangements aktiv zu betreiben. Sie nahm es selbst in die Hand, die formale Zustimmung dafür bei der Personalabteilung („Frau *Schneider*", Z. 61-64) einzuholen. Außerdem wird deutlich, dass Teleheimarbeit in Frau Herz' Wahrnehmung eine besondere Arbeitsform in dem Sinne ist, dass sie eine individuelle Lösung für ihre spezifische familiale Situation als Alleinerziehende darstellt.

6 Wenn die zweite Deutung zutrifft, wäre eine erste auf soziologischem Wissen basierende Verallgemeinerung anschließbar: Ihre Haltung steht für eine im einfachen und mittleren Angestelltenbereich typische Arbeitnehmerorientierung, sich in konformistischer Weise stark an Vorgaben und sozialen Konventionen zu orientieren und keine besonderen Forderungen zu stellen. Frau Herz stünde dann nicht mehr nur als Einzelfall, sondern als in dieser Hinsicht für eine bestimmte soziologische Kategorie typischer Fall.

Die ausführliche Darstellung der Interpretation der Sequenz Z. 57-60 verdeutlicht, dass die sorgsame Interpretation einer einzelnen Sequenz, die punktuell auch auf andere Sequenzen bzw. Kontextinformationen zurückgreift, bereits recht weitreichende Befunde liefern kann. Außerdem wird ersichtlich, dass auch in den narrativen Passagen eines Interviews implizit Deutungen und Orientierungen verpackt sind, die es offen zu legen gilt, und es wurde demonstriert, wie deren Interpretation im Rahmen der Wissensanalyse vonstatten gehen kann.

Analyse einer weiteren Interviewsequenz

Dieser letzte Aspekt soll mittels einer weiteren Interviewsequenz vertieft werden. Auf eine Nachfrage des Interviewers nach der vertraglichen Form des Teleheimarbeits-Arrangements antwortet Frau Herz:

```
A: Ich habe 'nen ganz normalen Arbeitsvertrag für meine
   Heimtätigkeit; unbegrenzt, Kündigung möglich, drei
   Monate vor Vertragsende, kann beiderseitig gekündigt
   werden (.) von meiner Firma aus, von mir aus. Ich muß
   auch ehrlich sagen, ich will's (.) nicht auf Dauer machen.
   Also spätestens dann, wenn mein Kind in der Schule ist,
   spätestens dann hab' ich mir gesagt: will ich (.)
   einigermaßen geregelt wieder arbeiten. Also das heißt in
   einem durch, von acht bis um zwei, meinetwegen, und dann
   ist aber die Arbeit für mich abgeschlossen. Spätestens dann
   werde ich auch wieder Zeit für mich haben, auch abends. Ich
   mein', sowieso im Moment geh' ich morgens Arbeiten, dann
   hab ich (.) mittags abends Familie und Haushalt und alles
   und dann hab' ich ja dann wieder Arbeit. Also ich hab
   irgendwo nie so'n Leerlauf.
```

3-16
3-17

Übung: Führen Sie eine Wissensanalyse für die Z. 628-642 durch. Eine druckbare Version der Textpassage sowie eine Beispiellösung finden Sie auf der Begleit-CD.

An zwei Textpassagen des Interviews mit Frau Herz wurde exemplarisch eine Wissensanalyse durchgeführt zu den Fragen, welche (aktive bzw. passive) Rolle Frau Herz bei der Einführung ihres Teleheimarbeitsarrangements eingenommen und welche Bedeutung die Arbeitsform Teleheimarbeit für sie hat. Die Analyse weiterer Textpassagen könnte möglicherweise zusätzliche Aspekte oder andere Perspektiven zur Wissensanalyse beitragen. Dies soll aber im Folgenden nicht vertieft werden. Um eine Arbeitsgrundlage für den nächsten Auswertungsschritt zu gewinnen, sollen die bisherigen Befunde der Wissensanalyse mit der (oben am Ende von Abschn. 2.2.3 dokumentierten) Fallbeschreibung zum faktischen Zustandekommen der Telearbeit (als Ergebnis der Auswertungsschritte 1 bis 3) zu einer vorläufigen Fallanalyse zum Zustandekommen des Teleheimarbeitsarrangements von Frau Herz verbunden werden:

(Vorläufige) Fallanalyse zum Zustandekommen der Teleheimarbeit von Frau Herz

Nach der Trennung von ihrem Partner und mit Ablauf ihres zweijährigen Erziehungsurlaubs, während dessen sie vormittags je vier Stunden täglich gearbeitet hatte, stand Frau Herz vor dem Dilemma, einerseits mehr Einkommen zu benötigen und folglich mehr Wochenstunden arbeiten zu müssen (materielle Erfordernisse), andererseits aber vermeiden zu wollen, dass ihre Tochter länger als halbtags fremdbetreut wird (familiales Handlungsziel). Teleheimarbeit ist für Frau Herz eine besondere Arbeitsform, die zuvor außerhalb ihres eigenen Gestaltungshorizonts lag: Entweder sie wusste gar nicht darum, dass diese Option in ihrem Unternehmen bestand, oder ihre subjektive Wahrnehmung war, dass diese Arbeitsform für sie nicht zugänglich war. Erst durch den expliziten Vorschlag ihres Vorgesetzten dazu – der ihren Wahrnehmungshorizont bezüglich der institutionellen Rahmen des Unternehmens gangbaren Möglichkeiten weitet – fühlte sie sich berechtigt und in der Lage, die praktische Umsetzung des Arrangements aktiv zu betreiben, indem sie es in die Hand nahm, die formale Zustimmung dafür bei der Personalabteilung einzuholen. Teleheimarbeit ist in Frau Herz' Wahrnehmung außerdem eine besondere Arbeitsform in dem Sinne, dass sie eine individuelle und temporäre Lösung zur Vereinbarung von Erwerbsarbeit und Kinderbetreuung in einer besonderen familialen Lebenssituation darstellt. Sie nimmt die Arbeitsform allein in der von ihrem Vorgesetzten vorgeschlagenen und von ihr praktizierten Anwendungsform des zusätzlichen häuslichen Arbeitens am Abend wahr. Alternative Nutzungsmöglichkeiten der anteiligen Teleheimarbeit, beispielsweise zu einer flexiblen, selbstbestimmten Gestaltung des eigenen Arbeitsalltags, werden nicht reflektiert, da für Frau Herz die außerbetriebliche Erwerbstätigkeit an und für sich keine positive Wertigkeit besitzt. Ihr Horizont ist eine Rückkehr zu dem, was sie als Normalität ansieht und präferiert, nämlich zu einer („geregelten") Arbeit tagsüber mit regelmäßiger zusammenhängender Arbeitszeit im Betrieb. Frau Herz sieht die alternierende Teleheimarbeit also nicht als individuelle Gestaltungsoption für den eigenen Alltag an, sondern als an sich defizitäre Form von Erwerbsarbeit, die in einer besonderen familialen Situation die Vereinbarkeit von Erwerbsarbeit und familialen Obligationen ermöglicht.

2.2.5 Kontrastiver Fallvergleich

Der letzte Auswertungsschritt der Narrationsanalyse besteht im kontrastiven Vergleich von Einzelfällen. Die Grundlage dafür bilden die umfassenden und auf die konkrete sozialwissenschaftliche Forschungsfrage bezogenen Fallanalysen der einzelnen Interviews, die gemäß den zuvor dargestellten Auswertungsschritten 1-4 ausgearbeitet worden sind.

Ziel ist es, nach den von Glaser und Strauss (1967) im Rahmen ihrer Grounded Theory entwickelten Prinzipien des „minimalen und maximalen Kontrasts" theoretisch relevante typische Gemeinsamkeiten und Unterschiede zwischen den Fällen zu entdecken. Die theoretischen Dimensionen und begrifflichen Kategorien, nach denen sich diese Gemeinsamkeiten und Unterschiede bestimmen, müssen keineswegs schon zu Beginn des Fallvergleichs klar sein. In der Regel kristallisieren sie sich erst im Prozess des Fallvergleichs heraus.

Um die Vorgehensweise des Fallvergleichs exemplarisch aufzuzeigen, soll nachfolgend zunächst eine weitere Fallanalyse zu der am Ende von Abschn. 2.2.3 formulierten spezifischeren Fragestellung (nach der Rolle der Befragten beim Zustandekommen des Teleheimarbeitsarrangements und der subjektiven Bedeutung der Arbeitsform Teleheimarbeit) präsentiert werden. Dazu wird ein Fall ausgewählt, der dem Fall Herz in Bezug auf den formalen betrieblichen Kontext ähnelt: Auch Frau Klar arbeitet bei *Firma Rot,* so dass die formalen Bedingungen dafür, Teleheimarbeit zu arrangieren, für beide gleich sind.

Die Audiodatei sowie eine druckbare Version der nachfolgenden Textpassa- 3-18
ge finden Sie auf der Begleit-CD. 3-19

Fallbeispiel: Interview „Helga Klar"

Interview „Helga Klar", Februar 97

I: bitten, mir so n bißchen zu erzähln, wer sie sind, damit ich auch-

A: /Ja, also mein Name is Helga Klar, ich bin 33, arbeite seit 1982 bei der *<Firma Rot>*, hab da angefangen direkt nachm Abitur, hab ne Ausbildung gemacht zur Fremdsprachenkorrespondendin, hab dann äh noch n Jahr zur Sekretärin hinterdrangehängt, das aber mehr zur Überbrückung, weil ich warten mußte, bis ich das Abendstudium anfangen konnte, und das, da braucht mer ne bestimmte Anzahl von Praxisjahren nun halt, und da hab ich das äh in der *<Name der Ausbildungsstätte>* gemacht, abends, Außenhandelskaufmann, Diplomaußenhandelskaufmann, (.) ja, und dann äh hab ich halt nach der Ausbildung parallel dazu gearbeitet in *<Rotstadt>*, war in der *<Unternehmensparte Z>*, ähm zuerst im Marketingbereich vier Jahre, dann vier Jahre im Controlling, hab zunächst als Sekretärin weitgehend und später im Controlling dann als Assistentin vom Controller, und da war ich dann auch bis zur Geburt von meinem ersten Kind, im April 92 war das, und dann bin ich zuhaus geblieben, äh, Kinder Küche und so *(lacht)*; und das ging etwas ein Jahr gut, und dann is mir dann furchtbar die Decke aufn Kopf gefalln; und hab halt angefangen mich zu interessiern, wie und was ich halt nebenher machen kann, und wie ich das verbinden kann, und dann hat mir ne Bekannte mehr zufällig erzählt, daß in der *<Firma Rot>* es Frauen gibt oder vereinzelt Frauen gab, die zu Hause arbeitet haben, /I: ja/ und damals vornehmlich nur in der *<Unternehmensparte Z>*-Forschung, und hatte ich wenig Kontakte hin, aber ich hab halt gedacht, das probierste jetzt einfach mal *(lacht)*; hab mich halt da interessiert für, und das ging dann halt so aus wie es Hornberger Schießen, und, un wenn mer halt keine Beziehung da rein hat in die Abteilung wars en bissel schwierig, und dann ergab sich das aber wieder über n Bekannten, logisch, in, in dem Stadium geht alles über Beziehung, daß die in der *<Unternehmensparte Z>*-Entwicklung was gesucht haben, und auch bereit warn, das als äh Heimarbeitsjob oder Telearbeitsjob auszurichten, nu hab ich mich mit denen unterhalten und ham das aber erst mal noch n bißn auf Eis gelegt, bis ähm, bis Erziehungsgeld abgelaufen war, und in der Zwischenzeit hab ich noch vier Wochen bei meinem alten Chef gearbeitet, weil meine Nachfolgerin gekündigt hatte, und der ließ nen Hilfeschrei los, und dann bin ich da vier Wochen lang hin und hab vier Wochen lang halbtags im, also eben auf meinem alten Arbeitsplatz gearbeitet, und das war grausam, also so schön das war für mich, so n riesen Eiertanz war das in der Betreuung von der Tochter, da hat halt- mein Mann hat dann n halben Tag Urlaub genommen, und meine Eltern sind, damals ham wir noch in *<Vorstadt von Rotstadt>* gewohnt, die sind dann von hier da rüber gefahrn, sind 60 Kilometer, ham auf das Kind aufgepaßt, und ham gesagt, also so kann das net funktioniern. Ja, und da war für mich eigentlich klar, daß das also net funktioniern kann, /I: ja/ daß also, daß einfach der Aufwand zu groß is, hier eben immer jemand parat zu ham für das Kind, und als ich halt diese Wochen da war, wars auch relativ einfach immer wieder mal mit der *<Unternehmensparte Z>*-Entwicklung zu sprechen, und da ham mer das eigentlich festgemacht dann, die ähm vier Wochen warn praktisch der ganze Oktober 93, damals, und ab ersten Dezember 93 hab ich dann für die *<Unternehmensparte Z>*-Entwicklung gearbeitet, 19 Wochenstunden, im Erziehungsurlaub, /I: ja/ja, und so is das dann halt gekommen; das lief dann da erstmal befristet, auch der Erziehungsurlaub, un ich sollt dann im Frühjahr 95, also im April 95, wieder ins Büro komm, zur *<Unternehmensparte Z>*-Entwicklung, die hätten mich gern genommen dann da vor Ort, ja, und da hab ich nur gesagt, das geht nicht, also entweder mach mer so weiter wie bisher, oder ich muß kündigen, /I: ja/also ich muß kündigen *(kichert)*, weil die Firma hätte mir nicht gekündigt, und äh ja dann ham wir uns geeinigt, daß die mir den Vertrag verlängern, über den Erziehungsurlaub raus, das wars erste Mal, daß die das in *<Rotstadt>* überhaupt gemacht haben, und dann halt allerdings auf zwanzig Stunden erhöht, weils sich einfach besser rechnet, mit dem Urlaub und allem. /I: ja/ Ja, und vierzehn Tage später war ich wieder schwanger, *(A und I lachen)* war halt etwas peinlich, aber nicht zu ändern, wollt ich auch net ändern, ja? Nun hab ich letztes Jahr dann noch mal den Kleinen gekriegt und hab dann keinen Erziehungsurlaub genommen, sondern nach den acht Wochen Mutterschutz gleich wieder weitergemacht, war halt im Prinzip ja egal, also ob ich jetzt 19 Stunden im Erziehungsurlaub oder 20 außerhalb, also das gibt sich ja nix raus, und mach halt jetzt seit- und mit dieser kurzen Unterbrechung vom Mutterschutz, praktisch schon seit fast vier Jahrn; ne, ja. Wird auch erst mal wohl so bleiben, bis der Kleine in den Kindergarten kommt, und dann verhandeln wir neu.

Übung: Analysieren Sie vor dem Weiterlesen die für das Zustandekommen der Teleheimarbeit relevanten Passagen des Interviews mit Frau Klar. Vergleichen Sie anschließend Ihre Befunde mit der nachfolgenden (ebenfalls vorläufigen, weil auf die Ihnen vorliegende Anfangssequenz des Interviews beschränkte) Fallanalyse.

(Vorläufige) Fallanalyse zum Zustandekommen der Teleheimarbeit von Frau Klar

Frau Klar fühlte sich nach Geburt ihres ersten Kindes bereits nach einem Jahr gelangweilt von ihrer Rolle als Hausfrau und Mutter. Sie informierte sich in ihrem Unternehmen nach Möglichkeiten zur Wiederaufnahme einer Teilzeittätigkeit im Rahmen des Erziehungsurlaubs. So erfuhr sie von der prinzipiellen Möglichkeit zur Teleheimarbeit aus familialen Gründen bei *Firma Rot*. Sie suchte daraufhin unternehmensintern eine dafür geeignete Stelle, forcierte dann die Umsetzung des Teleheimarbeitsarrangements, begann gut eineinhalb Jahre nach Geburt ihrer Tochter, im Rahmen des Erziehungsurlaubs auf Halbtagsbasis vollständig zu Hause zu arbeiten und setzte am Ende des dreijährigen Erziehungsurlaubs – im Wissen darum, dass sie für die Abteilung eine wertvolle Arbeitskraft darstellte – durch, dass ihr Teleheimarbeitsarrangement vertraglich auf Dauer gestellt wurde.

Für Frau Klar ist Teleheimarbeit aufgrund der Tatsache, dass diese Arbeitsform in der *Firma Rot* überhaupt praktiziert wird, eine normale Option der Arbeitsgestaltung. Entsprechend dieser Normalitätsvorstellung strebt sie ein passendes Arrangement für sich an. Dies schafft sie durch Eigeninitiative. In Kenntnis der formellen wie informellen betrieblichen Regeln und Abläufe handelt sie das Arbeitsarrangement aus.

Teleheimarbeit ist für sie das Arrangement, mit dem sie die häusliche Kinderbetreuung mit einer Teilzeittätigkeit individuell am besten verbinden kann. Sie sieht Teleheimarbeit keineswegs als defizitäre oder nur notwendigerweise temporäre Arbeitsform an, weil für sie soziale Aspekte des gemeinsamen Arbeitens im Betrieb zweitrangig sind gegenüber der Ausübung einer bezahlten Fachtätigkeit. Die Frage, ob ihr ein solches Arrangement zusteht – etwa im Sinne moralischer Kriterien einer Privilegierung durch Vorgesetzte, die ihre Arbeitsleistung dadurch belohnen oder auf der Grundlage einer besonderen familialen Situation – stellt sich für sie nicht. Es steht ihr schlicht deswegen zu, weil es ihr gelungen ist, das Arrangement in entsprechenden Verhandlungen mit dem Betrieb individuell durchzusetzen.

Implizite Bezugnahme auf bereits analysierte Fälle

Wenn man die Falldarstellung von Frau Klar aufmerksam liest, kann man feststellen, dass bei der Analyse implizit bereits auf den Fall Frau Herz Bezug genommen wird: Frau Herz dient gewissermaßen als Kontrastfolie für die Falldarstellung, wenn es darum geht, etwa Frau Klars Wahrnehmung der Arbeitsform Teleheimarbeit zu bestimmen. Dies wird insbesondere bei Negativbestimmungen (z. B. nicht als defizitär angesehene und nicht notwendigerweise nur temporäre Arbeitsform; Irrelevanz der Frage, ob ihr ein solches Arrangement zusteht) ersichtlich. Denn allein, dass ein Phänomen ein bestimmtes Merkmal *nicht* ausweist, macht es noch nicht bedeutsam: Es gibt immer unendlich viele Eigenschaften, die ein Phänomen *nicht* hat. Bedeutsam wird es allenfalls dadurch, dass es in einem anderen Fall gerade diese Eigenschaften aufweist.

Ein solches implizit vergleichendes Vorgehen ist ganz im Sinne der Grounded Theory: Im Zuge der sukzessiven Datenauswertung wird im fortgesetzten Fallvergleich allmählich ein System theoretisch relevanter Kategorien entwickelt. Allerdings sind in unserem Beispiel nur ansatzweise erste *möglicherweise* theoretisch relevante Kategorien benannt und zunächst nur einige von mehreren möglichen Merkmalsausprägungen bestimmt worden.

Unterschiede zwischen beiden Beispielfällen

Im Folgenden sollen markante Unterschiede zwischen den Fällen Herz und Klar aufgezeigt werden. Ein strenges methodisches „Rezept" dafür, wie man diese Unterschiede erkennt, gibt es leider nicht: man muss diese Unterschiede auf Grundlage der Falldarstellungen entdecken.

Frau Klar wusste um die prinzipielle Möglichkeit in ihrem Unternehmen, aus familialen Gründen in Teleheimarbeit zu wechseln, und begann daraufhin, in Eigeninitiative nach einem dafür geeigneten, ihrer Qualifikation angemessenen Arbeitsplatz im Unternehmen zu suchen. Sie nahm also Teleheimarbeit als Gestaltungsoption für ihre Erwerbstätigkeit wahr, und das Arrangement kam auf ihre Initiative hin zustande. Demgegenüber wurde Frau Herz das Arrangement vom Vorgesetzten angeboten, und die Möglichkeit zur Teleheimarbeit war ihr zuvor entweder gar nicht bekannt oder sie hat sie als für sie (d. h. für Beschäftigte ihres Status im Unternehmen) als nicht zugänglich erachtet. Diese Unterschiede zwischen den beiden Fällen lassen sich vorläufig in zwei Dimensionen erfassen:

a) die vorgängige Wahrnehmung von Teleheimarbeit als Gestaltungsoption der eigenen betrieblichen Tätigkeit (aufteilbar in die Unterkategorien Wissen um die Möglichkeit und Deutung als für die Person zugängliche Option) und

b) die Initiative für das Zustandekommen des Arrangements.

Ob diese Dimensionen auch für die Analyse der weiteren Fälle instruktiv sind und wenn ja, ob sie genau in dieser Form und Formulierung zu verwenden sind, muss sich an weiterem Material erst noch erweisen. Die aus dem Vergleich der Fälle Klar und Herz haben an dieser Stelle des Auswertungsprozesses einen *vorläufigen* Status.

Vergleicht man die Einzelfallanalysen Herz und Klar in Bezug auf darin aufscheinende allgemeine Orientierungen gegenüber der Institution Betrieb, so werden auch hier deutliche Unterschiede erkennbar: Bei Frau Herz ist eine soziale Konformitätsnorm handlungsleitend, dass einer Angestellten in untergeordneter Position in einem Großbetrieb keine „besonderen" Ansprüche zustehen. Grundlage dafür ist die Wahrnehmung des Betriebs als eine bürokratische Institution, die den Inhabern bestimmter Positionen genau definierte Rechte und Pflichten zuweist, die es zu befolgen gilt. Demgegenüber nimmt Frau Klar die betrieblichen Normen als Rahmenbedingungen wahr, und ihre Handlungsorientierung innerhalb des Betriebs ist vor allem auf die Spielräume im institutionellen Gefüge gerichtet. Im Vordergrund steht für sie die auf Aushandlung beruhende (deliberative) Durchsetzung individueller Interessen auf der Grundlage des individuellen Marktwerts als Arbeitskraft im Unternehmen. Während also betriebliche Normvorgaben für Frau Herz primär im Sinne von Verhaltensschablonen entsprechend ihrer sozialen Rolle handlungsleitend sind, stellen sie für Frau Klar allgemeine Spielregeln dar, innerhalb derer man deliberativ seine individuellen Interessen verwirklichen kann.

Die bereits herausgearbeiteten Unterschiede zwischen den beiden Fällen werden nachfolgend in tabellarischer Übersicht zusammengefasst.

Dimension	Frau Herz	Frau Klar
Vorgängige Wahrnehmung der THA als individuelle Gestaltungsoption	keine Wahrnehmung der Möglichkeit zur THA oder Wahrnehmung, dass THA aufgrund ihres betrieblichen Status für sie nicht zugänglich ist	Wissen um prinzipielle Existenz von THA im Betrieb als hinreichende Grundlage für Eigeninitiative
Initiative für das Zustandekommen der THA	vom Vorgesetzten „gewährt"	auf Eigeninitiative hin arrangiert
Handlungsorientierung innerhalb des Betriebs	Orientierung auf fest geregelte betriebliche Normalarbeit in institutionalisierten Bahnen (Auslegung bzw. Redefinition nur durch Vorgesetzte möglich); konformistisches Bestreben, als einfache Angestellte keine besonderen Forderungen zu stellen	Orientierung auf die deliberative Durchsetzung eigener Interessen und Karriere (bei wahrgenommenen Gestaltungsspielräumen des institutionellen Gefüges) auf der Grundlage individueller Marktmacht im Unternehmen
...	...	...

Übung: Führen Sie den Vergleich eigenständig fort. Arbeiten Sie insbesondere heraus, inwieweit sich die Bewertung der Arbeitsform Teleheimarbeit zwischen beiden Fällen unterscheidet (allgemeine subjektive Wahrnehmung der Arbeitsform, konkreter Stellenwert in der eigenen biographischen Planung, ...). Analysieren Sie auch, welche generellen Differenzen in der subjektiven Wahrnehmung von Arbeit dem zugrunde liegen. Eine Beispiellösung finden Sie auf der Begleit-CD.

3-20

Einzelne Vergleichsdimensionen können systematisch aufeinander bezogen sein. Die Herausarbeitung solcher Zusammenhänge stellt ein weiteres Ziel des Auswertungsschritts der fallvergleichenden Analyse dar:

So haben die im Vergleich der beiden Fälle deutlich werdenden unterschiedlichen Handlungsorientierungen innerhalb des Betriebs für das Zustandekommen und die jeweilige Wahrnehmung der Arbeitsform Teleheimarbeit eine *erklärende* Funktion: Sie wirken sich darauf aus, ob Teleheimarbeit von ihnen im Vorfeld der Einführung als Gestaltungsoption für das eigene Arbeitsverhältnis wahrgenommen wird, und darauf, inwieweit beide Akteurinnen beim Zustandekommen der Teleheimarbeit aktiv beteiligt sind. Überdies steht auch die dem Arrangement vorgängige Wahrnehmung der Teleheimarbeit in einem kausalen Verhältnis zur Initiative für das Zustandekommen.

> In der fallvergleichenden Analyse geht es nicht allein darum, Unterschiede respektive Gemeinsamkeiten zwischen den Fällen bloß zu identifizieren, sondern auch Zusammenhänge zwischen einzelnen Dimensionen systematisch herauszuarbeiten.

Schwieriger als Differenzen zwischen den Fällen zu entdecken ist es, Gemeinsamkeiten zwischen den Fällen zu erkennen. Hierfür ist ein Blick von außen hilfreich. Den hat man aber nur dann, wenn man den Untersuchungsgegenstand genauer kennt, also substanzielles Wissen über ihn hat, und / oder über theoretisches Wissen verfügt, aus dem man Hypothesen über den Untersuchungsgegenstand ableiten kann. Hat man beides nicht, so ist man in jedem Fall darauf angewiesen, solche Außen-Perspektiven auf empirischem Wege zu gewinnen, indem man im Sinne einer maximalen Kontrastierung Fallvergleiche mit möglichst andersartigen Fällen anstellt.

Fallvergleich: Gemeinsamkeiten zwischen den Fallbeispielen Herz und Klar

Anhaltspunkte für Gemeinsamkeiten zwischen Fällen ergeben sich aber auch daraus, dass diese in einzelnen Kriterien minimal kontrastieren. So arbeiten Frau Herz und Frau Klar beide im gleichen (Groß-)Betrieb, so dass die formalen Rahmenbedingungen für ein Teleheimarbeitsarrangement gleich sind. Im Fall der *Firma Rot* ist es Unternehmenspolitik, in Einzelfällen „wertvollen" MitarbeiterInnen mit betreuungspflichtigen Kindern Teleheimarbeit zum Zwecke der besseren Vereinbarkeit von Beruf und Familie zu gewähren, um diese schneller und / oder umfassender wieder in den Arbeitsprozess einzubeziehen. Diese Zielsetzung des Unternehmens in Bezug auf die MitarbeiterInnen spiegelt sich auch darin wider, wie Frau Herz und Frau Klar – wenn auch im Detail in unterschiedlicher Weise – das Teleheimarbeitsarrangement wahrnehmen: als individuelle Gestaltungsoption, um Beruf und Familie miteinander vereinbaren zu können. Diese übergeordnete Gemeinsamkeit der beiden Fälle ist in den bisherigen Analyseschritten gewissermaßen aus dem Blick geraten. In den Blick gerieten nur die Differenzen zwischen den beiden Fällen in Bezug auf das Zustandekommen, den Zeithorizont und die subjektive Bewertung der Arbeitsform Teleheimarbeit. Bei der nachgelagerten Analyse zeigt sich jedoch, dass jene Faktoren Detailausprägungen der allgemeineren Dimension „Teleheimarbeit als individuelle Gestaltungsoption zur Vereinbarung von Beruf und Familie" darstellen. Anders formuliert: Innerhalb der übergeordneten Gemeinsamkeit lassen sich fallspezifische Unterschiede erkennen.

Würde man nun weitere Fälle hinzuziehen, in denen diese soziale Funktion für die Mitarbeiterin das zentrale Motiv zur Teleheimarbeit bildet (vgl. Kleemann 2005: 93-150), so würde man beispielsweise feststellen, dass das Zustandekommen des Teleheimarbeitsarrangements zwar im Detail jeweils unterschiedlich ausgeprägt ist, aber in allen Fällen ein gemeinsames Muster erkennbar ist: Egal von wem die Initiative zur Teleheimarbeit ausging, immer stehen sowohl die Mitarbeiterin als auch die entscheidungsbefugten Vorgesetzten dem Arrangement positiv gegenüber, und das Arrangement kommt im gegenseitigen Einvernehmen zustande. Im Hinblick auf Aktivität bzw. Passivität der beteiligten Parteien stehen die Fälle Herz und Klar gewissermaßen als Extrempunkte auf einem Kontinuum: Im einen Fall kam das Arrangement allein auf Initiative des Vorgesetzten zustande, im anderen Fall allein auf Initiative der Mitarbeiterin. In allen Fällen handelt es sich – und darin besteht eine weitere Gemeinsamkeit – um langjährige und für den Betrieb wertvolle Mitarbeiterinnen.

Vergleiche mit weiteren Fällen

In weiteren Fallvergleichen könnte nun überprüft werden, ob die „Vereinbarkeit von Beruf und Familie" die einzige soziale Funktion für Mitarbeiter ist, in der Teleheimarbeit als Instrument der Arbeitsgestaltung eingesetzt wird, und ob Teleheimarbeit stets konsensuell zwischen Mitarbeiter und Unternehmen festgesetzt wird. Es zeigt sich für beide Aspekte, dass das keineswegs immer der Fall ist. Nahe liegend wäre zum Beispiel die Frage, ob auch Männer Teleheimarbeit mit dem Motiv der „Vereinbarkeit von Beruf und Familie" betreiben. Mag sein, dass dem in Einzelfällen so ist. Aber die Befragung von männlichen Telearbeitern brachte vor allem eine andere soziale Funktion des Teleheimarbeitsarrangements für die Beschäftigten zu Tage: Die Mitarbeiter wollten sich mittels Teleheimarbeit an einem oder zwei Tagen pro Woche aus dem turbulenten Kontext des Betriebes zurückziehen, um konzentrierter und damit entspannter und / oder effizienter arbeiten zu können (vgl. Kleemann 2005: 151-196). Auch bei dieser Gruppe zeigt sich aber, dass das Arrangement stets im gegenseitigen Einvernehmen von Mitarbeitern und Vorgesetzten zustande kommt und nur langjährige und für den Betrieb wertvolle Mitarbeiter teleheimarbeiten. Dass Teleheimarbeit nicht in allen Fällen aufgrund eines wirklichen Konsenses zwischen Vorgesetzten und Mitarbeitern zustande kommt, sondern diesen unter bestimmten Bedingungen auch „alternativlos" vorgegeben wird, ist anhand des Falles Frau Roth dokumentiert, der auf der Begleit-CD zu finden ist.

Warum das so ist? Das und noch vieles mehr zum Thema Teleheimarbeit können Sie bei Interesse nachlesen in Kleemann 2005.

> Im Fallvergleich werden einzelne Fälle kontrastierend miteinander verglichen und relevante Gemeinsamkeiten und Unterschiede (sowie die möglichen Gründe dafür) identifiziert. Je weiter die fallvergleichende Analyse fortschreitet, desto mehr sollte man sich von den Einzelfällen lösen und die Einzelfälle abstrakteren Kategorien zuordnen, um diese dann typisierend zu vergleichen.

Vertiefende Literatur: Brüsemeister 2000: 167-184; Küsters 2006: 72-87 (sowie 11-16, 42-44, 50-53, 70-72, 87-176 für ein Forschungsbeispiel); Rosenthal 2005: 161-198.

3 Anwendungsfelder und exemplarische Studien

Weiterführung und Ergänzungen der Methoden

Fritz Schütze hat in seinen frühen Schriften „nur" ein narrationsanalytisches Basis-Instrumentarium zur Verfügung gestellt und lediglich in einem Aufsatz (Schütze 1983) die konkrete Verfahrensweise beschrieben. Weiterentwicklungen des Verfahrens durch ihn und andere ForscherInnen erfolgten vor allem in der Forschungspraxis und durch praktische Vermittlung an Beteiligte im Rahmen von Forschungsarbeiten und -werkstätten. Somit ist die Weiterentwicklung der narrationsanalytischen Methodik eng an konkrete empirische Studien verschiedener Autoren gekoppelt. Das narrationsanalytische Verfahren in enger Anlehnung an Schütze wird vor allem in den Untersuchungen von Harry Hermanns, Christian Tkocz und Helmut Winkler (1984) und Gerhard Riemann (1987) umfassender ausgeführt.

Aber auch jenseits seiner Forschergruppe gibt es Autoren, die die Methodologie und Methode in einzelnen Aspekten kritisch-konstruktiv weiterentwickelt bzw. ergänzt haben (vgl. Küsters 2006: 29-38).

Zentrales Anwendungsfeld: Biographieforschung

Eine eigene, vom Verfahren Schützes in mehreren Aspekten abweichende, speziell auf biographische Erzählungen zugeschnittene narrationsanalytische Vorgehensweise hat Gabriele Rosenthal (2005) auf der Grundlage einer methodologischen Kritik und Weiterentwicklung der erzähl- und biographietheoretischen Annahmen Schützes entwickelt (vgl. Küsters 2006: 83-85).

Das zentrale Anwendungsfeld der Narrationsanalyse ist die Biographieforschung. Empirische Analysen konzentrieren sich überwiegend auf die biographischen Verläufe von Generationen oder anderer sozialer Kategorien bzw. Gruppen.

So untersuchen Hermanns, Tkocz und Winkler (1984) Berufsverläufe von Ingenieuren im Hinblick darauf, welche Kontextbedingungen, im Lebensablauf erworbenen Handlungskompetenzen und beruflichen Entwicklungen einer beruflichen Karriere förderlich bzw. abträglich sind. Riemann (1987) analysiert auf der Grundlage von 33 Interviews mit Psychiatriepatienten, wie die Betroffenen die Kontrolle über ihre Lebensumstände verlieren und welche biographische Relevanz psychiatrische Interventionen für die Patienten haben. Bernhard Haupert (1987) stellt arbeitslose Jugendliche auf dem Lande in den Mittelpunkt seiner Studie, in der ein eigenes Auswertungsdesign in Anlehnung an Schütze vorgeschlagen wird. Rosenthal (1987) untersucht, wie ehemalige Angehörige der Hitlerjugend und der Wehrmacht ihre lebensbiographischen Erfahrungen während des Nationalsozialismus verarbeitet haben und wie dies mit ihren Selbstdefinitionen und Vergangenheitskonstruktionen korrespondiert. In einer späteren methodologischen Arbeit elaboriert Rosenthal (1995) in einer Weiterführung des ursprünglichen Ansatzes der biographischen Narrations-analyse die Zusammenhänge und Differenzen zwischen erlebter und erzählter Lebensgeschichte.

Narrationsanalyse als ergänzende Methode

Aber auch jenseits der Biographieforschung auf der Grundlage narrativer Interviews kommt die Narrationsanalyse zum Einsatz. So bietet sich die Narrationsanalyse auch als ergänzendes Element der Datenanalyse für das „teilstrukturierte", „problemzentrierte" oder „Leitfadeninterview" an. Bei einem solchen Interview bringt der Interviewer mehrere Themenbereiche gesondert zur Sprache und benutzt dazu häufig erzählgenerierende Fragen. Die entsprechenden Interviewteile werden narrationsanalytisch ausgewertet.

Für eine solche Anwendung steht etwa die von Doris Blutner, Hanns-Georg Brose und Ursula Holtgrewe (2002) erstellte Studie zum Transformationsprozess der Deutschen Telekom im Hinblick auf veränderte Beschäftigungsverhältnisse. Neben Experteninterviews und einer quantitativen Befragung wurden berufsbiographische Interviews durchgeführt, um den subjektiven Erfahrungen im Transformationsprozess nachzugehen. Thomas Maurenbrecher (1985) dagegen fokussiert auf die konkreten Migrationserfahrungen von türkischen Einwanderern in die Bundesrepublik Deutschland und kombiniert biographie- mit interaktionsanalytischen Verfahren. Hier interessiert weniger der komplette Ablauf einer individuellen Lebensgeschichte als vielmehr ein besonderer Abschnitt in seinen diversen Kontextualisierungen.

Die wohl häufigste Form der Methodenkombination besteht in einer ergänzenden Anwendung des Verfahrens der Objektiven Hermeneutik als Methode zur Erfassung der Sinndimension. Ursächlich dafür ist, dass es für den dafür zuständigen Analyseschritt, die narrationsanalytische „Wissensanalyse" (vgl. Abschn. 2.2.4) keine systematische methodische Anleitung gibt.

Ausführliche Darstellung einer exemplarischen Studie

Hans-Jürgen von Wensierski (1994): Mit uns zieht die alte Zeit. Biographie und Lebenswelt junger DDR-Bürger im Umbruch. Opladen: Leske+Budrich.

In seiner Studie zu biographischen Umbrüchen im Gefolge des gesellschaftlichen Systemwechsels seit 1989/90 in Ostdeutschland analysiert von Wensierski (1994) die biographischen Erfahrungen junger Erwachsener im Alter zwischen 20 und 30 Jahren im Zeitraum von 1989 bis 1992 auf der Grundlage von insgesamt 70 narrativen Einzelinterviews. Theoretischer Ausgangspunkt der Untersuchung ist, dass durch den gesellschaftlichen und politischen Transformationsprozess 1989/90 sowohl die biographische Vergangenheit, die biographische Gegenwart als auch die biographische Zukunft für die Betroffenen problematisch werden. Im Hinblick auf diese drei Dimensionen wurden nach Prinzipien des theoretical sampling maximal kontrastierende Fälle erhoben: im Hinblick auf die biographische Vergangenheit in der Spannbreite von Funktionsträgern des DDR-Systems über Systemkonforme bis hin zu Non-Konformisten und Oppositionellen; im Hinblick auf die Gegenwart wurden einerseits durch die Wende arbeitslos Gewordene und andererseits beruflich Abgesicherte erfasst. Im Hinblick auf den Umgang mit einer unsicheren Zukunft wurden einerseits Angehörige nonkonformistischer jugendlicher Subkulturen und andererseits „unauffällige" Personen mit DDR-Normalbiographien befragt. Hierbei war die Annahme, dass die Nonkonformistischen im Umgang mit Unsicherheit und Kontingenz versierter sind und folglich besser mit der Wendesituation umgehen können.

Die (entsprechend der in Abschn. 2.1 dargestellten Vorgehensweise) durchgeführten narrativen Interviews beginnen mit der initialen Erzählaufforderung „Wir interessieren uns für Lebensgeschichten von jungen Erwachsenen der ehemaligen DDR und zwar dafür, wie sie bisher gelebt haben, wie sie gegenwärtig leben und dafür, welche Vorstellungen sie von ihrer Zukunft haben. Ich würde Sie bitten, sich einmal an ihre Kindheit zurückzuerinnern und zu erzählen, wie das damals war und wie ihr Leben von da an weiterging. Ich werde jetzt erstmal ruhig sein und Ihnen aufmerksam zuhören." (von Wensierski 1994: 119 f.). Daraufhin ergaben sich biographische Erzählungen, die häufig länger als eine Stunde dauerten.

Im Mittelpunkt der Analyse der Interviews stehen die biographischen Prozessverläufe. Bei der Analyse der Einzelinterviews geht von Wensierski davon aus, dass sich in der sequenziellen Struktur von erzählten Biographien einerseits – entsprechend der Homologieannahme von Schütze (vgl. Abschn. 1.2 S. 73) – das subjektive Erleben des Biographieträgers widerspiegelt, dass die biographische Erzählung andererseits aber immer auch eine Konstruktion des Erzählers aus der Gegenwartsperspektive darstellt, die auf die spezifische gegenwärtige Position bezogen ist und auf die Zukunft verweist (vgl. für diese Perspektive Rosenthal 1987, 2005). Aus diesem Grund bezieht von Wensierski – abweichend von der unter Abschn. 2.2 dargestellten Vorgehensweise nach Schütze – auch die nicht narrativen Passagen systematisch mit in die Analyse ein, um die biographischen Zeitstrukturen herauszuarbeiten.

Auf der Grundlage der 70 Interviews gelangt von Wensierski zu dem Ergebnis, dass sich vier idealtypische Verlaufsmuster unterscheiden lassen:

1) die Wende als biographischer Einbruch:

   Die Berufsbiographie der Betroffenen wurde durch Arbeitslosigkeit grundlegend unterbrochen, oder die Betroffenen waren institutionell und / oder ideologisch fest mit dem DDR-System verbunden.

2) die Wende als Freisetzungsprozess biographischer Handlungsmöglichkeiten:

   Diese Fallgruppe folgte in der DDR einer „instrumentellen Anpassungsstrategie" (S. 246) dergestalt, dass sie sich auf der Handlungsebene loyal, aber auf der Ebene der Orientierungen distanziert bzw. kritisch zum System verhielten. Zudem entdeckten sie im Verlauf der Wendeerfahrungen situativ bedingt neue Handlungspotenziale bzw. ihnen eröffnete sich durch den Umbruch auf struktureller Ebene neue Handlungsoptionen.

3) Selbstbehauptungsmuster vor und nach der Wende:

   Die biographischen Verläufe dieser Fallgruppe weisen trotz aller Friktionen im Gefolge des Strukturwandels keine gravierenden Orientierungsänderungen bzw. neuartige Handlungsmöglichkeiten auf. Charakteristisch ist zudem eine ausgeprägte Distanz gegenüber dem System bereits zu DDR-Zeiten (Nonkonformismus). Auch gegenüber dem neuen System wird Distanz gewahrt.

4) die Wende als biographisches Randereignis:

   Die Orientierungen dieser Personen waren gesellschaftskonform, wobei die Wende parallel zu einer jugendlichen Statuspassage von der Schule in ein Studium oder in den Beruf erlebt wurde. Die Wendephase wird von ihnen selbst als episodisches historisches Ereignis im Rahmen einer kontinuierlichen individuellen Weiterentwicklung wahrgenommen.

Die Ergebnisdarstellung (von Wensierski 1994: 123-361) erfolgt in der Weise, dass zu jedem Typus jeweils zwei bis vier exemplarisch ausgewählte Einzelfallanalysen ausführlich wiedergegeben und anschließend die Gemeinsamkeiten des jeweiligen Typus komprimiert zusammengefasst werden.

Abschließend resümiert von Wensierski, dass die Typologie vor allem durch zwei Dimensionen strukturiert ist: Zum einen durch die Kontinuität bzw. Diskontinuität in den biographischen Verläufen im gesellschaftlichen Umbruch, zum anderen durch die Konformität bzw. Nonkonformität zum alten System. Abschließend konstatiert der Autor als die einzelnen Typen übergreifenden Befund, dass der gesellschaftliche Umbruch der Wendezeit die Jugendlichen und jungen Erwachsenen bei aller Unterschiedlichkeit der biographischen Verläufe und Verarbeitungsformen zu einer generationsspezifischen Problemgemeinschaft zusammenbindet, die von der kollektiven Erfahrung einer gemeinsamen Prozessstruktur des „Abschieds von der DDR" im Sinne eines Verlusts der vertrauten Alltags- und Lebenswelt der DDR geprägt ist (S. 370).

4 Nutzen und Grenzen der Methode

Handlungs- und Prozessorientierung

Die Narrationsanalyse eignet sich als Analysemethode für alle Untersuchungsgegenstände mit Prozess- bzw. Ereignischarakter, die aus dem subjektiven Erleben von Beteiligten heraus geschildert werden. Fruchtbar ist die Narrationsanalyse – auch jenseits ihres zentralen Anwendungsfeldes, der Biographieforschung – für die Analyse sozialer Aktivitäten in ihrem Verlaufscharakter. Das sequenzielle Analyseverfahren ermöglicht die umfassende Rekonstruktion von Handlungskonstellationen und -abläufen in ihrer sozialstrukturellen Kontextuierung und Bedingtheit. Es eröffnet damit zugleich den Blick auf Diskrepanzen zwischen Handlungsplänen und -orientierungen und den (teils fremdbestimmten) Handlungsmöglichkeiten der Subjekte. Auf dieser Grundlage können sowohl prozessuale Veränderungen der Handlungspläne und -orientierungen der Subjekte als auch unintendierte Folgen von Handlungsabsichten auf der Akteursebene systematisch erfasst werden.

(Vermeintliche?) Grenzen der Anwendbarkeit

Die Handlungs- und Prozessorientierung markiert zugleich eine Begrenzung ihres Anwendungsbereichs. Untersuchungsgegenstände ohne Prozess- bzw. Ereignischarakter, also z. B. sich wiederholende Interaktionsmuster, soziale Praktiken oder Alltagsroutinen, können nicht narrationsanalytisch erfasst werden. Die Hervorhebung der Darstellungsform Erzählung durch die Narrationsanalyse bedeutet zugleich eine relative Vernachlässigung der Darstellungsform Beschreibung, mit der aber gerade im Alltag immer wiederkehrende gleichförmige Einzelereignisse als Untersuchungsgegenstand erfasst werden können. Schütze hat einseitig die Problematik der Analyse systematisierender Sachverhaltsdarstellungen in Beschreibungen (im Vergleich zu Erzählungen) hervorgehoben und diese als primäre Datengrundlage verworfen. Gleichwohl bestehen aber durch eine kombinierte Erfassung von Erzählungen und Beschreibungen gerade auch Möglichkeiten zu einer methodischen Kontrolle der Darstellungsform Beschreibung. So können im (Leitfaden-)Interview auf der Grundlage zunächst abgerufener Beispielerzählungen von Einzelereignissen (z. B. „Erzählen Sie mir bitte ganz ausführlich, was Sie am gestrigen Tag alles gemacht haben – morgens beim Aufstehen angefangen!") nachfolgend systematisierende Nachfragen unter Rückgriff darauf gestellt werden (z. B. „Machen Sie regelmäßig Sport? / Wie oft in der Woche machen Sie Sport? / Haben Sie immer um diese Zeit Feierabend? / Haben alle Ihre Wochentage diesen Verlauf?" usw. usf.).

Besondere Bedeutung von Erzählungen als Datenart

In methodologischer Hinsicht verweist die Narrationsanalyse auf den zentralen Stellenwert der Darstellungsform (Stegreif-)Erzählung als Datenart in Interviews: Sie ermöglichen einen umfassenden, methodologisch kontrollierten Zugriff auf die erlebte soziale Wirklichkeit von Befragten. Insbesondere wird die Homologieannahme von Schütze kritisiert, d. h. die Annahme, dass die Ereignisse in genauer Entsprechung zu deren subjektiver Relevanz für den Erzähler sequenziell geordnet erzählt würden und ein genaues Abbild der Biographie erzeugt würde (vgl. etwa Appelsmeyer 1999). In die Analyse müssten auch – so die Kritik – Reflexionen über Wissens- und Orientierungssysteme der Erzählenden eingehen.

Narratives Interview als Datengrundlage

Um Stegreiferzählungen als Datenbasis zu generieren, wurde das Befragungsinstrument des Narrativen Interviews entwickelt. Die Befragten werden zu Beginn explizit zu ausführlichen Erzählungen über einen näher eingegrenzten Sachverhalt aufgefordert, wie sie ihn selbst erlebt haben. Narrative Interviews bedürfen einer besonders hergestellten Interviewsituation und müssen auf Tonband aufgezeichnet werden.

Anwendung des Narrativen Interviews in Leitfaden-interviews

Der von der Narrationsanalyse konstatierte besondere methodologische Stellenwert von Erzählungen liefert einen wichtigen Hinweis für das in der Forschungspraxis wohl am häufigsten praktizierte Interviewverfahren, das „teilstrukturierte“, „problemzentrierte“ oder „Leitfadeninterview“, in dessen Verlauf der Interviewer mehrere Themenbereiche gesondert zur Sprache bringt: Wenn Erzählungen den unmittelbarsten Zugriff auf soziale Wirklichkeit ermöglichen, dann sollte das Interview so strukturiert werden, dass der Interviewer zu jedem neuen Themenbereich möglichst mit der Aufforderung an den Befragten beginnt, zunächst ein konkretes Einzelbeispiel für einen Sachverhalt zu erzählen.

Einzelfall-analyse und Fallvergleich

Die Narrationsanalyse untersucht pro empirischem Fall, also pro befragter Person, als zentralen Untersuchungsgegenstand (genau) einen Prozess – meist eine Biographie. Daher wird der Einzelfall zunächst nach einem kohärenten schrittweisen Verfahren in sich analysiert, um den Prozess als Ganzes zu erfassen. Der Vergleich der Einzelfälle wird erst danach vorgenommen. Innerhalb der Einzelfallanalyse werden thematisch gleiche Sequenzen fallimmanent verglichen, um an vorherigen Sequenzen gewonnene Lesarten zu überprüfen und um aus zusätzlichen Facetten ein kohärentes Gesamtbild zu gewinnen. Vergleiche einzelner Sequenzen verschiedener Fälle werden demgegenüber nicht angestrebt.

Fehlende Explikation einer Methodik der Wissens-analyse

Innerhalb des eigenen methodologischen Rahmens fehlt der Narrationsanalyse eine elaborierte methodische Ausarbeitung des Vorgehens beim Schritt der Wissensanalyse. Eine methodisch angeleitete Analyse von subjektiven Sinndeutungen und Relevanzen bzw. zugrunde liegenden sozialen Deutungsmustern ist allerdings durch Hinzunahme anderer Methoden (z. B. Objektive Hermeneutik, Wissenssoziologische Hermeneutik) möglich und hilfreich.

5 Zusammenfassung

Analyse von Erzählungen

Die Narrationsanalyse bietet ein elaboriertes und methodologisch fundiertes Untersuchungsinstrumentarium für (spontan begonnene) Erzählungen, wie sie in qualitativen Einzelinterviews generiert werden können. Daher eignet sie sich als Analysemethode für alle Untersuchungsgegenstände mit Prozess- bzw. Ereignischarakter, die aus dem subjektiven Erleben von Beteiligten heraus analysiert werden können.

Analyseperspektive

Auf der Grundlage von spontanen Erzählungen Befragter:

- Rekonstruktion tatsächlicher Handlungsabläufe und ihrer Bedingungen und
- Analyse der dabei relevanten subjektiven Wahrnehmungen und Deutungen der Akteure (in ihrer sozialen Geprägtheit)

Erzähltheoretische Grundlagen

Drei sprachliche Darstellungsformen im Interview:

- Erzählung: Ereignisdarstellung im Vordergrund; konkrete, einzelne Geschehnisse
- Beschreibung: Zusammenfassende Darstellung über gleichartige Sachverhalte; Sachverhaltsdarstellung steht im Vordergrund
- Argumentation: Generelle kausale Zusammenhänge; nicht Sachverhalte oder Ereignisse stehen im Vordergrund

Zugzwänge des Erzählens

Soziolinguistisch fundierte Theorie der „Stegreiferzählung" von Schütze: drei „Zugzwänge des Erzählens":

- Gestaltschließungszwang: Einmal begonnen, muss die Erzählung zu Ende geführt werden.
- Kondensierungszwang: Die Erzählung muss sich auf das Wesentliche beschränken.
- Detaillierungszwang: Um verständlich zu sein, ist das Erzählte ggf. zu erläutern.

Die drei Zugzwänge bewirken, dass der Interviewte seine Darstellung nah an den erlebten Sachverhalten, so wie er sie erfahren hat, ausrichtet, d. h.:

- die Erzählung ist relativ wirklichkeitsgetreu und
- subjektive Relevanzen des Befragten kommen zum Ausdruck

Biographietheoretische Grundlagen

Berücksichtigung zweier gegenläufiger Perspektiven:

- aktive Gestaltung biographischer Prozesse vs.
- reaktives Erdulden

Vier „Prozessstrukturen des Lebensablaufs" (Schütze):

- Biographisches Handlungsmuster: aktive Gestaltung im Vordergrund – intentionales Prinzip
- Institutionelles Ablaufmuster: Überantwortung an ein institutionalisiertes Muster des Lebensablaufs – normativ-versachlichtes Prinzip
- Verlaufskurve: reaktives Erdulden bzw. Erleiden im Vordergrund – Prinzip des "Getriebenwerdens durch sozialstrukturelle und äußerlich-schicksalhafte Bedingungen der Existenz" (Schütze 1983: 288)
- Biographischer Wandlungsprozess: reaktiv erfahrene, Gestaltungsmöglichkeiten eröffnende Veränderungen der Handlungsbedingungen oder der eigenen Wahrnehmungen und Orientierungen

Interview-verfahren Spezifisches Interviewverfahren: Narratives Interview (bzw. erzählgenerierende Leitfadeninterviews, in denen „Stegreiferzählungen" von Befragten abgerufen werden)

Auswertungs-verfahren Fünf Auswertungsschritte:

- formale Textanalyse: Eliminierung nicht narrativer Passagen und Strukturierung in formale Sinnabschnitte
- strukturelle inhaltliche Beschreibung: Analyse der Handlungsweisen
- analytische Abstraktion: theoretische Generalisierung und Zusammenführung der Aussagen zu einzelnen Sachverhalten
- Wissensanalyse: Analyse der Eigentheorien des Befragten
- kontrastiver Fallvergleich

6 Literaturverzeichnis

Appelsmeyer, Heide (1999): „Typus und Stil" als forschungslogisches Konstrukt in der narrativen Biographieforschung. In: Jüttemann, Gerd / Thomae, Hans (Hrsg.): Biographische Methoden in den Humanwissenschaften (S. 231-246). Weinheim, Basel: Beltz.

Blutner, Doris / Brose, Hanns-Georg / Holtgrewe, Ursula (2002): Telekom – wie machen die das? Die Transformation der Beschäftigungsverhältnisse bei der Deutschen Telekom AG. Konstanz: UVK-Universitätsverlag Konstanz.

Brüsemeister, Thomas (2000): Qualitative Forschung. Ein Überblick. Wiesbaden: Westdeutscher Verlag.

Fuchs-Heinritz, Werner (2000): Biographische Forschung. Eine Einführung in Praxis und Methoden. Wiesbaden: Westdeutscher Verlag (2. Auflage, zuerst 1984).

Glaser, Barney G. / Strauss Anselm L. (1967): The discovery of Grounded Theory. Strategies for qualitative research. New York: de Gruyter.

Glinka, Hans-Jürgen (2003): Das narrative Interview. Eine Einführung für Sozialpädagogen. Weinheim, München: Juventa (2. Auflage, zuerst 1998).

Haupert, Bernhard (1987): Empirische Fallstudie zu Lebensgeschichten von arbeitslosen Jugendlichen auf dem Land. Paraphrase – Interpretation – Typenbildung. Darstellung eines interpretativen Ansatzes (Dissertationsschrift). Oldenburg: Universität Oldenburg.

Hermanns, Harry / Tkocz, Christian / Winkler, Helmut (1984): Berufsverlauf von Ingenieuren. Biographie-analytische Auswertung narrativer Interviews. Frankfurt am Main, New York: Campus.

Hitzler, Ronald / Honer, Anne (Hrsg.) (1997): Sozialwissenschaftliche Hermeneutik. Eine Einführung. Opladen: Leske+Budrich.

Kelle, Udo (1994): Empirisch begründete Theoriebildung. Zur Logik und Methodologie interpretativer Sozialforschung. Weinheim: Deutscher Studienverlag.

Kleemann, Frank (2005): Die Wirklichkeit der Teleheimarbeit. Eine arbeitssoziologische Untersuchung. Berlin: Edition sigma.

Kohli, Martin (1985): Die Institutionalisierung des Lebenslaufs. Historische Befunde und theoretische Argumente. In: Kölner Zeitschrift für Soziologie und Sozialpsychologie, 37 (1), 1-29.

Küsters, Ivonne (2006): Narrative Interviews. Grundlagen und Anwendungen. Wiesbaden: VS Verlag für Sozialwissenschaften.

Lucius-Hoene, Gabriele / Deppermann, Arnulf (2004): Rekonstruktion narrativer Identität. Ein Arbeitsbuch zur Analyse narrativer Interviews. Wiesbaden: VS Verlag für Sozialwissenschaften (2. Auflage, zuerst 2002).

Maurenbrecher, Thomas (1985): Die Erfahrung der externen Migration. Eine biographie- und interaktionsanalytische Untersuchung über Türken in der Bundesrepublik Deutschland. Frankfurt am Main, Bern, New York: Peter Lang.

Riemann, Gerhard (1987): Das Fremdwerden der eigenen Biographie. Narrative Interviews mit psychiatrischen Patienten. München: Wilhelm Fink.

Rosenthal, Gabriele (1987): „Wenn alles in Scherben fällt" Von Leben und Sinnwelt der Kriegsgeneration. Opladen: Leske+Budrich.

Rosenthal, Gabriele (1995): Erlebte und erzählte Lebensgeschichte. Gestalt und Struktur biographischer Selbstbeschreibungen. Frankfurt am Main, New York: Campus.

Rosenthal, Gabriele (2005): Interpretative Sozialforschung. Eine Einführung. Weinheim, München: Juventa.

Rosenthal, Gabriele / Fischer-Rosenthal, Wolfram (1997): Narrationsanalyse biographischer Selbstrepräsentationen. In: Hitzler, Ronald / Honer, Anne (Hrsg.): Sozialwissenschaftliche Hermeneutik. Eine Einführung (S. 133-164). Opladen: Leske+Budrich.

Schütze, Fritz (1976): Zur Hervorlockung und Analyse von Erzählungen thematisch relevanter Geschichten im Rahmen soziologischer Feldforschung. In: Arbeitsgruppe Bielefelder Soziologen (Hrsg.): Kommunikative Sozialforschung (S. 159-260). München: Wilhelm Fink.

Schütze, Fritz (1977): Die Technik narrativen Interviews in Interaktionsfeldstudien, dargestellt an einem Projekt zur Erforschung von kommunalen Machtstrukturen (Arbeitsberichte und Forschungsmaterialien). Bielefeld: Universität Bielefeld-Fakultät für Soziologie.

Schütze, Fritz (1981): Prozessstrukturen des Lebensablaufs. In: Matthes, Joachim / Pfeifenberger, Arno / Stosberg, Manfred (Hrsg.): Biographie in handlungswissenschaftlicher Perspektive (S. 67-156). Nürnberg: Verlag der Nürnberger Forschungsvereinigung.

Schütze, Fritz (1983): Biographieforschung und narratives Interview. In: Neue Praxis. Kritische Zeitschrift für Sozialarbeit und Sozialpädagogik, 13 (3), 283-293.

Schütze, Fritz (1984): Kognitive Strukturen autobiographischen Stegreiferzählens. In: Kohli, Martin / Robert, Günther (Hrsg.): Biographie und soziale Wirklichkeit. Neue Beiträge und Forschungsperspektiven (S. 78-117). Stuttgart: Metzler.

Schütze, Fritz (1987): Das narrative Interview in Interaktionsfeldstudien. Erzähltheoretische Grundlagen. Teil 1: Merkmale von Alltagserzählungen und was wir mit ihrer Hilfe erkennen können. Hagen: Fernuniversität Hagen.

Schütze, Fritz (1995): Verlaufskurven des Erleidens als Forschungsgegenstand der interpretativen Soziologie. In: Krüger, Heinz-Hermann / Marotzki, Wilfried (Hrsg.): Erziehungswissenschaftliche Biographieforschung (S. 116-157). Opladen: Leske+Budrich.

Wensierski, Hans-Jürgen von (1994): Mit uns zieht die alte Zeit. Biographie und Lebenswelt junger DDR-Bürger im Umbruch. Opladen: Leske+ Budrich.

VIERTES KAPITEL

Objektive Hermeneutik

Inhalt

Einführung

Rekonstruktion latenter Sinnstrukturen

Bei der Objektiven Hermeneutik werden Äußerungen und protokollierte Handlungen systematisch daraufhin analysiert, welche latenten Sinn- und objektiven Bedeutungsstrukturen sie enthalten und wie diese Strukturen im konkreten Untersuchungsfall wirken. Was mit „latenter Sinn- und objektiver Bedeutungsstruktur" – im Folgenden abgekürzt als „latente Sinnstruktur" – gemeint ist, soll mit dem folgenden Beispiel illustriert werden.

Bsp.

Ein verbreitetes abendliches Ritual in der Familie ist es, dem Kind eine Gute-Nacht-Geschichte vorzulesen. Durch dieses Ritual wurden schon Generationen von Kindern an die Märchen der Brüder Grimm herangeführt, etwa „Rumpelstilzchen". Vordergründig erfährt das zuhörende Kind bei diesem Märchen von einer armen Müllerstochter, die für den König Stroh zu Gold spinnen soll, dabei Hilfe von einem kleinen Männlein annimmt, schließlich die Gemahlin des Königs wird, ein Kind zur Welt bringt und es schafft, das Neugeborene vor dem Zugriff des Männleins zu schützen, indem sie dessen geheimen Namen auskundschaften lässt. Unterschwellig (d. h. latent) werden dem zuhörenden Kind mit diesem Märchen bestimmte Sinnstrukturen vermittelt. Eine dieser Sinnstrukturen ist etwa die soziale Regel, dass man ein gegebenes Versprechen auch einlösen muss. Eine Schlüsselszene in Hinblick auf diese einzuhaltende Norm ist, als Rumpelstilzchen das versprochene Neugeborene von der Müllerstochter einfordert. In der Position einer Königin hätte sie versuchen können, gegen das Männlein vorzugehen. Stattdessen sieht sie sich an das frühere Versprechen gebunden.

Normen als latente Sinnstrukturen

Eltern wissen, dass in Märchen soziale Verhaltensnormen beiläufig vermittelt werden. Gleichwohl werden Eltern „Rumpelstilzchen" kaum als Gute-Nacht-Geschichte nach dem Entscheidungsmuster „heute möchte ich meinem Kind die in der Gesellschaft geltende Norm von der Selbstbindung an ein Versprechen vermitteln" auswählen. Vielleicht ist den Eltern in diesem Moment nicht einmal bewusst, dass die Geschichte vom Rumpelstilzchen genau diese Norm beinhaltet.

Im Beispiel ist die Übertragung der sozialen Norm „Halte Dich an Dein gegebenes Versprechen" auf das zuhörende Kind vom Vorlesenden nicht intendiert. Die Übertragung geschieht vielmehr beiläufig und dennoch zwangsläufig. Insofern handelt es sich bei dieser Norm um etwas Latentes. Die Sinnstruktur ist gewissermaßen in die Geschichte eingewoben und ihre normierende Wirkung wird beim Vorlesen der Geschichte unterschwellig (latent) entfaltet.

Untersuchungsgegenstände der Methode

Mit „Rumpelstilzchen" als Beispiel soll nicht der Eindruck erweckt werden, dass die Objektive Hermeneutik auf die Analyse von erzählten Geschichten spezialisiert sei. Latente Sinnstrukturen manifestieren sich in jeder menschlichen Äußerung – sei es beispielsweise eine Anrede im Brief, ein Interview eines Politikers in den Medien, ein Wortgefecht zwischen Eheleuten, eine Supervision mit einem Krankenhausteam oder ein Werbeslogan. Auch Fotos, Musik oder gemalte Bilder sind Träger solcher Strukturen. Kurzum, alle über sinnhaftes Verstehen interpretierbaren Manifestationen der menschlichen Lebenspraxis können Untersuchungsgegenstand dieses Verfahrens sein. Prädestiniert ist die Objektive Hermeneutik für Kontexte, die bislang nicht hinreichend erforscht sind, oder bei denen standardisierte Analysepraktiken und -raster keine verwertbaren Ergebnisse bringen.

Latente Sinnstrukturen bilden eine gegenüber den subjektiven Absichten der Menschen eigenständige, objektive Realität. Es handelt sich um übersubjektive Deutungsmuster und soziale Regeln, die unsere Wahrnehmung der Welt bzw. der Gesellschaft prägen sowie unser Handeln normieren. Sie wirken gleichsam im Verborgenen (latent) und lassen sich deshalb nicht immer ohne weiteres identifizieren. Das Ziel der Objektiven Hermeneutik besteht darin, genauer zu analysieren, wie latente Sinnstrukturen in dem konkreten Untersuchungsfall wirksam sind.

1 Forschungsprogramm

Entwicklung der Methode

Entwickelt wurde die Objektive Hermeneutik in den 1970er Jahren von dem Soziologen Ulrich Oevermann und seinen MitarbeiterInnen im Rahmen ihrer sozialisationstheoretischen und familiensoziologischen Forschungen. Seit dem programmatischen Aufsatz von 1979 „Die Methodologie einer ‚objektiven Hermeneutik' und ihre allgemeine forschungslogische Bedeutung in den Sozialwissenschaften" von Oevermann, Allert, Konau und Krambeck wurde die Objektive Hermeneutik konzeptionell weiterentwickelt und mehrfach modifiziert.

Professionalisierte Kunstlehre

Oevermann u.a. (1979: 391 ff.) betonen, dass es sich bei dem Verfahren um eine „Kunstlehre" handelt. Damit ist gemeint, dass die Objektive Hermeneutik nicht auswendig gelernt werden kann, wie dies etwa bei der chemischen Formel der Photosynthese möglich wäre. Die nach der Objektiven Hermeneutik verfahrende Textinterpretation ist vielmehr eine methodisch angeleitete und auf Erfahrung basierende Fähigkeit – vergleichbar mit einem traditionellen Handwerk. Obwohl sie als Kunstlehre firmiert, verfügt die Objektive Hermeneutik über grundlagentheoretische Annahmen (1.1 und 1.3), forschungsleitende Prinzipien (1.2) sowie über eine methodische Vorgehensweise (2).

1.1 Strukturbegriff und strukturale Hermeneutik

Zeitweilig firmierte die Objektive Hermeneutik auch unter der Bezeichnung „strukturale Hermeneutik". Dies deutet darauf hin, dass der Strukturbegriff für dieses interpretative Verfahren eine große Rolle spielt. „Grundprämisse der objektiven Hermeneutik ist, dass Strukturen die Sozialität in allen ihren Teilen und auf allen Ebenen beherrschen" (Reichertz 1995: 414).

Manko des gängigen Strukturbegriffs

Generell wird in den Sozialwissenschaften unter „Struktur" eine Menge von Elementen verstanden, die in Relation zueinander stehen, wodurch eine Ordnung – z.B. die familiale oder die gesellschaftliche Ordnung – dauerhaft aufrechterhalten bleibt. Mit einem solchen Strukturbegriff wird eine abstrakt-formale Betrachtungsweise von sozialen Phänomenen möglich. Ein Manko dieser gängigen Strukturlogik – man denke nur an Talcott Parsons' AGIL-Schema – besteht darin, dass konkrete Lebenspraxen von Personen, Familien, Gruppen, Organisationen oder Milieus ausgeblendet werden. Hat der Forscher vorab ein fertiges Strukturraster „im Kopf" läuft er Gefahr, den Fall nur zur Bestätigung seiner eigenen theoretischen Vorannahmen zu verwenden und sich nicht auf die Besonderheit des Falles einzulassen. Tatsächlich ist die gängige Strukturlogik in den Sozialwissenschaften blind für die Vielfältigkeit, den Prozesscharakter, die Wandelbarkeit und die feinen Unterschiede der sozialen Welt. Wodurch ist der Strukturbegriff der Objektiven Hermeneutik gekennzeichnet?

Strukturbegriff

a) Strukturen sind sinnhafte, nach bestimmten Regeln sich konstituierende sozio-kulturelle Deutungsmuster, d.h. latente Sinnstrukturen.
b) Das Handeln des Einzelnen ist strukturell vorgeprägt, wobei die soziale Normierung durch die konkrete Lebenspraxis modifiziert wird.
c) Latente Sinnstrukturen manifestieren sich in protokollierten Handlungen und Äußerungen (Ausdrucksgestalten).

Ad a)

Strukturen als sozio-kulturelle Sinnmuster

Die latenten Sinnstrukturen, auf die die Objektive Hermeneutik fokussiert ist, werden von einem Individuum nicht willentlich erzeugt. Vielmehr müsste man sagen: die Individuen mit ihren Äußerungen und Handlungen sind das Medium, das für die Aufrechterhaltung und Verbreitung solcher Strukturen in der Gesellschaft sorgt. Die Sinnstrukturen wirken „im Verborgenen" (d.h. latent). Sie werden während der konkreten Handlungssituation eher selten reflektiert. Da sie sich aber als intuitives Regelwissen und Routinehandeln der Menschen niederschlagen, können die latenten Sinnstrukturen nachträglich rekonstruiert und analysiert werden. Hinsichtlich ihrer sozialen Reichweite und zeitlichen Stabilität lassen sie sich unterscheiden in:

- universalistische Regeln;
- historisch sich wandelnde und pluralistische Deutungs- und Interaktionsmuster, Werte- und Normenvorstellungen.

Universalistische Regeln

Universalistische Regeln sind grammatikalische und logische (Sprach-)Regeln (z.B. Regeln des logischen Schließens) sowie die Kultur übergreifende Common-Sense-Vorstellungen der Moralität (z.B. die Gebote: „Du sollst nicht töten" oder „Eine Vereinbarung ist für Vertragspartner bindend").

Wandelbare, pluralistische Sinnmuster

Handelt es sich bei den universalistischen Regeln um zeitstabile kulturelle Muster, gibt es auch Sinnstrukturen, die sich historisch wandeln oder selbst innerhalb eines Landes verschieden, also pluralistisch ausgeprägt sind. Auf jene Sinnmuster ist vor allem das Forschungsinteresse der Objektiven Hermeneutik gerichtet. Gemeint sind milieu-, schicht-, regions- oder generationsspezifische Werte und Normen sowie situationsübergreifende Deutungsmuster.

Bsp.

Ein Beispiel für eine milieuspezifisch variable latente Sinnstruktur ist die Einstellung zur Ehe, die hierzulande von Fall zu Fall verschieden ist. So gehen stark religiöse Christen mit einer eher traditionalen Wertbindung in der Regel bewusst einen „Bund fürs Leben" ein, „bis dass der Tod sie scheidet". Die universell gültige Normvorgabe aus dem Märchenbeispiel, die Selbstbindung an ein Versprechen, spielt bei der christlichen Ehe eine wichtige Rolle. Beide Partner versprechen sich „ewige Treue" und besiegeln ihren Bund vor Gott. Aufgrund der stark religiös motivierten Selbstbindung an dieses Versprechen wird eine Scheidung in der Regel selbst dann nicht erwogen, wenn die ursprünglich vorhandene partnerschaftliche Liebesbeziehung abhanden gekommen ist. Ein maximaler Kontrastfall hierzu wäre eine Eheschließung, die als Mittel zum Zweck dient. So gibt es Fälle, in denen sich Deutsche bereit erklären, einen Asylsuchenden zu heiraten, damit dieser nicht abgeschoben wird. Im Gegensatz zur Partnerbeziehung zwischen streng gläubigen Christen ist in diesen Fällen die normative Grundlage der Eheschließung in humanitärer Hilfeleistung oder in einem politisch motivierten antirassistischen Engagement zu suchen.

> Das Erkenntnisinteresse der Objektiven Hermeneutik bei der Fallauswertung ist vor allem auf die historisch wandelbaren und kontextbezogenen Sinnmuster gerichtet, d.h. auf schicht-, generations- oder milieuspezifische Normen, Deutungs- und Interaktionsmuster, die sich als relevant für die untersuchten Akteure erweisen.

Übung: Fallen Ihnen weitere Motive für die Eheschließung ein? Überlegen Sie, inwiefern es sich hierbei um schicht-, milieu-, generations- oder geschlechtstypische Sinnstrukturen handeln könnte! Möglicherweise überlagern sich auch Motive. Sie können Ihre Ideen mit den Musterlösungen auf der Begleit-CD vergleichen.

4-01

Ad b)

Strukturgeprägtes Handeln und Modifizierung durch Lebenspraxis

Unser alltägliches Handeln ist davon geprägt, dass wir uns an geltende Normen halten und entsprechende Regeln befolgen. Dies gilt sowohl für die universalistischen als auch für die weniger stabilen und pluralistischen Sinnstrukturen. Allerdings schlagen diese latenten Sinnstrukturen nicht direkt auf unser Bewusstsein und Handeln durch. Sie werden mehr oder weniger von uns internalisiert (d.h. aufgenommen und verinnerlicht).

Um auf das Beispiel von der Selbstbindung an ein gegebenes Versprechen zurückzukommen: Das *einmalige* Vorlesen des Märchens „Rumpelstilzchen" bewirkt höchstwahrscheinlich noch keine adäquate Einstellung beim Kind. Notwendig wären Verstärkungseffekte, etwa weitere Geschichten mit jener Sinnstruktur. Sicherlich macht das Kind eigene Erfahrungen mit gegebenen Versprechen. So könnte es bei Versuchen, eine Vereinbarung zu brechen, erleben, dass sich dadurch Vorteile ergeben. Vielleicht wird es sogar von anderen bestärkt, so dass diese Norm nicht so stark internalisiert wird.

In welcher Weise sich latente Sinnstrukturen in Werthaltungen, Einstellungen und Handlungen der Individuen tatsächlich niederschlagen und ob sie deren Identität nachhaltig beeinflussen, ist von Fall zu Fall verschieden. Allerdings ist der Internalisierungsgrad nicht rein zufällig oder willkürlich. Die Prägewirkung der latenten Sinnstrukturen wird durch das konkrete Lebensumfeld, d.h. durch den Sozialisationshintergrund und den sozialen Kontext des Milieus beeinflusst und modifiziert.

Ein solches Strukturverständnis hat Auswirkungen auf die empirische Forschung. Demnach müssten bei der empirischen Analyse nicht nur die für den Untersuchungsfall relevanten Sinnstrukturen identifiziert, sondern auch die Prozesslogik rekonstruiert werden, nach der diese Strukturen ihre fallspezifische Wirkungsmächtigkeit entfalten.

Vor dem Hintergrund dieser Erkenntnis lässt sich das strukturalistische Paradigma der Objektiven Hermeneutik präzisieren.

> Latente Sinnstrukturen sind objektive, regelhaft konstituierte sozio-kulturelle Muster, die das Denken und Empfinden sowie die alltäglichen Handlungen und damit die Lebenspraxis insgesamt rahmen. Welche dieser Vorgaben vom Einzelnen tatsächlich realisiert und damit Identität stiftend wirken, ist abhängig von den konkreten Kontextbedingungen in prägenden Bezugsgruppen (Familie, Freundeskreis, Milieu etc.). Die Fallstruktur resultiert aus dem Ineinandergreifen der latenten Sinnstrukturen, den Bedingungen der sozialen Umwelt der Individuen und deren Persönlichkeitsstruktur.

Ad c)

Manifestation von latenten Sinnstrukturen

Mit der lebenspraktisch modifizierten Prägekraft von latenten Sinnstrukturen rückt die dritte grundlagentheoretische Prämisse ins Blickfeld. Latente Sinnstrukturen sind nicht direkt, sondern nur anhand ihrer Spuren in den Äußerungen und Handlungen von Personen, Gruppen, Unternehmen etc. erkennbar. Es ist eine rein analytische Unterscheidung, wenn sie als soziale Normen, Werte und Deutungsmuster und damit gewissermaßen als objektive gesellschaftliche Strukturen von den individuellen Handlungs- und Bewusstseinsstrukturen getrennt betrachtet werden. Tatsächlich existieren diese objektiven Strukturen nur so lange, wie sie lebensweltlich oder institutionell verankert und von den Individuen internalisiert werden. Insofern müssen die latenten Strukturen auch in die Poren des gesellschaftlichen Alltags dringen und in den Handlungen und Äußerungen der Menschen ihren Niederschlag finden.

Um das Beispiel der Gute-Nacht-Geschichte wieder aufzugreifen: Mit dem Vorlesen des Märchens, d.h. in den Worten, die an das Kind adressiert sind, pflanzt sich gewissermaßen die Sinnstruktur der sozialen Regel „Versprechen müssen eingehalten werden" fort. Das Kind müsste nicht mal den tiefen Sinn des Märchens verstanden haben. Es reicht, dass die Geschichte am nächsten Morgen im Kindergarten nacherzählt wird.

> Nicht die latenten Sinnstrukturen an sich können beobachtet, beschrieben oder audio-visuell aufgezeichnet werden, sondern nur die Spuren, die sie in den Äußerungen und Handlungen hinterlassen (Manifestationen). Erst über den Umweg solcher protokollierten Spuren haben die Forschenden im Sinne der Objektiven Hermeneutik überhaupt einen empirischen Zugang zu den interessierenden Sinnstrukturen.

Vertiefende Literatur: Oevermann u.a. 1979; Oevermann 1981; Reichertz 1995: 382-384; Wernet 2006: 13-16; Zehentreiter 2001: 11-42.

1.2 Forschungsleitende Prinzipien

Gemeinsamkeiten mit anderen Methoden

Wie bei den anderen in diesem Buch behandelten Methoden – der Narrationsanalyse, der Konversationsanalyse und der Dokumentarischen Methode – werden auch bei der Objektiven Hermeneutik die relevanten empirischen Daten mittels interpretativer Verfahren analysiert. Ebenso wird eine empirisch begründete (d. h. eine stark auf das konkrete Untersuchungsfeld bezogene) Theoriebildung angestrebt.

Besonderheiten

Teilt die Objektive Hermeneutik diese Eigenart der qualitativen Forschungslogik mit den anderen drei Methoden, so weist sie auch Besonderheiten auf. Es handelt sich um folgende Leitprinzipien:

a) Objektivität als Gütekriterium für die Forschung
b) Hypothesenbildung durch Gedankenexperimente
c) Orientierung auf Einzelfallanalyse

Ad a)

Objektivitätskriterium für die Forschung

Wie bereits in der Namensgebung der Methode zum Ausdruck kommt, soll die Interpretation (Hermeneutik) nach einem Objektivitätskriterium erfolgen. Dies mag zunächst irritieren, gilt doch „Objektivität" als Markenzeichen der positivistisch orientierten Naturwissenschaft. Wenn Oevermann für die interpretative Sozialforschung ebenfalls das Objektivitätskriterium reklamiert, so geschieht dies in zweierlei Hinsicht.

Objektiver Forschungsgegenstand

Erstens: Es geht bei der Objektiven Hermeneutik letztlich darum, jene übersubjektiven Strukturen aufzudecken, die hinter den persönlichen Absichten, Intentionen oder Interessen von Sprechenden bzw. Handelnden stehen. D.h. Mutmaßungen, was jemand selbst mit seiner Äußerung, Entscheidung oder Handlung gemeint, gefühlt oder bezweckt haben könnte, sind nicht das Erkenntnisziel. Hierin stimmt die Objektive Hermeneutik mit den anderen drei interpretativen Verfahren überein. Allerdings insistieren ihre VertreterInnen darauf, dass die übersubjektiven Strukturen objektiv existieren. Was ist damit gemeint?

Objektiver Sinn

Innerhalb einer Kultur gibt es, so Oevermann (1995: 113), allgemein gültige „Regeln der Bedeutungserzeugung", die von allen Angehörigen dieser Kultur geteilt werden. Diese Regeln konstituieren die Ebene des objektiven Sinns, der in Handlungen und Äußerungen von Subjekten jenseits individueller Sinnzuschreibungen wirksam ist. Demnach wäre es beispielsweise egal, was die eingesperrte Müllerstochter aus dem Märchen selbst denkt, als sie auf die Forderung des Rumpelstilzchen „Versprich mir, wenn du Königin wirst, dein erstes Kind" eingeht. Auch wenn sie in ihrer Not insgeheim hofft, das werde schon alles irgendwie gut ausgehen, so hat sie mit ihrem Versprechen eine Vereinbarung getroffen, die nun gilt. Freilich könnte sie später als Königin einfach so tun, als ob sie das Männlein gar nicht kennt und nie eine solche Vereinbarung getroffen hat. Sie könnte also lügen mit der Absicht, die rechtmäßige Herausgabe des Kindes zu verhindern. Aber es wäre geradezu widersinnig, wollte sie die frühere Vereinbarung mit Rumpelstilzchen durch die Behauptung außer Kraft setzen, die Regel, dass man an sein Versprechen gebunden ist, gäbe es überhaupt nicht. Diese Regel ist als soziale Norm in unserer Kultur fest verankert; sie ist unhintergehbar und existiert objektiv, d.h. unabhängig von den subjektiven Wünschen und Absichten der Individuen.

Auch für die Interpretation des Märchens ist die objektive Sinnebene von Bedeutung. Nur weil hinter der bilateralen Vereinbarung zwischen der Müllerstochter und Rumpelstilzchen diese nicht hintergehbare soziale Norm der Selbstbindung an ein Versprechen steckt, können wir das Dilemma der Müllerstochter überhaupt erst verstehen.

Differenz zum subjektiven Sinn

Die Differenz zwischen der subjektiven Mitteilungsabsicht, die jemand mit einer Äußerung verfolgt und dem verstehbaren objektiven Sinn beachten Menschen in der Alltagskommunikation in der Regel kaum. Unterstellt wird, dass jemand es so meint, wie er es sagt; bzw. dass jemand zu dem, was er gerade sagt, auch tatsächlich steht. Das Märchenbeispiel zeigt jedoch, dass die persönliche Absicht des Sprechers mit dem tatsächlichen Sinngehalt der Äußerung nicht zwangsläufig übereinstimmen muss. In diesem Punkt gibt es deutliche Parallelen zur Dokumentarischen Methode, die zwischen dem intendierten Ausdruckssinn und dem Objektsinn unterscheidet.

Objektive Forschungsmethode

Zweitens: Das Attribut „objektiv“ bezieht sich nicht nur auf den Untersuchungsgegenstand, sondern zugleich auch auf das methodische Vorgehen. Die Objektive Hermeneutik vertritt den Anspruch, dass die empirische Analyse „objektiv“, d.h. mit Methoden der intersubjektiven Geltungsüberprüfung zu erfolgen habe. Damit grenzt sie sich deutlich ab von den hermeneutischen Verfahren der Introspektion bzw. des Verstehens fremdpsychischer Befindlichkeiten. Ein solches empathisches „Sich-Hineinversetzen“ in den Anderen wird von den VertreterInnen der Objektiven Hermeneutik als eine unwissenschaftliche Methode angesehen, da die daraus resultierenden Interpretationsergebnisse nicht überprüfbar sind.

In diesem Zusammenhang ist auch auf das Problem der voreiligen und eigensinnigen Deutungen hinzuweisen. Durch diskursive Validierung innerhalb der Forschergruppe lassen sich Beliebigkeit und Subjektivität der Auswertung deutlich einschränken. Bei einer solchen, systematisch durchgeführten Interpretation zählt jede Meinung, soweit diese mit dem vorliegenden Datenmaterial nicht widerlegt werden kann.

Ad b)

Hypothesen durch Gedankenexperimente

Ein wichtiges Kennzeichen der Objektiven Hermeneutik ist die extensive (d.h. ausführliche) gedankenexperimentelle Analyse des Textes. Hierbei wird eine Textsequenz ausgewählt und alle denkbaren Deutungsvarianten (Lesarten) zusammengetragen, die diese Sequenz zulässt (Hypothesengenerierung). Dies geschieht mittels Gedankenexperimenten: Um herauszufinden, welche plausiblen Bedeutungen in den vorliegenden Äußerungen stecken, erfinden die ForscherInnen Geschichten, für die die untersuchte Äußerung Sinn machen würde. Anders formuliert: gefragt wird, für welche typischen sozialen Situationen bzw. Kontexte diese Äußerungen vorstellbar sind (vgl. Abschn. 2.2.1).

Die Hypothesengenerierung über Gedankenexperimente hilft den Forschenden, sich unvoreingenommen den Fall zu erschließen. Diese Vorgehensweise baut auf der Annahme, dass der so zusammengestellte Pool von Lesarten letztlich auch jene Hypothese / n enthalten müsste, mit der / denen die Struktur des gesamten Falles erklärbar wird. Somit steht und fällt die Fallauswertung mit der gedankenexperimentellen Analyse. Für diesen Analyseschritt müssen sich die Forschenden besonders viel Zeit nehmen, um alle (d.h. auch die zunächst unwahrscheinlich erscheinenden) Hypothesen aufzustellen und protokollarisch festzuhalten. Die sich daran anschließenden Analyseschritte dienen dann der Hypothesenüberprüfung an weiteren Textstellen (vgl. Abschn. 2.2.3) und der theoretisch gehaltvollen Beschreibung einer fallspezifischen Strukturgestalt (vgl. Abschn. 2.2.4).

Ad c)

Orientierung auf Einzelfallanalyse

Die Objektive Hermeneutik ist auf Einzelfallrekonstruktionen spezialisiert. Bei einem Fall kann es sich um eine einzelne Biographie oder eine Familie handeln, ebenso um ein Unternehmen, eine Behörde, ein Mietshaus etc. Im Gegensatz zu den drei in diesem Lehrbuch vorgestellten Interpretationsverfahren erfolgt in der Regel keine Systematisierung in Form einer fallvergleichenden Typologie. Der mit der Objektiven Hermeneutik rekonstruierte Einzelfall soll – so der Anspruch – aus sich heraus erklärt werden.

Die Einzelfallorientierung hat auch etwas mit der sehr intensiven und zeitaufwendigen Interpretationsarbeit (insbesondere bei der Hypothesengenerierung) zu tun. Sind wir im Alltag geradezu darauf angewiesen, in Situationen mit zielsicherer Schnelligkeit zu verstehen, „was Sache ist" und umgehend zu handeln, müssen die Forschenden im Rahmen der Objektiven Hermeneutik genau davon entlastet sein und bei der Analyse sehr kleinteilig vorgehen. In der Regel fällt die Anzahl der untersuchten Fälle geringer aus als bei anderen interpretativen Methoden.

Vertiefende Literatur: Oevermann u. a. 1979: 386; 1990: 6 f.; 1993: 248-269; 2002: 1 f.; Reichertz 1986; 1995: 379-382, 400-402.

1.3 Untersuchungsebenen bei der Interpretation

Analogie zum Eisberg

Ausgehend von den drei grundlagentheoretischen Annahmen – Strukturen sind regelhafte sozio-kulturelle Sinnmuster; das Handeln ist strukturell vorgeprägt und die Identität sozial konstituiert; die latenten Sinnstrukturen manifestieren sich in protokollierbaren Handlungen und Äußerungen – wird im Folgenden die Forschungsperspektive der Objektiven Hermeneutik erläutert. Zur modellhaften Veranschaulichung dient die Analogie zum Eisberg:

Verschiedene Interpretationsebenen

Eine Eigentümlichkeit von Eisbergen besteht darin, dass nur ein äußerst kleiner Teil aus dem Wasser ragt. Lediglich ein Neuntel der Gesamtmasse ist sichtbar. Der wesentlich größere Teil liegt im Wasser verborgen. Man müsste also hinabtauchen, um „sich ein Bild zu machen". Auf die Objektive Hermeneutik übertragen: Der sichtbare Teil des Eisberges entspricht den sinnlich wahrnehmbaren sprachlichen Äußerungen („Ausdrucksgestalten"). Dagegen entspricht der in die Tiefe des Wassers hineinragende, nicht unmittelbar einsichtige Teil des Eisberges den latenten Sinnstrukturen. Zwischen diesen beiden Interpretationsebenen sind zwei weitere angesiedelt, die Ebene des Textes[1] und die Ebene des subjektiven Sinns. Veranschaulichen lassen sich diese vier Interpretationsebenen folgendermaßen:

1 Oftmals wird vom „Text" das „Protokoll" als materiale Dimension der empirischen Daten unterschieden (z. B. Leber / Oevermann 1994: 385 f.). Diese Unterscheidung hat allerdings für die praktische Analyse keine erkennbare Relevanz. Deshalb ist im Folgenden nur noch von „Text" die Rede.

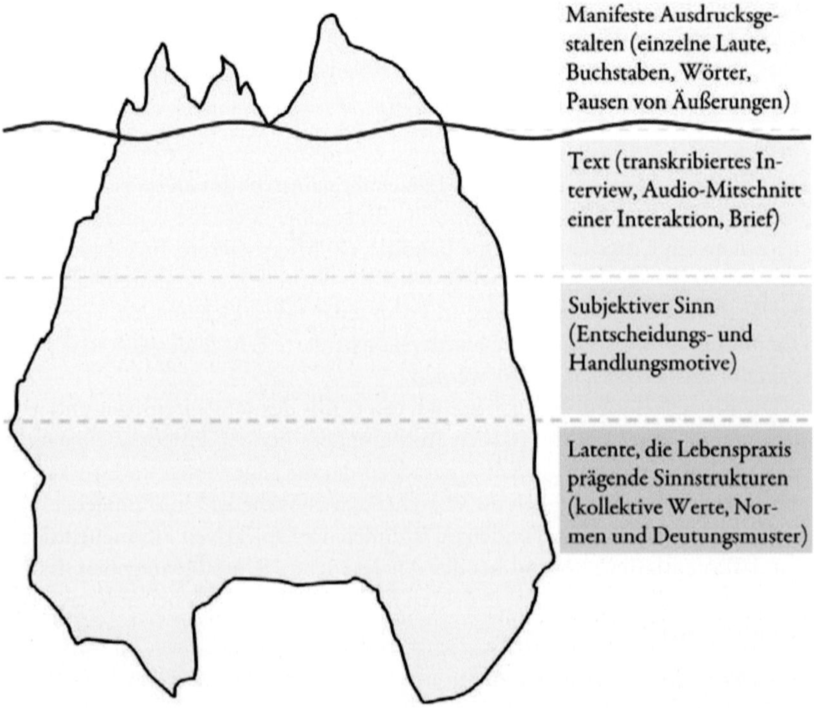

Ebene der manifesten Ausdrucksgestalten

Die manifesten Ausdrucksgestalten bilden gewissermaßen die „Spitze des Eisberges". Hierbei handelt es sich um sprachliche Elemente (Wörter, Wortgruppen, Sätze) oder parasprachliche Elemente (z. B. Laute wie „äh" oder auch Pausen im Redefluss). Für die Forschenden sind all diese Elemente die einzigen greifbaren Spuren, die zu den (einem direkten Zugang ja verborgenen) latenten Sinnstrukturen führen. Bereits auf der Analyseebene dieser manifesten Sinnelemente müssen die Forschenden interpretativ vorgehen. Dabei wird davon ausgegangen, dass diese sprachlichen und parasprachlichen Elemente nicht willkürlich oder zufällig an der vorfindbaren Stelle innerhalb der Äußerung platziert sind. Sie folgen einer bestimmten „Logik". Sehr akribisch werden die objektiven Bedeutungsfunktionen sowie die Sprachregeln herausgearbeitet, nach denen die einzelnen Ausdrucksgestalten ihren Platz gefunden haben und Sinn ergeben.

Ebene des Textes

Würden die Forschenden die protokollierten Daten nur „rein mechanisch", d. h. Wort für Wort (bzw. Ausdrucksgestalt für Ausdrucksgestalt) einzeln durchgehen, liefen sie Gefahr, lediglich eine Anhäufung von fragmentarischen Interpretationsschnipseln zu produzieren. So wie Polarforscher wissen, dass ein Eisberg mehr umfasst als nur die einzelnen aus dem Wasser ragenden Eisspitzen, nehmen Objektive Hermeneuten an, dass den einzelnen sinnlich wahrnehmbaren Ausdrucksgestalten etwas Verbindendes zugrunde liegt: Es müssen die Sinnzusammenhänge zwischen ihnen entdeckt werden. Die einzelnen Ausdrucksgestalten stehen miteinander in Beziehung und erst in ihrer Gesamtheit ergeben sie einen verstehbaren Text mit einer komplexen Sinnstruktur. Einfacher formuliert: Ein Text ist mehr als die Summe seiner einzelnen Wörter.

Ebene des subjektiven Sinns

In Äußerungen offenbaren Menschen eigene Intentionen und Ziele. Solche Motive liegen auf der Ebene des subjektiven Sinns. Die Interpretationsebene wird im Rahmen der objektiven Hermeneutik beachtet, auch wenn sie nicht im Zentrum der Analyse steht.

Ebene der latenten Sinnstrukturen

Anzumerken ist, dass bei der Analyse vor allem jene Textstellen interessieren, in denen Handlungen sprachlich festgehalten, d. h. protokolliert sind. Dies hat etwas mit dem Untersuchungsfokus der Objektiven Hermeneutik zu tun – geht es doch um die Rekonstruktion, wie latente Sinnstrukturen auf die für eine Lebenspraxis typischen Habitusformen (d. h. Gewohnheiten des Denkens, Fühlens oder Handelns) und Interaktionsmuster der Akteure wirken. Hierunter fallen sowohl universalistische, kulturübergreifende Werte, Normen und Deutungsmuster als auch milieu-, schicht-, regions- oder generationsstypische Werte und Normen sowie andere situationsübergreifende Deutungsmuster.

Was genau müssen nun die Objektiven Hermeneuten in den Blick nehmen, wenn sie in den komplexen Text „eintauchen"? Identifiziert werden die von den relevanten Personen habitualisierten (d.h. die zur Gewohnheit gewordenen) Sprach-, Deutungs-, Handlungs- und Interaktionsmuster, die der zu untersuchenden sozialen Praxis ihre Gestalt geben. Diese Muster, die auf der Ebene der latenten Sinnstrukturen angesiedelt sind, müssen sich in den vorliegenden Äußerungen widerspiegeln. Das bloße Aufzeigen dieser allgemeinen Muster anhand des empirischen Datenmaterials ist demnach nicht hinreichend. Im Rahmen der Objektiven Hermeneutik muss darüber hinaus die Art und Weise rekonstruiert werden, wie diese Muster in der konkret zu untersuchenden Lebenspraxis selbst wirksam werden.

Lebenspraxis

Der Begriff „Lebenspraxis" wird von den Vertretern der Objektiven Hermeneutik nicht streng und eindeutig definiert. Rekurriert wird auf das prozesshafte Geschehen, das insgesamt eine konkrete Lebensgeschichte ausmacht. Hierbei kann es sich um ein Individuum handeln, aber ebenso um eine Familie, eine Hausgemeinschaft, eine Behörde, ein Milieu etc. Das Gemeinsame all dieser sozialen Daseinsformen wird darin gesehen, dass sie jeweils in irgendeiner Hinsicht ein Eigenleben führen, Entscheidungen treffen und vollziehen und insofern eine eigene Geschichte haben.

Eine Lebenspraxis ist durch Dynamik und Kontingenz geprägt. Die Zukunft ist nicht exakt vorhersehbar oder gar planbar. Permanent müssen Entscheidungen getroffen und (gegenüber anderen aber auch gegenüber sich selbst) begründet werden. Es ereignen sich Dinge im Leben, die auch anders kommen könnten. Für die Analyse einer Lebenspraxis (z. B. einer individuellen Lebensbiographie oder der Existenz eines Unternehmens) bedeutet dies: Eine Entscheidung eröffnet einen Entwicklungspfad, während gleichzeitig andere Optionen ausgeschlossen werden. Beispielsweise verliebt man sich in eine bestimmte Person oder entscheidet sich zu studieren und wählt damit jeweils selektiv aus alternativen Möglichkeiten eine bestimmte aus.

Bei der Rekonstruktion der fallspezifischen Lebenspraxis im Sinne der Objektiven Hermeneutik wird das empirische Datenmaterial als eine kontingente Geschichte von Entscheidungen und Begründungen analysiert. Die Forschenden suchen im Strom der protokollierten Äußerungen, Handlungen etc. nach typischen, wiederkehrenden Verlaufsformen von solchen Selektionsprozessen und den dabei auftretenden Habitus- bzw. Interaktionsmustern. Anhand der gefundenen Auffälligkeiten kann die Strukturgestalt des zu untersuchenden Falles in ihrer Prozesslogik („Fallstruktur") herausgearbeitet werden.

> Mit der Objektiven Hermeneutik sollen die für die zu untersuchende Lebenspraxis typischen Habitus- und Interaktionsmuster der Akteure identifiziert und die Art und Weise, wie sich diese typischen Muster im konkreten Fall reproduziert haben, rekonstruiert werden. Erkennbar ist der Prozess der Reproduktion anhand der protokollierten Entscheidungs- und Begründungssituationen.

Vertiefende Literatur: Oevermann u.a. 1979: 378-387; Oevermann 1981; 1995: 112 f.; Reichertz 1995: 389 f.; Zehentreiter 2001: 45-55.

Eintauchende Hermeneuten

Die Analogie zum Eisbergmodell lässt sich weiter ausreizen: Die Objektiven Hermeneuten ähneln in gewisser Weise Tauchern, die in arktischen Gewässern ihre Forschung betreiben. Vergegenwärtigt man sich noch einmal die drei strukturtheoretischen Prämissen – Strukturen sind regelhafte sozio-kulturelle Sinnmuster; das Handeln ist strukturell vorgeprägt und die Identität sozial konstituiert; die latenten Sinnstrukturen manifestieren sich in protokollierbaren Handlungen und Äußerungen –, so wird klar, dass jeder Untersuchungsfall ähnlich wie ein Eisberg eine sehr komplexe Angelegenheit darstellt. Der Eisberg erscheint den Forschenden zunächst als etwas Fremdes, das explorativ (d. h. erkundend) erschlossen werden will. Insofern müssen die Forschenden offen sein für alles, was sie auf ihren Tauchgängen wahrnehmen. Ein exakt nach einem vorherigen Plan durchgeführtes schichtweises In-die-Tiefe-Stoßen wird auch schon dadurch erschwert, dass man in den Untiefen des Polarmeeres schnell die Orientierung verliert und jeder Eisberg eine andere Gestalt hat. Zudem existieren Unterströmungen, welche die Taucher vom Kurs abdrängen.

Suche nach Details und dem Gesamtzusammenhang

Nicht anders geht es den Objektiven Hermeneuten. Beim „Eintauchen" in den Text stoßen sie permanent auf neue Überraschungen, d. h. auf Ausdrucksgestalten, die interessant erscheinen, ohne dass sich im Moment des Entdeckens gleich sagen ließe, warum. Jedes Detail muss ernst genommen, hinterfragt und in Beziehung zu dem schon Bekannten gesetzt werden. Eine ausgeprägte Sensibilität für jedes Element der zu untersuchenden Sequenz muss Hand in Hand gehen mit einer ausdauernden Suche nach dem Gesamtzusammenhang des vorliegenden Falles. Hierbei darf man sich nicht in den eigenen Interpretationen verrennen. Man muss immer wieder zum Text zurückfinden.

> Die Hypothesenbildung im Rahmen der hermeneutischen Fallrekonstruktion gestaltet sich als ein Changieren (d. h. pendelnde Bewegung) der Forschenden zwischen den empirisch vorfindbaren manifesten Ausdrucksgestalten des Textes und den dahinter liegenden interpretativ rekonstruierbaren latenten Sinnstrukturen.

Changieren der Objektiven Hermeneuten

Dieses Changieren entspricht dem logischen Schließverfahren der Abduktion. Ziel der Abduktion ist es gerade nicht, bereits Bekanntes zu verallgemeinern. Vielmehr soll etwas Neues bei der Beschäftigung mit dem Fall erst entdeckt werden. Nach und nach wird auf diesem Wege die Typik des Falles, d. h. die fallspezifische Strukturgestalt, herausgearbeitet. Auch die Objektiven Hermeneuten können bei ihrer Analyse weder rein deduktiv noch rein induktiv vorgehen. Sie haben vor dem „Hinabtauchen in den Text" keine alles erklärende Hypothese im Kopf, unter der sich jedes Textsegment logisch subsumieren ließe (Deduktion). Umgekehrt können sie auch nicht die einzelnen Textsegmente nacheinander „einsammeln" und zu einer Hypothese verdichten (Induktion). Das abduktive Vorgehen bei der Objektiven Hermeneutik, d. h. das Changieren zwischen der extensiven Beschäftigung mit den einzelnen Details (manifesten Ausdrucksgestalten) einerseits und der Suche nach einer Fall erklärenden Strukturhypothese (Prägewirkung der latenten Sinnstruktur auf die Lebenspraxis des untersuchten Falls) lässt sich – wieder unter Zuhilfenahme der Eisbergmetapher – folgendermaßen veranschaulichen:

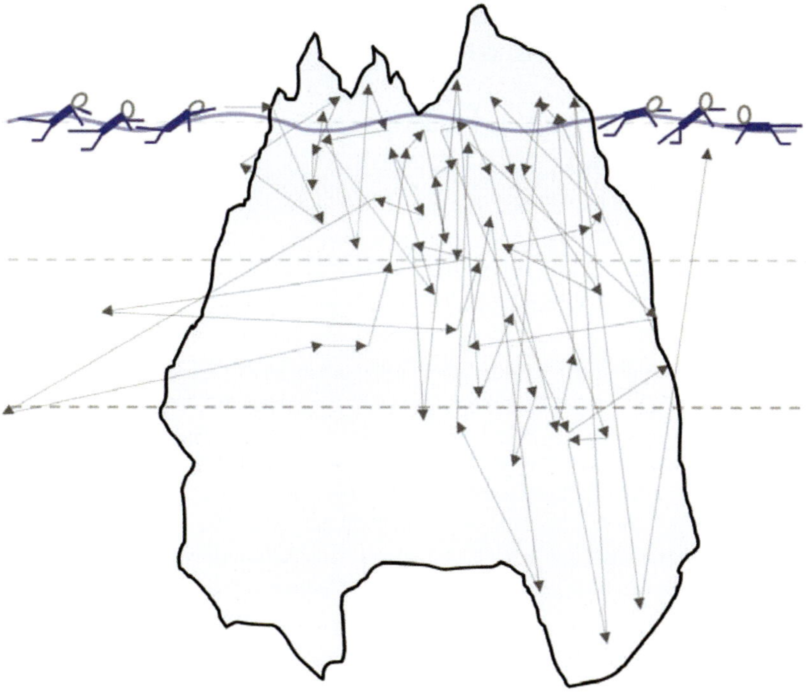

Homologieannahme

Über das Verhältnis zwischen Latenz und Manifestation der Sinnstruktur hinaus kann ein weiterer Aspekt der Objektiven Hermeneutik mit der Analogie des Eisberges verdeutlicht werden. Auch wenn es einen manifesten Teil und einen latenten Teil gibt, so sind beide Teile doch strukturell gleich aufgebaut. Ob man nun auf der Eisbergspitze steht oder zum Fuß des Berges taucht, in jedem Fall stößt man auf die Struktur des Eiskristalls. Gemünzt auf die Objektive Hermeneutik:

> Die Fallstruktur findet ihren Niederschlag – so die zentrale Annahme – in jeder Sequenz des Textes. Welche konkrete Sequenz des Textes auch immer analysiert wird, es lassen sich jene latenten Sinnstrukturen in ihrer Prozesslogik rekonstruieren, die für den vorliegenden Untersuchungsfall typisch sind, d. h. die der Lebenspraxis das charakteristische Gepräge verleihen.

Vertiefende Literatur: Oevermann 1991: 271; Reichertz 1994: 140-150.

2 Methodische Vorgehensweise

Ausrichtung der explorativen Analyse

Bei der Objektiven Hermeneutik geht es darum, die Fallstruktur, d.h. das fallspezifische Wirken der latenten Sinnstrukturen in ihrer Prozesslogik zu rekonstruieren. Ein bloßer Verweis auf die identifizierbaren latenten Sinnstrukturen innerhalb der empirischen Daten wäre demzufolge nicht hinreichend. Gesucht wird letztlich der „gültige Ausdruck einer Lebenspraxis" (Oevermann 1991: 270). Die Rekonstruktion der Fallstruktur muss gewissermaßen in der Sprache des zu untersuchenden Falles erfolgen. Ein solches Anschmiegen an den Untersuchungsfall erfordert ein exploratives Vorgehen bei der Datenerhebung und -aufbereitung. Wie kann eine solche explorative Untersuchung systematisch und methodisch kontrolliert durchgeführt werden?

2.1 Datenerhebung und -aufbereitung

Voraussetzungen für die Fallauswertung

Wie bei allen sozialwissenschaftlichen Interpretationsverfahren kommt es auch bei der Objektiven Hermeneutik darauf an, möglichst unvoreingenommen an den zu untersuchenden Fall heranzugehen. In der Regel existiert vor der Datenerhebung und -auswertung lediglich die wissenschaftliche Problemstellung, bzw. die Annahme, dass das Forschungsfeld für die Sozialwissenschaften interessante Aspekte aufweist.

Gruppenauswertung und viel Zeit

Um tatsächlich Unvoreingenommenheit zu erreichen und sich nicht vorschnell in die eigenen subjektiven Deutungen zu verrennen, müssen bestimmte Bedingungen für den Forschungsprozess erfüllt sein. So sollte die Interpretation in einer Gruppe erfolgen. Da gerade konträre Lesarten produktiv sind, sollte die Zusammensetzung der Gruppe nicht homogen sein. Gefragt sind „streitsüchtige" Interpreten, die nicht schnell beigeben, die aber auch nicht so neurotisch oder ideologisch verblendet sind, dass keine abweichenden Positionen zugelassen werden. Es gilt die Mindestanforderung, dass die Forschenden kompetente Mitglieder der untersuchten Sprach- und Interaktionsgemeinschaft sind. Neben der personellen Zusammensetzung müssen die Forschenden auch dafür sorgen, dass sie vom Zeit- und Handlungsdruck entlastet sind. Nichts ist für die Objektive Hermeneutik kontraproduktiver, als der ständige Blick auf die Uhr. Es versteht sich von selbst, dass die Forschenden nur Beobachter sein dürfen, also nicht selber – zumindest zum Zeitpunkt der Analyse – in die untersuchten Prozesse involviert sind.

Aufbereitung des Datenmaterials

Mit der Qualität des empirischen Datenmaterials steht und fällt die Untersuchung. Die Analysedaten liegen entweder bereits in Text- bzw. auch in Bildform vor (z.B. ein Werbe-Flyer) oder sie werden eigens erhoben. Im zweiten Fall müssen die Daten als Textform aufbereitet werden. Bei Audio-Daten (z.B. Aufzeichnung eines Interviews oder einer Interaktion) erfolgt die Aufbereitung in Form einer Transkription.

2.2 Analyseschritte

Variationen der Vorgehensweise

Im Folgenden werden die Analyseschritte der Objektiven Hermeneutik erläutert und anhand eines Fallbeispiels demonstriert. Hierzu ist anzumerken, dass es nicht *die eine* Vorgehensweise bei der Objektiven Hermeneutik gibt. Im Laufe der Jahrzehnte haben Oevermann und seine MitarbeiterInnen das Vorgehen mehrfach modifiziert und sogar grundlegend verändert (vgl. Reichertz 1995: 384 ff.). Die folgende Darstellung konzentriert sich deshalb auf jene zentralen Analyseschritte, die mehr oder weniger in allen Varianten der Objektiven Hermeneutik vorkommen:

- 2.2.1 Gedankenexperimentelle Entwicklung von Lesarten im Rahmen einer Sequenzanalyse (Hypothesengenerierung)
- 2.2.2 Überarbeitung des Auswertungsprotokolls (Auswahl und Systematisierung der haltbaren Lesarten)
- 2.2.3 Überprüfung der Lesarten an weiteren Belegstellen (Hypothesenverifikation)
- 2.2.4 Entwickeln der Fallstruktur (Ausformulieren der verifizierten Lesarten unter Einbeziehung relevanter Theorieansätze)

2.2.1 Sequenzanalyse mit gedankenexperimenteller Entwicklung von Lesarten

Hypothesengenerierung als Ziel

Das Ziel dieses ersten Analyseschrittes besteht darin, anhand des Datenmaterials plausible Hypothesen zur Fallstruktur zu finden. Hierbei bietet es sich an, eine Sequenz des Textes auszuwählen, und den darin enthaltenen Sinn sehr akribisch interpretativ auszulegen. Die Konzentration auf eine Basissequenz hat forschungspragmatische Gründe. Würde man den gesamten Text (etwa ein transkribiertes Interview oder Gruppengespräch) zum Zwecke der Hypothesengenerierung detailliert interpretieren, wäre das ein zeitraubender und letztendlich nicht mehr systematisch überschaubarer Arbeitsschritt. Möglich ist die Sequenzanalyse deshalb, weil bei der Objektiven Hermeneutik davon ausgegangen wird, dass der gesamte Text von der Fallstrukturgesetzlichkeit geprägt ist. Egal, welche konkrete Sequenz des Textes ausgewählt wird, immer müssten sich die relevanten latenten Sinnstrukturen in ihrer Wirkungsweise rekonstruieren lassen – analog der homologen Struktur des Eisberges.

Auswahl der Basissequenz

Erfahrungsgemäß ist die Anfangssequenz eines Textes für diesen ersten Analyseschritt geeignet, etwa der Anfang eines Interviews. D.h. mit der Interpretation wird möglichst dort begonnen, wo auch die protokollierte Äußerung, Handlung, Interaktion etc. beginnt. Es gibt keine klaren Vorgaben dafür, wo die Basissequenz endet. Allerdings ist die genaue Sequenzbestimmung eher ein theoretisches Problem. In der Forschungspraxis selbst wird schnell klar, an welcher Stelle der sequenzielle Sinnzusammenhang abgeschlossen ist. Meistens genügt es, wenn eine Person vor Beginn der gemeinsamen Interpretation durch Überfliegen des Textes die Basissequenz markiert.

Extensive Sinnauslegung

Bei der Sequenzanalyse kommt es auf eine extensive (d.h. möglichst umfangreiche) Sinnauslegung an. Die Forschenden stellen Lesarten (Deutungen) zu allen Textelementen der ausgewählten Sequenz auf und protokollieren diejenigen, die sich im Zuge der diskursiven Validierung als plausibel erweisen. Bei ihrer Interpretation sollten sich die Forschenden gerade nicht mit einer – und schon gar nicht mit der „erstbesten" – Lesart zufrieden geben. Vielmehr müssen alle diejenigen Deutungen berücksichtigt werden, die sich nicht (vollkommen) ausschließen lassen. Selbst an einer unwahrscheinlichen Lesart sollte festgehalten werden, solange sie nicht anhand des vorliegenden Datenmaterials falsifiziert (d.h. widerlegt) worden ist.

Sequenzialität und Wörtlichkeit bei der Interpretation

Grundsätzlich erfolgt die Interpretation äußerst detailliert und entlang des protokollierten Textes, d. h. von vorn nach hinten und unter Beachtung der genauen Reihenfolge der einzelnen Textelemente. Beginnend mit dem Anfang des Textes arbeiten sich die Forschenden Wort für Wort und Zeile für Zeile durch. Interpretiert wird jeweils, was die protokollierte Äußerung alles bedeuten könnte. Um sich besser auf das gerade aktuelle Textsegment zu konzentrieren, deckt man den folgenden Text vollständig ab. Mit dem Abdecken soll auch verhindert werden, dass man voreilig die Deutung des aktuellen Ausschnittes im folgenden Text sucht. Während ein solcher interpretativer Vorgriff nicht erlaubt ist, sollte der hermeneutische Anschluss zu den bereits gedeuteten und protokollierten Textsegmenten hergestellt werden. Ohne einen Sinnbezug zu den vorgängigen Textelementen könnte man „den Wald vor lauter Bäumen" nicht sehen.

Praktische Tipps

Zum Abdecken des Textes verwendet man am besten zwei übereinander gelegte Blätter, die man so verschiebt, dass ein Sichtfeld entsteht. Je kleiner das geöffnete Textsegment ist, um so „feiner" kann die Interpretation erfolgen. Fallen den Forschenden keine weiteren Lesarten zum aktuellen Segment ein, wird das Sichtfeld langsam entsprechend der Leserichtung weiter verschoben, bis ein neuer Interpretationsausschnitt vorliegt. Erfahrungsgemäß läuft auch dieser Auswahlprozess in der Praxis eher unproblematisch ab. Man einigt sich schnell innerhalb der Interpretationsgruppe, bis wohin der Ausschnitt gehen soll.

Tiefenschärfe der Analyse

Versuchen wir in Alltagssituationen, den Sinn eines Satzes schon möglichst beim Überfliegen zu erfassen, so wird der Text bei der Objektiven Hermeneutik geradezu „auseinander genommen". Jedes Wort – gegebenenfalls auch jede Pause, jedes Räuspern oder „ähm" wird – „auf die Goldwaage" der Interpretation gelegt. Eine solche akribische Textinterpretation, wie sie für die Objektive Hermeneutik charakteristisch ist, mag übertrieben erscheinen. Aber nur so kann die notwendige Tiefenschärfe der Analyse erreicht werden. Wie schnell man das Entscheidende überliest, soll kurz demonstriert werden.

Illustration eines oberflächlichen Interpretierens

Der damalige CSU-Vorsitzende und bayerische Ministerpräsident Edmund Stoiber äußert sich im ARD-Morgenmagazin am 29.05.2006 in einem Interview zur aktuellen Finanzmisere bei Hartz IV und zu den aktuellen Reformvorschlägen der SPD. Diese Vorschläge ablehnend charakterisiert er die Position der CDU / CSU wie folgt:

„wir glauben, dass wir die Anreize zur arbeitsaufnahme verschÄrfen müssen-verstärken müssen, also (.) fÖrdern (.) und fOrdern, man muss auch vom einzelnen fordern, eben arbeit anzunehmen"

Alltagsdeutung des Beispiels

Auf den ersten Blick – bzw. da es sich um eine transkribierte Interviewpassage handelt: beim ersten Lesen – scheint es so, dass Stoiber nach der passenden Formulierung sucht (`verschÄrfen/verstärken/fÖrdern/fOrdern`). Ein solches Verhaspeln beim freien Reden passiert jedem, warum sollte man dem also Bedeutung beimessen? Offenbar meint doch Stoiber, dass Arbeitslose mehr Anreize zum Arbeiten erhalten und im Gegenzug bei der Arbeitsannahme nicht ganz so wählerisch sein sollten.

Tiefergehende Interpretation des Beispiels

Bei genauerer Betrachtung stellt sich allerdings heraus, dass diese Interpretation nicht aufgeht. Es werden sprachliche Ungereimtheiten erkennbar. Obwohl Stoiber explizit `die Anreize` (`zur arbeitsaufnahme`) ins Spiel bringt, geht es gar nicht um diese. Anreize lassen sich nicht `verschÄrfen`. Zwar ließen sie sich `verstärken` und (im weiteren Sinne auch) `fÖrdern`, aber dies könnte dann nur in dem Sinne plausibel gemeint sein, dass die Anreizstruktur für den Eintritt in die Erwerbsarbeit verbessert wird (z. B. durch lukrativere Jobs für Arbeitslose oder durch sozialpsychologische Betreuung bei der Arbeitssuche nach einem schweren persönlichen Schicksalsschlag). Eine solche sozial- und wohlfahrtsstaatliche Arbeitsmarktpolitik ist aber offensichtlich nicht gemeint, denn die nachgeschobene Bemerkung `und fOrdern, ... eben arbeit anzunehmen` durchkreuzt genau diese Lesart. Gemeint sein kann in der Interviewpassage eigentlich nur, dass es die `arbeitsaufnahme` durch den Arbeitslosen ist, welche die CDU / CSU gleichermaßen `verschÄrfen, verstärken, fÖrdern (.)` und `fOrdern` will.

Ob Stoiber das nun in dem Moment tatsächlich intendiert hat oder nicht, klar zum Ausdruck kommt hier die neoliberale Arbeitsmarktpolitik, die gegenwärtig in der Bundesrepublik eine Renaissance erfährt. Angestrebt wird ein „schlanker“ Sozialstaat, der selbst marktförmig organisiert ist. Während die staatlichen Unterstützungs- und Betreuungsleistungen für Arbeitslose und Sozialhilfeempfänger zurückgefahren werden, soll gleichzeitig der Druck auf diese Personen erhöht werden, eine Erwerbsarbeit aufzunehmen. Die neoliberale Arbeitsmarktpolitik rückt ab vom wohlfahrtsstaatlichen Prinzip. Nicht den Bedürftigen soll geholfen werden, sich in der Gesellschaft zu integrieren, sondern diese sollen durch Intervention und Kontrolle diszipliniert werden, sich selbst in den Arbeitsmarkt einzugliedern und damit einen funktionalen Beitrag für die Gesellschaft zu liefern (Entwicklung vom „fürsorgenden“ zum „aktivierenden“ Sozialstaat).

Heuristik der Gedankenexperimente

Die eigentliche „Kunst“ des Interpretierens besteht bei dem ersten Auswertungsschritt, der sequenziellen Hypothesengenerierung, darin, dass man sich auf Gedankenexperimente einlässt. Mit Gedankenexperiment ist das Erfinden von passenden Geschichten gemeint, für die die untersuchte Äußerung Sinn macht. Die Forschenden fragen sich, in welchen vorstellbaren sozialen Kontexten die protokollierte Äußerung typischerweise anzutreffen wäre. Vermieden werden soll mit solchen Gedankenexperimenten, dass man ungeprüft meint, die vermeintliche Lösung des Falles parat zu haben. Anstatt sich vorschnell festzulegen, ist vielmehr Aufmerksamkeit und Vorsichtigkeit gegenüber dem Untersuchungsgegenstand gefragt. Die Forschenden sollten unvoreingenommen alle Kleinigkeiten berücksichtigen, mit denen sie bei der Auswertung konfrontiert werden. Bei jedem neuen „Indiz“ sollte man sich fragen: Was könnte das jetzt bedeuten und lassen sich daraus Rückschlüsse auf die Fallstruktur ziehen?

Aufzeigen der Optionsvielfalt

Ein solches akribisches Vorgehen hat System. Das Besondere eines Falls, also das, was ihn von anderen unterscheidet, kann man nämlich nur verstehen, wenn man sich vor Augen hält, welche anderen Möglichkeiten auch noch denkbar wären, aber von den Betroffenen ausgeschlagen wurden. Ähnlich wie ein guter Schachspieler die aktuelle Spielsituation sehr genau analysiert und möglichst viele, sich aus der Stellung ergebenden Schachzüge gedanklich durchspielt, bevor er sich für einen konkreten Zug entscheidet, so müssen auch die Forschenden im Rahmen der Hypothesengenerierung jede Lesart dahingehend prüfen, welche Bedeutung sie für den weiteren Verlauf der Untersuchung haben könnte. Nur durch das gedankliche Durchspielen der Optionsvielfalt lässt sich die fallspezifische Lebenspraxis in ihrer Komplexität tiefgründig ausleuchten.

> Die Fallspezifik ergibt sich daraus, dass von den betreffenden Akteuren bestimmte Möglichkeiten im Rahmen ihrer Lebenspraxis ausgewählt werden, andere Optionen dagegen nicht. Im Laufe der Zeit wiederholen und verfestigen sich bestimmte Muster von Auswahlprozeduren. Solche habitualisierten bzw. institutionalisierten Entscheidungs- und Handlungsmuster und die daraus resultierenden Möglichkeitsräume müssen von den Forschenden sorgsam herauspräpariert und festgehalten werden. Nur wenn die Systematik erkannt wird, nach der Optionen durch die Betroffenen realisiert oder auch nicht realisiert werden, erschließt sich den Forschenden die Fallstruktur.

Künstliche Naivität und Kontextvariationen

Doch wie lassen sich unvoreingenommen Gedankenexperimente systematisch durchführen? „Unter bewußter Ausblendung der konkreten Kontextbedingungen wird gefragt, was die ins Auge gefaßte Äußerung bei gedankenexperimenteller Auslegung möglicher sinnerfüllender ‚äußerer Kontexte' alles bedeuten könnte. Dadurch tritt eine eigentümliche Wirkung ein: Etwas Bekanntes und Selbstverständliches wird zu etwas Fremdem und Problematischem" (Bude 1994: 115). Mit anderen Worten: Gedankenexperimentell soll eine „künstliche Naivität" gegenüber dem Untersuchungsgegenstand hergestellt werden. Durch den Verzicht auf das fallspezifische Vorwissen lassen sich möglichst vielfältige Kontextvariationen, d. h. zum Text „passende Geschichten" gedankenexperimentell (er)finden. Dies ist leichter gesagt als getan. Hilfreich ist es, wenn die Forschenden ganz bewusst den konkreten Kontext des zu interpretierenden Datums ausblenden, ja im Idealfall gar nicht kennen. Dazu folgende Übung:

Nehmen Sie sich ein leeres Blatt und schreiben in die Mitte das Wort „Arbeitsaufnahme". Überlegen Sie für sich, in welchen Zusammenhängen und mit welchen Bedeutungen sowie Konnotationen (d. h. emotionalen, expressiven oder wertenden Begleitvorstellungen) dieses Wort normalerweise Verwendung findet. Welche passenden Geschichten bzw. Kontexte fallen Ihnen dazu ein? Halten Sie alle Deutungen schriftlich fest!
Lesen Sie sich anschließend noch einmal das Zitat von Edmund Stoiber durch!

Deutungs-anregende Leitfragen

Hilfreich bei solchen Gedankenexperimenten sind bestimmte deutungsanregende Leitfragen. Entsprechende für diesen ersten Analyseschritt anwendbare Fragen können sein:

- Welche (Wort-)Bedeutung / en steckt / stecken in dem gerade vorliegenden Textausschnitt?
- Welche Konnotation / en steckt / stecken in ihm?
- In welcher Textsorte (z. B. wörtliche Rede, Romantext, Brief) wird der Ausschnitt präsentiert?
- Was ist der sachlogische Inhalt der Äußerung? Worüber wird inhaltlich informiert?
- Gibt es verbale und extraverbale Auffälligkeiten?
- In welchen Situationen bzw. Kontexten und bei welchen Themen verwenden wir normalerweise diese Formulierung?
- Warum wird eine Bedeutung / ein Thema gerade an dieser Stelle des Textes eingeführt?

- Warum wird ein Thema so ausführlich bzw. in dieser Kürze dargestellt?
- Was könnte von der entsprechenden Person mit der Äußerung intendiert sein und was könnte dahinter stecken?
- Welches Handlungsproblem stellt sich der relevanten Person? Welche Möglichkeiten bieten sich prinzipiell und welche davon wird von der Person realisiert? Welche Folgen ergeben sich daraus (auch für die anderen, im Untersuchungsfall involvierten Personen)?
- Welche der gedankenexperimentell zusammengetragenen Möglichkeiten werden von der Person nicht genutzt?
- Welche sozialisationsspezifischen oder / und gruppenspezifischen oder / und milieuspezifischen Deutungsmuster und Normen- bzw. Wertevorstellungen sind erkennbar?
- Sind in der Lesart universalistische Regeln und / historische Sinnstrukturen identifizierbar?
- Inwiefern schließt der Textausschnitt an vorherige an?
- Wie könnte der Text weitergehen?
- Was für eine Geschichte könnte hier erzählt worden sein?

Protokollieren der Lesarten

Ausschlaggebend für den Erfolg des ersten Auswertungsschrittes, des Aufstellens von Lesarten im Rahmen einer Sequenzanalyse, ist das Festhalten (Protokollieren) dieser Lesarten sowie der sich aus dem Deutungsprozess ergebenden Fragen (z. B. Fragen zum Kontext, Verständnisfragen etc.). Nur was tatsächlich schriftlich protokolliert ist, lässt sich für die weitere Auswertung systematisch verwenden.

Es ist schon mehrfach darauf hingewiesen worden, dass das Aufstellen der Lesarten zu den Abschnitten einer Sequenz ein sehr langwieriger Prozess ist. Erst wenn der Pool von Lesarten „gesättigt" ist (d. h. wenn den Forschenden keine weitere Deutung mehr einfällt), gehen sie zum nächsten Sequenzabschnitt über. Hier muss das nötige „Fingerspitzengefühl" entwickelt werden. Einerseits darf die Interpretation nicht vorzeitig abgebrochen werden, ebenso wenig dürfen die Lesarten vorschnell subsumiert (ein- bzw. untergeordnet) werden. Andererseits darf die Komplexität der Aufzeichnungen nicht eine solche Dimension erreichen, dass man von dem gesammelten Material „erschlagen" wird und „den Wald vor lauter Bäumen nicht mehr sieht". In gewisser Weise stehen die Forschenden vor demselben Problem wie die Polartaucher beim Erkunden des Eisberges unter Wasser.

Vertiefende Literatur: Oevermann u. a. 1979: 376 f.; 2000: 100 ff.; Reichertz 1995: 387-393; Wagner 1984: 58-60; Wernet 2006: 59-73; Zehentreiter 2001: 30 f.

Analyseschritt 2.2.1 anhand des Fallbeispiels

Am Fallbeispiel soll nun die Vorgehensweise der Hypothesengenerierung im Rahmen einer Sequenzanalyse demonstriert werden. Zu dem Text (Datenmaterial) ist anzumerken, dass er relativ kurz ist. Insofern musste nicht extra eine Basissequenz ausgewählt werden. D. h. es wird der gesamte Text interpretiert. Entsprechend der Forderung, möglichst ohne Kontextwissen die Lesarten gedankenexperimentell zu entwickeln, wird der vollständige Text erst zu einem späteren Zeitpunkt abgebildet.

4-02

Im Folgenden wird lediglich der Beginn der Interpretation (Teilsegment 1 und 2) protokollarisch festgehalten. Die Interpretation der Forschenden können Sie anhand des Audio-Mitschnitts mitverfolgen.

Zu interpretierendes Segment 1

4-03

Technische Anmerkung: Die gemalte Umrandung ist im Original rot/gelb; die Schrift blau; siehe Begleit-CD.

Protokollierte Lesarten/Interpretationen

- Es liegt ein Vertrauensverhältnis vor.
- Es handelt sich um:
  - eine persönliche Anrede, wenig formal;
  - Titel, z. B. „Liebe ist schön“;
  - Briefanrede;
  - Titel eines Gedichtes, z. B. „Liebe ist wunderbar“.
- Distanz bei Anrede wird beseitigt.
- Es handelt sich bei dieser Ausdrucksgestalt um einen „Eisbrecher“: es soll eine persönliche Beziehung hergestellt werden zu einer (angeredeten) Person, die man nicht kennt.
- Es ist eine unpersönliche Anrede, z. B. „Liebe Gemeinde“.
- Jemand will zeigen, dass er / sie freundliche Absichten hat.
- Angesprochen wird eine Gruppe oder eine Frau.
- Kontakt zur angesprochenen Person existiert schon (z. B. Telefonkontakt), aber persönlich ist man noch nicht miteinander bekannt.
- Handelt es sich um eine angesprochene *Einzel*person, dann existiert schon ein sehr persönlicher Kontakt.
- Wird eine Gruppe angesprochen, dann liegt eine anonymere Beziehung vor.
- Es existiert ein geschäftliches bzw. nicht privates Verhältnis zwischen Adressanten und Adressaten.
- Es existiert ein privates Verhältnis.
- Die Schrift stammt von einem Erwachsenen im Gegensatz zur kindlichen Umrandung (farbliche Gestaltung).
- Der Schreiber ist ein Kind, eher ein Mädchen.
- Der vollständige Text könnte lauten: „Liebe Mama, ich habe Deinen Kühlschrank kaputt gemacht“.
- Farbliche Gestaltung:
  - angezeigt wird eine gewisse Wichtigkeit (Blickfang);
  - die rote Kringellinie soll Aufmerksamkeit auf den Zettel lenken;
  - eine wichtige Mitteilung; soll nicht übersehen werden;
  - ‚nette‘ Botschaft;
  - Auflockerung des Textes.

Zu interpretierendes Segment 2

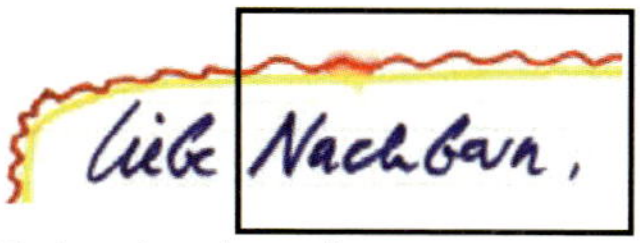

Protokollierte Lesarten

- Es ist eine Anrede.
- Es richtet sich an eine Gruppe.
- Es richtet sich an eine allgemeine Gruppe, z. B. die Gruppe, die mit der Person, die den Zettel schreibt, im Haus wohnt.
- Adressaten sind Nachbarn von Familie in einem Einfamilienhaus.
- Adressat ist Hausgemeinschaft mit z. B. 16 Mietparteien.
- Adressat ist ein Ehepaar als unmittelbare Nachbarn.
- Eyecatcherfunktion (Umrandung) spricht für Hausgemeinschaft mit vielen Leuten.
- Adressant / en ist / sind Erwachsene / r, d. h. das Anschreiben stammt nicht von einem Kind.
- Beherrschung formeller Anredeform durch Verfasser.
- Distanziertheit soll beseitigt werden.
- Es handelt sich um eine harmlose, freundliche Botschaft.
- Aber: mit „Nachbarn“ wird Distanz erzeugt, da die Nachbarn nicht mit Namen angeredet werden (z. B. „Liebe Ruth und lieber Klaus“).
- Ambivalenz zwischen persönlicher Nähe und Anonymität.
- Angesprochen werden die unmittelbaren Nachbarn und nicht alle „Hausbewohner“.
- Sarkastische, zynische Anrede: man tut so, als würde man es gut meinen, aber in Wirklichkeit meint man es anders.
- Wenn die Adressanten die Namen der Adressaten kennen, dann wäre die formale Anrede „Liebe Nachbarn“ eine Beleidigung.
- Sie kennen zwar den Nachnamen, aber sie kennen sich nicht persönlich.
- Anrede ist netter als „liebe Hausbewohner“, aber nicht so nett wie bspw.: „Liebe Ruth und lieber Klaus“.
- Schreiben erfolgte in Eile (ungleichmäßige Umrandung).
- Es gab zufällig nur zwei Stifte (gelb und rot), Umrandung hat keine (intendierte) Bedeutung.
- Verfasser arbeitet generell unsauber, egal ob es Zeitprobleme gibt oder nicht.
- Verfasser will dem Adressaten eine Freude machen, ist aber in Zeitdruck.
- Nach dem Komma erwartet man jetzt eine frohe Botschaft, z. B. eine Einladung zu einer Party. Es könnte aber auch eine negative Botschaft sein, z. B. „Liebe Nachbarn, wir feiern morgen Polterabend im achten Stock und schmeißen ganz viel Geschirr aus dem Fenster“).
- Es handelt sich um eine Ankündigung von etwas, was alle Hausbewohner betrifft.

Die Abbildung auf der folgenden Seite zeigt das vollständige Textdokument. Eine farbgetreue Wiedergabe finden Sie auf der Begleit-CD.

4-04

4-05

Sie können nun die Interpretation des Textdokuments fortsetzen oder sich zunächst die aufgezeichnete Interpretation zur nächsten Sequenz „wir sind in der Not" anhören.
Greifen Sie bei Ihrer eigenen Interpretation auch auf die deutungsanregenden Fragen (S. 128) zurück. Betrachten Sie nicht nur das aktuelle Segment im Sichtfenster für sich allein, sondern setzen Sie dieses auch in Beziehung zu den vorangegangenen und bereits interpretierten Textsegmenten.

4-06

Protokollieren Sie Ihre Deutungen! Sie können Ihr Ergebnis mit den Musterlösungen auf der Begleit-CD vergleichen.

4-07

Weitere Ausschnitte der Interpretationssitzung zu dem Textdokument finden Sie als Audiodatei auf der Begleit-CD.

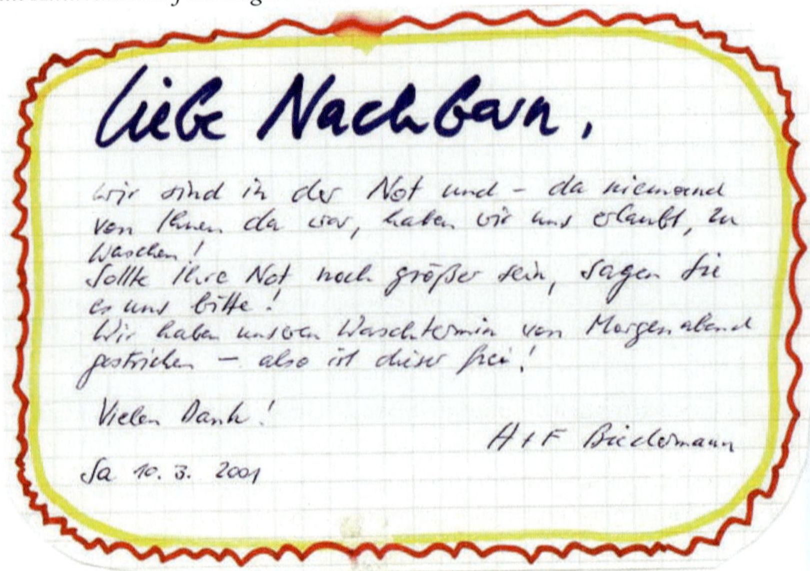
Liebe Nachbarn,
wir sind in der Not und – da niemand von Ihnen da war, haben wir uns erlaubt, zu waschen!
Sollte Ihre Not noch größer sein, sagen Sie es uns bitte!
Wir haben unseren Waschtermin von Morgen abend gestrichen – also ist dieser frei!
Vielen Dank!
H+F Biedermann
Sa 10. 3. 2001

2.2.2 Überarbeitung des bisherigen Auswertungsprotokolls

Ordnung der Lesarten als Ziel

Das bisherige Auswertungsprotokoll enthält eine Vielzahl von Interpretationen und gedankenexperimentell aufgestellten kleinen Geschichten (Kontextvariationen), die im Zuge der Interpretationssitzung festgehalten wurden. Zum Teil widersprechen sich diese Deutungen bzw. sie schließen nicht aneinander an; bei anderen wiederum gibt es Überschneidungen. Wegen der Unübersichtlichkeit ist eine Nachkorrektur angebracht. Es muss eine Ordnung in das sehr umfangreiche und komplexe Protokoll hergestellt werden. Dieser zweite Analyseschritt stellt gewissermaßen eine reflektierte „Nachlese" dar, in der ebenfalls die gesamte Interpretationsgruppe einbezogen werden sollte. Die einzelnen Lesarten werden noch einmal im Zusammenhang betrachtet.

Keine klar definierten Arbeitsschritte

Für die Überarbeitung des Auswertungsprotokolls gibt es keine formalen, klar definierten Arbeitsschritte. Die Forschenden müssen über den Modus des Erschließens von Sinngehalten die falsifizierbaren Lesarten und die Redundanzen eliminieren und die plausiblen, verifizierbaren Lesarten zu komplexeren Hypothesen darüber, was der Fall sein könnte und welche latenten Sinnstrukturen dahinter stecken könnten, formulieren. Für diesen interpretativen Vorgang lassen sich allenfalls ein paar hilfreiche Teilschritte angeben.

Zum einen bietet es sich an, jene Lesarten auszusortieren, die sich als nicht haltbar erweisen, d. h. die anhand des vorliegenden Textdokuments falsifiziert werden können (Teilschritt a). Zum anderen sollten die übrig gebliebenen Lesarten – so weit dies geht – systematisiert werden (Teilschritt b). Auf diesen zwei Teilschritten aufbauend könnte ein Zwischenresümee (Teilschritt c) erfolgen. Hierbei werden in konzentrierter Form die vorläufigen, den Fall möglicherweise erklärenden Strukturhypothesen zusammengefasst und gegebenenfalls die noch offen gebliebenen Fragen rekapituliert.

Drei Teilschritte

Im Gegensatz zur extensiven Sinnauslegung im Zuge der Hypothesengenerierung (Abschn. 2.2.1) ist es bei der Überarbeitung des Auswertungsprotokolls angebracht, auf vorhandenes Kontextwissen zum vorliegenden Untersuchungsfall zurückzugreifen. Durch das Abgleichen der bisherigen, gedankenexperimentell gewonnenen Lesarten mit diesen konkreten Informationen können zum einen jene Deutungen ausgesiebt werden, die sachlich-inhaltlich dem Untersuchungskontext klar widersprechen. Zum anderen schärft der Abgleich auch die Sensibilität gegenüber der fallimmanenten Strukturgesetzlichkeit.

Einbeziehung der Kontextinformationen

Im Folgenden sind die einzelnen Teilschritte aufgeführt, wobei sie nicht unbedingt in der Vollständigkeit und genauen Reihenfolge abgearbeitet werden müssen.

a) Eliminieren der nicht haltbaren Lesarten

Eliminieren nicht haltbarer Lesarten

- Eliminieren nicht relevanter Protokolleinträge (Lesarten) aus Plausibilitätsgründen:
  - Bedeutungslosigkeit einer Lesart aufgrund von situativen Gegebenheiten (z. B. externe Störung der Interviewsituation).
  - Widerlegung einer Lesart durch eine folgende Teilsequenz (wenn dies nicht schon explizit während der Interpretationssitzung 2.2.1 geschehen ist).
  - Nicht relevante Spekulationen über Kontextbedingungen (Ablenkung von der sich langsam abzeichnenden Fallstruktur).
- Eliminieren von redundanten Einträgen (Wiederholungen).

b) Systematisieren der plausiblen Lesarten

Systematisieren der plausiblen Lesarten

- Verknüpfen und Zusammenfassen von Einträgen (zu komplexeren, Sinn machenden Lesarten) und Einordnung in Themenblöcke (Cluster).
- Festhalten von wiederkehrenden, auffälligen Ausdrucksgestalten und bereits erkennbaren Sinnstrukturen.
- Präzisierende Formulierung der Lesarten und Klärung, welche Implikationen damit verbunden sind.
- Resümieren: Was für eine „Geschichte wird hier erzählt“? / Welche „Botschaft“ kommt rüber?
- Kenntlichmachen, wo latente Sinnstrukturen aufscheinen und weitere Annäherung an die Fallstruktur.

c) Zwischenresümee

Zwischenresümee

- Aufstellen von vorläufigen, den Fall möglicherweise erklärenden Strukturhypothesen.

- Gegebenenfalls Rekapitulieren der noch offen gebliebenen Fragen.

Vertiefende Literatur: Wernet 2006: 73-80.

Analyseschritt 2.2.2 anhand des Fallbeispiels

Das Eliminieren der nicht haltbaren Lesarten wird anhand des Textsegments 1 aus dem Fallbeispiel („Waschzettel I") demonstriert. Die betroffenen Passagen sind blau durchgestrichen. Es erfolgt jeweils eine kurze Erläuterung des Vorgehens. Zuvor gibt es ein paar Kontextinformationen zum Textdokument (Waschzettel I), die in die Analyse mit eingehen:

Kontextinformationen zum Textdokument

Das deutsche Ehepaar Kai (Informatiker, 36 Jahre) und Cornelia Rosig (Informatikerin, 34 Jahre) lebt mit den beiden Kindern (2 und 4 Jahre) seit einem Monat in Zürich (Schweiz). Die unmittelbare Wohngegend weist ein gehobenes, bürgerliches Niveau auf. Ihre Wohnung befindet sich in einem privat vermieteten Wohnhaus mit 9 Mietparteien, erste Etage.

Im Keller des Hauses gibt es eine Waschmaschine und einen Wäschetrockner (Tumbler), die – entsprechend des Mietvertrages und nach einem Wäscheplan (zwei festgelegte Waschzeiten in der Woche pro Mietpartei) – von allen Mietparteien genutzt werden.

Den Zettel fand das Ehepaar an ihrer Wohnungstür. Er war mit durchsichtigem Klebeband (für alle sichtbar) befestigt. Die Unterzeichnenden, H + F Biedermann (beide Musiktherapeuten zwischen 45 und 50 Jahre), sind die unmittelbaren Nachbarn der Familie Rosig.

Ad a)

Eliminierte Lesarten für Segment 1

- Es liegt ein Vertrauensverhältnis vor.
- Es handelt sich um:
  - eine persönliche Anrede, wenig formal;
  - ~~Titel z. B. „Liebe ist schön";~~
  - ~~Briefanrede;~~
  - ~~Titel eines Gedichtes, z. B. „Liebe ist wunderbar".~~

Erläuterung: Diese gedankenexperimentell aufgestellten Kontextvariationen können falsifiziert werden, da es sich um die Anrede einer öffentlich gemachten Nachricht an die Nachbarn handelt; die eliminierten Lesarten haben keinen Erkenntnisgewinn für die sich abzeichnende Fallstruktur.

- Distanz bei Anrede wird beseitigt.
- Es handelt sich bei dieser Ausdrucksgestalt um einen „Eisbrecher": es soll eine persönliche Beziehung hergestellt werden zu einer (angeredeten) Person, die man nicht kennt.
- Es ist eine unpersönliche Anrede, z. B. ~~„Liebe Gemeinde".~~

Erläuterung: Falsifizierung, da die Adressaten die unmittelbaren Nachbarn sind; die eliminierte Lesart hat keinen Erkenntnisgewinn für die sich abzeichnende Fallstruktur.

- Jemand will zeigen, dass er / sie freundliche Absichten hat.
- Angesprochen wird eine Gruppe ~~oder eine Frau.~~

Erläuterung: Falsifizierung; siehe oben.

- Kontakt zur angesprochenen Person existiert schon (z. B. Telefonkontakt), aber persönlich ist man noch nicht miteinander bekannt.
- ~~Handelt es sich um eine angesprochene *Einzel*person, dann existiert schon ein sehr persönlicher Kontakt.~~

Erläuterung: Falsifizierung; siehe oben.

- Wird eine Gruppe angesprochen, dann liegt eine anonymere Beziehung vor.
- ~~Es existiert ein geschäftliches bzw. nicht privates Verhältnis zwischen Adressanten und Adressaten.~~

Erläuterung: Falsifizierung; siehe oben. Hier hat die Interpretationsgruppe lange diskutiert und sich für die folgende Lesart entschieden.

- Es existiert ein privates Verhältnis.
- Die Schrift stammt von einem Erwachsenen ~~im Gegensatz zur kindlichen Umrandung (farbliche Gestaltung).~~
- ~~Der Schreiber ist ein Kind, eher ein Mädchen.~~
- ~~Der vollständige Text könnte lauten: „Liebe Mama, ich habe Deinen Kühlschrank kaputt gemacht".~~

Erläuterung: Falsifizierung dieser Lesarten, da die Adressanten (Herr und Frau Biedermann) Erwachsene sind; die eliminierten Lesarten haben keinen Erkenntnisgewinn für die sich abzeichnende Fallstruktur.

- Farbliche Gestaltung:
  - angezeigt wird eine gewisse Wichtigkeit (Blickfang);
  - die rote Kringellinie soll Aufmerksamkeit auf den Zettel lenken;
  - ~~eine wichtige Mitteilung, soll nicht übersehen werden.~~

Erläuterung: Falsifizierung: da der Zettel sichtbar an die Tür geklebt wurde, konnte er gar nicht übersehen werden

  - ‚nette' Botschaft;
  - Auflockerung des Textes.

Übung: Wenn Sie das Eliminieren von nicht haltbaren Lesarten weiterführen, können Sie Ihr eigenes Auswertungsprotokoll aus Abschn. 2.2.1 oder das Protokoll mit allen Lesarten auf der Begleit-CD benutzen.
Eine Musterlösung für diesen Arbeitsschritt finden Sie auf der Begleit-CD.

4-08
4-09

Ad b)

Systematisierung der plausiblen Lesarten

Im Folgenden werden die nach dem Eliminieren übrig gebliebenen Lesarten zum Textdokument „Waschzettel I" (Teilschritt a) – so weit dies möglich ist – thematisch geordnet und systematisch zu Clustern zusammengefasst. Hierbei sind die Lesarten zu allen Teilsegmenten des Waschzettels I (CD 4-08) eingeflossen. Zu den Clustern ist anzumerken, dass sie interpretativ anhand der bisherigen Auswertung gebildet wurden. Es handelt sich um folgende thematische Blöcke:

Analyse-Cluster

I Verhältnis zwischen Verfassern und direkten Adressaten;

II Funktion und „Botschaft" des (für alle Hausbewohner sichtbaren) Zettels;

III Manifestation eines Problems („Not"-Rhetorik als auffällige Ausdrucksgestalt).

Um bei der Bearbeitung des Auswertungsprotokolls die Übersicht zu behalten, sind die Cluster (I-III) und die dazugehörigen Lesarten mit Ziffern und Buchstaben fortlaufend durchnummeriert.

Anwendung auf Fallbeispiel

I Verhältnis zwischen Verfassern und direkten Adressaten

a) Es liegt ein Vertrauensverhältnis zwischen Verfassern und Adressaten des Zettels vor.

b) Verfasser sind bemüht, die Distanz zu Nachbarn zu beseitigen.

c) Verfasser wollen eine persönliche Beziehung zu Nachbarn herstellen, die sie nicht persönlich kennen.

d) Verfasser sind freundlich gegenüber Nachbarn eingestellt und signalisieren dies mit dem Zettel („Liebe" als Anredeform; gemalte Umrandung).

e) Es existiert kein intimes Verhältnis.

f) Es existiert ein privates Verhältnis.

g) Es existiert ein anonymes Verhältnis.

h) Es existiert ein ambivalentes Verhältnis: einerseits eine persönliche Nähe („Liebe Nachbarn"), andererseits Anonymität (keine Anrede mit Namen).

i) Das Verhältnis ist dadurch geprägt, dass die Verfasser die vorherrschende Anonymität im Haus durchbrechen wollen, aber es nicht vermögen, „den ersten Schritt" des direkten Ansprechens zu machen.

j) „Zettelkommunikation" ist Ausdruck einer generellen Umgangsweise unter den Hausbewohnern: Anonymität, distanzierter, formalisierter Umgang untereinander.

II Funktion und „Botschaft" des (für alle Hausbewohner sichtbaren) Zettels

Mit dem Zettel

a) wird der Kontakt zu den Nachbarn (Adressaten) hergestellt; d. h. er fungiert als „Eisbrecher", um eine persönliche Beziehung herzustellen.

b) wird das außerplanmäßige Waschen der Verfasser im Nachhinein entschuldigt / gerechtfertigt / legitimiert.

c) werden alle Hausmitglieder über das außerplanmäßige Waschen informiert (Halböffentlichkeit).

d) wird allen Hausmitgliedern das außerplanmäßige Waschen als ein Problem präsentiert und damit zur Diskussion gestellt.

e) wird demonstriert, dass ein Abweichen von der formalen (Wasch-)Ordnung durchaus möglich (und funktional) sein könnte.

f) wird – mit dem Mittel der Ironie – die Regelung der festen Waschtermine halböffentlich bewertet / kritisiert.

g) wird das außerplanmäßige Waschen nicht verschwiegen, sondern die Verfasser offenbaren sich gegenüber den Mitbewohnern als „Regelverletzer".

h) wird klargestellt, dass das außerplanmäßige Waschen gerade nicht als ein individuelles Sonderrecht angesehen wird. So wird den betroffenen Nachbarn explizit eine „Wiedergutmachung" angeboten („Sollte Ihre Not .... also ist dieser frei").

i) wird eine Ambivalenz deutlich: einerseits hat er eine warnende Funktion (Umrandung mit Signalfarben Gelb [Achtung] und Rot [Stop]), andererseits ist er freundlich gehalten, als nette Botschaft („Liebe ...").

j) macht der Verfasser auf sein Anliegen aufmerksam (es soll nicht übersehen werden).

k) soll auf etwas aufmerksam gemacht werden, das alle Hausbewohner betrifft (Eye-Catcher-Funktion).

l) (als Form der schriftlichen Kommunikation) soll die fehlende Face-to-Face-Kommunikation zwischen Nachbarn ersetzt werden.

Übung: Insbesondere die Textstelle „Wir sind in der Not" wurde bei der Interpretation als eine auffällige Ausdrucksgestalt identifiziert, in der sich möglicherweise ein gravierendes Problem manifestiert. Versuchen Sie, alle aufgestellten Hypothesen aus Abschn. 2.2.1, die sich direkt oder auch indirekt auf diese „Not"-Rhetorik beziehen, in das entsprechende Cluster einzuordnen und gegebenenfalls zu abstrakteren Lesarten zusammenzufassen. Beispielhaft sind im Folgenden bereits ein paar Lesarten aufgeführt (III a)-d)). Führen Sie diese Sammlung weiter. Eine Musterlösung mit weiteren Lesarten finden Sie auf der Begleit-CD.

4-10

III Manifestation eines Problems („Not"-Rhetorik als auffällige Ausdrucksgestalt)

a) Das außerplanmäßige Waschen ist ein einmaliges, voraussichtlich nicht mehr auftretendes Problem. Gemeint ist die „Notlage" der Verfasser, dass im Moment keine saubere Kleidung vorhanden ist.

b) Es ist zwar ein singuläres Ereignis, aber eines, in dem sich eine langfristige, unpässliche Situation (im Sinne eines latenten Problems) manifestiert.

c) Es ist nicht nur ein bilaterales Problem zwischen Adressanten und Adressaten, sondern ein Problem, das die ganze Hausgemeinschaft betrifft.

d) Hier manifestiert sich die Übertretung einer Grenze („haben wir uns erlaubt"). Die Adressanten nehmen sich ein Recht heraus, das ihnen nicht zusteht (Selbstermächtigung).

Fortsetzung des Analyseschritts 2.2.2 anhand des Fallbeispiels

Mit den bisherigen Arbeitsgängen im Rahmen des Arbeitsschrittes 2.2.2 konnte das Auswertungsprotokoll stark verdichtet und systematisiert werden. Es lohnt sich nun, das Auswertungsprotokoll noch einmal durchzugehen und ein Zwischenresümee zu ziehen. Dezidiert könnte gefragt werden: wo werden gehaltvolle, d. h. den Fall möglicherweise erklärende, Strukturhypothesen erkennbar und lassen sich diese vor dem Hintergrund der Belegsequenz stärker zusammenzuführen? Dieser Erkenntnisprozess soll nun anhand des Fallbeispiels demonstriert werden. Mit dem Zwischenresümee ist dann die Bearbeitung des Auswertungsprotokolls (Arbeitsschritt 2.2.2) abgeschlossen.

Auffällige Ausdrucksgestalten

Exemplarisch werden im Folgenden die protokollierten Lesarten I a)-j) daraufhin überprüft, ob sich bereits latente Sinnstrukturen in Bezug auf die Lebenspraxis der Hausgemeinschaft herauskristallisieren. Die entsprechenden Ausdrucksgestalten sind farblich hervorgehoben.

I Verhältnis zwischen Verfassern und direkten Adressaten

a) Es liegt ein Vertrauensverhältnis zwischen Verfassern und Adressaten des Zettels vor.

b) Verfasser sind bemüht, die Distanz zu Nachbarn zu beseitigen.

c) Verfasser wollen eine persönliche Beziehung zu Nachbarn herstellen, die sie nicht persönlich kennen.

d) Verfasser sind freundlich gegenüber Nachbarn eingestellt und signalisieren dies mit dem Zettel („Liebe" als Anredeform; gemalte Umrandung).

e) Es existiert kein intimes Verhältnis.

f) Es existiert ein privates Verhältnis.

g) Es existiert ein anonymes Verhältnis.

h) Es existiert ein ambivalentes Verhältnis: einerseits persönliche Nähe („Liebe Nachbarn"), andererseits Anonymität (keine Anrede mit Namen).

i) Das Verhältnis ist dadurch geprägt, dass die Verfasser die vorherrschende Anonymität im Haus durchbrechen wollen, aber es nicht vermögen, „den ersten Schritt" des direkten Ansprechens zu machen.

j) „Zettelkommunikation" ist Ausdruck einer generellen Umgangsweise unter den Hausbewohnern: Anonymität, distanzierter, formalisierter Umgang untereinander.

Fazit: Unverkennbar gibt es einen gemeinsamen Fluchtpunkt der Lesarten. Sie verweisen darauf, dass die nachbarschaftlichen Beziehungen im Haus durch Distanz und Anonymität gekennzeichnet sind.

4-11
4-12

Übung: Suchen Sie anhand der weiteren Lesarten (II a) bis III n)) nach weiteren Auffälligkeiten, die auf latente Sinnstrukturen hindeuten. Sie können das Protokoll auf der Begleit-CD verwenden. Eine Musterlösung finden Sie ebenda.

Ad c)

Zwischenresümee

Das Herausstellen von Ausdrucksgestalten, in denen sich latente Sinnstrukturen herauskristallisieren, hilft „den Wald vor lauter Bäumen" zu sehen. Die Fülle der protokollierten Lesarten wird wieder überschaubar. Mit dem Erkenntnisgewinn lassen sich möglicherweise weitere plausible Lesarten im Sinne eines Zwischenresümees formulieren.

Übung: Versuchen Sie selbst ein solches Zwischenresümee, bevor Sie die folgende Musterlösung durchlesen!

Anwendung auf Fallbeispiel

IV Weitergehende plausible Lesarten / Fallstrukturhypothesen

a) Nicht das Waschen „außerhalb des Planes" ist das eigentliche Problem, sondern die Kommunikation zwischen den Parteien. D. h. untereinander könnte man sich schon einigen, aber eine solche Einigung kommt nicht zustande wegen

- Kommunikationsstörungen
- fehlender Kommunikationsgelegenheit
- des internalisierten Denk- und Handlungsschemas, sich dem Waschplan als normativer Vorgabe unterzuordnen.

b) Einerseits ist von den Verfassern intendiert, mit den Nachbarn in einen persönlichen Kontakt zu treten „sagen Sie es uns bitte!" Andererseits wird die „Latte" so hoch gelegt („Sollte Ihre Not **noch größer** sein"), dass eine direkte Kontaktaufnahme von Seiten der Nachbarn nicht wahrscheinlich ist, genau genommen „verunmöglicht" wird. D. h., die latente Anonymität und die fehlende direkte Kommunikation wird durch den Zettel aufrechterhalten, obwohl die Verfasser (dem subjektiv gemeinten Sinn nach) genau das Gegenteil intendieren.

c) Die Internalisierung einer stark reglementierten normativen Ordnung (Wäscheplan) steht in einem Wechselverhältnis mit einer Anonymität der nachbarschaftlichen Beziehungen und einer sozialen Distanz zu Fremden. Der Zusammenhalt der Hausgemeinschaft wird nicht über den Modus der sozialen Integration (Beziehungsnetz über face-to-face-Kommunikation) sondern der Systemintegration (indirekte Beziehungen, vermittelt über Medien oder Institutionen) hergestellt (vgl. Lockwood 1969). Direkte persönliche Kontakte werden vermieden; die Mieter sind nicht aufeinander angewiesen; gegenseitige Hilfe ist nicht alltäglich; bei auftauchenden Problemen wird nicht gemeinsam nach einer unkomplizierten Lösung gesucht. Kurzum, die Mieter begegnen sich als Fremde im Haus. Die normative Ordnung hat eine starke kognitive Deutungsfunktion und soziale Regulierungsfunktion. Dieser Wirkungszusammenhang („Teufelskreis") lässt sich grob folgendermaßen skizzieren:

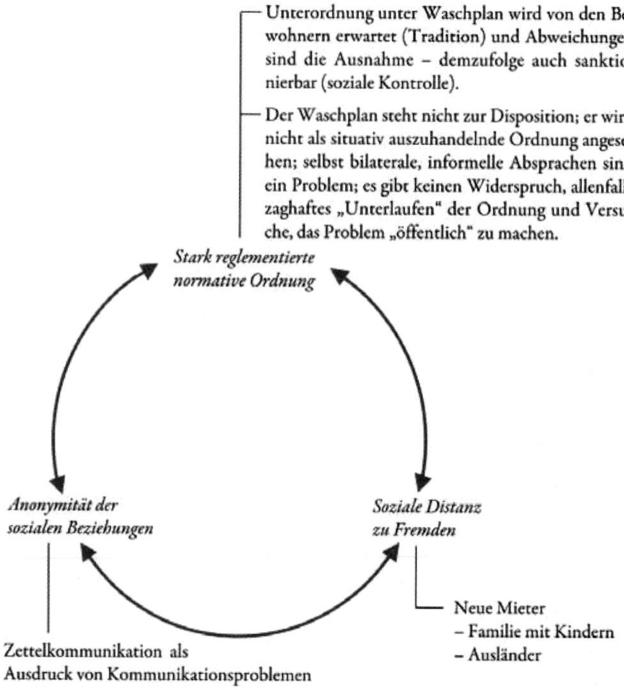

2.2.3 Überprüfung der bisherigen Lesarten an weiteren Belegstellen

Hypothesenverifikation als Ziel

Die in Abschn. 2.2.2 zusammengetragenen Lesarten werden an weiteren Sequenzen des Protokolls (Belegstellen) überprüft. Bei einem umfangreichen Textdokument sollte die Auswahl der Belegstellen gemeinsam von den Interpreten vorgenommen werden. In der Regel erfolgt die Auswahl anhand der Forschungsfrage(n). Wurden vorab keine Leitfragen formuliert, sollten sich die ForscherInnen nun gemeinsam darauf einigen, in welcher Hinsicht die weitere Auswertung erfolgen soll. Durch kursorisches Lesen des Datenmaterials werden die (Unter-)Themen identifiziert und „katalogisiert". Somit lassen sich relativ zielsicher Belegstellen finden.

Umgang mit den Lesarten

Die Überprüfung dieser Belegstellen erfolgt gewissermaßen „mechanisch". Jede festgehaltene Lesart des vorherigen Arbeitsschrittes 2.2.2 wird dahingehend analysiert, ob sie sich mit dem Datenmaterial dieser Sequenz (empirisch) widerlegen oder bestätigen lässt. Falsifizierte Lesarten werden aus dem Auswertungsprotokoll eliminiert. Dadurch reduziert sich noch einmal die Vielfalt der Erklärungsansätze. Dagegen ist es durchaus zulässig, dass die verifizierten Lesarten präzisiert oder weiter ausgebaut werden. Allerdings müssen die vorgenommenen Ergänzungen durch das empirische Datenmaterial (Belegstelle) abgedeckt sein.

Vertiefende Literatur: Wernet 2006: 80-85.

Analyseschritt 2.2.3 anhand des Fallbeispiels

Zur Demonstration der Lesartenüberprüfung wird als Belegsequenz ein weiteres Textdokument aus dem „Mikromilieu" des Züricher Wohnhauses genommen, in dem die Familie Rosig lebt. Dieses Textdokument bezieht sich inhaltlich ebenfalls auf die Waschordnung im Haus. Entsprechend der Annahme einer Strukturhomologie, wie sie die Objektive Hermeneutik vertritt (Abschn. 1.3, S. 123), müssten sich unter Abschn. 2.2.1 und 2.2.2 herausgearbeitete Lesarten auch in den Äußerungen des zweiten Textdokuments widerspiegeln, andere müssten dagegen falsifiziert werden.

Bei der ausgewählten Belegsequenz handelt es sich um einen anonymen Zettel, den das Ehepaar Rosig eines Tages auf ihrer frisch gewaschenen Wäsche liegend fand, die jemand anderes bereits aus der Maschine herausgeholt hatte. Der erwähnte Herr Frick ist der Hausmeister des Hauses.

Betont werden muss, dass dieser anonyme Zettel zeitlich vor dem Brief der Nachbarn (Biedermann) und auch unabhängig von jenem Brief verfasst wurde. Die Nachbarn wussten von dem Zettel nichts.

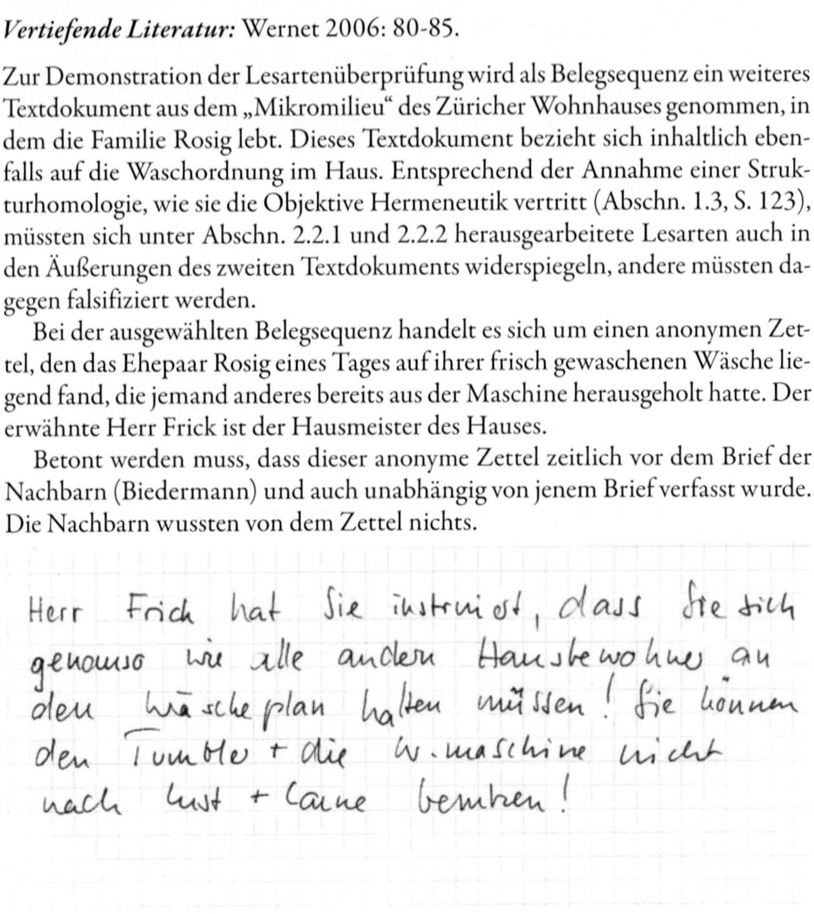
Herr Frick hat Sie instruiert, dass Sie sich
genauso wie alle andern Hausbewohner an
den Wäscheplan halten müssen! Sie können
den Tumbler + die W.maschine nicht
nach Lust + Laune benützen!

Exemplarisch wird im Folgenden die Lesartenüberprüfung der ersten Protokolleinträge I a) bis II b) vorgenommen. Dabei erfolgt jeweils eine kurze Erläuterung, inwiefern eine Lesart anhand der Belegsequenz bestätigt oder widerlegt werden kann.

I Verhältnis zwischen Verfassern und direkten Adressaten

Überprüfte Lesarten I a) bis I j)

a) ~~Es liegt ein Vertrauensverhältnis zwischen Verfassern und Adressaten des Zettels vor.~~
b) ~~Verfasser sind bemüht, die Distanz zu Nachbarn zu beseitigen.~~
c) ~~Verfasser wollen eine persönliche Beziehung zu Nachbarn herstellen, die sie nicht persönlich kennen.~~
d) ~~Verfasser sind freundlich gegenüber Nachbarn eingestellt und signalisieren dies mit dem Zettel („Liebe" als Anredeform, gemalte Umrandung).~~
e) ~~Es existiert kein intimes Verhältnis.~~
f) ~~Es existiert ein privates Verhältnis.~~
g) ~~Es existiert ein anonymes Verhältnis.~~
h) ~~Es existiert ein ambivalentes Verhältnis: einerseits eine persönliche Nähe („Liebe Nachbarn"), andererseits Anonymität (keine Anrede mit Namen).~~
i) ~~Das Verhältnis ist dadurch geprägt, dass die Verfasser die vorherrschende Anonymität im Haus durchbrechen wollen, aber es nicht vermögen, „den ersten Schritt" des direkten Ansprechens zu machen.~~
j) „Zettelkommunikation" ist Ausdruck einer generellen Umgangsweise unter den Hausbewohnern: Anonymität, distanzierter, formalisierter Umgang untereinander.

Fazit: ~~Unverkennbar gibt es einen gemeinsamen Fluchtpunkt der Lesarten. Sie verweisen darauf, dass~~ die nachbarschaftlichen Beziehungen im Haus durch Distanz und Anonymität gekennzeichnet sind.

Die eliminierten Lesarten a) bis i) fokussieren auf das bilaterale Verhältnis zwischen Adressanten (Ehepaar Biedermann) und Adressaten (Familie Rosig). Insofern ist hier die für die Fallstruktur des Wohnhausmilieus relevante Interpretationsebene der latenten Sinnstrukturen noch nicht erreicht. Gleichwohl „schälen sich" – wie bereits in Abschn. 2.2.2 (vgl. S. 138) erkennbar wurde – erste Konturen eines „allgemeinen" sozialen Klimas unter den Hausbewohnern heraus: an mehreren Stellen wird auf das Moment der Anonymität verwiesen.

Schließlich haben die Interpreten mit der Lesart j) und dem Fazit explizit die Hypothese formuliert, dass die Anonymität und Distanziertheit untereinander zentrale Kennzeichen der Lebenspraxis dieses Wohnhauses seien. Es handelt sich also um eine Hypothese über die das gesamte Hausmilieu betreffende Sinnstruktur. Diese Hypothese kann mit der Belegsequenz bestätigt werden. Das Fehlen einer Anrede sowie eines Absenders bzw. einer Unterschrift im zweiten Textdokument sind ebenso wie der unfreundliche Ton deutliche Hinweise auf eine anonym-distanzierte Kommunikationskultur.

II Funktion und „Botschaft" des (für alle Hausbewohner sichtbaren) Zettels

Mit dem Zettel

Überprüfte Lesarten II a), II b)

a) ~~wird der Kontakt zu den Nachbarn (Adressaten) hergestellt, d.h. er fungiert als „Eisbrecher", um eine persönliche Beziehung herzustellen.~~

b) wird das außerplanmäßige Waschen der Verfasser im Nachhinein entschuldigt / gerechtfertigt / legitimiert.

Erläuterungen

Beide Lesarten enthalten jeweils eine Vermutung über die Motivstruktur der Nachbarn (Biedermanns). Hier ist die Ebene des subjektiven Sinns erfasst. Die Lesart a) wird zwar nicht durch die Belegsequenz falsifiziert, aber ebenso wenig kann sie bestätigt werden. Bei der Analyse geht es jedoch um die latenten Sinnstrukturen des gesamten Hausmilieus (milieuspezifische Lebenspraxis). Insofern erweist sich die Deutungsvariante a) als nicht relevant.

Auch b) lässt sich streng genommen anhand der Belegsequenz nicht überprüfen. Im Unterschied zu a) korrespondiert jedoch diese Lesart mit dem Inhalt der Belegsequenz. D. h. hier ist eine Vergleichbarkeit der Sinngehalte beider Zettel gegeben. Der Waschplan ist, so die unmissverständliche Forderung des anonymen Verfassers aus dem Haus, bedingungslos einzuhalten; ein außerplanmäßiges Waschen nicht erlaubt. Nur vor dem Hintergrund dieser restriktiven Handlungsmaxime wird überhaupt der Rechtfertigungs- bzw. Legitimationszwang der Biedermanns aus der Lesart b) plausibel. Insofern hat sich die Interpretationsgruppe dafür entschieden, die Lesart nicht zu eliminieren.

4-13

Übung: Führen Sie die Hypothesenüberprüfung für die weiteren Lesarten des Auswertungsprotokolls durch. Eine Musterlösung mit Erläuterungen finden Sie auf der Begleit-CD.

2.2.4 Ausformulierung der Fallstruktur

Theoretisch gehaltvolle Erklärung als Ziel

Sind die Lesarten über den dritten Auswertungsschritt (2.2.3) auf ein überschaubares Maß „zusammengeschrumpft" und weiter zusammengefasst, kann die dezidierte Erarbeitung der Fall erklärenden Strukturthese(n) in Angriff genommen werden. Spätestens bei diesem Auswertungsschritt muss die Ebene der rein alltagsweltlichen Deutungs- und Erklärungsversuche verlassen werden und die Lesarten müssen an bestehende – im weitesten Sinne: sozialwissenschaftliche – Theoriekonzeptionen herangeführt werden. Notwendig ist eine solche theoretische Abstraktion, weil die Analyse mehr bringen muss als nur eine rein fallimmanente Kontextbeschreibung. Es kommt auf die Rekonstruktion der für die Lebenspraxis relevanten Sinnstrukturen in ihrer Prozesslogik an. Mit der Fallrekonstruktion muss schließlich auch gezeigt werden, dass sich etwas (sozial) Typisches im konkreten Untersuchungsgegenstand manifestiert. Neben der Formulierung in einer allgemeinen Theoriesprache ist es zudem notwendig, die entwickelte Fallstruktur an das empirische Datenmaterial zurückzubinden.

Keine operationalisierten Arbeitsschritte

Das Ausformulieren der verifizierten Lesarten zu einer abschließenden Fallstruktur ist ein Arbeitsschritt, der sich nicht in einzelne vordefinierte Unterschritte zerlegen lässt. Was genau die Forschenden machen, kann nicht vorgeführt werden. Beobachten ließe sich allenfalls, wie die Forschenden stundenlang vor dem Computer, den ausgedruckten Protokollen und über Büchern sitzen, sich über Zwischenergebnisse austauschen, darüber debattieren, um weiter an der Fallstruktur zu „feilen", bis alle irgendwann der Meinung sind: so, das ist es jetzt (diskursive Validierung).

Vertiefende Literatur: Wernet 2006: 85-87.

Analyseschritt 2.2.4 anhand des Fallbeispiels

Die Herausforderung bei der Formulierung der Fallstruktur für das Fallbeispiel besteht darin, aufzuzeigen, inwiefern sich die stark reglementierte normative Ordnung im Haus (restriktiver Wäscheplan), die Anonymität und die soziale Distanz unter den Mietern wechselseitig bedingen und ergänzen. Die beiden Wäschezettel müssen als textliche Manifestationen der Lebenspraxis betrachtet werden. D. h. die Besonderheit der Zettelkommunikation, wie sie im konkreten Untersuchungsfall aufscheint, muss als etwas für bestimmte Hausmilieus Typisches interpretiert werden.

Übung: Formulieren Sie für sich selbst, was die Lebenspraxis des Hausmilieus charakterisiert. Überlegen Sie auch, welche Theorieansätze sich bei der Erklärung in Anschlag bringen lassen. Vergleichen Sie Ihre Überlegungen mit der folgenden Fallstruktur.

Ausformulierte Fallstruktur für das Fallbeispiel

Die beiden Textdokumente können als „problemfokussierte schriftliche Kommunikation unter Hausbewohnern" typisiert werden. Sie entsprechen den üblichen Regeln einer solchen Kommunikationsgattung. Problematisiert wird in beiden Fällen das außerplanmäßige Benutzen der hauseigenen Waschmaschine bzw. des Trockners („Tumbler"). Dies geschieht in unterschiedlicher Art und Weise: In dem einen Fall ist die „Zettelkommunikation" öffentlich (für alle Hausbewohner beobachtbar) und erscheint freundlich-höflich. Es wird der Eindruck vermittelt, dass bei Bedarf das (Wasch-)Problem durch bilaterale Absprache geklärt werden könnte. Im anderen Fall erfolgt die Zettelkommunikation heimlich (direkte Nachricht an die Familie Rosig) und ist in einem unfreundlich-barschen bis abweisenden Umgangston formuliert. Hier wird vom Verfasser auf der strikten Einhaltung des Waschplans insistiert.

So unterschiedlich die beiden Kommunikationsstile und die Intentionen der Verfasser auch sind, so dokumentieren die zwei Texte wesentliche Komponenten der Lebenspraxis dieses Züricher Wohnhauses: die *stark reglementierte normative Ordnung, die Anonymität und die soziale Distanz in den nachbarschaftlichen Beziehungen.*

Der Waschplan stellt eine normative Ordnung dar, die – im Sinne Durkheims – einen Zwangscharakter auf die Hausbewohner ausübt. Erwartet wird die strikte Unterordnung. Abweichungen sind nicht erlaubt und können sanktioniert werden. Es hat sich ein System sozialer Kontrolle mit institutionellen Zügen herausgebildet, das die Reglementierung aufrechterhält. So „instruiert" der Hausmeister, Herr Frick, alle Mieter, wodurch die Geltung und der Normencharakter des Wäscheplans performativ hergestellt werden. Zudem wachen die Hausbewohner selbst darüber, dass niemand „fremde" Waschzeiten benutzt.

Angesichts der starken sozialen Kontrolle erhält die bewusst für alle Nachbarn sichtbar gemachte Nachricht des Ehepaars Biedermann den Charakter einer öffentlichen Selbstbezichtigung, die Regel verletzt zu haben. Dem objektiven Bedeutungsgehalt nach stellt die Nachricht den Versuch dar, sich für das außerplanmäßige Waschen zu entschuldigen und zu rechtfertigen („wir sind in der Not"). Den Nachbarn wird gar eine Wiedergutmachung angeboten, obwohl diese nicht wirklich geschädigt wurden.

Auch wenn ihnen selbst dies nicht bewusst war, so zeigt sich in der Selbstbezichtigung der Biedermanns, wie sehr sie den reglementierenden Zwangscharakter der normativen Ordnung internalisiert haben. Genau genommen bestätigt hier die Ausnahme die Regel. Die Regel beinhaltet: der Waschplan steht nicht zur Disposition; er wird nicht als situativ auszuhandelnde Ordnung angesehen; bilaterale, informelle Absprachen sind alles andere als selbstverständlich; es gibt keinen Widerspruch unter den Mietern. Die Selbstbezichtigung erscheint – im Umkehrschluss gelesen – als Legitimierung des Wäscheplans. Allenfalls ist die Mitteilung der Biedermanns ein zaghaftes „Unterlaufen" der Hausordnung und ein Versuch, das Problem „öffentlich" zu machen.

In dem festen Wäscheplan manifestiert sich eine reglementierte normative Ordnung mit einer starken kognitiven Deutungs- und sozialen Regulierungsfunktion. Diese Komponente der hausspezifischen Lebenspraxis lässt sich klarer vor Augen führen, wenn man im Sinne eines Gedankenexperiments nach einer Alternative bzw. einem Kontrastfall sucht. Vorstellbar ist zumindest, dass jeder Mieter die Waschküche bei Bedarf nutzt. Ein solcher flexibler Umgang mit dem gemeinsamen Gut „Waschküche" erforderte allerdings ein gewisses Maß an „Entgegenkommen" und „Aufeinanderzugehen". Denn man müsste persönlich in Kontakt mit den anderen Mietern treten, sich konkret absprechen, notfalls einen Termin miteinander aushandeln. Eine solche deliberative (d.h. gemeinsame Beratung und Abstimmung geprägte) Umgangsform ist allerdings in diesem Wohnhaus nicht der Fall und auch unrealistisch. Die hausspezifische Lebenspraxis ist – so die zweite Komponente – von einer Anonymität der Sozialbeziehungen und einem Kommunikationsmangel geprägt.

Im anonymen Zettel (zweites Textdokument) ist dieses latente Handlungsmuster manifestiert. Mit der Interpretation des ersten Textdokuments konnte gezeigt werden, dass dies auch hier – wenn gleich viel subtiler – der Fall ist. Einerseits ist von den Biedermanns intendiert, mit den Nachbarn in einen persönlichen Kontakt zu treten („sagen Sie es uns bitte!"). Andererseits wird die „Latte" so hoch gelegt („Sollte Ihre Not **noch größer** sein"), dass eine direkte Kontaktaufnahme von Seiten der Nachbarn nicht wahrscheinlich ist, ja genau genommen „verunmöglicht" wird. Vordergründig zeugt die Nachricht von Aufgeschlossenheit, Freundlichkeit und sogar Empathie gegenüber den Rosigs („Liebe Nachbarn", nette farbige Aufmachung, Angebot der Wiedergutmachung). Bei genauerer Betrachtung wird hier allerdings ein asymmetrisches Beziehungsverhältnis konstruiert. Die Rosigs stehen nicht auf derselben Stufe (nur wenn ihre „Not noch größer ist", dann sollen sie es den Biedermanns „sagen"). Es handelt sich um ein performatives soziales Muster der Ungleichheit, welches typisch ist für das distanzierte Auftreten gegenüber Fremden.

Entsprechend dieser Lesart wird die latente Anonymität und die fehlende direkte Kommunikation der Hausbewohner sowie die Distanz gegenüber Fremden durch den Zettel aufrechterhalten, obwohl die Verfasser scheinbar (dem subjektiv gemeinten Sinn nach) genau das Gegenteil intendieren.

Die Lebenspraxis der Hausgemeinschaft lässt sich wie folgt zusammenfassen: Die Internalisierung einer stark reglementierten normativen Ordnung, die sich exemplarisch im Wäscheplan manifestiert, steht in einem Wechselverhältnis mit einer Anonymität der nachbarschaftlichen Beziehungen und einer sozialen Distanz. Der Zusammenhalt der Hausgemeinschaft wird nicht über den Modus der sozialen Integration, sondern der Systemintegration (Lockwood) hergestellt. Direkte persönliche Kontakte werden vermieden; die Mieter sind nicht aufeinander angewiesen; gegenseitige Hilfe ist nicht alltäglich; bei auftauchenden Problemen wird nicht gemeinsam nach einer unkomplizierten, pragmatischen Lösung gesucht. Kurzum, die Mieter begegnen sich als Fremde im Haus. Die normative Ordnung hat eine stark kognitive Deutungsfunktion und soziale Regulierungsfunktion. Angesichts der fehlenden sozialen Integrationsmodi stellt sie die notwendige Verhaltenssicherheit her. Der Teufelskreis *stark reglementierte Ordnung – Anonymität der Sozialbeziehungen – soziale Distanz (zu Fremden)* kann nicht aufgebrochen werden. Systematisch verhindert wird dies durch das etablierte System der sozialen Kontrolle im Haus, der Selbstdisziplinierung der Mieter sowie die fehlenden persönlichen Kontakte untereinander.

3 Anwendungsfelder und exemplarische Studien

Es wurde bereits darauf hingewiesen (vgl. Abschn. 1; S. 113), dass es nicht „die eine“ Vorgehensweise der Objektiven Hermeneutik gibt, sondern sich die Vorgehensweise im Laufe der Zeit mehrmals gewandelt hat. Einige der Varianten sollen im Folgenden durch den Verweis auf beispielhafte Studien kurz verdeutlicht werden.

Feinanalyse mit objektiven Daten und Kontextwissen

Eine frühere Variante der Objektiven Hermeneutik stellt die extensive Feinanalyse dar. Hierbei wird der Text Schritt für Schritt mit einem feststehenden Analyseraster und unter Einbeziehung der objektiven Daten und des Kontextwissens analysiert. Ein Beispiel für diese Variante findet man in Oevermann u. a. (1979): 354-378. Anhand einer kurzen Gesprächssequenz (von ca. 20 Sekunden) während eines Abendessens in einer Familie wird ein Grundkonflikt zwischen den Ehegatten rekonstruiert. In jener „Hamburgerszene“ fallen u. a. Äußerungen des Vaters, mit denen er seine Ehefrau für die selbst gemachten Hamburger loben will: „na, die kann se ganz gut“ und „Also, wenn du so weiter machst, du, da können wir se bald verkaufen“. Die Forschergruppe arbeitet nicht nur heraus, dass das vermeintliche Kompliment der objektiven Bedeutung nach ein Herabsetzen der Fähigkeiten als Hausfrau ist (Lesart: „Na ja, diese Hamburger kann sie ganz gut zubereiten, aber alles andere müssten Sie mal sehen, das ist vielleicht ein Mist“; S. 358). Gezeigt werden kann darüber hinaus die für die Lebenssituation des Mannes konstitutive mangelnde Differenzierung zwischen Privat- und Berufssphäre. Egal, was die Mutter unternimmt, um das Privatleben der Familie angenehm zu gestalten (schmackhaftes Abendbrot), immer ist das Problem latent, dass die finanzielle Lebensgrundlage gesichert sein muss, dies aber auf den Schultern des Mannes lastet (Angestellter bei seinem Vater in einem Kiosk).

Sequenzanalyse ohne objektive Daten und Kontextwissen

Die detaillierte Sequenzanalyse, bei der mithilfe von Gedankenexperimenten und ohne Zurückgreifen auf Kontextwissen die Lesarten entwickelt werden (vgl. Abschn. 2.2.1), stellt die wohl verbreitetste Variante der Objektiven Hermeneutik dar. Exemplarisch sei auf Martina Leber und Ulrich Oevermann (1994) verwiesen. Anhand einer ausführlichen Interpretation der ersten Minuten einer aufgezeichneten psychotherapeutischen Sitzung zeigen beide AutorInnen zum einen, dass der Therapeut das Gespräch vorrangig nutzt, um Daten über den Patienten zu sammeln, anstatt – wie dies für eine professionelle Therapie notwendig wäre – eine gemeinsame Gesprächspraxis mit dem Patienten zu entwickeln. Andererseits wird rekonstruiert, dass hinter der Schilderung (einer zwangsneurotischen Konstellation mit paranoiden Grundzügen), die der Patient in dieser Sequenz vornimmt, eine homosexuelle Thematik des Verdrängens steckt, ohne dass diese latente Sinnstruktur ihm selbst bewusst ist.

Überprüfung der gedankenexperimentell entwickelten Lesarten

Die Technik der Überprüfung von zuvor gedankenexperimentell gewonnenen Lesarten (Abschn. 2.2.3; S. 140) ist anschaulich in Oevermann / Allert / Konau (1980) dokumentiert. Es handelt sich um eine Einzelfallstudie, die im Rahmen einer Untersuchung zum Studium an der Fernuniversität Hagen entstand. Hinsichtlich der Leitfrage, warum die Interviewte (38 Jahre, verheiratet mit einem promovierten Diplom-Kaufmann) ein Fernstudium aufgenommen hat, stellen die ForscherInnen in Form von Gedankenexperimenten mehrere Lesarten auf. Anzumerken ist, dass diese Lesarten ausschließlich aus den objektiven biographischen Daten, d. h. aus den „von den Selbstdeutungen des Subjekts am weitesten entfernten Kontextbedingungen“ (S. 23) abgeleitet wurden. Dementsprechend sind die Lesarten auch sehr allgemein gehalten. Die Überprüfung dieser vagen Lesarten und die weitere Ausformulierung der sich bestätigenden Lesart erfolgt anschließend entlang des Interviewprotokolls. Hierbei wird sehr akribisch die spezifische Struktur des Falles herausgearbeitet. Gezeigt wird, dass die Entscheidung für das Fernstudium nicht primär dem Streben nach Weiterbildung entspringt, sondern ein tief sitzendes biographisches Problem der Frau löst. War sie in den Jahren zuvor auf die Mutterrolle fixiert und investierte viel in ein funktionierendes Familienleben mit ihrem Ehemann, so hat sich dieser Versuch inzwischen als eine Illusion erwiesen. „Das Fernstudium als Form der Selbstverwirklichung, der Identitätsfindung ..., tritt an die Stelle der Familienkonzeption“ (S. 60). Salopp formuliert: das Fernstudium leitet die Trennung vom Ehemann ein.

Sehr instruktiv für die Art von Ergebnissen, die sich mit der Objektiven Hermeneutik erzielen lassen, ist die folgende Studie:

Ausführliche Darstellung einer exemplarischen Studie

Monika Wohlrab-Sahr (1999): Konversion zum Islam in Deutschland und den USA. Frankfurt am Main, New York: Campus.

In dieser Studie untersucht Monika Wohlrab-Sahr, warum Menschen zu der für ihre westliche Kultur vollkommen fremden Religion des Islam konvertieren. Die empirische Datengrundlage bilden – neben teilnehmenden Beobachtungen – von der Autorin selbst erhobene narrative Interviews mit 19 deutschen und 23 amerikanischen Konvertiten. Das Sample stellt eine große Varianz sicher. Es umfasst Männer und Frauen unterschiedlichen Alters sowie verschiedener sozialer Herkunft.

Ausgegangen wird davon, dass ein Konvertit seine alten Glaubensinhalte und weltanschaulich geprägten Deutungen gerade nicht vollkommen austauscht. Vielmehr erfolgt eine Umstrukturierung von neuen und alten Inhalten bzw. Deutungen. D. h. was zunächst wie ein radikaler kultureller Bruch aussieht, entpuppt sich bei genauerer Betrachtung als folgerichtiger Schritt eines kontinuierlichen (lebensbiographischen) Verlaufs. Erklärbar wird diese im Wandel angelegte Kontinuität, indem nach der Funktion gefragt wird, die der Übertritt zum Islam erfüllt. Durch eine Verknüpfung der funktionalen Analyse (Merton, Luhmann) mit der Objektiven Hermeneutik kann die Autorin anhand der untersuchten Fälle zeigen, dass die Konversion jeweils ein Lösungsversuch für ein zentrales Problem der Biographie darstellt. Demnach ist die Übernahme des islamischen Glaubens mehr als nur eine rein religiöse Entscheidung. Deutlich wird dies anhand der drei herausgearbeiteten Grundtypen der Konversion:

a) Implementation von Geschlechtsehre:

 Bestimmte lebensbiographische Krisenerfahrungen wie sexuelle Diskreditierung und damit verbundene soziale Stigmatisierung und Entwertung führen zu einem persönlichen Vertrauensverlust und einer Verunsicherung in Hinblick auf die eigene Geschlechtsidentität und die allgemeine, im Westen praktizierte Geschlechterordnung. Den Islam erfahren die Interviewten als Religion der Moral (geregelter Umgang mit Sexualität; partikulare Geschlechtsidentität und darauf basierende Geschlechtsehre). Aufgrund der damit verbundenen klaren und strengen Regeln können die Betroffenen Verhaltenssicherheit im Umgang mit Sexualität und den Geschlechtern erlangen sowie eine eigene Gender-Identität und eine intakte Geschlechterordnung artikulieren und praktisch leben.

b) Methodisierung der Lebensführung

 Mit der Konversion wird auf die Erfahrung von misslungenen Bildungs- und Berufsverläufen bzw. von nicht erreichten Karrierezielen reagiert. Hierbei begreifen die Konvertiten den Islam als Religion der Disziplin. Die vorgeschriebenen alltäglichen Handlungsabläufe ermöglichen es ihnen, die eigene Lebensführung zu strukturieren bzw. umzugestalten und darauf aufbauend ihre Karrieren zu stabilisieren bzw. voranzubringen oder in neue Berufswege einzusteigen.

c) Symbolische Emigration und symbolischer Kampf

 Der Islam wird von den Betroffenen als Kontrast zur vorherrschenden westlichen Kultur wahrgenommen. Die Konversion dient der Abgrenzung dominanter Symboliken der Gesellschaft und ist Folge der Entfremdung von vorherrschenden Regeln und Traditionen. Sie dient aber auch der Integration in bestimmten Gruppen, indem sich der Betroffene durch die Konversion von anderen Gruppen abgrenzt.

4 Nutzen und Grenzen der Methode

Nutzen

Die Objektive Hermeneutik ist auf die Analyse von textförmig protokollierten Einzelfällen spezialisiert. Ihr Markenzeichen ist die detailliert betriebene Rekonstruktion jener typischen Strukturen, die in ihrer spezifischen Kombination und ihrem Zusammenwirken den Fall ausmachen. Verhindert wird, dass ein Untersuchungsfall auf isolierte Einzelmerkmale zurechtgestutzt bzw. auf eine kleine Anzahl von vermeintlich bestimmenden Faktoren reduziert wird.

Angebracht ist eine solche ganzheitliche Analyse bei Phänomenen, die wenig beforscht sind und erst explorativ erschlossen werden müssen. Insbesondere aufgrund der detaillierten Sequenzanalyse und des damit verbundenen abduktiven Schließens sowie des Gedankenexperiments gelingt es, erhellende und für die weitere Forschung tragfähige Hypothesen zu entwickeln.

Anwendungsfelder

Die Objektive Hermeneutik findet man beispielsweise in der Biographie-, in der Sozialisations-, in der Professions- oder in der Milieuforschung. Zudem gibt es eine Reihe praktischer Anwendungsfelder, etwa in der polizeilichen Kriminalitätsbekämpfung, in der klinischen Psychotherapie, in der Sozialarbeit und -pädagogik oder in der Unternehmensberatung.

Fokus auf Fallbesonderheit

Die Stärke dieses vor allem in Deutschland verbreiteten Interpretationsverfahrens liegt darin, dass die jeweilige Fallbesonderheit (z. B. die komplexe Problemsituation einer Firma und die charakteristischen Entscheidungs- und Handlungsmuster der Firmenangehörigen) sehr tiefgründig in ihrer Komplexität herausgearbeitet werden kann. Gelingt es tatsächlich, das Besondere eines Falles zu analysieren, lassen sich Prognosen für die Zukunft dieser Lebenspraxis aufzeigen. Dies macht die objektive Hermeneutik interessant für die eben genannten praktischen Anwendungsfelder.

Kritik

So renommiert die Objektive Hermeneutik auch als Verfahren der qualitativen Sozialforschung inzwischen in Deutschland ist, so gibt es einige Kritikpunkte. Dies betrifft vor allem

a) die Orientierung am naturwissenschaftlichen Objektivitätsmaßstab
b) die fehlenden Standards beim methodischen Vorgehen
c) die fehlende Problematisierung der „Normalitätsfolie"
d) die Fokussierung auf Einzelfälle

Ad a)

Verfehlter Objektivitätsmaßstab

Die Orientierung am naturwissenschaftlichen Objektivitätsverständnis, wie sie Oevermann deklariert (Leber / Oevermann 1994: 384), wird als überzogen kritisiert. Insbesondere die Annahme, dass Forschende die latenten Sinnstrukturen gleichsam wie Algorithmen objektiv rekonstruieren könnten, gilt als nicht haltbar. Reichertz (1986) spricht in diesem Zusammenhang von einer „Metaphysik der Strukturen". Tatsächlich lassen sich die Sinnstrukturen nur interpretativ rekonstruieren. D. h. die einzige methodische Absicherung ist – wie bei den anderen interpretativen Verfahren auch – die diskursive Validität.

Ad b)

Mangelnde Methodenstandards

Das Selbstverständnis, die Objektive Hermeneutik müsse als „Kunstlehre" betrieben werden, ist auf Dauer nicht aufrecht zu erhalten. Wie bei jedem wissenschaftlichen Vorgehen ist es notwendig, einen festen Kanon an methodischen Schritten zu entwickeln. Nur so kann der Gefahr einer rein subjektiven und persönlichkeitsgeprägten Interpretation vorgebeugt werden. Zudem würde eine nicht weiter operationalisierbare Kunstlehre nur beim „Meister" erlernbar sein und somit die Bildung einer wissenschaftlichen Sekte befördern (vgl. Reichertz 1995: 403).

Ad c)

Normalitätsfolie als blinder Fleck

Objektive Hermeneutik erhebt nicht – wie etwa die Konversationsanalyse oder die Dokumentarische Methode – den Anspruch, den Untersuchungsgegenstand unter formalsprachlichen Gesichtspunkten zu analysieren. Rekurriert wird auf das allgemeine Regel- und Weltwissen (Common Sense) und dem darauf aufbauenden Verstehensmodus, wie er im Alltag praktiziert wird. Unterstellt wird damit implizit, dass die Forschenden über die kollektiven Wissensbestände und Deutungsrahmen der Probanden verfügen. Dies hat ein systematisches Ausblenden des methodologischen Problems des Fremdverstehens zur Folge. Allein die

Tatsache, dass es Szene-Begriffe oder auch milieuspezifische Äußerungen gibt, verweist allerdings auf die Notwendigkeit, die „Normalitätsfolie" der Forschenden zu hinterfragen. Sie darf nicht als „objektiv" vorausgesetzt werden und das Problem des Fremdverstehens durch die Forschenden muss methodologisch mit reflektiert werden (Bohnsack 2000: 99).

Ad d)

Probleme beim Fallvergleich

Die Kehrseite der sehr detailliert durchgeführten Einzelfallanalyse ist, dass im Rahmen der Objektiven Hermeneutik streng genommen kein Fallvergleich systematisch durchgeführt werden kann. Jede analysierte komplexe Fallstruktur, die sich erst aus dem Zusammenspiel der einzelnen Komponenten ergibt, bildet den spezifischen Typus. Einfacher formuliert: Nach der Objektiven Hermeneutik gibt es eine „Gleichsetzung von Fallstruktur und Typus" (Wohlrab-Sahr 2003: 128). Demnach müsste jeder untersuchte Einzelfall ein eigener Typus sein. Bei einem Fallvergleich im Sinne einer Typenbildung käme es aber darauf an, die Einzelfälle in Hinblick auf bestimmte, ausgewählte (Einzel-)Merkmale zu vergleichen. Es macht jedoch wenig Sinn – und würde sogar den Prinzipien der Objektiven Hermeneutik widersprechen –, einzelne Merkmale einer rekonstruierten Fallstrukturgesetzlichkeit im Nachhinein „künstlich" herauszulösen, um sie mit anderen Untersuchungsfällen zu vergleichen.

Vertiefende Literatur: Reichertz 1993; 1994; 1995; Wohlrab-Sahr 2003.

5 Zusammenfassung

Untersuchungsgegenstand und -ziel

Die Objektive Hermeneutik ist ein interpretatives Verfahren zur Rekonstruktion von latenten Sinnstrukturen, die sich in Äußerungen bzw. protokollierten Handlungen manifestieren. Das Ziel der Objektiven Hermeneutik besteht nicht nur darin, die relevanten latenten Sinnstrukturen zu benennen, sondern auch die Wirkungen herauszuarbeiten, die sie im Rahmen der untersuchten Lebenspraxis entfalten.

Strukturbegriff

Eine zentrale Annahme der Objektiven Hermeneutik ist, dass es Strukturen gibt, die objektiv existieren, d.h. jenseits der Intentionen und psychischen Befindlichkeiten der Individuen als eigenständige Realität. Diese latenten Sinnstrukturen weisen folgende Charakteristika auf:

- Strukturen sind sinnhafte, nach bestimmten Regeln sich konstituierende sozio-kulturelle Muster (Universalistisch geltende Regeln und historisch wandelbare Deutungsmuster und Normen).
- Das Handeln des Einzelnen ist strukturell vorgeprägt, wobei die soziale Normierung durch die konkrete Lebenspraxis modifiziert wird.
- Latente Sinnstrukturen manifestieren sich in protokollierten Handlungen und Äußerungen (Ausdrucksgestalten).

Forschungsleitende Prinzipien

Die Besonderheit der Objektiven Hermeneutik gegenüber den anderen sozialwissenschaftlichen Methoden kann mit Leitprinzipien kenntlich gemacht werden:

a) Objektivität als Gütekriterium für die qualitative Forschung
b) Hypothesenbildung durch Gedankenexperimente
c) Einzelfallanalyse

Vier grundlegende Arbeitsschritte

Die Vorgehensweise der Objektiven Hermeneutik weist vier grundlegende Arbeitsschritte auf.

- Gedankenexperimentelle Entwicklung und Protokollierung von Lesarten im Rahmen einer Sequenzanalyse (Hypothesengenerierung): Über eine extensive Sinnauslegung der ausgesuchten Sequenz werden möglichst viele denkbare, d. h. plausible Lesarten zu den einzelnen Textelementen dieser Sequenz unter Beachtung ihrer Reihenfolge zusammengetragen und protokolliert.
- Überarbeitung des Auswertungsprotokolls (Auswahl und Systematisierung der haltbaren Lesarten): Zum einen werden all jene Protokolleinträge eliminiert, die sich bei der Nachkorrektur als nicht plausibel erweisen oder redundant sind. Des Weiteren werden Einträge, die in einem erkennbaren Sinnzusammenhang stehen, zu komplexeren Lesarten verknüpft. Schließlich werden wiederkehrende auffällige Ausdrucksgestalten sowie noch möglicherweise offen gebliebene Fragen festgehalten. Auf dieser Grundlage lassen sich vorläufige, den Fall erklärende Strukturhypothesen aufstellen.
- Überprüfung der Lesarten an weiteren Belegstellen (Hypothesenverifikation): Die systematisch aufgearbeiteten Lesarten werden an weiteren Sequenzen des Protokolls überprüft. Die Auswahl der Belegstellen sollte an der Relevanz für die Forschungsfrage festgemacht werden. Die Überprüfung erfolgt relativ „mechanisch". Jede festgehaltene Lesart wird dahingehend analysiert, ob sie sich mit dem Datenmaterial dieser Sequenz (empirisch) bestätigen oder widerlegen lässt. Falsifizierte Lesarten werden aus dem Auswertungsprotokoll eliminiert. Dadurch reduziert sich die Vielzahl der Hypothesen.
- Ausformulierung der Fallstruktur (Verfeinern der verifizierten Lesarten unter Einbeziehung relevanter Theorieansätze): Die übrig gebliebenen Hypothesen werden zu Fall erklärenden Strukturhypothesen ausformuliert. Hierbei wird die Ebene der alltagsweltlichen Deutungs- und Erklärungsversuche verlassen und an bestehende Theoriekonzeptionen angeknüpft.

6 Literaturverzeichnis

Bohnsack, Ralf (2000): Rekonstruktive Sozialforschung. Einführung in Methodologie und Praxis qualitativer Sozialforschung. Opladen: Leske+Budrich (4. Auflage, zuerst 1991).

Bude, Heinz (1994): Das Latente und das Manifeste. Aporien einer ‚Hermeneutik des Verdachts'. In: Garz, Detlef / Kraimer, Klaus (Hrsg.): Die Welt als Text. Theorie, Kritik und Praxis der objektiven Hermeneutik (S. 114-124). Frankfurt am Main: Suhrkamp.

Leber, Martina / Oevermann, Ulrich (1994): Möglichkeiten der Therapieverlaufsanalyse in der objektiven Hermeneutik. Eine exemplarische Analyse der ersten Minuten einer Fokaltherapie. In: Garz, Detlef / Kraimer, Klaus (Hrsg.): Die Welt als Text. Theorie, Kritik und Praxis der objektiven Hermeneutik (S. 383-438). Frankfurt am Main: Suhrkamp.

Lockwood, David (1969): Soziale Integration und Systemintegration. In: Zapf, Wolfgang (Hrsg.): Theorien des sozialen Wandels (S. 124-137). Köln: Kiepenheuer & Witsch.

Oevermann, Ulrich (1981): Fallrekonstruktionen und Strukturgeneralisierung als Beitrag der objektiven Hermeneutik zur soziologisch-strukturtheoretischen Analyse (Manuskript). Download von: Homepage Arbeitsgemeinschaft Objektive Hermeneutik e.V. (http://www.agoh.de/cms/de/component/remosit ory/?func=fileinfo&id=39, Abruf: 18.03.2009).

Oevermann, Ulrich (1983): Zur Sache. Die Bedeutung von Adornos methodologischem Selbstverständnis für die Begründung einer materialen soziologischen Strukturanalyse. In: von Friedeburg, Ludwig / Habermas, Jürgen (Hrsg.): Adorno-Konferenz (S. 234-292). Frankfurt am Main: Suhrkamp.

Oevermann, Ulrich (1988): Eine exemplarische Fallrekonstruktion zum Typus versozialwissenschaftlichter Identitätsformen. In: Brose, Hanns-Georg / Hildenbrand, Bruno (Hrsg.): Vom Ende des Individuums zur Individualität ohne Ende (S. 243-286). Opladen: Leske+Budrich.

Oevermann, Ulrich (1990): Klinische Soziologie. Konzeptualisierung, Begründung, Berufspraxis und Ausbildung (Unveröffentlichtes Manuskript). Download von: Homepage Institut für hermeneutische Sozial- und Kulturforschung e.V. (http://www.ihsk.de, Abruf: 18.03.2009).

Oevermann, Ulrich (1991): Genetischer Strukturalismus und das sozialwissenschaftliche Problem der Erklärung der Entstehung des Neuen. In: Müller-Doohm, Stefan (Hrsg.): Jenseits der Utopie. Theoriekritik der Gegenwart (S. 267-336). Frankfurt am Main: Suhrkamp.

Oevermann, Ulrich (1993): Struktureigenschaften supervisorischer Praxis. Exemplarische Sequenzanalyse des Sitzungsprotokolls der Supervision eines psychoanalytisch orientierten Therapie-Teams im Methodenmodell der objektiven Hermeneutik. In: Bardé, Benjamin / Mattke, Dankwart (Hrsg.): Therapeutische Teams (S. 141-269). Göttingen: Vandenhoeck & Ruprecht.

Oevermann, Ulrich (1995): Die objektive Hermeneutik als unverzichtbare methodologische Grundlage für die Analyse von Subjektivität. Zugleich eine Kritik der Tiefenhermeneutik. In: Jung, Thomas / Müller-Doohm, Stefan (Hrsg.): „Wirklichkeit" im Deutungsprozeß. Verstehen und Methoden in den Kultur- und Sozialwissenschaften (S. 106-189). Frankfurt am Main: Suhrkamp.

Oevermann, Ulrich (2000): Die Methode der Fallkonstruktion in der Grundlagenforschung sowie der klinischen und pädagogischen Praxis. In: Kraimer, Klaus (Hrsg.): Die Fallrekonstruktion. Sinnverstehen in der sozialwissenschaftlichen Forschung (S. 58-156). Frankfurt am Main: Suhrkamp.

Oevermann, Ulrich (2002): Klinische Soziologie auf der Basis der Methodologie der objektiven Hermeneutik. Manifest der objektiven Sozialforschung (Manuskript). Download von: Homepage Institut für hermeneutische Sozial- und Kulturforschung e.V. (http://www.ihsk.de, Abruf: 18.03.2009).

Oevermann, Ulrich / Allert, Tilman / Konau, Elisabeth / Krambeck, Jürgen (1979): Die Methodologie einer „objektiven Hermeneutik" und ihre allgemeine forschungslogische Bedeutung in den Sozialwissenschaften. In: Soeffner, Hans Georg (Hrsg.): Interpretative Verfahren in den Sozial- und Textwissenschaften (S. 352-434). Stuttgart: Metzler.

Oevermann, Ulrich / Allert, Tilman / Konau, Elisabeth (1980): Zur Logik der Interpretation von Interviewtexten. In: Heinze, Thomas (Hrsg.): Interpretation einer Bildungsgeschichte (S. 15-59). Bensheim: päd.extra Verlag.

Reichertz, Jo (1986): Probleme qualitativer Sozialforschung. Zur Entwicklungsgeschichte der Objektiven Hermeneutik. Frankfurt am Main, New York: Campus.

Reichertz, Jo (1993): Abduktives Schlußfolgern und Typen(re)konstruktion. Abgesang auf eine liebgewordene Hoffnung. In: Jung, Thomas / Müller-Doohm, Stefan (Hrsg.): Wirklichkeit im Deutungsprozess. Verstehen und Methoden in den Kultur- und Sozialwissenschaften (S. 258-283). Frankfurt am Main: Suhrkamp.

Reichertz, Jo (1994): Von Gipfeln und Tälern. Bemerkungen zu einigen Gefahren, die den objektiven Hermeneuten erwarten. In: Garz, Detlef / Kraimer, Klaus (Hrsg.): Die Welt als Text. Theorie, Kritik und Praxis der objektiven Hermeneutik (S. 125-152). Frankfurt am Main: Suhrkamp.

Reichertz, Jo (1995): Die objektive Hermeneutik. Darstellung und Kritik. In: König, Eckhard / Zedler, Peter (Hrsg.): Bilanz qualitativer Forschung. (Bd. 2: Methoden) (S. 379-423). Weinheim: Deutscher Studienverlag.

Wagner, Hans-Josef (1984): Wissenschaft und Lebenspraxis. Das Projekt der ‚objektiven Hermeneutik'. Frankfurt am Main, New York: Campus.

Wernet, Andreas (2006): Einführung in die Interpretationstechnik der Objektiven Hermeneutik. Opladen: VS Verlag für Sozialwissenschaften.

Wohlrab-Sahr, Monika (1999): Konversion zum Islam in Deutschland und den USA. Frankfurt am Main, New York: Campus.

Wohlrab-Sahr, Monika (2003): Objektive Hermeneutik. In: Bohnsack, Ralf / Marotzki, Winfried / Meuser, Michael (Hrsg.): Hauptbegriffe qualitativer Sozialforschung. Ein Wörterbuch (S. 123-128). Opladen: Leske+Budrich.

Zehentreiter, Ferdinand (2001): Systematische Einführung. Die Autonomie der Kultur in Ulrich Oevermanns Modell einer Erfahrungswissenschaft der sinnstrukturierten Welt. In: Burkholz, Roland / Gärtner, Christel / Zehentreiter, Ferdinand (Hrsg.): Materialität des Geistes. Zur Sache Kultur. Im Diskurs mit Ulrich Oevermann (S. 11-104). Weilerswist: Velbrück.

FÜNFTES KAPITEL

Dokumentarische Methode

Inhalt

Einführung

Routinen und Alltagswissen

Vieles im Leben von Menschen geschieht beiläufig und wird ganz selbstverständlich ohne langes Nachdenken absolviert. Man kennt sich aus; weiß, was Andere von einem selbst erwarten; erlebt viele Situationen nicht zum ersten Mal; hat gewisse Routinen entwickelt und einen Erfahrungsschatz angehäuft, der hilft, auch in neuartigen Situationen adäquat handeln zu können.

Dieses intuitive Wissen darüber, zu gegebener Zeit in bestimmter Art und Weise zu handeln, wird in einem langen Prozess des Aufwachsens in bestimmten Lebensumständen eingeübt. So entsteht ein auf – je nach den Lebensumständen – unterschiedlichen Erfahrungen beruhendes Alltagswissen. Es erleichtert den Menschen ihren Alltag in ganz praktischer Art und Weise, z. B. sich in ihrem Wohngebiet zu bewegen oder in bestehenden institutionellen Strukturen zurechtzukommen.

Fokus der Methode

Wie gehandelt wird, weist immer auf unterschiedliche Ausformungen des Alltagswissens und damit auch auf unterschiedliche soziale Bedingungen der Handelnden zurück. Diesen Umstand machen sich Sozialwissenschaftler zunutze, die mit Hilfe der Dokumentarischen Methode untersuchen, welche unterschiedlichen typischen Denk- und Handlungsmuster existieren, wie diese zustande kommen und welche praktischen Konsequenzen sich daraus ergeben.

Gruppendiskussion

Die mittlerweile vielfältigen Ansätze dokumentarischer Rekonstruktion (vgl. Abschn. 3) gründen in dem in diesem Kapitel vorgestellten Gruppendiskussionsverfahren. Dabei handelt es sich um eine durch die Forschenden initiierte Kommunikation von mehreren Personen. Die Gruppenmitglieder führen untereinander ein ihrer alltäglichen Unterhaltung möglichst ähnliches Gespräch über Themen, die den Forschenden aus Beobachtungen heraus wichtig erscheinen oder die sich im Verlauf der Gruppendiskussion ergeben. Die anwesenden Forschenden halten sich dabei stark zurück. Weitgehend frei von deren Einflüssen behandelt die Gruppe Themen auf *ihre* Weise und bezieht unwillkürlich Erzählungen und Berichte über ganz konkrete Aktivitäten ein. Ein Beispiel:

Bsp.

> Wissenschaftler interessieren sich für die Freizeitgestaltung von Schülern und führen mit ihnen Gruppeninterviews durch. Es zeigt sich, dass die Schüler ihre freie Zeit auf unterschiedliche Weise verbringen: Die einen erzählen, dass sie jede Minute nutzen, um zu lernen, auch gemeinsam mit Mitschülern. Eine zweite Gruppe nutzt die freie Zeit zum Entspannen („chillen"), ist häufig im Schwimmbad oder im Kino anzutreffen und denkt nur gelegentlich und dann ungern an die Schule. Eine dritte Gruppe berichtet, andauernd in 400-Euro-Jobs zu arbeiten, dafür aber auch mal die Schule schwänzen zu müssen. Ihr jeweiliges Handeln wird von den Schülern als selbst gewählte Betätigung erlebt. Sie nehmen es intuitiv als stimmig wahr – es passt zu ihnen und ihrem Leben, „man macht es eben so" und braucht dafür auch keine Rechtfertigung.

Soziologische Perspektive auf das Beispiel

Es wäre ein Leichtes, die Schüler anhand ihrer Aktivitäten als gute oder weniger gute Schüler zu klassifizieren – vermutlich würde dazu schon ein Vergleich der Schulnoten ausreichen. In soziologischer Hinsicht weitaus erkenntnisreicher ist es jedoch, die dem Handeln der Schüler zugrunde liegenden Momente nachzuvollziehen und ihre Sicht auf die Schule und deren Stellenwert für ihr Leben einzufangen. Indem sie über ihre Aktivitäten berichten, kann die Handlungspraxis der Schüler als Teil einer komplexeren Lebenswirklichkeit verstanden werden. In ihren Erzählungen davon, wie sie die freie Zeit verbringen, werden grundlegende Orientierungen erkennbar, die ihr Handeln anleiten: der gute Schulabschluss für den gelungenen Start ins Leben; die gezielte Muße als Abkehr von einer als überfordernd empfundenen Gesellschaft; der Besitz von Geld als Ausweis der Selbstständigkeit.

Milieuabhängige Bildungsabschlüsse

Die Bedeutung der Schule für die Jugendlichen wird erst vor dem Hintergrund dessen verstehbar, wie Individuen oder Gruppen ihre soziale Wirklichkeit erleben und gestalten, wie sie sich in ihre Schullaufbahn hineinbegeben und was sie von der Schule erwarten. Im Ergebnis ließe sich dann vielleicht erkennen, dass die unterschiedlichen Lernanstrengungen divergierenden Perspektiven auf Zukunft bzw. Gegenwart geschuldet sind, die im familialen Bildungsmilieu gründen. Das weiten Teilen der Gesellschaft so selbstverständlich und eindeutig erscheinende normative Ziel eines guten Schulabschlusses ließe sich dann vielleicht als ein Code erkennen, der nicht allen Bildungsmilieus und damit Schülern gleich zugänglich ist – was in der Konsequenz eben die unterschiedlichen Handlungsstrategien erzeugt.

> Anhand der mit der Dokumentarischen Methode gewonnenen Erkenntnisse lässt sich ausweisen, wie Angehörige sozialer Gruppen in gesellschaftlichen Kontexten agieren – und warum sie dies so tun. Der Weg des Erkenntnisgewinns über die alltägliche Praxis ermöglicht es, jenseits der subjektiv angeführten Begründungen der Einzelnen tiefer liegende und sozial geformte Muster zu entdecken, die das Wissen um das Zusammenspiel von gesellschaftlichen Strukturen und individuellen bzw. gemeinschaftlichen Handlungen erweitern.

1 Forschungsprogramm

Das Forschungsprogramm der Dokumentarischen Methode weist im praktischen Vorgehen methodologische Bezüge und methodische Schrittfolgen auf, die entlang der folgenden Auflistung dargestellt werden:

- Analyse von Alltagswissen (1.1)
- Fremdverstehen: konjunktiver und kommunikativer Erfahrungsraum (1.2)
- Sinngehalte sprachlicher Äußerungen (1.3)
- Gegenhorizonte und Enaktierungspotenziale (1.4)
- Rekonstruktion des dokumentierten Alltagswissens (1.5)
- Kontrastierung und „tertium comparationis" (1.6)
- Typenbildung und Generalisierung (1.7)

1.1 Analyse von Alltagswissen

Seinsverbundenheit des Denkens

Methodologische Grundlage der Dokumentarischen Methode ist die Wissenssoziologie Karl Mannheims, die vor allem in den 1920er und 1930er Jahren entwickelt wurde. Zentral ist dieser die Annahme, dass das Denken von Menschen

„seinsverbunden" sei, also auf Erfahrungen basiere, die abhängig sind etwa vom Geschlecht, von der Zugehörigkeit zu einer Generation (z. B. „68er") oder zu sozialen Klassen (z. B. Arbeiter- oder bildungsbürgerliches Milieu). Wissen – und damit auch Einstellungen, Werthaltungen, Orientierungen – entfaltet in diesen Einbettungen seine Gültigkeit für Personen bzw. Personengruppen. Das meint auch: Es gibt kein abstraktes allgemeingültiges Kriterium, was wichtig, richtig und wahr ist. Mit dieser Perspektive der Seinsverbundenheit des Denkens und damit des Alltagswissens wendet sich Mannheim gegen objektivistische Annahmen jener Zeit, nach denen abstrakte gesellschaftliche Strukturen jedes Denken und Handeln determinieren.

Alltagsdenken und -handeln

Wie Personen denken und wie sie handeln, ist zwar nicht unabhängig von solchen Strukturen, wird aber im konkreten Fall von vielen weiteren Faktoren beeinflusst. Insgesamt bilden die für die Einzelnen relevanten Alltagsbedingungen eine Folie, die ihr Handeln anleitet. Dieses geht ihnen in Fleisch und Blut über – es wird inkorporiert. Es erlangt damit einen hohen Grad an Selbstverständlichkeit und verbleibt darin gewöhnlich auf einer atheoretischen, d. h. nicht mehr reflektierten Ebene.

Für Wissenschaftler ergeben sich aus dieser Perspektive methodologische Konsequenzen: Prinzipiell denken und handeln auch Forschende seinsverbunden und sie müssen dies kritisch reflektieren und methodisch entsprechend agieren. Ebenso ist grundlegend zu fragen, wie sie sich dem seinsverbundenen Wissen ihnen fremder sozialer Kreise – also den Beforschten – methodisch angemessen nähern können.

Handlungsleitendes Erfahrungswissen

Dazu erfasst die Dokumentarische Methode das in der Alltagspraxis von Akteuren zum Tragen kommende handlungsleitende Erfahrungswissen, indem sprachliche Darstellungen der Beforschten über ihre eigenen alltäglichen Handlungen eingehend analysiert werden. In diesen Äußerungen manifestieren sich kollektive Routinen und Orientierungen, deren soziale Grundlagen den Akteuren selbst für gewöhnlich nicht präsent sind, sodass man sie auch nicht unmittelbar dazu befragen kann.

> Ziel der Dokumentarischen Methode ist die Rekonstruktion des handlungsleitenden Erfahrungswissens im Alltag von Individuen und Gruppen, um das Zusammenspiel gesellschaftlicher Strukturen und individueller bzw. kollektiver Handlungen zu erkennen.

Zwei Wissensformen

Die Dokumentarische Methode fußt auf der Annahme, dass Menschen gesellschaftlichen Strukturen nicht einfach ausgesetzt sind, sondern ihre soziale Wirklichkeit unter Bezugnahme auf gesellschaftliche Bedingungen und auf der Grundlage ihres Alltagswissens durch ihr praktisches Tun konstruieren. Zur genaueren Erfassung des handlungsleitenden Erfahrungswissens werden unter dem Oberbegriff „Orientierungsmuster" zwei Wissensformen unterschieden:

a) Orientierungsschemata und

b) Orientierungsrahmen.

Ad a)

Orientierungsschemata

Orientierungsschemata repräsentieren das Wissen um institutionalisierte und normierte Verläufe, mit denen Individuen sich auseinandersetzen und innerhalb derer sie handeln müssen; etwa die Schulkarriere mit ihren verschiedenen Abschnitten, Gesetzestreue angesichts drohender Sanktionen oder ganz allgemeine Regeln des Umgangs miteinander. Diese Schemata erlebt der Einzelne als soziale Anforderungen an sein Handeln; sie entfalten also eine gewisse normative Kraft.

Ad b)

Orientierungsrahmen

Orientierungsrahmen dagegen setzen sich aus in der eigenen Sozialisation gemachten konkreten Erfahrungen zusammen, die in der Summe zu einem eigenen Fundus an Alltagswissen und einer bestimmten Art des Handelns führen. So können schlechte Erfahrungen in der Schule zu einer Verweigerungshaltung führen, aber genauso kann das Wiederholen einer Klasse neue Perspektiven auf die Schule eröffnen.

Überlappung beider Aspekte

Im Alltag überlappen sich Orientierungsschemata und Orientierungsrahmen: Der Orientierungsrahmen bietet gleichsam eine Interpretationsfolie, mit dessen Hilfe die Schemata handlungspraktisch bearbeitet werden können.

Im einleitenden Beispiel etwa wäre es vorschnell gewesen, die verschiedenen Schüler einfach als ‚Streber' oder ‚Schulversager' zu bestimmen. Der Zusammenhang ist komplexer: Die Schule setzt einerseits die Anerkennung gewisser Regeln voraus (Pünktlichkeit, Ruhe, Lernbereitschaft etc.), andererseits beleben die Schüler diese Regeln durch ihr faktisches Tun. Sie können zum Beispiel regelkonform handeln, mehr als nötig tun, die Regelwerke offen missachten oder sich ‚durchmogeln'. Damit drücken sie der Institution Schule ihren eigenen Stempel auf und konstruieren damit ihren Bildungsweg mit.

> Orientierungsschemata (institutionalisierte normative Vorgaben der Gesellschaft) und Orientierungsrahmen (durch konkrete Sozialisationserfahrungen erworbene, sozial geprägte Denk- und Handlungsmuster) begründen im wechselseitigen Bezug aufeinander das Alltagswissen und -handeln der Menschen.

Vertiefende Literatur: Bohnsack 1997: 49-61; Bohnsack 1998: 105-121.

1.2 Fremdverstehen: konjunktiver und kommunikativer Erfahrungsraum

Alltagswissen erscheint zunächst als exklusive Erfahrung jedes Einzelnen, geht aber gewöhnlich weit über die einzelne Person hinaus und ist fest im sozialen Umfeld des Einzelnen verankert.

Bsp.

Dass in der Gemeinschaft einer seit Langem bestehenden Schulklasse ein kollektiv geteiltes Wissen über nahezu alle Abläufe, Beziehungen, Vorkommnisse etc. besteht, ist leicht vorstellbar. Ein jeder weiß vermeintlich alles über die Anderen (oder glaubt es zu wissen), weiß um die Bedingungen des sozialen Umfeldes, kennt die ungeschriebenen Gesetze der Gemeinschaft und kann sich aufgrund dieses (gegenseitigen) Wissens auch in die Anderen hineinversetzen. Man versteht einander auf einer intuitiven Ebene des einander Kennen. Ein neuer Schüler, der in diese

> Klasse aufgenommen wird, kann vieles von dem, was in der Interaktion zwischen den Schülern im Unterricht und in der Pause ganz selbstverständlich abläuft, nur staunend zur Kenntnis nehmen. Es braucht eine ganze Zeit, bis all die Riten, verbalen Codes, symbolischen Verhaltensweisen etc. auch ihm vertraut sind.

Was für die Klasse gilt, ließe sich auch über ein ganzes Dorf oder ein Stadtviertel sagen: Auch hier existiert ein jeweils eingespieltes kollektives Alltagswissen, das Fremden nur schwer zugänglich ist.

Diese Differenz wird in der Dokumentarischen Methode mit der Unterscheidung von a) konjunktivem und b) kommunikativem Erfahrungsraum begrifflich gefasst:

Ad a)

Konjunktiver Erfahrungsraum

Für die Schüler selbst bildet das gemeinschaftliche Leben in der Klasse den verbindenden, *konjunktiven Erfahrungsraum* oder mit anderen Worten: eine gemeinsame Erlebnisgeschichte. Sie verfügen über ein intuitives Verständnis für die Regeln des alltäglichen Zusammenlebens von Lehrern und Mitschülern. Es reichen dann oft kleine Hinweise (etwa der Form „das ist doch genauso wie damals in der Sechsten in Musik"), um ein gemeinsames Erinnern an soziale Ereignisse heraufzubeschwören oder sich über geteilte Ansichten zu Vorkommnissen und Situationen zu verständigen.

Eine solche gemeinsame Grundlage erleichtert es auch, neuen Situationen zu begegnen, da man die Auffassungen anderer abschätzen und für die eigene Meinungsbildung heranziehen kann. Nach diesem intuitiven Verständnis wird sich das alltägliche Handeln der Schüler richten: Es ist ein handlungsleitendes Erfahrungswissen, das sie sich im Laufe ihres Lebens einverleibt haben und das ihnen kaum bewusst ist. Selbstverständlich gibt es innerhalb der Klasse auch solche Wissensbestände, die nicht von allen gleichermaßen geteilt werden: Mädchen untereinander machen andere Erfahrungen als Jungen; es bilden sich Cliquen, die Andere ausschließen und eine ganz eigene Geschichte durchlaufen. Trotz dieser partiellen Unterschiede haben die Schüler auch eine gemeinsame Geschichte und damit ein kollektiv geteiltes Wissen, auf das sie sich gemeinsam beziehen können.

Ad b)

Kommunikativer Erfahrungsraum

Der Fremde, der an dieser gemeinsam erlebten Praxis der Gruppe nicht teilhat, kann sich solches Alltagswissen zunächst nur auf dem Weg *kommunikativer Erfahrung* aneignen, d.h. über das Nachvollziehen fremder Alltagserfahrungen, die von den Beforschten explizit mitgeteilt werden. Der Fremde ‚steckt nicht drin', muss Fragen stellen und das Gespräch suchen, um etwas von den sozialen Handlungen zu verstehen. Aber selbst wenn sich, um das Beispiel fortzusetzen, die Schüler öffnen und bereitwillig Auskunft geben, werden viele Hinweise zunächst unverständlich bleiben oder neue Fragen aufwerfen, da ihnen selbst der ‚tiefere Sinn' ihrer konjunktiven Erfahrungen nicht unbedingt bewusst ist. Erfahrungen und Alltagswissen kommunikativ zu vermitteln ist eine vertrackte Aufgabe, da eigene Selbstverständlichkeiten zunächst erkannt und die spezifischen Wissenslücken des Gegenübers gleichsam erst erspürt werden müssen.

Was als gemeinsam geteiltes Alltagswissen innerhalb einer Gruppe in seiner Selbstverständlichkeit hilfreich und entlastend ist, stellt diejenigen vor große

Probleme, die sich mit wissenschaftlichem Interesse in ‚fremden' Alltagswelten bewegen. Denn gemeinhin teilen Wissenschaftler eher selten den konjunktiven Erfahrungsraum derjenigen, die sie beforschen – sie haben also keinen unmittelbaren Zugang zu deren Alltagswissen. Unter der Zielsetzung des Fremdverstehens gilt es gleichwohl, einen methodischen Zugang zum konjunktiven Erfahrungsraum der zu untersuchenden Gruppen zu gewinnen, da das Alltagswissen über kommunikative Erfahrungen nicht unverbrüchlich vermittelbar ist.

Sozialwissenschaftler, die Alltagswissen analysieren wollen, stehen vor der Frage, wie atheoretische, in alltäglichen Äußerungen enthaltene Sinngehalte angemessen durchdrungen und theoretisch aufgeschlossen werden können.

Vertiefende Literatur: Bohnsack 2008: 59-63.

1.3 Sinngehalte sprachlicher Äußerungen

Immanenter vs. dokumentarischer Sinngehalt

Die Wissenssoziologie Mannheims unterscheidet zwischen dem immanenten (1) und dem dokumentarischen Sinngehalt (2) einer Äußerung. Während der immanente Sinngehalt sich einerseits auf das unmittelbar Mitgeteilte bezieht, stellt der dokumentarische Sinngehalt dar, was vermittelt über eine Äußerung mittelbar – gewissermaßen ‚zwischen den Zeilen' – über die Orientierungen und Relevanzen, also das Alltagswissen, des Sprechers bzw. der Gruppe zum Ausdruck gebracht wird.

1) Der immanente Sinngehalt umfasst
   a) den Objektsinn und
   b) den intendierten Ausdruckssinn einer Äußerung.

Ad a)

Objektsinn von Äußerungen

Von Interesse ist zunächst der Inhalt dessen, was gesagt wurde: der Objektsinn einer Äußerung, also ihr durch Zuhörer, Leser oder Beobachter erkennbarer objektiver Sinngehalt. Es geht auf der Ebene des Objektsinns ausschließlich darum, was sich aus dem Gesagten objektivierend festhalten lässt. Ein Beispiel: Wenn ein Schüler im Pausengespräch mit seinen Schulfreunden etwa sagt „heute hab ich endlich gecheckt, was ich mit der Binomischen Formel machen kann", dann ist bezüglich des Objektsinns damit inhaltlich mitgeteilt: Während einer Schulstunde wurde ein Erkenntnisfortschritt im Hinblick auf die praktische Anwendbarkeit einer mathematischen Formel erzielt.

Die Fokussierung auf diesen objektivierbaren Inhalt ist keineswegs banal, sondern zwingt methodisch dazu, sich dem Gesagten zu öffnen und um ein genaues Verständnis zu ringen. Es soll *nichts unterschlagen*, aber auch *nichts hinzugefügt* werden.

Als dem konjunktiven Erfahrungsraum von Beforschten nicht Zugehöriger ist dieser Schritt des basalen Fremdverstehens für den Wissenschaftler ein wichtiger Zugang zu anderen Sozialwelten. Erst in der kleinteiligen Rekonstruktion dessen, was eigentlich genau gesagt wird, kann dieser Zugang gelingen, ohne dass eine vorschnelle Einschätzung erfolgt. Der praktische Schritt in der Dokumentarischen Methode zum Erfassen des Objektsinns ist der Analyseschritt der Formulierenden Interpretation (vgl. Abschn. 2.2.1).

Ad b)

Intendierter Ausdruckssinn von Äußerungen

Als intendierter Ausdrucksinn werden die Motive und Absichten des Erzählenden, d. h. seine kommunikative Selbstdarstellung bezeichnet. Die Intentionen eines Sprechers sind aber nicht unmittelbar aus einer Äußerung heraus systematisch erfassbar. Diese Sinnebene wird erst durch zusätzliche Erläuterungen des Sprechers offen gelegt (die aber für gewöhnlich nicht gegeben werden, schon allein deswegen, weil Kommunikation dann zu viel Zeit beanspruchen und nur schleppend voran gehen würde). Um dies wiederum am Beispiel der Binomischen Formel zu veranschaulichen: Die Intention der Mitteilung könnte etwa durch den Zusatz „ich hab' das gesagt, weil ich es geil finde, dass ich das gecheckt hab und mit euch abfeiern will" (oder durch die entsprechende Benennung anderer Intentionen) den Anwesenden verdeutlicht werden – was aber im obigen Beispiel unterbleibt.

Zuhörer und Interpreten können sich des intendierten Ausdruckssinns des Sprechers also nie ganz sicher sein; er ist in der Perspektive der Dokumentarischen Methode nicht systematisch erfassbar. Folglich wird diese Sinnebene auch nicht analysiert.

Dokumentsinn als Zugang zum Fremdverstehen

2) Jenseits des Objektsinns geht es in der Dokumentarischen Methode darum, den im Gesagten durchscheinenden dokumentarischen Sinngehalt (bzw. den „Dokumentsinn") zu rekonstruieren. Dieser Begriff bezeichnet das, was eine Äußerung implizit über die Orientierungen, Relevanzen, Normalitätsannahmen, Weltsichten – kurz: über das Alltagswissen von Sprechenden – zum Ausdruck bringt. Er bezeichnet also die dem Gesagten impliziten Verweise auf die handlungsrelevanten (konjunktiven) Erfahrungen der Sprechenden.

Um das obige Beispiel des Gesprächs unter Schülern nochmals zu beleuchten: Die Äußerung des Schülers „heute hab ich endlich gecheckt, was ich mit der Binomischen Formel machen kann" hebt positiv hervor, dass er den praktischen Nutzen einer bestimmten mathematischen Operation erfasst hat. Er bringt damit seine Orientierung zum Ausdruck, dass Mathematikunterricht eine für ihn praktische Relevanz haben sollte: Es geht darum, mit der Formel ‚etwas machen' zu können. Diese Praxisnähe ist ein persönliches Bewertungskriterium für die Qualität des Unterrichts – offensichtlich haben die vorangegangenen Stunden dies nicht erfüllt. Eine stärker an den Prüfungscharakter kommender Klassenarbeiten angelehnte Orientierung hätte ihn beispielsweise zur Aussage „heute hab ich endlich gecheckt, wie das mit der Binomischen Formel geht" veranlasst. Entlang solcher Feinheiten im sprachlichen Ausdruck wird den ihnen zugrunde liegenden Orientierungsrahmen nachgegangen. Der praktische Schritt in der Dokumentarischen Methode zum Erfassen des dokumentarischen Sinngehalts ist der Analyseschritt der Reflektierenden Interpretation (vgl. Abschn. 2.2.2).

> Der Dokumentarischen Methode ist daran gelegen, Orientierungsrahmen (vgl. Abschn. 1.1) zu erfassen, wie sie in sprachlichen Darstellungen über die eigene Alltagspraxis sichtbar werden. Damit soll dem Fremdverstehen ein methodisch kontrollierter Zugang zu diesen Orientierungen eröffnet werden.

Vertiefende Literatur: Bohnsack 2008: 60-66; Mannheim 1980: 271-279.

1.4 Gegenhorizonte und Enaktierungspotenziale

Nur selten kommen Forschende der Alltagspraxis von Gruppen und Individuen so nahe, dass sie diese intuitiv verstehen und dadurch in den konjunktiven Erfahrungsraum eintauchen können. Sie sind deshalb auf den Umweg einer Befragung angewiesen, um erfahrungsgeleitetes Handlungswissen und damit Orientierungsschemata und -rahmen zu erfassen. Ein Verfahren, bei dem dies besonders gut gelingt, ist das Gruppendiskussionsverfahren (vgl. Abschn. 2.1). Die Gruppe nimmt in ihren Erzählungen über ganz konkrete Aktivitäten thematisch eigene Relevanzsetzungen vor. In einer Gruppendiskussion wird so gemeinsames Alltagswissen anhand der eigenen Kollektiverfahrungen präsentiert.

Gruppendiskussionsverfahren

Diese Erfahrungen werden in Gruppendiskussionen zumeist nicht einfach auf den Punkt gebracht, sondern werden umschrieben und in Beispielen dargestellt. Die Darstellungen geben auf diese Weise Einblicke in die Bandbreite, die ein Thema für eine Gruppe einnehmen kann. Dabei kann nach drei grundlegenden Strukturierungsmerkmalen unterschieden werden, die auch dem Alltagswissen und der Alltagspraxis ihre Konturen geben:

(Gegen-)Horizonte des Handelns

a) positive Gegenhorizonte
b) negative Gegenhorizonte und
c) Enaktierungspotenziale.

Ad a)

Positiver Gegenhorizont

Um einen positiven Gegenhorizont handelt es sich, wenn sich die Sprechenden an bestimmte konjunktive Erfahrungsräume mehr oder weniger anlehnen und damit verdeutlichen, worauf auch das kollektive Wollen gerichtet ist.

Ad b)

Negativer Gegenhorizont

Mit dem Begriff negativer Gegenhorizont werden dagegen alle diejenigen Positionierungen bezeichnet, mit denen man sich in mehr oder weniger expliziter Form von anderen Positionen, Handlungen, Personen, Haltungen etc. abgrenzt.

Ad c)

Enaktierungspotenziale

Ein weiterer wesentlicher Bezugspunkt von Gruppendiskussionen ist, wie die Chance der Enaktierung, d. h. der praktischen Verwirklichung der eigenen Orientierungen, eingeschätzt wird. Die Chancen, den eigenen Orientierungsrahmen praktisch zu verwirklichen, werden in der Begrifflichkeit der Dokumentarischen Methode Enaktierungspotenziale genannt. Dieser Aspekt wird im Diskurs häufig in wenig expliziter Form thematisiert. Im Eingangsbeispiel der unterschiedlichen Freizeithandlungen ist es aber von hoher Bedeutung, ob die materielle Grundlage gegeben ist, auf den 400-Euro-Job zu verzichten und stattdessen zu lernen.

Positive bzw. negative Gegenhorizonte spannen zusammen mit dem Enaktierungspotenzial gleichsam den Kosmos der Orientierungen auf, die der Gruppe eigen sind.

Bsp.

> Die Schüler des einzigen Gymnasiums in einer Kleinstadt haben trotz aller Unterschiede (Unter- und Oberstufe, Mädchen und Jungen, Einschätzung der Lehrer etc.) ein gemeinsames Wir-Gefühl ausgebildet; gegenüber Schülern der anderen Schulformen wird dies etwas herablassend

zur Schau gestellt. Der Orientierungsrahmen besteht hier also in einem Verständnis, einer Elite anzugehören. Die eigene Schule und der damit vermittelte Bildungsgrad sind der positive Gegenhorizont der Selbstbewertung, während bildungsfernere Gleichaltrige einen negativen Gegenhorizont darstellen. Diese Bewertung die anderen Schüler auch im Auftreten spüren lassen zu können, stellt das Enaktierungspotenzial dieser Gymnasiasten dar: Wäre das Gymnasium die einzige Schule am Ort, wäre diese Möglichkeit mangels anderer Schüler kaum gegeben.

Selbstvergewisserung der Gruppe

Anhand der Kollektiverfahrung „Elite vs. Bildungsferne" vergewissert sich die Gruppe über ihren „sozialen Kitt", d. h. über das, was sie zusammenhält und ihre Alltagspraxis im Kern strukturiert. Beim Gruppendiskussionsverfahren wird dieser Prozess in der Aufzeichnung festgehalten. *Wie* etwas gesagt wird, z. B. welche Dynamiken und Reaktionen die angesprochenen Themen bei Sprechern erzeugen, welche Themen wie aufeinander bezogen sind und welche einzelnen bzw. kollektiv geteilten Positionen innerhalb der Gruppe erkennbar werden, liefert wichtige Hinweise auf grundlegende Orientierungen.

Vertiefende Literatur: Bohnsack 2008: 48-50.

1.5 Rekonstruktion des dokumentierten Alltagswissens

Prozessorientierte Rekonstruktion

Objektsinn, dokumentarischer Sinngehalt, Gegenhorizonte und Enaktierungspotenziale gemeinsam lassen Schlüsse darauf zu, woran sich die Sprechenden in ihrem alltäglichen Handeln orientieren. In diesem Sinne versteht sich die Dokumentarische Methode als eine prozessorientierte Rekonstruktion des Alltagswissens: *Was* und *wie* erzählt wird, ist von Interesse. Entlang der Äußerungen über die eigene Alltagspraxis werden zugrunde liegende Orientierungen entschlüsselt und dem Fremdverstehen der Forschenden zugänglich gemacht.

Bsp.

In dem eingangs angeführten Beispiel der Schüler lässt sich für die Gruppe Muße suchender Schüler anhand der Interpretation weiterer Textpassagen aus dem Gruppeninterview herausarbeiten, dass soziale Dominanzverhältnisse unter Gleichaltrigen einen Verhaltenswechsel nicht zulassen. Bereits der kleine Einwurf eines Mitgliedes „Zu viel Fehlen ist auch nich gut" rief eindeutiges Gelächter und Widerspruch hervor, sodass von weiteren Beiträgen abgesehen wurde. Das Überlappen von schulischen Belangen und Aspekten sozialer Beziehungen in der Freundesgruppe wird durch die Einbettung des oben zitierten kleinen Einwurfs in das Gelächter und die Widerworte deutlich sichtbar und kann als ‚Spur' in der weiteren Analyse verfolgt werden. Im Ergebnis zeigt sich dann, dass gegen die starken Anführer der Gruppe ein regelmäßiger Schulbesuch kaum durchsetzbar ist und mit sozialem Ausschluss bestraft würde. Der stark auf die Gegenwart (‚Muße finden') gerichtete bildungsbezogene Orientierungsrahmen wird selbst während des Prozesses der Gruppendiskussion als Leitbild durchgesetzt.

Die prozessorientierte Rekonstruktion ermöglicht jenseits des geäußerten Wortes Einblicke darin, wie die soziale Wirklichkeit der Beforschten hergestellt wird. Sie eröffnet damit vermittelt über das Alltagswissen auch Zugänge zu den sozialen Faktoren, die dieses strukturieren. Dabei steht nicht ein einzelnes Ereignis im Zentrum der Analyse, sondern die entlang unterschiedlicher Handlungen, von denen erzählt wird, durchscheinenden roten Fäden, Muster oder Pfade. Dieses Zusammenfügen einzelner Erkenntnisse folgt einer ganz bestimmten Abfolge des kontrastiven Vergleichs.

1.6 Kontrastierung und „tertium comparationis“

Vergleich als Erkenntnisgewinn

Zentral für die Dokumentarische Methode ist der fortlaufende systematische Fallvergleich. Verglichen werden sowohl mehrere Textpassagen eines Falles und thematisch gleiche Passagen verschiedener Fälle als auch auf dieser Grundlage in den Fällen bereits rekonstruierte Orientierungen und Handlungsmuster. Das Ziel dieses Vorgehens ist, mit jedem Schritt zu umfassenderen und / oder abstrakteren Beschreibungsformen zu gelangen, um die Fälle analytisch immer systematischer zu durchdringen.

Um zwei beliebige Elemente zu vergleichen, benötigt man ein Kriterium, auf das der Vergleich bezogen wird. Eine Aufgabe des Forschungsprozesses besteht deshalb darin, fortlaufend zu bestimmen, in welcher Hinsicht (bzw. in welchen Hinsichten) Elemente von Fällen miteinander vergleichbar sind. Was ist damit gemeint?

Bsp.

Äpfel mit Birnen vergleichen

> Wohl jeder kennt die Redewendung, dass man „Äpfel mit Birnen vergleiche“. Sie bringt zum Ausdruck, dass kategorial verschiedene Dinge unzulässigerweise gleich gesetzt werden. Gleichwohl lassen sich Äpfel und Birnen aber miteinander vergleichen – sofern man einen gemeinsamen Bezugspunkt findet. So handelt es sich bei beidem um Obstsorten. Dieses Gemeinsame bildet nun den Bezugspunkt, mit dem sich die Obstsorten differenzieren lassen. Äpfel und Birnen besitzen jeweils einen eigenen Geschmack, haben ein je eigenes Aroma. Hier sollte nun – nach für jede Sorte eigenen Kriterien – eine ‚qualitative' Beschreibung der jeweiligen Aromen erfolgen: ein Apfel schmeckt eher säuerlich und hat ein Aroma X, eine Birne mundet dagegen süßlich und hat das Aroma Y. Äpfel und Birnen werden aber über ihre Gemeinsamkeit als Obst auch weitere Ähnlichkeiten aufweisen, möglicherweise in ihrer Festigkeit oder ihrem Vitamingehalt. Nur lassen sich diese genau genommen erst dann näher bestimmen, wenn wiederum ein Vergleichsmaßstab herangezogen wird – etwa die Konsistenz und der Nährstoffgehalt von Melonen oder Bananen.

Kontrast in der Gemeinsamkeit

Die in der Dokumentarischen Methode zum Vergleich herangezogenen Interviewpassagen dienen einander als Vergleichsperspektive und strukturieren im „Kontrast in der Gemeinsamkeit“ (Bohnsack 2008) den weiteren Erkenntnisfortschritt: Im Gemeinsamen der zum Vergleich herangezogenen Passagen bildet sich eine dritte (abstraktere) Perspektive (im obigen Beispiel: Obst) auf die ursprünglichen Elemente (im obigen Beispiel: Äpfel und Birnen), mit der die Passagen (im obigen Beispiel wiederum Äpfel und Birnen) in ihrer Besonderheit, in ihrem Kontrast zueinander analysiert werden können. Zugleich eröffnet die neu gebildete gemeinsame Perspektive den Blick auf an anderen Stellen des Datenkorpus vorfindliche weitere vergleichbare Phänomene (im obigen Beispiel: andere Obstsorten).

Tertium comparationis

In der Begrifflichkeit der Dokumentarischen Methode bezeichnet dieses Vorgehen das Konstruieren eines „tertium comparationis", eines Vergleichsmaßstabes (vgl. Nohl 2001b). Es ermöglicht eine empirisch basierte Kontrastierung und mindert das Risiko, die in einem Fall aufgespürten Orientierungen als Folie für weitere Fälle zu überhöhen. Zugleich wird in diesen Vergleichen ein höheres Abstraktionsniveau erreicht, das erst die Möglichkeit eröffnet, systematische Vergleiche anzustellen, die nicht bei der Feststellung „Apfel ist nicht Birne" stehen bleiben.

Fallimmanente und fallübergreifende Kontrastierung

In diesem Vorgehen werden unterschiedliche Arten der Kontrastierung wirksam. Innerhalb des Einzelfalles geschieht dies als fallimmanente Kontrastierung: Verschiedene Äußerungen zu einem gemeinsamen Thema (in unserem Eingangsbeispiel etwa Freizeitaktivitäten) werden einander gegenübergestellt. Im Zuge dieser Kontrastierung zeigt sich, ob ein spezifisches Verhalten (bzw. sein dokumentarischer Sinngehalt) durchgängig in unterschiedlichen Kontexten als eine Art Muster (z. B. Müßiggang) zu erkennen ist oder ob sich hier Variationen ergeben, die darauf hindeuten, dass verschiedene Lebensbereiche unterschiedlich ausgestaltet werden. Dafür müsste dann ebenfalls ein schlüssiges Verständnis erarbeitet werden, ggf. unter Hinzuziehung weiterer Textstellen.

Innerhalb eines Falles lässt sich die Kontrastierung von ihrem engen Bezug auf ein Thema (minimaler Kontrast) lösen und auch auf weitere Facetten eines Falles ausdehnen (maximaler Kontrast): Zur Freizeit in den Ferien kämen dann vielleicht noch Aktivitäten im Elternhaus oder im Verein hinzu. Was als minimaler bzw. maximaler Kontrast gelten kann, ergibt sich aus dem empirischen Material in Verbindung mit der Forschungsfrage.

Darüber hinaus geht die Dokumentarische Methode auch den Weg fallvergleichender Kontrastierung: Hier werden, ebenfalls gemäß den Prinzipien des minimalen und maximalen Kontrasts, anhand von spezifischen Merkmalen (z. B. Mädchen- vs. Jungengruppen, verschiedene Altersstufen etc.) systematisch unterscheidbare Fälle entlang thematisch gleicher Äußerungen verglichen.

> Ziel der Dokumentarischen Methode ist es, Gemeinsamkeiten und Unterschiede der Orientierungsmuster in einem kohärenten Modell zu fassen. Hierbei geht es nicht darum, soziale Voraussetzungen (z. B. die Milieuzugehörigkeit) als allein konstituierenden Faktor von Handlungen zu identifizieren, sondern im Zusammenspiel von Orientierungsschemata und -rahmen die praktische Aneignung solcher Voraussetzungen abduktiv zu verstehen: Wie wird soziale Wirklichkeit erzeugt? Damit wird das in alltäglichen Handlungsmustern sich dokumentierende handlungsleitende Alltagswissen typologisch erfasst.

Vertiefende Literatur: Bohnsack 2001: 225-252; Nohl 2006: 53 ff.

1.7 Typenbildung und Generalisierung

Typologien als Zielsetzung

Im Ergebnis zielt die Dokumentarische Methode darauf, Typologien zu erstellen, die die Variationsbreite der rekonstruierten Orientierungen von Akteuren widerspiegeln, und so zu Verallgemeinerungen zu gelangen. Angestrebt wird eine spezifische mehrdimensionale Form der Typenbildung, die auf einem hohen Abstraktionsniveau das Entstehen von Orientierungsrahmen nachvollzieht.

Dies geschieht zu einem relativ frühen Zeitpunkt des Forschungsprozesses im gleitenden Übergang von der kontrastierenden Analyse zur Typenbildung. Dazu geht die Dokumentarische Methode im Einbezug jeweils mehrerer Fälle in zwei abduktiven Schritten vor, die bereits Mannheim (1980) unterschieden hat: 1) sinngenetische und 2) soziogenetische Typisierung.

Ad 1)

Sinngenetische Typenbildung

Die sinngenetische Typenbildung ist eine themenbezogene fallvergleichende Abstraktion der in den bisherigen Analysen rekonstruierten Orientierungsrahmen. Sie lässt Unterschiede darin erkennen, aufgrund welcher Orientierungen Personen spezifische Themen bearbeiten.

Beispiel für sinngenetische Typenbildung

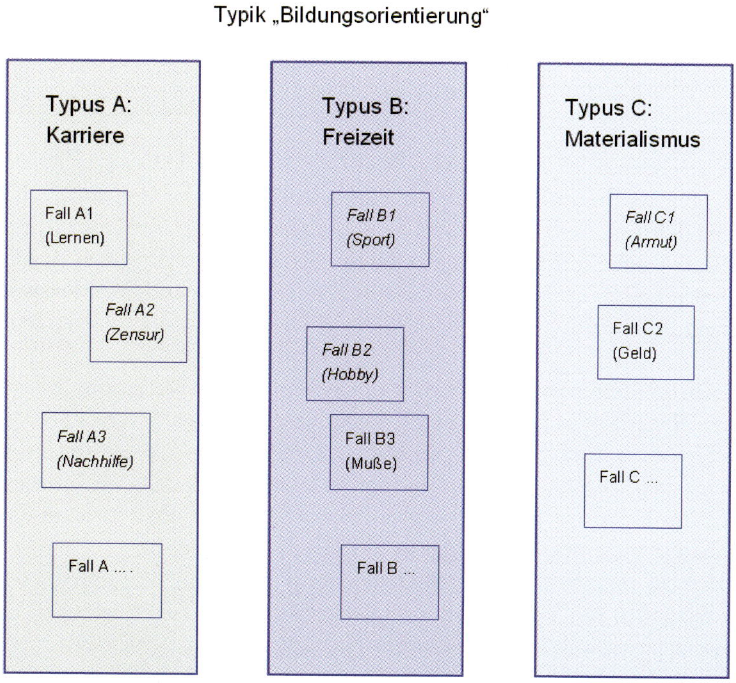

Hinweis: *kursiv* gesetzt sind Fälle, die im Eingangsbeispiel zu diesem Kapitel im Gegensatz zu den Fällen „Geld", „Muße" bzw. „Lernen" nicht erwähnt werden.

Indem neben einem Fall A auch weitere Fälle B, C, ... in die sinngenetische Typenbildung aufgenommen werden, kann aus den Daten heraus die gesamte Gestalt eines Themas nachgezeichnet werden. Das im Eingangsbeispiel angeschnittene Thema „Schulengagement" ließe sich dann beispielsweise in einer Typik „Bildungsorientierung" aufnehmen. Es erschöpft sich dann nicht nur in regelmäßigem karriereorientierten Lernen, wie man anhand der fleißigen Schüler der ersten Gruppe annehmen könnte. Die vergleichend zugezogenen Fälle zeigen, dass diese Perspektive zu eng geschnitten wäre und auch andere, außerhalb der Schule liegende Aspekte auf das Engagement für die Schule Einfluss haben. Auf der sinngenetischen Ebene ließen sich also z. B. drei Typen mit spezifischen Orientierungen unterscheiden: Karriere – Freizeit – Materialismus.

Die zu Typen gruppierten Fälle weisen gemeinsame spezifische Orientierungsrahmen der Bildungsorientierung auf. Bereits im Typus A der karriereorientierten Schüler ist ersichtlich, dass diese aus unterschiedlichen Motiven und bei unterschiedlichen Ausgangslagen entsprechend handeln: Fall A3 braucht die professionelle Unterstützung durch Nachhilfelehrer, Fall A2 ist vor allem auf gute Zensuren aus, während Fall A1 im Lernen an sich einen guten Start ins Leben erhofft. Ihre übergreifende Gemeinsamkeit besteht darin, dass ein guter Schulabschluss als wichtig erachtet wird. Den Typus B vereint dabei eine starke Orientierung auf die Freizeit, zu deren Gunsten die Schule schon mal vernachlässigt wird; die Veranlassung dazu ist aber je spezifisch gelagert. Typus C eint eine aus unterschiedlichen Gründen erwachsene materielle Orientierung.

> Von den Einzelfällen abstrahierend wird mit der sinngenetischen Typenbildung, durch Hinzuziehung weiterer Fälle eine Typologie themenspezifischer Orientierungsrahmen erstellt.

Ad 2)

Soziogenetische Typenbildung

Die soziogenetische Typenbildung ist eine themenübergreifende fallvergleichende Abstraktion der in den bisherigen Analysen rekonstruierten Orientierungsrahmen unter Einbeziehung weiteren Kontextwissens. Dabei geht es weder darum, jeden Fall als Einzeltypik zu verstehen, noch in einer additiven Perspektive einfach Fälle miteinander zu verschmelzen, weil sich bestimmte Parameter gleichen.

Vielmehr kommt erneut das Prinzip der systematischen Variation und des bewussten Perspektivenwechsels durch Kontrastierung zum Tragen. Thematisch differente Textpassagen aus unterschiedlichen Fällen werden im Sinne des tertium comparationis vergleichend in Beziehung gesetzt. Damit kann die Konstellation einzelner Orientierungsrahmen zueinander, ihre sozialen Zusammenhänge sowie ihre Genese erfasst werden.

Um dies zu veranschaulichen, greifen wir auf die schon bekannten Fälle zurück. Bezüglich des Themas „Bildungsorientierung" konnten sowohl Differenzen wie partielle Überschneidungen (Lernen vs. nicht Lernen aus unterschiedlichen Gründen) herausgearbeitet werden und im Hinzuziehen weiterer Fälle wurde eine entsprechende Typik ausgebildet (vgl. Übersicht). Zugleich weisen auch die einem Typus zugehörigen Fälle untereinander Differenzen aus und haben Gemeinsamkeiten mit anderen Typen. Damit wird zugleich die Typik der Bildungsorientierung über die im Zuge der sinngenetischen Typisierung erkannten Abgrenzungen hinaus in ihrer internen Logik besser verstehbar:

Aus der Perspektive der (in einem hier nicht dargestellten Schritt) sinngenetisch erzeugten *Typik Disziplin* ergeben die Fälle A1, A2, B1 und C2 den Typus X (Eigenverantwortung): Die Jugendlichen rekurrieren (in unterschiedlicher Ausprägung) darauf. Die Fälle A3, B2 und B3 bilden den Typus Z. Sie vereint, die Balance von unterschiedlichen Lebenssphären zu thematisieren und damit eine Position zur von ihnen geforderten Disziplin einzunehmen. Der Fall C1 ist ein eigener Typus, dessen alltägliche Praxis von äußeren Zwängen wie der familialen Geldnot bestimmt wird.

Beispiel für soziogenetische Typenbildung

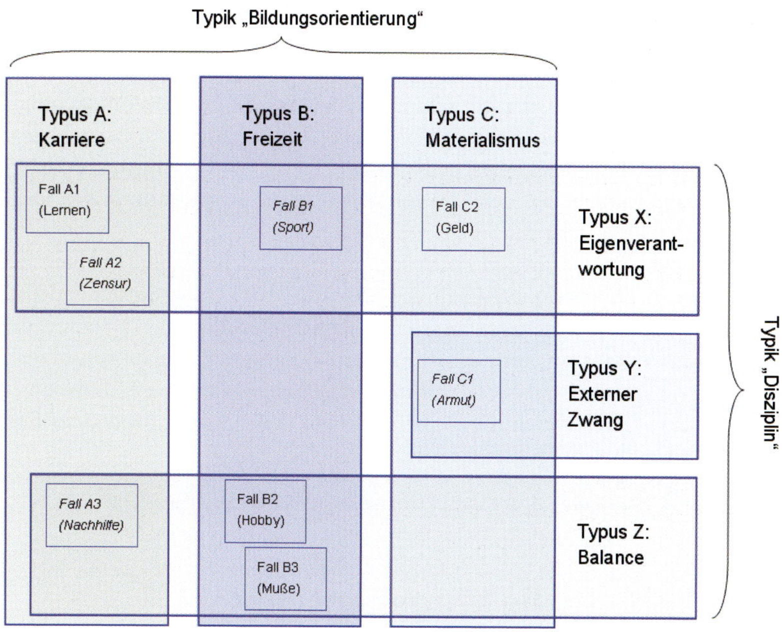

Hinweis: *kursiv* gesetzt sind Fälle, die im Eingangsbeispiel zu diesem Kapitel im Gegensatz zu den Fällen „Geld“, „Muße“ bzw. „Lernen“ nicht erwähnt werden.

Erkennbar wird unmittelbar, dass die bezüglich ihrer Bildungsorientierung gleichartig agierenden Gruppen A1 und A2 sich trotz unterschiedlicher Einstellung zu Zensuren in ihrer Lerndisziplin gleichen. Zudem gleichen sie in der Ausprägung dieser Disziplin den weniger bildungsnahen Sportlern wie auch den geldorientierten Materialisten, die regelmäßig arbeiten gehen.

Mit dieser im Zuge der vergleichenden Rekonstruktion von unterschiedlichen Orientierungsrahmen aufgestellten Typologie lässt sich nun die Typik Bildungsorientierung genauer danach durchdringen, welche Bedeutung der Aspekt Disziplin dafür hat. Der Typus A vereint ja ganz offensichtlich zwei verschiedene Typen von Disziplin: Hoch disziplinierte Eigenverantwortliche wie auf Balance bedachte Nachhilfeschüler; dennoch kann Disziplin allein offensichtlich eine hohe Bildungsorientierung nicht erklären, wie die Sportler und die Materialisten verdeutlichen – und die Forschenden hätten diesen Umstand im Zuge ihrer Theoriebildung zu verarbeiten: Auf die Zeile 1 der obigen Fälle bezogen ist zum Beispiel zu überlegen, ob die Zeitperspektive der Jugendlichen eine Rolle spielen könnte: Materialisten wie Sportler sind eher auf unmittelbare bzw. mittelbare Belohnungen aus (der nächste Konsumartikel, der nächste Sieg), während die Fälle A1 und A2 über eine langfristigere Perspektive verfügen. Ob dem so ist, muss anhand der empirischen Daten nachvollzogen werden.

> Von den einzelnen Typiken abstrahierend unternimmt es die soziogenetische Typenbildung, durch Hinzuziehung weiterer Orientierungen eine Typologie themenübergreifender Orientierungsrahmen zu erstellen.

Generalisierung entlang sozial basierter Orientierungsrahmen

Im Zuge der soziogenetischen Typenbildung werden über die interpretierten Textpassagen hinaus auch solche Informationen aus der Gruppendiskussion einbezogen, die Einsichten in den spezifischen Erfahrungsraum bzw. die soziale Lagerung erlauben: etwa milieu-, geschlechts-, bildungsbezogene oder generationen- und entwicklungsphasenspezifische Erfahrungshintergründe. So kann etwa der Fall C1 als typische Benachteiligung von bildungsfernen Milieus rekonstruiert werden, bei dem die Bewältigung des Armutsalltags vor kostenintensiver Bildung steht.

In der mehrdimensionalen Analyse der auf unterschiedliche Themen bezogenen Orientierungsrahmen schält sich über alle Fälle hinweg ein generalisierter Orientierungsrahmen heraus. Zugleich lassen sich Brüche in den Orientierungsrahmen erkennen, zum Beispiel im Zusammenhang von Disziplin und Schule bzw. Sport. Ziel ist es, zu einer Typologie zu gelangen, die darauf fokussiert, wie soziale Wirklichkeit durch die Beforschten vor dem Hintergrund ihrer Erfahrungen und ihres Alltagswissens hergestellt wird.

Vertiefende Literatur: Bohnsack 2001: 225-252; Nohl 2006: 53 ff.

2 Methodische Vorgehensweise

Aus den bis hierher skizzierten methodologischen Grundlagen der Dokumentarischen Methode ergibt sich eine Abfolge methodischer Schritte, die im Folgenden anhand des Gruppendiskussionsverfahrens im Einzelnen vorgestellt werden. Dabei wird die Erhebung ebenso einbezogen wie die Datenselektion, die der eigentlichen Interpretation vorausgeht, aber bereits analytische Schritte enthält. Der Analyserahmen lässt sich daher wie folgt unterteilen:

- Sequenzierung und Transkription ausgewählter Sequenzen (2.1)
- zentrale Analyseschritte des Gruppendiskussionsverfahrens (2.2)

2.1 Datenerhebung und -aufbereitung

2.1.1 Die Erhebung einer Gruppendiskussion

Beobachtung als methodischer Schritt

Der Gruppendiskussion vorgängig sind in der Regel Beobachtungen vor Ort: Forschungspraktisch muss erst festgestellt werden, ob und gegebenenfalls welche konkreten Gruppen sich im Untersuchungsfeld finden lassen. Zugleich wird mit dem offenen Auftreten von Forschenden die Basis für eine auf gegenseitigem Kennenlernen fußende Gruppendiskussion gelegt; wären sich Forschende und Interviewte gänzlich fremd, ist ein vertrauensvolles und offenes Gespräch kaum vorstellbar.

Die Erhebung selbst ist darauf gerichtet, einen selbstläufigen Diskurs, eine Diskussion unter den Mitgliedern der Gruppe zu initiieren, in der wichtige kollektive Erfahrungen durch die Gruppe selbst thematisiert werden – oder in den Worten der Dokumentarischen Methode: Die Befragten ihre eigenen Relevanzen setzen können.

Diskursorganisation: drei Phasen

Diese Zielstellung wird durch eine klare *Organisation der Diskurse* verfolgt: Grob lässt sich diese in eine 1) initiale Hauptphase mit eingebetteten Nachfragen und einer expliziten Nachfragephase unterscheiden. Letztere teilt sich in eine Phase der seitens der Forschenden 2) eingebrachten Nachfragen und 3) eine Phase direkter Themensteuerung.

Ad 1)

Initiale Hauptphase

Zu Beginn wird durch die Forschenden ein Thema angesprochen, welches die Gruppe in gemeinsamen Erzählungen und Beschreibungen entsprechend der für sie relevanten Facetten aufnimmt und fortschreibt. Dieses Thema soll dabei bewusst vage gehalten werden und keine Richtungsvorgabe andeuten.

Darüber hinaus ist es wichtig, die gesamte Gruppe anzusprechen. Beides wird z. B. in Diskussionen mit Jugendgruppen durch Formulierungen wie „was macht *ihr* denn so, wenn ihr euch seht" erreicht. Hier sind alle aufgefordert, sich zur gemeinsamen Freizeitgestaltung zu äußern. Die direkte Aufforderungen an eine Person: „Sag *Du* mal, was in eurem *Treffpunkt* los ist, wenn ihr euch trefft?" ist dagegen kaum geeignet, einen wirklichen Gruppendiskurs zu organisieren.

> Beide Prinzipien – Pluralität und Vagheit in der Ansprache an die Interviewpartner – sind auch im weiteren Verlauf der Gruppendiskussion zu beachten.

Erzählungen und Beschreibungen als Ziel

Ein grundlegendes Ziel des Gruppendiskussionsverfahrens ist es, detaillierte Erzählungen und Beschreibungen zu erhalten. Dazu können – sowohl in der Hauptphase wie auch in den Nachfragephasen – direkte Erzählaufforderungen („Erzählt doch mal, was da in der Situation los war") oder aber bewusst vage gehaltene Fragereihungen („wie war das für euch, was habt ihr damit angefangen, wie habt ihr das erlebt?") eingesetzt werden. Diese veranlassen die Gruppe, genauer über ein skizziertes Ereignis zu reden und gewährt so den Forschenden Einblicke in die dazugehörige Handlungspraxis.

Nachfragephase

Zur Hauptphase der selbstläufigen Gruppendiskussion gehören auch immanente Nachfragen, d. h. solche Fragen, die sich auf ein bereits gegebenes Thema beziehen und zum unmittelbaren Verständnis notwendig sind. Sie sind wiederum an die ganze Gruppe in solcher Weise zu stellen, dass der Charakter der vagen Erzählaufforderung gewahrt bleibt.

Ad 2)

Erst in der anschließenden Nachfragephase ist Gelegenheit, eigene forschungsrelevante Themen durch die Gruppe diskutieren zu lassen. Dazu werden exmanente, also den bis dahin behandelten Themen äußerliche Fragen formuliert (z. B.: „Ihr habt jetzt viel darüber erzählt, was ihr in eurer Freizeit so macht, und einiges davon kostet ja auch Geld. Wo kommt das denn her?"). Der richtige Zeitpunkt für themeninitiierende exmanente Fragen ist mit einer erlahmenden Gruppendiskussion gekommen, die auch durch immanente Nachfragen nicht mehr zu beflügeln ist; offensichtlich hat zu diesem Zeitpunkt die Gruppe alle ihr zentralen Themen abgehandelt. Exmanente Fragen werden nach den gleichen Prinzipien abgearbeitet, wie dies für die Hauptphase kennzeichnend ist.

Ad 3)

Themensteuerung

In der abschließenden Phase direkter Interventionen greifen die Forschenden auf intuitiv auffällige, möglicherweise widersprüchlich erscheinende Sequenzen des Gruppendiskurses zurück und thematisieren damit vermeintliche Brüche. Insoweit wird die Gruppe zur Auseinandersetzung mit den eigenen Relevanzen aufgefordert, weshalb die Gruppendiskussion an dieser Stelle auch als ‚konfrontativer Diskurs' bezeichnet werden könnte. Hier erhalten die Probanden Anstöße, zu ihren Positionen Stellung zu nehmen (z.B.: „Also die meisten von euch jobben, wenn man's zusammenrechnet, so ein bis zwei volle Tage die Woche. Und ihr habt auch gesagt, dass ihr zum Lernen genug Zeit habt. Das passt für mich irgendwie nicht zusammen."). Daran können sich wiederum immanente Nachfragen anschließen, die einen Detaillierungszwang ausüben.

Vertiefende Literatur: Bohnsack 2008: 207-235; Przyborski 2004: 15-38.

2.1.2 Selektion von Daten und Sequenzierung

Ein mit offenen Erhebungen entstehendes Problem ist es, aus der gewonnenen Menge an Daten diejenigen zu gewinnen, die für die Fragestellung besonders vielversprechend sind. Die Dokumentarische Methode hat dazu ein formalisiertes Verfahren entwickelt, das sich an sprachlichen Merkmalen von kollektiven Gesprächssituationen orientiert. In der Gruppendiskussion spielen Interaktionsmuster innerhalb der Gruppe eine Rolle, vor allem im Hinblick darauf, welche Formen des turn-taking (d.h. des Sprecherwechsels) oder welche weiteren sprachlichen Auffälligkeiten erkennbar werden.

Datenselektion entlang Sprechdynamik und Themensetzung

Solche besonderen Dynamiken im Verlauf der Gruppendiskussion – wenn beispielsweise „alle zugleich reden" oder die Lautstärke anschwillt („hohe Interaktionsdichte") bzw. wenn sich ein Schweigen ausbreitet, kurz: alle im Verlauf der Gruppendiskussion außergewöhnlichen Sprechakte – können als Hinweis auf die Relevanzen der Interviewten (bzw. auf in ihrer Perspektive besonders markante Phänomene) gewertet werden. Das gilt auch für andere Auffälligkeiten, etwa das Sprechen in Metaphern, Umschreibungen, Ersatzwörtern und Übertragungen. Insbesondere wenn damit szenische Erzählungen über die eigene Handlungspraxis eingeleitet bzw. fortgeführt werden, verweisen solche „dramaturgischen Höhepunkte" (vgl. Bohnsack 1989) des Gruppendiskurses auf eine hohe habituelle Übereinstimmung.

Solche sprachlichen Besonderheiten sind eine Aufforderung an die Forschenden, sich dieser Interviewpassage besonders eindringlich zu nähern – und zu ihren Gunsten zunächst andere, zumindest zum frühen Zeitpunkt der Interpretation sprachlich eher unauffällig erscheinende Passagen zu vernachlässigen. Sprachliche Auffälligkeiten zeigen aller Wahrscheinlichkeit nach ein besonders wichtiges, womöglich strittiges Thema an, über das sich die Identität der Gruppe gerade konstituiert. Sich zunächst darauf zu konzentrieren und im Nachgang *thematisch* ähnliche Passagen zu suchen und auszuwerten, stellt das Alltagswissen der Interviewten in der Tradition der Mannheim'schen Wissenssoziologie vor jede Kategorisierung durch Wissenschaftler.

Im Weiteren können auch solche Sequenzen ausgewählt werden, die aufgrund ihrer Thematik für die wissenschaftliche Fragestellung besonders relevant erscheinen oder die zu bereits ausgewählten Passagen anderer Gruppendiskussionen thematisch passen: Einer anhand des dramaturgischen Höhepunkts ausgewählten Textpassage zum Freizeitverhalten etwa werden dann weitere thematisch verwandte Textstellen zur Seite gestellt.

Sequenzprotokolle als erster Analyseschritt

Der erste Schritt der Datenselektion besteht daher in der Gliederung der Gesprächsaufzeichnung in thematische Sequenzen. Dies stellt einen der eigentlichen Interpretation vorgängigen, formalen Zugang zum umfangreichen Material dar. Eingeleitet wird damit eine Datenreduktion. Die Aufnahme der Gruppendiskussion wird abgehört und in Sequenzen eingeteilt, die jeweils ihrem Objektsinn nach eine Sinneinheit bilden. Dabei nach semantisch eindeutigen Markern, wie sie etwa in der Narrationsanalyse zentral sind, zu suchen, kann in die Irre führen: Eine Erzählung über Freizeitvergnügen kann durch vielerlei Redewendungen eingeleitet und auch wieder verlassen werden. Wie kann man sich also der Grenzen solcher Sequenzen versichern? Dies geschieht, indem die Aufnahme abgehört und ein Protokoll der angesprochenen Themen auf der Ebene des Objektsinns erstellt wird. Letztlich wird also das festgehalten, was man auf einer Ebene unmittelbaren Verstehens zu hören meint. In der Folge entsteht so ein Protokoll des sequenziellen Ablaufs einer Gruppendiskussion.

Jeder Sequenz wird eine Überschrift (ein Oberthema) gegeben, die sie inhaltlich wiedergibt. Hilfreich ist es zudem, Auffälligkeiten hinsichtlich der Sprechdynamik und Themensetzung mit festzuhalten. Ein Protokoll könnte dann etwa so aussehen:

Aufnahmezeit in min.	**Oberthema**
0:00-0:34	Kurze Hinweise der Interviewer zum beabsichtigten Ablauf der Diskussion
0:35-6:25	Vordergründigkeit der Bildungschancen
6:26-12:45	Die Freizeitsituation der Jugendlichen in A-Stadt (hohe Interaktionsdichte)
12:46-14:12	Zukunftspläne zum Verlassen von A-Stadt (dramaturgischer Höhepunkt)
14:13-16:18	Sesshaftigkeit der Eltern
16:19-17:12	Bedeutung der Kirche für das Leben in der Nachbarschaft
usw.	usw.

Auswahl relevanter Sequenzen

Auf dieser Grundlage ist es möglich, diejenigen Sequenzen auszuwählen, die von Interesse für die eigene Forschung sein könnten. Im obigen Beispiel stechen zwei Passagen mit einer hohen Interaktionsdichte hervor. Sie bieten sich schon aus diesem Grunde für eine Transkription an. Ist aus inhaltlichen Gründen (Forschungsfrage oder Verweis aus anderen ausgewählten Textpassagen) der Einfluss der Eltern relevant, würde man auch die Sequenz „Sesshaftigkeit der Eltern" transkribieren, wenn hier entsprechende Hinweise zu vermuten sind.

Nutzen der Sequenzierung

Der Schritt der Sequenzierung ist insofern wichtig, als mit der nachfolgenden extensiven Datenauslegung, wie die Dokumentarische Methode sie betreibt, eine vollständige Transkription von Gruppendiskussionen oder Interviews kaum bearbeitbar ist und daher die Reduktion von Datenmengen notwendig ist. Als formaler Schritt enthält er sich weitgehend der inhaltlichen Spezifikation und vermeidet so vorschnelle Interpretationen. Gleichwohl wird er im Rahmen der Dokumentarischen Methode als Interpretationsschritt verstanden. Die Auswahl wird durch andere Forschende überprüft bzw. mit deren Auswahl abgeglichen, um so unter der Hand eingeflossene Vorabinterpretationen auszuschließen.

Vertiefende Literatur: Bohnsack 2008: 124-126.

2.1.3 Transkription: Beispieltext

Angemessenheit der Transkription

Nach der so erstellten Übersicht und der Auswahl der interessierenden Textpassagen erfolgt als nächster Schritt die Verschriftlichung der ausgewählten Textpassagen. Im Rahmen der Anwendungen der Dokumentarischen Methode existiert kein festgelegtes Transkriptionssystem. Verschriftlichungen sind vielmehr in einer der eigenen Forschung angemessenen Qualität zu fertigen, die im weitesten Sinne linguistischen Standards folgen. Das nachstehende Transkript folgt den Transkriptionsregeln in Kapitel I. Eine bearbeitbare Kopie sowie die zugrunde liegenden Audio-Daten befinden sich auf der Begleit-CD.

5-01
5-02

Gruppe „Auto", Passage „Autofahrten über Land" (10:34 - 11:14)

(I=Interviewer, M1, M2 = männliche Gruppenmitglieder, W1, W2 = weibliche Gruppenmitglieder)

```
I:  also auto fahren habt er gesagt, ähm (.) und was macht
    ihr dann so auf diesen fahrten?
M1: ja wir fahrn dann meistens einfach ins grüne raus. (.)
    so an den stadtrand nach BERNSDORF oder so was (.) da sind
    dann die richtigen straßen, wo kAUm einer is[
M2:                                               [da kannste
    dann mal gas geben und den wagen kitzeln.
M1: wir machen das eigentlich den ganzen nachmittag lang so
    (.) wie der sprit halt reicht. am allergeilsten ist es
    wenn du dann noch nen mercedes oder be-em-we überholen
    kannst (lacht) mhn, die asis traun sich doch eh nichts.[
W1:                                                        [kost
    zwar viel geld, ist aber Unbezahlbar. nur Anja, die mag
    das nicht, die hat voll angst vor der geschwIndig[keit
                                                     [(M1, M2
    und W1 lachen)[
W2:               [na ja [(&&)
W1:                      [(lachend:) aber da muss sie dU-Urch!
W2: is aber manchmal wirklich ganz schön gefähr[lich
W1:                                            [ach, gA:r
    ni[ch
M2:   [Ach komm, wir passen auf.
M1: aber wir fahrn nich nur; manchmal hängn wir auch in BODOS
    bude ab. oder wir lernen; und dann aber jeder für sich.
```

2.2 Analyseschritte

Rekursivität des Forschungsprozesses

Wie erwähnt, stellen das unter Abschn. 2.1.2 beschriebene Verfahren der Sequenzierung entlang der Tonbandaufzeichnung sowie die anschließende Transkription ausgewählter Textstellen jenseits der reinen Aufbereitung von Daten bereits einen ersten Auswertungsschritt dar. Diese Verzahnung der Datenaufbereitung und der Analyse bringt eine Besonderheit der Dokumentarischen Methode zum Ausdruck: Sie geht im Zuge ihrer Analyse immer wieder an den eigenen Anfangspunkt zurück, d.h. auch bei einem weit vorangeschrittenen Interpretationsprozess kann es unter Umständen geeignet erscheinen, weitere Textpassagen hinzuzuziehen, die dann noch verschriftlicht werden müssen. Dieser rekursive Prozess ist in dem hier vorherrschenden linearen Textfluss nur unzureichend darzustellen, sodass im Folgenden weitestgehend eine Wiedergabe der isolierten Forschungsschritte vorgenommen wird. Diese umfassen vier Stufen:

- Formulierende Interpretation (2.2.1)
- Reflektierende Interpretation (2.2.2)
- (Sinn- / soziogenetische) Fallbeschreibung (2.2.3)
- Typologie: Generalisierung der Analysen (2.2.4)

2.2.1 Formulierende Interpretation

Reformulierung des Gesagten

In diesem Auswertungsschritt wird eine alltagssprachliche Reformulierung der aufgezeichneten Äußerungen vorgenommen. Wie in Abschn. 1.3 dargestellt, geht es bei der Dokumentarischen Methode darum, über den Objektsinn von Äußerungen zum dokumentarischen Sinngehalt zu gelangen. Dennoch können bereits auf dieser ersten Ebene wichtige Erkenntnisse gewonnen werden: Welche Themen sind den Befragten wichtig, welche inhaltlichen Überlappungen und Verweise bestehen in ihrer Perspektive? Um sich dem zu nähern, wenden sich die Forschenden intensiv dem *Thema* des Gesagten zu und rekonstruieren es im Sinne einer sehr genauen Nacherzählung, bei der darauf geachtet wird, was eigentlich dargestellt und geäußert wird.

Informationen zum Fallbeispiel

Die im Folgenden eingehender zu analysierende, in Abschn. 2.1.3 wiedergegebene Textpassage entstammt der Sequenz „Die Freizeitsituation der Jugendlichen in A-Stadt“ aus der Gruppendiskussion der Gruppe „Auto“ (vgl. Abschn. 2.1.2 Tabelle Sequenzprotokoll, Min. 6:26-12:45). Die Sequenz zeichnet sich auch dadurch aus, dass alle Teilnehmer lebhaft an der Diskussion beteiligt sind, während zuvor eher M1 und W1 das Gespräch dominierten. Thematisiert wird unter anderem, dass Autofahren ein wichtiger Bestandteil der Freizeit dieser Gruppe ist.

Vorab zu der Gruppe noch einige Kontextinformationen, die den Forschenden üblicherweise auch zur Verfügung stehen:

Die Jugendlichen sind 17-18 Jahre alt, leben in einer Kleinstadt jeweils bei ihren Eltern und gehen gemeinsam auf ein Gymnasium. M1 hat seit etwa einem halben Jahr ein sportliches Auto, dass er zum 18. Geburtstag von seinen Eltern geschenkt bekommen hat. Die Gruppenmitglieder wohnen alle in derselben Nachbarschaft und kennen sich von klein auf.

Oberthema und thematische Fokussierungen

Es ließe sich auch ohne tiefer gehende Interpretationen erkennen, dass das diskutierte Thema der in Abschn. 2.1.3 wiedergegebenen Passage „Autofahren über Land“ ist. Im Gruppendiskussionsverfahren wird ein solches allgemeines Thema als Oberthema für Sequenzen festgehalten. Bei dieser oberflächlichen Betrachtung bleibt die Formulierende Interpretation aber nicht stehen. Vielmehr wird mit einer großen Genauigkeit reformuliert, was von den Interviewten gesagt wurde. Diese Reformulierung erreicht nicht die Intensität der

Interpretation bei der Objektiven Hermeneutik, ist aber eine sehr exakte Wiedergabe des Objektsinns der Äußerungen. Gelegentlich kann es auch hilfreich sein, dazu den genauen Wortlaut zu verwenden (vgl. „richtige Straßen"), insbesondere wenn deren Deutungsgehalt zu diesem Zeitpunkt nicht genau bestimmt werden kann. Sofern auf dieser Ebene bereits erkennbar, können unter dem Oberthema einer sinnlogischen Sequenz auch Unterthemen bestimmt werden – mit ihnen lassen sich innerhalb eines Oberthemas thematische Fokussierungen ggf. eindeutiger benennen.

Rekonstruktion des Objektsinns

Die Formulierende Interpretation hat die Aufgabe, sich dem objektiven Sinngehalt, dem Objektsinn der vorliegenden Daten zu nähern. Alle objektivierbaren Inhalte, die in der Rede mitschwingen, müssen durch die Forschenden expliziert werden. Die Formulierende Interpretation stellt so einen ersten Zugang zu dem den Interpretierenden nicht unmittelbar verständlichen Gruppenzusammenhang dar. Hier fließen häufig erste Eindrücke und Vorverständnisse in die Interpretation ein, die erst in Rede und Gegenrede der Interpretierenden kontrolliert werden können. Dabei soll sich dieser Nachvollzug sprachlich nah an der transkribierten Sequenz bewegen. Zum einen schützt dies den Relevanzrahmen der Interviewten, zum anderen verhindert es vorschnelle, d.h. der Methode nicht gemäße Interpretationen. Im Weiteren gilt grundsätzlich, dass nur das auf diese Weise protokollarisch Festgehaltene innerhalb einer Forschergruppe verhandelbar ist. Das Resultat der Formulierenden Interpretation der obigen Textpassage sieht dann etwa so aus:

Oberthema: Freizeitgestaltung

Unterthema Z. 1-24: Autofahrten über Land

Z. 1-2 Frage des Interviewers danach, was auf den Fahrten gemacht wird.

Z. 3-18 Es wird ausgeführt, dass man meistens [ohne festes Ziel] aus der Stadt heraus auf „richtigen Straßen" fährt, wo wenig Verkehr und Gelegenheit zum Schnellfahren ist, um das fahrerische Können und die technischen Möglichkeiten des Wagens auszureizen („Gas geben", „Wagen kitzeln"). Dies findet gewöhnlich über den gesamten Nachmittag so lange statt, wie der Treibstoff reicht. Die größte Freude wird beim Überholen von leistungsstarken Automodellen wie Mercedes oder BMW empfunden, deren als „Asis" bezeichnete Fahrer als ängstlich angesehen werden. Diese Freizeitgestaltung kostet viel Geld, die positive Erfahrung lässt sich jedoch nicht in Geld aufwiegen. Eine Teilnehmerin der Diskussion mag diese Fahrten nicht, weil sie Angst vor der Geschwindigkeit hat. Gleichwohl wird erwartet, dass sie sich beteiligt.

5-03

Hörbeispiele einer Auswertung zu Z. 1-18 finden Sie nebst Kommentaren auf der Begleit-CD.

5-04

Übung: Erstellen Sie in gleicher Form eine Formulierende Interpretation der Zeilen 19-24. Eine Beispiellösung finden Sie auf der Begleit-CD.

Die relative Nähe der Formulierenden Interpretation zum Text ermöglicht es den Forschenden nun, ein gemeinsames Verständnis über die originären Daten zu gewinnen. Dabei geht es darum zu klären, was wirklich gesagt wurde und was möglicherweise der eine oder andere Forschende in den Text hineinlegt. So könnte man auf den ersten Blick annehmen, die Überholmanöver seien Ausdruck einer Konkurrenz der eigenen Automarke gegenüber den genannten. Ein direkter Hinweis auf ein solches Motiv ist aber nicht zu finden.

Es ist die Aufgabe der Formulierenden Interpretation, solche ungenauen Interpretationen in der Forschergruppe diskursiv auszuschließen und zu einem tieferen Textverständnis zu gelangen. Mit der Erstellung eines für jeden zugänglichen einheitlichen Protokolls wird dieser Stand festgehalten (und gewöhnlich in einer weiteren Sitzung nach Fertigstellung nochmals überprüft).

Mit welcher Intensität die Formulierende Interpretation vorgenommen wird, hängt wesentlich von der Komplexität der Gruppendiskussion und vom Grad des angestrebten Verständnisses ab. Eine allgemeingültige Folie kann dafür nicht vorgegeben werden, sondern ist hinsichtlich der Empirie und des Forschungskontextes zu bestimmen. Die gewählte Tiefenschärfe erscheint dann als hinreichend, wenn es gelingt, ein von den Forschenden geteiltes Verständnis über die genuinen Daten zu erlangen bzw. wenn einzelne Forschende bei kritischer Durchsicht keinen Erklärungsbedarf zur Bedeutung einzelner Wörter oder Aussagen mehr haben.

> Die Formulierende Feininterpretation zwingt zu einer Reflexion über vorschnelle Zuschreibungen auf der Ebene des Objektsinns, die möglicherweise kommende Interpretationsschritte beeinflussen und Vorurteile transportieren könnten. Zugleich werden dadurch die Relevanzsetzungen der Beforschten ernst genommen und damit die Analyse empirisch fundiert.

Vertiefende Literatur: Bohnsack 2008: 134 f.; Przyborski 2004: 53 f.

2.2.2 Reflektierende Interpretation

Leitfrage: Wie verläuft der Diskurs?

Wie könnte der Orientierungsrahmen (vgl. Abschn. 1.1) gestaltet sein, in dem die obigen Äußerungen gemacht worden sind? Um dieser für die Dokumentarische Methode zentralen Frage nachzugehen, eignet sich der Wechsel von der Formulierenden zur Reflektierenden Interpretation, d. h. die Perspektivenverschiebung von der Frage „Was wurde gesagt?" auf „Wie wurde das gesagt, was gesagt wurde?". Damit bezieht die Dokumentarische Methode die formale semantische und syntaktische Bedeutung von Äußerungen in die Analyse ein.

Erzählung und Beschreibung als primäre Textsorten

Zu Beginn der Reflektierenden Interpretation steht die erst im Nachgang der Formulierenden Interpretation exakt mögliche Bestimmung der Textsorte (vgl. Kapitel III, Abschn. 1.1.1, S. 65 f.): Erzählung, Beschreibung und Argumentation liefern als formale Bezugspunkte wichtige Hinweise auf die Nähe bzw. Ferne zu konjunktiven Erfahrungsräumen.
Insoweit erlauben formaltheoretisch als *Erzählung* erkennbare Äußerungen dem Außenstehenden einen tiefen Blick in die unmittelbaren Erfahrungen der Erzählenden. *Beschreibungen* beziehen sich ebenfalls auf die eigene Handlungspraxis, fokussieren allerdings mehr oder weniger regelmäßig wiederkehrende Aktivitäten oder illustrieren Gegenstände. *Argumentationen* über und Bewertungen von Handlungen sind dagegen eher einem kommunikativen Erfahrungsraum zuzurechnen und beinhalten möglicherweise direkt an die Forschenden gerichtete Motive (z. B. der Rechtfertigung, Erklärung etc.).

Wohlgemerkt: Das schließt Argumentationen nicht aus der Analyse aus, erkennt aber an, dass damit allenfalls ein kommunikativer Erfahrungsraum betreten wird, dem nicht die relative Unmittelbarkeit von Erzählungen und Beschreibungen eigen ist. Letzteren widmet die Dokumentarische Rekonstruktion ihre besondere Aufmerksamkeit.

Das obige Beispiel „Autofahrten über Land" ist als Beschreibung einzuordnen: Ihm fehlt die Einmaligkeit des dargestellten Ereignisses, es reiht sich vielmehr in eine Abfolge gleicher Aktivitäten ein. Dennoch weist es eine starke Nähe zum konjunktiven Erfahrungsraum der Jugendlichen auf.

Begriffsinstrumentarium zur Analyse des Diskursverlaufs

Um das „Wie" einer Erzählung oder einer Beschreibung einzufangen, wurde im Gruppendiskussionsverfahren eine eigene Terminologie entwickelt, mit deren zentralen Begriffen der Diskursverlauf analysiert wird. Sie sind im Folgenden nach den formalen Gesichtspunkten: a) Eröffnung, b) Fortführungen, c) gegenläufige Beiträge und d) Abschluss gruppiert. Damit bezeichnete Sprechakte vollziehen sich während einer Gruppendiskussion sämtlich in der Interaktion zwischen den Beteiligten bzw. werden als Einzelbeiträge eingebracht. Dass sie sich dabei in der Regel vermengen, erzeugt gerade die Dynamik im Sprechakt, die die Forschenden ausnutzen wollen.

Ad a)

Proposition

Eröffnung: Der Begriff „Proposition" bezeichnet eine Aussage, die ein für den Orientierungsrahmen der Befragten relevantes Thema eröffnet und zumindest in ersten Schritten gewöhnlich auch ausführt. Bei der Textanalyse ist also nur bedingt nach einem eindeutigen Wort oder einer Metapher zu suchen, sondern nach einer sprachlichen Darstellung, auf die andere gleichsam ‚anspringen', oder nach einer für das Untersuchungsziel wichtigen Themensetzung. Mit einer solchen Proposition wird zugleich die Richtung des nachfolgenden Diskurses gelenkt, insbesondere dann, wenn andere Teilnehmer der Diskussion eine *Anschlussproposition* anbringen, die das eingebrachte Thema erneut einführt und so zu einem gemeinsamen Diskussionsthema macht.

Ad b)

Elaboration, Exemplifizierung, Differenzierung

Fortführungen geschehen häufig in Form *ergänzender Stellungnahmen.* Im Beispiel „Autofahrten über Land" ist die auf die Eröffnung folgende Aussage des Teilnehmers M2 eine solche „Elaboration" genannte Fortführung der Proposition. Sie kann das angerissene Thema gegebenenfalls auch auf eine allgemeinere Basis stellen.

Beispielhafte Erzählungen über das Thema einer Proposition werden als *Exemplifizierung* bezeichnet. Die *Differenzierung* hat in Bezug auf die Reichweite einer Proposition dagegen eher *begrenzenden Charakter.* Insoweit damit der ursprünglichen Proposition entgegenstehende Äußerungen gemacht werden, kann es aber auch zu einer Erweiterung des Bezugsrahmens kommen. Ganz generell werden an Darstellungen im Modus der Elaboration, der Exemplifizierung bzw. der Differenzierung positive wie negative Gegenhorizonte (vgl. Abschn. 1.4) einer Proposition besonders gut sichtbar und verweisen damit auf virulente Aushandlungsprozesse hinsichtlich eines gemeinsamen Orientierungsrahmens. Im genannten Beispiel ist dies das ‚schnelle Fahren'.

Validierung, Ratifizierung

In diesem Zusammenhang sind auch *Validierung* und *Ratifizierung* wichtig, mit denen die Teilnehmer einer Gruppendiskussion vorangegangene Propositionen mehr oder weniger eindeutig bestätigen: Ein eingeworfenes „So ist es" etwa wäre eine klare Validierung, während ein „Mhm" oder ein „Ja" auch ein einfaches Signal der Aufmerksamkeit darstellen könnte, das noch keine Übereinstimmung ausdrückt. Ob es sich dabei letztlich um eine Validierung handelt, kann erst im weiteren Verlauf der Interpretation geklärt werden.

Ad c)

Gegenläufige Beiträge: Ist mit den oben beschriebenen Begriffen ein positiver Gegenhorizont erfassbar, so werden für die weitere Analyse Kategorien benötigt, um auch negative Gegenhorizonte zu identifizieren. Dazu zählt insbesondere die *Antithese*: Mit ihr wird eine Proposition des Vorredners zunächst verneint, es kommt aber im weiteren Verlauf des Gesprächs zu einer übereinstimmenden Orientierung, oder mit anderen Worten: These und Antithese gehen in einer Synthese auf. Die *Opposition* ist ebenfalls eine Gegenproposition, mit der vorangegangene Äußerungen allerdings in der Weise gekontert werden, dass eine Fortführung des Themas schlichtweg scheitert. Dies wäre der Fall, wenn Diskussionspartner jeweils ‚kategorisch' auf ihren konträren Positionen beharren, ohne dass der Gegensatz aufgehoben werden kann, sodass es nicht zu einer Synthese kommt. Ebenfalls konträre, aber das eröffnete Thema weniger offensichtlich sprengende Beiträge werden als *Divergenz* beschrieben. Hier reden die Beteiligten aneinander vorbei – bisweilen ohne es selbst zu merken.

Antithese, Opposition, Divergenz

Ad d)

Abschluss: Die Konklusion markiert das deutliche Ende des thematischen Diskurses. Dabei existieren unterschiedliche Formen der Konklusion, je nachdem, wie der vorangegangene Diskurs verlief. Neben direkt auf das verhandelte Thema bezogenen lassen sich auch rituelle Konklusionen finden.

Formen thematischer und ritueller Konklusion

Thematische Konklusionen können die vorausgehenden Orientierungen abschließend ‚auf den Punkt bringen' und so eine finale Qualität beanspruchen. Indem eine eindeutige Formulierung gegeben wird, würde jeder nachfolgende Redebeitrag fehl am Platze wirken. Ein Beispiel dafür ist das zum geflügelten Wort gewordene Statement beim Coming-Out des Berliner Regierenden Bürgermeisters Wowereit, der mit den Worten „Ich bin schwul. Und das ist auch gut so." eine Diskussion um seine sexuellen Präferenzen unterband.

Thematische Konklusionen können positive Bewertungen beinhalten. Die auf eine Erzählung über Autofahrten bezogene Konklusion „Da kannste sagen, was Du willst: Schnellfahren is einfach geil" ist dafür ein Beispiel. Solche positiv besetzten Konklusionen können sich auch im Modus der Generalisierung vollziehen (z. B. „das machen doch alle"), indem sie über den engen Bezug einer Darstellung hinaus verallgemeinert werden.

Soll ein Diskurs beendet werden, bei dem widerstreitende Meinungen vorgetragen wurden, ist häufig eine thematische Konklusion im Sinne einer Synthese zu verzeichnen – man einigt sich auf eine gemeinsame Perspektive. Im obigen Textbeispiel ‚Autofahrten über Land' wird das in der Formulierung „Ach komm, wir passen auf" (Z. 22) versucht.

Von den themabezogenen sind rituelle Konklusionen zu unterscheiden. Sie sollen gegenläufige Diskurse abschließen und zielen gewöhnlich auf einen Themenwechsel. Dies kann geschehen, indem man auf Allgemeinplätze ausweicht („Das Leben ist doch herrlich"), mit denen die Diskussion eine Metarahmung erfährt, oder indem man ein Nebenthema platziert („Heute haben wir aber schönes Wetter").

Rituelle Konklusionen liegen auch vor, wenn eine formale Synthese zwischen zwei konkurrierenden Orientierungen herbeigeführt wird, die den eigentlichen Gegensatz aber nicht auflöst. Für das Autofahrtbeispiel etwa wäre dies der Vorschlag, die Fahrten nur noch alle zwei Wochen zu unternehmen; dadurch wäre der Widerspruch zwischen Geschwindigkeit und Sicherheit kaum berührt. Schließlich stellt auch das Abweisen eines Themas eine rituelle Konklusion dar.

Um eine Konklusion im Zuge einer Metakommunikation handelt es sich dann, wenn das Gespräch bzw. die Diskussion als solche Gegenstand der Interaktion werden oder die Teilnehmer ganz allgemein neue Themen einfordern und zu der Feststellung kommen, „es sei nun alles gesagt".

In der folgenden Darstellung sind die bis hierher genannten Beiträge zu einer Gruppendiskussion formal aufgeführt:

Eröffnung	Proposition (ggf. mit Anschlussproposition)	
Fortführungen	Positive Gegenhorizonte: ▪ Elaboration ▪ Differenzierung ▪ Validierung ▪ Ratifizierung	Negative Gegenhorizonte: ▪ Antithese ▪ Opposition ▪ Divergenz
Abschluss	Thematische Konklusion: ▪ Positive Bewertung ▪ Meinungssynthese	Rituelle Konklusion: ▪ Themenwechsel ▪ Formalsynthese ▪ Thema abweisen
	Sonderfall: Konklusion als Metakommunikation	

Für die Textsequenz „Autofahrten über Land" ergibt sich dann beispielsweise der folgende Diskursverlauf:

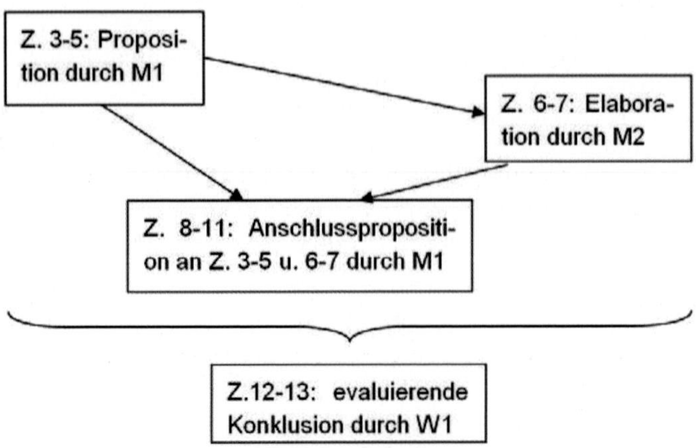

Enaktierungspotenzial

Mit den eben erläuterten formalsprachlichen Analysekategorien der Reflektierenden Interpretation lassen sich nun der Diskursverlauf nachzeichnen und die in ihm wirksamen Orientierungsrahmen identifizieren. Dabei sind die darauf bezogenen Enaktierungspotenziale zu berücksichtigen: Welche Möglichkeiten, entsprechend den formulierten Gegenhorizonten zu agieren, bestehen in den Augen der Protagonisten und werden in ihren Handlungen wirksam? Erst in diesem Zusammenhang gewinnt ein Orientierungsrahmen seine volle Kontur.

Beispiel: Zusammenspiel von Orientierungsrahmen und Enaktierungspotenzial

Im Beispiel der Autofahrt wird deutlich, dass an zwei Stellen die Darstellung eines negativen Gegenhorizontes („Sicherheitsaspekte") den Diskurs um den Spaß beim Autofahren beeinflusst (Z. 13-14, Z. 19). Trotz des Beharrens auf ihrer Position, die einen andern Gegenhorizont benennt („sicheres Fahren"), wird dieser Einwurf einer Protagonistin nicht angenommen und stellt sich damit als nur bedingt konstitutives Element des gruppenspezifischen Orientierungsrahmens heraus. Der Spaß am schnellen Autofahren ist ein ganz wesentlicher Faktor für die Orientierung der meisten Diskutanten. Spaß ist damit der positive Gegenhorizont, an dem das Thema Autofahren abgearbeitet wird.[1]

5-05
5-06

Im Folgenden ist das Ergebnis der Reflektierenden Interpretation in der folgenden Form wiedergegeben. Ein Audiomitschnitt auf der Begleit-CD dokumentiert, wie sich die Interpretationsgruppe im Diskursverlauf (Z. 6-9) annähert. Ein weiteres Hörbeispiel dokumentiert das Eingehen auf parasprachliche Aspekte (Z. 12-16).

Reflektierende Interpretation:
Unterthema „Autofahrten über Land" (05:38 – 06:25)

Z. 1-2 Erzählgenerierende Nachfrage des Interviewers danach, was auf den Fahrten gemacht wird.[2]

Z. 3-5 *Proposition durch M1*
An der Intention der Fragestellung („was wird auf Fahrten gemacht?") vorbei beginnt M1 mit einer Beschreibung der örtlichen Voraussetzungen: Um die Fahrten durchführen zu können, muss die Gruppe erst einmal an den Stadtrand, ins Grüne, fahren. Hier finden sich die benötigten Voraussetzungen: relativ leere Straßen. Start und Ende der Ausfahrten sind eher Mittel zum Zweck. Was auf den Fahrten gemacht wird, ist bis dahin noch unklar; auf den Kern der Frage wurde in der Proposition nur auf hoch indexikale Weise geantwortet (Straßen, wo kaum einer ist) und die Antwort verbleibt eher neutral in der Darstellung.

Z. 6-7 *Elaboration der Proposition durch M2*
M2 fällt M1 ins Wort und hebt den eigentlichen Zweck der Ausfahrten hervor: Gas zu geben und durch schnelles Fahren die Grenzen des Autos auszutesten. Er validiert damit zugleich die Proposition

1 Derlei Gegenhorizonte können auch auf dem Wege des Gedankenexperiments eingebracht, also von außen durch den Interpreten an den Text gelegt werden. Die Dokumentarische Methode setzt aber auf den empirischen Vergleich, d. h. die Gegenhorizonte sollten durch entsprechende Hinweise in anderen Passagen der Gruppendiskussion bzw. denen anderer Gruppen zu finden sein.

2 Kontextinformation: In der der Gruppendiskussion vorausgegangenen Zeit haben die Forschenden eine umfangreiche und partiell teilnehmende Beobachtung der Gruppe durchgeführt, so dass der Lokalbezug der Fahrten auf der Hand lag und zudem in vorangegangenen Phasen der Gruppendiskussion debattiert wurde. Die erzählgenerierende Nachfrage an dieser Stelle richtete sich daher darauf, was *während des Fahrens passiert.*

von M1, dass die aufgesuchten Straßen für diesen Zweck besonders geeignet sind.
(Folgerung aus Z. 3-7:) Es existieren drei unterschiedliche Phasen bei diesen Ausfahrten: eine in der Fahrweise moderate Anreise an den Stadtrand, die Phase des Schnellfahrens, wenn entsprechende Voraussetzungen bestehen, sowie eine Phase der Rückkehr in die Heimatstadt in, so kann vermutet werden (siehe Hinfahrt), wiederum moderater Fahrweise. Insofern wird mit der Annäherung an den städtischen Raum ein sozial normiertes Verhalten an den Tag gelegt, während der ländliche Raum eher Gelegenheitsstrukturen zur Normüberschreitung bietet.

Z. 8-11 *Elaboration von Z. 3-7 durch M1*
M1 kehrt zunächst („wir machen ... halt reicht") noch einmal zu seiner ursprünglichen Proposition zurück und führt nun weitere Rahmenbedingungen ein: zeitliche und materielle Begrenzungen erlauben es zwar, den ganzen Nachmittag zu fahren, aber nur solange das Benzin reicht.
In seiner weiteren Rede („Am allergeilsten ...") greift M1 den Beitrag M2s auf und spezifiziert diesen, indem er den besonderen Kick beim Überholen verdeutlicht: Dieser stellt eine Steigerung des Lustgewinns durch das Schnellfahren dar. Dabei handelt es sich um eine doppelte Konkurrenz der Marken und der Fahrer: Indem die Jugendlichen etablierte Automarken überholen, erweist man sich als der mutigere Fahrer. Dass der durch Überholmanöver qualifizierte „Wettkampf" durch die Jugendlichen einseitig eröffnet wird und insofern simuliert ist, tut dem keinen Abbruch. Jenseits rationaler Erwägungen stehen für die Jugendlichen das Event des Sieges sowie die auftauchenden Gefühle beim schnellen Fahren im Vordergrund des Interesses.

Z. 12-13 („...unbezahlbar.") *Ratifizierende Konklusion durch W1*
W1 resümiert den Wert solcher Situationen als nicht durch Geld abzuwiegen und taxiert damit zugleich den relativ zur ökonomisch eingeschränkten Situation der Schüler offensichtlich hohen finanziellen wie materiellen Einsatz (Benzin / Unfallrisiko).

5-07

Übung: Erstellen Sie in gleicher Form eine Reflektierende Interpretation der Z. 13 (ab „nur Anja, ...") bis 24. Eine Musterlösung finden Sie auf der Begleit-CD.

Homologien als Kontrollinstanz

Wie kann man sich nun sicher sein, mit der Reflektierenden Interpretation real vorhandene Orientierungen zu erfassen und nicht etwa die subjektiven Deutungen der Forschenden? Dies geschieht über den Ausweis von Homologien in den Äußerungen, also von hinsichtlich ihres dokumentarischen Gehalts gleichsinnigen Aussagen zu einem Thema.

Auf eine einzelne Erzählpassage bezogen, sind solche Homologien dadurch zu identifizieren, dass mehrere Sprecher nachfolgend aufeinander bezogene gleichsinnige Aussagen in einer Abfolge von initialer, fortführenden und ratifizierenden Äußerungen treffen.

In der schon bekannten Textpassage „Autofahrten über Land" geschieht dies wie folgt:

1) Auf die *initiale Äußerung*, mit der zugleich das Thema der Textsequenz festgehalten werden kann (Z. 6-7: „da kannste dann mal gas geben"), schließen sich
2) *positiv-fortführende Äußerungen* an, die die Erfahrungen dieses Wechsels in einer Weise verdeutlichen, die der ersten Äußerung entsprechen und gegebenenfalls noch weiter ausführen (Z. 09-11 „am allergeilsten..."). Aus diesen Äußerungen lässt sich bereits die Orientierung der Sprechenden rekonstruieren; daran schließt
3) eine weitere *ratifizierende Äußerung* (Z. 13: „ist unbezahlbar") an, die das zuvor Gesagte bestätigt.

Auf dieser Grundlage kann auf einen homologen Orientierungsrahmen – im obigen Beispiel des Spaßes am schnellen Fahren – geschlossen werden, der für die interviewte Gruppe charakteristisch ist. In unserem Beispiel ist der nachfolgende Widerspruch einer Person (Z. 19), der unmittelbar nachfolgend (Z. 20 f.) von zwei anderen Gruppenmitgliedern zurückgewiesen wird, nur der Ausweis einer abweichenden Einzelmeinung, die keinen Einfluss auf die Gruppenorientierung hat.

Soweit die reflektierende Interpretation, die auf den Diskursverlauf abhebt. Ihr Vorgehen hat deutlich werden lassen, dass die Gruppe sich an einem gemeinsamen Horizont orientiert (dem Spaß am schnellen Autofahren) und dabei den aus der Gruppe selbst eingebrachten thematischen Gegenpol (Gefahr) negiert. Zugleich sind abweichende Positionen nur partiell verhandlungsfähig – W2 „muss da durch". Dies deutet auf eine das eigentliche Thema des Spaßes am Fahren transzendierende Orientierung auf Gruppenzwänge bzw. erzwungene Verhaltensweisen an.

Vertiefende Literatur: Bohnsack 2008: 135-139; Przyborski 2004: 61-76.

2.2.3 Sinn- und soziogenetische Fallbeschreibung

Zusammenführen von Formulierender und Reflektierender Interpretation

Die Erfassung dessen, was gesagt wird und wie es gesagt wird, eröffnet den Zugang zum verborgenen Wissen der Beforschten und wird erst durch die Reflektierende Interpretation rekonstruierbar. Die systematische Zusammenführung geschieht im dritten Schritt der Dokumentarischen Methode, der Diskurs- bzw. Fallbeschreibung. Die Fallbeschreibung ist der Ausweis grundlegender Orientierungsrahmen und -schemata. Sie vereint die Ergebnisse der Formulierenden und Reflektierenden Interpretation, indem sie diese auf einem abstrakteren Niveau ineinander überführt und zusätzliche Informationen (Kontextwissen, Ergebnisse anderer Passagen) heranzieht. Zugleich ist dies der Schritt von der sinngenetischen zur soziogenetischen Typisierung: Erst wenn von den genuinen Erzählungen zu abstrahierende Erkenntnisse vorliegen, können die Orientierungen der Erzählenden in ihrer Genese erfasst werden (vgl. Abschn. 1.6).

Im Forschungsprozess selbst laufen die Schritte der Fallbeschreibung und der nachfolgend dargestellten Typenbildung zumeist parallel. Die Fallbeschreibung als eigener Schritt verliert daher in manchen Forschungskontexten ihren eigenen Stellenwert und wird im Zuge der Typenbildung und Typologie vereinnahmt. Im Folgenden wird aus Anschauungszwecken der ‚klassische' Weg beschritten, der die Fallbeschreibung als originären Schritt der Analyse wertet. Dazu wird die obige Textpassage zunächst erneut aufgenommen, um sie daran anschließend mit weiteren Ergebnissen zu verbinden.

Beispiel: Fallbeschreibung

Fallbeschreibung: Autofahrten über Land

Z. 3-13 Spaß als Beweggrund für Autofahrten

Enaktierungspotenziale

Proposition durch M1 und interaktive Elaboration bzw. Differenzierung

Im Anschluss an die Erzählaufforderung durch I beginnt M1 mit einer Mischung aus beschreibenden und erzählenden Elementen über Fahrten an den Stadtrand. Ein wesentlicher Grund für die Aktivitäten sind die dort vorzufindenden leeren Straßen. Weshalb dies wichtig ist, wirft M2 mit einer Detaillierung ein, indem er M1 in die Rede fällt. Er setzt die begonnene Erzählung über die letzte Fahrt fort und konkretisiert die Bedeutung guter und leerer Straßen als Voraussetzung für schnelles Fahren. „Gas geben" meint die Leistungsfähigkeit des Autos auszutesten und es (und damit auch sich selbst) an die Grenzen des Möglichen zu bringen („zu kitzeln"). M1 schließt an diese Äußerung mit einer nahe an der Konklusion liegenden Verallgemeinerung an: Schnelles Fahren ist eine übliche Freizeitbeschäftigung, die allenfalls durch fehlende finanzielle Mittel beschränkt wird. Offensichtlich gehen die Befragten davon aus, dass ihr Thema des schnellen Fahrens unmittelbar einsichtig ist und kaum vertiefender Erläuterungen bedarf: Es ist eben „geil" und damit nicht erläuterungsbedürftig. Sodann öffnet M1 den Rahmen wieder, indem er eine weitere Differenzierung einbringt: Das geile Gefühl lässt sich dadurch steigern, dass simulierte Wettrennen gegen andere (ahnungslose) Fahrer gefahren werden. Mit dem Überholen verbinden die Befragten wiederum ein Gefühl, diesmal des eigenen Mutes, in Abgrenzung zu ihrem Gegenhorizont, den mutlosen Fahrern potenziell schnellerer Autos. Mit der Benennung bekannter Marken verweisen sie auf eine strukturell gegebene Unterlegenheit, die sie angesichts der Straßenführung durch ihren Mut mehr als wettmachen können und durch den sie unbezahlbare Befriedigung erlangen.

5-08
5-09

Übung: Setzen Sie die Fallbeschreibung für die Z. 13 (ab „nur Anja, ...") bis Z. 24 fort. Eine Beispiellösung finden Sie auf der Begleit-CD. Zudem finden Sie hier einen Audio-Mitschnitt der Interpretationssitzung, in der die Fallbeschreibung diskutiert wird.

> Der Erkenntnisfortschritt von der Formulierenden über die Reflektierende Interpretation hin zur Fallbeschreibung besteht darin, dass sich im analytischen Zusammenspiel des Themas und des Diskursverlaufs Einblicke eröffnen, wie und in welchem Rahmen die Gruppe ein Thema bearbeitet, welche Positionen zugelassen oder abgelehnt werden oder umstritten sind und welche sich in der alltäglichen Praxis durchsetzen.

Unabhängig davon, ob die Autofahrten wirklich gefährlich sind – was durch die Forschenden gar nicht nachzuvollziehen ist, da sie weder Straßenlage noch

Zustand des Autos, weder die faktische Geschwindigkeit noch die Fahrerqualitäten kennen –, wird mit diesem Auswertungsschritt die Bedeutung dieser Aktivitäten *für die Gruppe* klarer. Das lässt Beschreibungen des Orientierungsrahmens zu.

Im Hinblick auf die wahrgenommenen gesellschaftlichen Bedingungen individuellen Handelns (Orientierungsschemata) und den spezifischen Orientierungsrahmen, die dem konkreten Handeln der Gruppe zugrunde liegen, stünden jetzt Überlegungen an, ob hinter den hier dargestellten Aktivitäten spezifische Muster erkennbar werden, die sich von anderen abgrenzen lassen. Methodisch unreflektiert und damit unkontrolliert ließen sich nun Gedankenexperimente anstellen, welcher Art diese Muster sein könnten – z. B. ließe sich schnelles Autofahren als eine männlichen Attributen entsprechende Aktivität in bildungsfernen Milieus kategorisieren. Dies ist jedoch nicht Sache der Dokumentarischen Methode. Sie verbleibt konsequent auf dem Weg der methodisch kontrollierten Interpretation und überprüft das bis hierhin gefundene Ergebnis anhand anderer Textpassagen. Der hierfür gewählte Weg ist der des komparativen (vergleichenden) Einbeziehens weiterer Textpassagen aus dem Fall wie auch aus anderen Fällen. Das geschieht systematisch nach den Prinzipien minimaler und maximaler Kontrastierung, d. h. nahe beieinanderliegende Themen oder Fälle werden ebenso verglichen wie stark unterschiedliche.

Kontrastiver Fallvergleich

Mit der Kontrastierung sollen einerseits die vorläufig angenommenen Interpretationen validiert werden. Andererseits eröffnet sich ein interpretatorischer Raum, ohne auf das bestehende Wissen der Interpreten rekurrieren zu müssen. Variieren ließe sich auch die Herkunft der Gruppe – etwa nach dem Milieu oder dem Generationenzusammenhang. Welche Kontraste angelegt werden, ist keine a priori zu entscheidende Frage, sondern ergibt sich erst aus dem Forschungsprozess. A priori gilt für die Dokumentarische Methode aber, dass komparativ interpretiert werden muss. Wiederum steht hier die empirische Fundierung jeglichen Erkenntnisgewinns im Zentrum der Überlegung.

Die Analyse anderer Textstellen ergab für die Gruppe „Auto" weitere lebensbereichsspezifische Orientierungen, die im Folgenden kursorisch wiedergeben werden. Dies geschieht, um mittels einer damit möglichen Beschreibung soziogenetischer Typiken (vgl. Abschn. 1.6) das Gesamtbild für die Gruppe zu verdichten. Einen Audiomitschnitt der Interpretationsgruppe finden Sie auf der Begleit-CD.

5-10

Gruppe „Auto": Ergebnisse anderer Textpassagen

Freizeit in Vereinen und Institutionen:

Einige Gruppenmitglieder sind in Sportvereinen engagiert, in denen sie zum Teil unter Leistungssportbedingungen trainieren und dementsprechend viel Zeit dafür aufwenden. Einige haben musische bzw. schauspielerische Interessen, die sie ebenfalls im institutionalisierten Rahmen ausleben: Ein halbprofessionelles Schülertheater und die örtliche Musikschule bieten dafür die Gelegenheit. Derlei Aktivitäten werden von den Eltern der Jugendlichen aktiv unterstützt; die Eltern fordern sie aber auch dezidiert dazu auf, diesen Hobbys konsequent nachzugehen (Zitat: „Wenn ich mal keine Lust hab kommt gleich: ‚Ich finde, Du solltest da jetzt hingehen, der Spaß kommt von alleine'"). Diesen Impetus haben die Jugendlichen internalisiert und verstehen die Aktivitäten als Arbeit an sich selbst. Sport und Theater dienen so weniger dem Spaß in der

Freizeit, als dass sie als Teil der Persönlichkeitsentwicklung einen für den weiteren Lebensweg notwendigen Charakter erhalten.

Schule

Die Jugendlichen besuchen die Oberstufe und orientieren bereits auf ein universitäres Studium nach Abschluss der Schule. Sie planen insoweit ihre berufliche Karriere als zwar einen bruchlosen Pfad; dies auch vor dem Hintergrund überwiegend guter Noten bzw. der Bereitschaft, für diese Noten etwas zu tun und den (eigenen wie elterlichen) Leistungserwartungen zu entsprechen. Aufgrund dieser Einstellung, der abrufbaren Ressourcen des Elternhauses und entsprechenden Erfolgserlebnissen sehen sie die Schule als einen wichtigen Teil ihres Lebens an, den es diszipliniert und effizient zu gestalten gilt. Ein wichtiger Umstand dabei ist, dass Schule und Ausbildung bzw. Studium als zeitbegrenzt antizipiert und die Aufwendungen und Einschränkungen als endlich begriffen werden.

Soziale Beziehungen: Textpassage „Liebe und Freundschaft"

Zwei der Jugendlichen (M1 und W2) sind seit geraumer Zeit liiert und treten auch als Paar in der Öffentlichkeit auf. Für die Gruppe hat dies wenig Konsequenzen, da alle Mitglieder sich von klein auf kennen und seit Langem enge Kontakte bestanden. Weniger als Ältester denn durch seine Verfügungsgewalt über den Wagen hebt sich M1 in seiner Position und Bedeutung für die Gruppe ein wenig von den anderen ab, ohne daraus jedoch weitere Vorteile ziehen zu wollen bzw. zu können. Die Geschlechter werden als prinzipiell gleichberechtigt angesehen. Aktivitäten werden überwiegend gemeinsam geplant und durchgeführt.

5-11 Einen Audiomitschnitt der Interpretationssitzung, in der über diese fallinterne Kontrastierung diskutiert wird, finden Sie auf der Begleit-CD.

Im Zuge der Fallbeschreibung werden solche (und weitere) Ergebnisse herangezogen und zu einem Gesamtbild verdichtet (vgl. dazu Abschn. 1.6). Der Fall als Ganzes erhält dadurch seine besonderen Facetten aufrecht, während zugleich von der in den obigen Ergebnissen noch deutlich hervortretenden Nähe zum Fall weiter abstrahiert wird. Es können aber auch andere Fälle hinzugezogen werden, die sich thematisch oder von den Orientierungen her eignen. In die Fallbeschreibungen gehen all diese Aspekte ein. Zugleich werden einzelne empirische Phänomene zunehmend in fachsprachliches Vokabular übertragen. Hintergrund dafür ist, dass weniger die konkreten Einzelereignisse für die Forschenden von Interesse sind als vielmehr die allgemeinen Bedeutungen, die sie erlangen.

Für die Fallbeschreibung der Gruppe „Auto" ist insbesondere der Widerspruch zwischen den (gefährlichen) Autofahrten und den ansonsten recht angepasst erscheinenden Lebensgewohnheiten zentral. Gerade dieser Widerspruch muss in der Fallbeschreibung dergestalt aufgelöst werden, dass sich eine beide Aspekte einbeziehende Darstellung ergibt. Folgende kurze Fallbeschreibung verdeutlicht diesen Schritt der abwägenden Gesamtdarstellung in einer Fallbeschreibung:

Fallbeschreibung Gruppe „Auto" (Auszug)

Die Freizeitgestaltung (siehe Passage Freizeit) dient einem gleichsam ‚höheren' Ziel: der Vorbereitung auf das Erwachsenenleben durch eine frühzeitige Gewöhnung an professionelles Verhalten. Diese Konditionierung vollzieht sich vor allem im institutionalisierten Raum. Die Jugendlichen haben die dortige Leistungsbereitschaft internalisiert und erkennen in der Körperertüchtigung und der Anhäufung von kulturellem Kapital die Basis für ein erfolgreiches Leben. Dies findet seine Fortführung im institutionalisierten Rahmen der Schule (vgl. Passage „Schule“). Vor dem Hintergrund ausreichender Ressourcen wird das eigene Lernpensum als genuin eigene Angelegenheit begriffen; der damit einhergehende Belohnungsaufschub wird mit dem Hinweis auf späteren Lebenserfolg rationalisiert. Die Ausfahrten auf das Land stellen Gelegenheitsstrukturen dar für den Ausbruch aus dem von Eltern, Vereinen und Schule mehrfach institutionalisierten, als goldener Käfig wahrgenommenen Dasein. Es handelt sich um fern der Institutionen stattfindendes und daher unsichtbares Aufbegehren gegen das eigene Milieu der vorauseilenden Absicherung des Lebens: An den Wochenenden ziehen die Jugendlichen die Exit-Option. Hier können sie Authentizität spüren, die den anderen Sphären aufgrund ihrer Zielgerichtetheit verloren gegangen ist.

Die Herkunft aus ressourcenstarken Elternhäusern befördert eine von materiellen Gütern abstrahierende Ausgestaltung der eigenen Beziehungen: Besitz ist dafür nicht wichtig (gleichwohl stellt z. B. der Autobesitz ein Enaktierungspotenzial dar), wohl aber der Zusammenhalt in der Gruppe (vgl. Passage „Liebe und Freundschaft“; vgl. auch Ausschlussandrohung in der Passage „Autofahrten über Land“). Diese egalitäre Orientierung findet allerdings da ihre Grenzen, wo Andere (Autofahrer) ins Spiel kommen – es erwächst dann eine (einseitige) Konkurrenz. Dieser Wettbewerbsgedanke ist nun kein isoliert auf das Autofahren bezogener, sondern hat seine Wurzeln in den anderen Lebensbereichen, in denen Leistung und Erfolg professionell angegangen werden. Die Jugendlichen transportieren auf diese Weise noch in der Rebellion gegen den goldenen Käfig den ihn erst etablierenden Modus des Lebensvollzugs innerhalb ihres Herkunftsmilieus: die erfolgreiche Konkurrenz als distinktive Elitenbildung.

Der Bezug einzelner Textsequenzen aufeinander ermöglicht, Muster und Kontinuitäten, aber auch Brüche im Handeln der Beforschten zu erkennen. In den Fallbeschreibungen werden unterschiedliche Realitätsbereiche mit differenten Enaktierungspotenzialen vergleichend einbezogen und auf diesem Wege sowohl durchgängige als auch themenspezifische Orientierungen sichtbar. Erst wenn Kontinuitäten und Diskontinuitäten im Agieren der Gruppen berücksichtigt werden, stößt man zur soziogenetischen Typenbildung vor (vgl. Abschn. 1.5). Insoweit gelingt mit einer dichten Fallbeschreibung der Übergang von der sinn- zur soziogenetischen Typenbildung einerseits für alle einzelnen Fälle, aber auch für das Sample insgesamt.

Vertiefende Literatur: Bohnsack 2008: 139-141; Nohl 2006: 53-63.

2.2.4 Typologie: Generalisierung der Analysen

Unter der Zielsetzung einer generalisierten, theoretisch fruchtbaren Abstraktion werden die soziogenetischen Orientierungen der im Sample aufgenommenen Gruppen systematisch untereinander kontrastiert (vgl. Abschn 1.6). Die Typologie erfasst damit die gesamte Breite der möglichen Orientierungen, ihre vielgestaltige Verflochtenheit und mögliche Überlappungen.

Im Folgenden werden einzelne Interpretationen sowie Ausschnitte aus der Fallbeschreibung einer weiteren Clique, der Gruppe „Motorrad“ herangezogen. Diese werden nachfolgend im Sinne der Typologisierung mit der schon bekannten Gruppe „Auto“ kontrastiert. Zunächst einige Informationen zum Kontext dieser Gruppe:

Die Gruppe „Motorrad“ ist eine rein männliche Gruppe (17-25 Jahre) in derselben Kleinstadt. Die Mitglieder leben zum überwiegenden Anteil noch bei ihren Eltern, lediglich zwei Ältere besitzen eigene Wohnungen. Die Gruppe hat als Treffpunkt eine einsam gelegene Garage auf einem verlassenen Grundstück, die ihr vom Vorbesitzer überlassen wurde. Hier üben sie ihr gemeinsames Hobby, die Reparatur und Restauration von Motorrädern aus.

5-12

Einen Audiomitschnitt der Interpretationssitzung, in der eine fallübergreifende Kontrastierung vorgenommen wurde, finden Sie auf der Begleit-CD.

Befunde zu einzelnen Textstellen

Gruppe „Motorrad“:

Freizeit auf dem Grundstück:

Obwohl die Jugendlichen einen festen wöchentlichen Tag ausgemacht haben, an dem alle anwesend sein müssen, sind die einzelnen Mitglieder beinahe jeden Tag eine Zeit lang vor Ort („einfach um mal vorbei zu schauen was läuft, ob man helfen kann“). Motorräder aufzubauen und herauszuputzen ist der zentrale Teil ihrer Freizeitgestaltung. Mehr noch als das Erlebnis des Fahrens und der Geschwindigkeit zählt das handwerkliche Geschick. Sie organisieren sich weitgehend selbst – Ersatzteile zu beschaffen, ist jedem selbst überlassen, während es für Verbrauchsmaterial jeweils Verantwortliche gibt – dies gilt gleichermaßen für Öl und Putzlappen wie für Getränke. Auf die solchermaßen verlässliche und eingeschworene Gemeinschaft sind die Jugendlichen stolz („wir halten zusammen“).

Schule / Lernen

Bildung haben die Jugendlichen als ambivalent und schwierig erlebt, überwiegend wurde „gerade eben so“ die Realschule absolviert. Im Anschluss fanden einige Jugendliche eine Ausbildungsstelle, andere stecken in der Arbeitslosigkeit, die sich bereits zu verfestigen beginnt. Die abstrakten Lehr- und Lernerfahrungen der Schule waren den Jugendlichen zumeist wenig zugänglich, sie haben dagegen vom eigenen „schrauben können“ profitiert („in technische Physik hat mir kein Lehrer was vorgemacht – ich wusst zwar nicht die Formel, aber ich wusste, wie’s funktioniert“). Die darin durchscheinende Distanz zum Schulsystem wird dahin gedeutet, dass das System nicht richtig und bedarfsgerecht funktioniert – eine reflektiert an die eigene Person gerichtete Bilanzierung kommt nicht vor.

Soziale Beziehungen

In der Clique integriert, sind die selbst gesetzten Riten bindend und erzeugen ein Wir-Gefühl. Frauen werden weitgehend aus dem Clubleben verbannt; sie haben gelegentlich einen Zuschauerstatus, wenn die restaurierten Motorräder im Rahmen von öffentlichen Festen bestaunt werden. Für Eltern gilt ein striktes Zugangsverbot – die Jugendlichen begreifen ihr Grundstück explizit als ihr eigenes Reich. Der Wunsch, sich mit anderen Motorradclubs auszutauschen, hat sich noch nicht erfüllt – frühere Kontakte wurden als nicht gut befunden, da die Anderen entweder „nur so Schicki-Mickis warn“ oder aber zu stark in Richtung „Rocker“ tendierten. Die daraus entstandene Isoliertheit wird generell bedauert (vgl. Audiomitschnitt auf der Begleit-CD).

5-13

Wiederum sollten die einzelnen Passagen in eine abstraktere Fallbeschreibung überführt werden (vgl. das Beispiel für die Gruppe „Auto“), wobei eklatante

Unterschiede, aber auch Gemeinsamkeiten zwischen den Gruppen bereits einfließen können. Im Zuge soziogenetischer Typenbildung lässt sich für die Gruppe „Motorrad" festhalten:

Gruppe „Motorrad": Auszug aus der Fallbeschreibung
Bei den Jugendlichen zeigt sich ein milieuimmanenter (handwerkliches Geschick) und dauerhafter Weg der Abschottung mit Hilfe eines relativ teuren und damit milieufremden Hobbys: Auf die negativen Erfahrungen mit einem abstrakte Inhalte vermittelnden Schulsystem wird mit einem Rückzug auf das eigene Können reagiert. Auf diese Weise verschafft man sich Erfolgserlebnisse, wo weitere nicht erreichbar scheinen. Dem ist zugleich eine deutlich Geschlechter segregierende Konnotation eigen (Ausschluss von Frauen) – die Gruppenmitglieder schaffen sich eine reine Männerwelt fern von belastenden Einflüssen. Insoweit bietet das Hobby eine Fluchtmöglichkeit aus der als öde erfahrenen Realität, allerdings nicht im Modus der eingeübten Konkurrenz (wie bei der Gruppe „Auto"), sondern der Selbstgenügsamkeit (vgl. Audiomitschnitt auf der Begleit-CD).

5-14

Empirische Generalisierung

Wie lassen sich die Ergebnisse nun generalisieren? In beiden Fällen handelt es sich um Exit-Optionen aus dem als unbefriedigend erlebten Alltag. Die Ressourcen dafür sind allerdings unterschiedlich, und so sind es auch die Praktiken. Die Gruppe „Auto" steht augenscheinlich für einen partiellen Bruch mit milieuspezifischen Orientierungen auf dem Weg der Abenteuersuche – der ansonsten kalkulatorische Lebensvollzug wird ausgesetzt. Um das vor diesem Hintergrund irrationale Verhalten mit dem starken Zukunftsbezug in Einklang zu bringen, müssen Folgen ausgeblendet werden – ein weiterer Bruch in der Kalkulation. Abenteuerlust modifiziert milieuspezifische Orientierungen also zumindest entwicklungsphasentypisch (vor dem Hintergrund bereitgestellter Ressourcen); ob und wie mit zunehmender Normalisierung der Erfahrung von Geschwindigkeit eine Rückkehr in die kalkulatorische Praxis sicheren Fahrens gelingt, ist zunächst offen. Die temporäre Suspendierung grundlegender Orientierungen trägt auf der anderen Seite milieuspezifische Werte weiter, indem im Fahren der Konkurrenzgedanke (des angesichts des Risikos existenziellen „survival of the fittest") gewissermaßen spielerisch eingeübt wird. Erfolg wird unabhängig von Geschlecht verstanden, was im Zwang zur Fahrt als Androgynisierung des Milieus verstanden werden kann – im Konkurrenzkampf existieren keine Schutzräume mehr.

Letzten Endes führt die Exit-Option die milieutypisch eingeübten Orientierungen des Erfolgsstrebens in radikalisierter Weise fort: Nun wird nicht nur investiert, sondern auch das eigene Leben eingesetzt und ist somit eine Bewegung vom kalkulativen Planen zum risikobehafteten ‚Durchziehen' erkennbar. Steigerung ist dabei der eigentliche Modus, der unmittelbar an das Gedankengebilde von Konkurrenz und Erfolg andockt.

Auch die Gruppe „Motorrad" setzt in gewissem Sinne milieutypische Erfahrungen (hier des handwerklichen Umgangs mit technischen Artefakten) fort – diese Kontinuität ist aber mit einem isolationistischen Rückzug verbunden. Dies zieht sich durch unterschiedliche Entwicklungsphasen hindurch, sodass von einer Verstetigung der Milieuspezifik gesprochen werden muss. Nicht nur fehlen materielle Ressourcen, um das ändern zu können, auch die sozialen Voraussetzungen geben dies nicht her. Die Verstetigung geschieht also erzwungen – auf Bedingungen wird letztlich reagiert. Dieses reaktive Verhalten findet nur im Schutzraum der Gruppe ein relatives Ende, wenn bestimmte Bedingungen (z.B. „keine Frauen") gesetzt werden. Diese fußen aber ebenfalls auf milieutypischen Erfahrungen – Technik ist Männerwelt.

Exit-Strategien sind also in unterschiedlichen sozialen Gruppen ein probates Mittel, dem Alltag zu entfliehen – auch wenn sich dies nur auf der Vorderbühne praktischen Handelns, nicht aber auf der Hinterbühne grundlegender Orientierungen vollzieht. Welche Wege dabei beschritten werden, hängt stark von der Ressourcenausstattung ab. Generell wird in der Freizeit der milieuspezifische Habitus reproduziert (Verstetigung); im Experimentierfeld Freizeit deuten sich aber auch Entwicklungen an, die milieuverändernd wirken (Androgynisierung, Risikobereitschaft).

Vertiefende Literatur: Bohnsack 2001: 225-252.

3 Anwendungsfelder und exemplarische Studien

Weiterentwicklung der Methode

Das seit den 1980er Jahren ursprünglich von Ralf Bohnsack und Mitarbeitern entwickelte, auf Gruppendiskussionen basierende Verfahren der Dokumentarischen Methode hat inzwischen vielfältige thematische und methodische Erweiterungen erfahren und viele Anwender gefunden (siehe http://www.ewi-psy.fu-berlin.de/einrichtungen/arbeitsbereiche/qualitativ/media/dok_meth/lit_dok_m.pdf).

So wird die Dokumentarische Methode außer für Gruppendiskussionsverfahren auch auf Leitfadeninterviews (Nohl 2006) und zur Analyse von Videoaufzeichnungen wie ganz allgemein der Bildinterpretation angewandt (vgl. die Beiträge in Bohnsack u.a. 2001: 67-140). Im Rahmen der Migrationsforschung findet sie auch in die kulturvergleichende Forschung Eingang.

Eine Studie zur Migrantenkultur von Arnd-Michael Nohl (2001a) vergleicht männliche Jugendliche, deren Familien aus der Türkei stammen, einerseits mit deutschen Jugendlichen und andererseits mit Altersgenossen in der Türkei. Sie arbeitet mit der Methode des Gruppendiskussionsverfahrens sowie teilnehmender Beobachtung und biographischer Interviews. Als besonderes Problem stellt sich die migrationsspezifisch erfahrene Differenz zwischen der inneren Sphäre der Familie und der äußeren Sphäre der Gesellschaft dar. In der Bearbeitung dieser Differenz bildet sich eine ganz eigene Kultur in der Migration, wie am Beispiel des Breakdances rekonstruiert wird. Aber auch adoleszenz- und bildungsspezifische Gemeinsamkeiten von jungen Einheimischen und Migranten sowie deren interkulturelle Erfahrungen werden in dem Milieuvergleich anhand von Gruppendiskussionen, teilnehmender Beobachtung und biographischen Interviews untersucht.

Im Themenfeld dissoziativer Bewegungsstörungen (d.h. des teilweisen oder vollständigen Verlusts der Bewegungsfähigkeit eines oder mehrerer Körperglieder) bewegt sich die Studie von Amelie Klambeck (2007). Vor dem Hintergrund defizitärer diagnostischer Kriterien der Beschreibung von Körperbewegungen konstatiert sie eine Verengung der Diagnose auf apparative Ausschlusskriterien, die den Patienten nicht gerecht werden. Im Anschluss an die Dokumentarische Methode werden auf der Grundlage von Videosequenzen mit zehn Patienten mikroanalytische Beschreibungen entlang von Metaphern aus der Theaterwelt möglich, die Bewegungsprinzipien und Interaktionsmuster auf und unterhalb der Handlungsebene erfassen. Dissoziative Bewegungsstörungen werden zudem als interpersonelles Phänomen zwischen Arzt und Patient charakterisiert.

Jenseits des ursprünglichen Anwendungsfeldes der Jugendforschung dient sie mittlerweile unter anderem zur Evaluation von professionellen Arbeitsfeldern (zu Wissenschaftlern: Sparschuh 2001; zu Unternehmern und Managern: Liebig 2001) oder der Arzt-Patienten-Interaktion (s.u.) und findet im Rahmen sozialpädagogischer Untersuchungen (zu Krippenerzieherinnen: Nentwig-Gesemann 1999; zu Sozialpädagogen: Kutscher 2006) Verwendung. Exemplarisch seien hier drei Studien kurz vorgestellt, bevor anhand einer frühen Studie etwas umfassender die Art der Ergebnisse veranschaulicht wird, die mit der Dokumentarischen Methode produziert werden.

Werner Vogd (2006) analysiert in seiner Evaluationsstudie die Auswirkungen der Neuregelung der Krankenhausfinanzierung entlang von Fallpauschalen und der Umstellung der Krankenhäuser auf an Konzepte der Unternehmensführung orientierten Berechnungs- und Organisationsgrundlagen. Diese neuen Organisationsmodi verändern medizinische Handlungs- und Entscheidungsprozesse. Am Beispiel von Chirurgen und Internisten zeichnet die Längsschnittstudie diese Veränderungen wie auch nach wie vor geltende Grundsätze der eigenen Arbeit auf Seiten der Ärzte nach. Auch angesichts verstärkter Ökonomisierung des Krankenhausalltags zeigen sich die handlungsleitenden Orientierungen der Ärzte stabil. Zugeständnisse werden vor allem bei relativ weichen Faktoren wie der psychosozialen Betreuung der Patienten gemacht – hier sind Ärzte zur Priorisierung übergegangen. Routinefälle werden zugunsten anspruchsvollerer Einsätze mit weniger Aufmerksamkeit bearbeitet und insgesamt erfahren die Behandlungsprozesse eine dem Primat der industriellen Produktion (Taylorismus) gemäße Rationalisierung, indem der Fall in einzelne diagnostische Schritte zergliedert wird.

Burkhard Schäffer (1996): Die Band. Stil und ästhetische Praxis im Jugendalter. Opladen: Westdeutscher Verlag.

Ausführliche Darstellung einer exemplarischen Studie

In seiner Studie zur musikalischen Praxis von Jugendlichen untersucht Schäffer vor dem Hintergrund eines Samples von 22 Jugendgruppen eine Auswahl von drei Ostberliner und drei Westberliner Gruppen aus jeweils einem Kiez mit unterschiedlichem Bezug zur Musik. Zentrale Fragestellungen waren, wie Jugendliche ihren eigenen musikalischen Stil entwickeln, wie sie ihre gemeinsame musikalische Praxis beurteilen, inwieweit sie sich an stilistische Kategorien anlehnen und inwieweit damit In- bzw. Exklusionsprozesse in den Gruppen einhergehen: Wer macht mit, wer steigt aus etc. Wie diese Praxen mit milieu- und kulturspezifischen Prägungen korrespondieren, lag ebenso im Fokus wie die Frage danach, welche sozialisatorischen Erfahrungen mit den habituellen Erfahrungen verbunden sind.

Die Erhebung schloss die teilnehmende Beobachtung, das Gruppendiskussionsverfahren und biographische Interviews ein und fokussierte zwei genau umrissene Wohnviertel in Berlin. Aufgrund der empirischen Daten konnte die Situation Jugendlicher vor dem Hintergrund gesellschaftlicher Wandlungsprozesse in Deutschland zu Beginn der neunziger Jahre, also kurz nach der so genannten ‚Wende', analysiert werden.

Für die untersuchten Jugendlichen zeigen sich gegenüber anderen Jugendlichen tiefer gehende Probleme beim Übergang vom Jugend- in das Erwachsenenalter. Gründe dafür sind Wendeerfahrungen der Jugendlichen (Ost) bzw. verstärkte Stigmatisierungen des in der Öffentlichkeit wenig angesehenen Wohnviertels der West-Jugendlichen. Die Verarbeitung dieser Situation erfolgt in jedem Wohnviertel gruppenspezifisch und lässt unterschiedliche Lösungsstrategien zu Tage treten: Von der Flucht vor der Realität über den Rekurs auf die eigene Herkunft bis hin zur Orientierung an zyklisch wiederkehrenden Lebenslagen wie der Arbeitslosigkeit (vgl. Schäffer 1996: 221 ff.).

In dieser Situation war die Erfahrung des gemeinsamen Musizierens ein wichtiger Ankerpunkt für die Jugendlichen. Wie viele andere Jugendliche auch konnten sie auf eine zum Teil langjährige gemeinsame Geschichte zurückblicken und haben die Bands jeweils mit Freunden, d.h. aus ihrer Peer-Group heraus gegründet. Die Gruppen machen alle selbst Musik; sie unterscheiden sich jedoch in ihrer musikalischen Ausrichtung, ihrem Musikstil voneinander. Schäffer beschreibt das Musik „machen" als offene Erprobung, im Laufe dessen sich die Jugendlichen in einen ihnen adäquaten Habitus einfinden (Schäffer 1996: 11). Die gemeinsame Musikproduktion dient dazu, sich seiner eigenen individuellen Präferenzen erst klar zu werden und im Kollektiv der Band habituelle Übereinstimmungen zu entdecken und gemeinsam zu leben – oder auch wieder auseinander zu gehen und die Band aufzulösen.

Die Beantwortung der Frage nach dem „Wie?" dieses Prozesses führte zum zentralen Ergebnis der Studie: einem Theoriemodell, das die skizzierten Schritte der Stilfindung auch auf andere Jugendgruppen anwendbar macht: den AVA-Prozess (**A**ffizierung, **V**alidierung, **A**ffirmation):

Die erste Phase dieses Prozesses gilt dem Erleben: Man ist begeistert von der eigenen Kreativität und ist körperlich, seelisch-geistig und/oder emotional intensiv bis hin zur Ekstase beteiligt. Jugendlichen ist es kaum möglich, ihre Erfahrungen gegenüber Unbeteiligten und insbesondere Erwachsenen zu verbalisieren.

In der darauf folgenden Phase versichern sich die Bandmitglieder auf kommunikativem Wege dieser Erfahrung und prüfen, inwieweit ihre Musikpraxis den eigenen Anspruch erfüllt. Hier ist Platz für kritische Beurteilung der Musik vor dem Hintergrund der eigenen milieuspezifischen Erfahrungen, aber auch bewusster Zielsetzungen. Diese selbstreflexive Phase wird von Schäffer als *Validierung* bezeichnet.

Ihr folgt die dritte Phase, die *Affirmation*: Der herausgebildete Stil wird als eigener ausdrücklich vertreten und bildet dann (zumindest eine Zeit lang) einen Kern der gemeinsamen Aktivitäten, mit der schon genannten Ausstrahlung in andere Lebensbereiche hinaus. Gegebenenfalls schließt man sich dann bekannten Musikstilen an. Affirmation schließt einen neuen Durchlauf durch den AVA-Prozess nicht aus, wenn neue Stilelemente ausprobiert werden; wann die Sondierung beendet ist, welche Wege und Abfolgen sie konkret nimmt und mit welchen Personen sie vollzogen wird, kann niemand im Voraus wissen.

Der Schritt vom Stilisieren der eigenen musikästhetischen Praxis in Übungsräumen hinaus auf die Bühne und vor Publikum ist ein bedeutsamer Schritt für jede Band. Mit der Bühnenpräsenz kehren die Elemente des AVA-Prozesses als episodisch begrenztes Ereignis im berauschenden Erlebnis (Affizierung) wie in Erfolg bzw. Misserfolg (Validierung und Affirmation) wieder – zeitlich komprimiert und als kollektive Erfahrung, mit der man sich sowohl abgrenzen, als auch neue Formen der Vergemeinschaftung finden kann.

Das Modell des AVA-Prozesses ist ein empirisch gesättigtes, heuristisches Modell stilistischer Produktion im Jugendalter. Abstrahiert sind die Musikpraxen als stilistische Integration bzw. Desintegrationsprozesse zu verstehen. Dieses sich Ein-Finden als nicht-intentionales Ausprobieren, die doppelte Funktion von stilistischen Habitualisierungen (Distinktion und Vergemeinschaftung) und die Bedeutung berauschender Erlebnisse der Gemeinsamkeit als notwendige Schritte einer bestimmten Lebensphase zu verstehen, war bis dahin unterbelichtet und wurde erst in der Rekonstruktion der jugendlichen Musikpraxen sichtbar.

4 Nutzen und Grenzen der Methode

In der Auseinandersetzung damit, wie soziale Realität in der Alltagspraxis der Gesellschaftsmitglieder wirksam wird und welche Orientierungsschemata Handlungen zugrunde liegen, stellt die Dokumentarische Methode ein ausgefeiltes Instrumentarium zur Verfügung. Dabei wird vermieden, mit objektivierendem Zuschnitt einen äußerlich bleibenden Maßstab an das alltagspraktische Handeln der Erforschten anzulegen. Zugleich wird das Risiko, den subjektiven Perspektiven verhaftet zu bleiben, methodisch minimiert. Der damit erreichbaren Tiefenschärfe steht ein hohes Maß an Komplexität gegenüber, welches einige Konsequenzen in der Anwendung mit sich bringt:

Voraussetzungen

Wie alle elaborierten Methoden ist die Dokumentarische Methode ein voraussetzungsvolles Verfahren, das einige Übung abverlangt. Insbesondere die durchgängige methodologische Fundierung erfordert ein hohes Maß an Selbstreflexion und Vergewisserung über die korrekte Anwendung der methodischen Schritte. Soweit noch nicht geschehen, bedarf es im Vorfeld einer empirischen Studie einer intensiven Auseinandersetzung mit wissenssoziologischen Paradigmen. Auch das Verfahren der Gruppendiskussion selbst erfordert erfahrene Interviewer. Selbst wenn Übung den Meister macht, gilt zunächst, dass aller Anfang schwer ist. Mit anderen Worten: Bevor Gruppendiskussionen im eigentlichen Forschungsfeld gehalten werden, sollten Proberunden vorgeschaltet werden.

Die Dokumentarische Methode ist am Gruppendiskussionsverfahren entwickelt worden (vgl. Bohnsack 1989, 2008). Inzwischen kommt es zu Ausdifferenzierungen, die neben Einzelinterviews (vgl. Nohl 2006) u. a. Bild- und Videointerpretationen einschließen. Auch diese Verfahren sind allerdings in aller Regel textbasiert, da sie auf der Grundlage von Beschreibungen der Visualisierungen arbeiten (vgl. dazu Bohnsack u. a. 2001).

Anwendungsbezug

Die Möglichkeit, über Interviews hinaus auch andere Datenarten (Videos, Bilder etc.) mit der Dokumentarischen Methode zu analysieren, weist ihr ein Einsatzgebiet weit über das klassische Feld der Sozialforschung per Gesprächsaufzeichnung hinaus zu. Diesem Vorteil steht ein verhältnismäßig hoher Aufwand in der Durchführung der Dokumentarischen Methode gegenüber, sodass unklar bleibt, ob über die wissenschaftsbezogene Nutzung (der eine explizite

Gründlichkeit ja eigen ist) hinaus auch eine solche in eher anwendungsnahen Bereichen wie etwa der Evaluationsforschung praktikabel sind. Im Zuge der weiteren Ausarbeitung der Dokumentarischen Methode sind auch hier allerdings erste Schritte gegangen (vgl. Bohnsack 2006)

Theoriebezug

Um gesellschaftliche Wirklichkeit empirisch zu erfassen, greift die Dokumentarische Methode in unterschiedlichem Maße und an unterschiedlichen Stellen ihres eigenen Inventars auf den Kanon rekonstruktiver Methoden zurück, insbesondere die Konversations- und die Narrationsanalyse sowie die Objektive Hermeneutik sind hier zu nennen. Die Klammer zwischen den aufgeführten Methoden und den originären methodischen Schritten bildet der methodologische Hintergrund der Mannheim'schen Wissenssoziologie. Dieser starke Bezug wirft die Frage nach der Anschlussfähigkeit der Dokumentarischen Methode an weitere Instrumente der rekonstruktiv vorgehenden Sozialforschung auf – und vice versa. Hier ist mit der allgemein zunehmenden Verbreitung und (bezogen auf die Datenarten) sich ausdifferenzierenden Anwendung der Dokumentarischen Methode von zukünftigen Überlappungen auszugehen. Inwieweit dies Auswirkungen auf den Bezug von Methodologie und Methoden hat, wäre dann zu prüfen.

In diesem Zusammenhang ist auch ein Phänomen anzusprechen, welches sich im Verlauf der Entwicklung des Gruppendiskussionsverfahrens als wichtiges Moment gezeigt hat: Gruppen sind in der Lage, partiell abweichende Meinungen zuzulassen. Die Annahme einer vollständigen Homologie ist damit zugunsten einer Perspektive auf perforierte Homologien gewichen. Die Konsequenzen insbesondere für den Homologienachweis sind methodologisch zu überdenken.

5 Zusammenfassung

Fokus auf sozial geprägtes Handeln

Die Dokumentarische Methode fokussiert auf die gewohnheitsmäßigen (kollektiven) Anschauungen, die dem Handeln von Gruppen zugrunde liegen. Über die vergleichsweise banale Feststellung hinausgehend, dass sich soziale Gruppen voneinander unterscheiden, geht es bei der Dokumentarischen Methode darum, wie dieser Unterschied im Denken und Handeln der Gruppenmitglieder hergestellt wird und welche praktischen Konsequenzen dies hat. Diese prozessorientierte Perspektive erfasst also nicht nur die Frage nach dem *Wie*, sondern in der Analyse der sozialen Einflüsse auf das Handeln auch das *Warum*.

Soziogenetische Typenbildung

Dementsprechend werden mit der soziogenetischen Typenbildung insbesondere generationen-, milieu-, bildungs-, alters- und geschlechtsspezifische Ausprägungen erfasst. Über die bloße Kategorisierung hinaus wird durch den methodischen Perspektivenwechsel insbesondere darauf fokussiert, wo solche sozialen Faktoren sich kumulativ verstärken oder Brüche erkennbar werden.

Erfassen von Struktur und Handlung

Im Ergebnis entsteht ein facettenreiches Bild sozial geformter Verhaltensweisen. Das Vorgehen ermöglicht es, über rein strukturbezogene Aussagen zur sozialen Einbettung den Blick für das Agieren von Personen in ihrem jeweiligen sozialen Rahmen zu öffnen; kurzum: Struktur und Handeln zu erfassen.

Analyse der Alltagspraxis von Gruppen

Unter dieser Zielsetzung gewinnen die Forschenden *prozessorientierte Einblicke in die Alltagspraxis sozialer Gruppen* und können gleichzeitig die darin durchscheinenden gesellschaftlichen Strukturen zu reflektieren.

- Fokus: handlungsleitendes Erfahrungswissen und dahinter liegende kollektive Orientierungen
- Methodologischer Hintergrund: Wissenssoziologie von Karl Mannheim
- Verwertung sprechsoziologischer Erkenntnisse: Textsorten und Sprechdynamik in Gruppendiskussionen

Methodologie

Iterativer Prozess, der nicht linear, sondern im steten Rekurs auf vorgängige Schritte verläuft (insbesondere ab Schritt „Formulierende Interpretation")

Methodisches Vorgehen und Arbeitsschritte

- Datenerhebung zielt auf Relevanzsetzung durch Erforschte: thematische Eigenfokussierung – Nachfragetechniken – Fremdfokussierung durch Forschende
- Auswahl und Transkription thematisch relevanter Passagen bzw. interaktiv dynamischer Sequenzen
- Formulierende Interpretation: „Was wird gesagt"; inhaltlich genaue Wiedergabe der ausgewählten Passagen (Rekonstruktion des objektiven Sinngehalts)
- Reflektierende Interpretation: „Wie wird es gesagt": Nachvollzug der Beiträge, um gemeinsame und gegenläufige Orientierungen identifizieren zu können (Rekonstruktion des dokumentarischen Sinngehalts)
- Fall / Diskursbeschreibung: dichte Darstellung der in den beiden Interpretationsschritten erfassten Orientierungen und deren Enaktierungspotenziale; komparative Analyse: fallimmanent und fallübergreifend
- Mehrdimensionale sinn- bzw. soziogenetische Typenbildung: prozessorientierte Rekonstruktion von Orientierungen
- Generalisierung: Verallgemeinerung und Anbindung an fachtheoretische Erkenntnisse

6 Literaturverzeichnis

Bohnsack, Ralf (1989): Generation, Milieu und Geschlecht. Ergebnisse aus Gruppendiskussionen mit Jugendlichen. Opladen: Leske+Budrich.

Bohnsack, Ralf (1997): „Orientierungsmuster": Ein Grundbegriff qualitativer Sozialforschung. In: Schmidt, Folker (Hrsg.): Methodische Probleme der empirischen Erziehungswissenschaft (S. 49-61). Baltmannsweiler: Schneider.

Bohnsack, Ralf (1998): Milieu als konjunktiver Erfahrungsraum. Eine dynamische Konzeption von Milieu in empirischer Analyse. In: Matthiesen, Ulf (Hrsg.): Die Räume der Milieus. Neue Tendenzen in der sozial- und raumwissenschaftlichen Milieuforschung in der Stadt- und Raumplanung (S. 119-131). Berlin: Edition sigma.

Bohnsack, Ralf (2000): Gruppendiskussion. In: Flick, Uwe / von Kardorff, Ernst / Steinke, Ines (Hrsg.): Qualitative Forschung. Ein Handbuch (S. 369-383). Reinbek bei Hamburg: Rowohlt.

Bohnsack, Ralf (2001): Typenbildung, Generalisierung und komparative Analyse. Grundprinzipien der dokumentarischen Methode. In: Bohnsack,

Ralf / Nentwig-Gesemann, Iris / Nohl, Arnd-Michael (Hrsg.): Die dokumentarische Methode und ihre Forschungspraxis. Grundlagen qualitativer Sozialforschung (S. 225-252). Opladen: Leske+Budrich.

Bohnsack, Ralf (2006): Qualitative Evaluation und Handlungspraxis. Grundlagen dokumentarischer Evaluationsforschung. In: Flick, Uwe (Hrsg.): Qualitative Evaluationsforschung (S. 135-155). Reinbek bei Hamburg: Rowohlt.

Bohnsack, Ralf (2008): Rekonstruktive Sozialforschung. Einführung in qualitative Methoden. Opladen, Farmington Hills: Verlag Barbara Budrich (7. Auflage, zuerst 1991).

Bohnsack, Ralf / Loos, Peter / Schäffer, Burkhard / Städtler, Klaus / Wild, Bodo (1995): Die Suche nach Gemeinsamkeit und die Gewalt der Gruppe. Hooligans, Musikgruppen und andere Jugendcliquen. Opladen: Leske+Budrich.

Bohnsack, Ralf / Nentwig-Gesemann, Iris / Nohl, Arnd-Michael (Hrsg.) (2001): Die dokumentarische Methode und ihre Forschungspraxis. Grundlagen qualitativer Sozialforschung. Opladen: Leske+Budrich.

Fritzsch, Bettina (2003): Pop-Fans. Studie einer Mädchenkultur. Opladen: Leske+Budrich.

Klambeck, Amelie (2007): „Das hysterische Theater unter der Lupe". Klinische Zeichen psychogener Gangstörungen. Wege der dokumentarischen Rekonstruktion von Körperbewegungen auf der Grundlage von Videografien. Göttingen: V&R Unipress.

Kutscher, Nadja (2006): Moralische Begründungen in der sozialen Arbeit. Gruppendiskussionen mit SozialpädagogInnen und SozialarbeiterInnen. In: Bohnsack, Ralf / Przyborski, Aglaja / Schäffer, Burkhard (Hrsg.): Das Gruppendiskussionsverfahren in der Forschungspraxis (S. 189-201). Opladen: Verlag Barbara Budrich.

Liebig, Brigitte (2001): „Tacit Knowledge" und Management. Ein wissenssoziologischer Beitrag zur qualitativen Organisationskulturforschung. In: Bohnsack, Ralf / Nentwig-Gesemann, Iris / Nohl, Arnd-Michael (Hrsg.): Die dokumentarische Methode und ihre Forschungspraxis. Grundlagen qualitativer Sozialforschung (S. 147-165). Opladen: Leske+Budrich.

Loos, Peter (1998): Mitglieder und Sympathisanten rechtsextremer Parteien. Das Selbstverständnis von Anhängern der Partei „Die Republikaner". Wiesbaden: Westdeutscher Verlag.

Mannheim, Karl (1980): Strukturen des Denkens. Hrsg. von David Kettler, Volker Meja und Nico Stehr. Frankfurt am Main: Suhrkamp.

Nentwig-Gesemann (1999): Krippenerziehung in der DDR. Alltagspraxis und Orientierungen von Erzieherinnen im Wandel. Opladen: Leske+Budrich.

Nohl, Arnd-Michael (2001a): Migration und Differenzerfahrung. Opladen: Leske+Budrich.

Nohl, Arnd-Michael (2001b): Komparative Analyse. Forschungspraxis und Methodologie dokumentarischer Interpretation. In: Bohnsack, Ralf / Nentwig-Gesemann, Iris / Nohl, Arnd-Michael (Hrsg.): Die dokumentarische Methode und ihre Forschungspraxis. Grundlagen qualitativer Sozialforschung (S. 253-273). Opladen: Leske+Budrich.

Nohl, Arnd-Michael (2006): Interview und dokumentarische Methode. Anleitungen für die Forschungspraxis. Wiesbaden: VS Verlag für Sozialwissenschaften.

Przyborski, Aglaja (2004): Gesprächsanalyse und dokumentarische Methode. Qualitative Auswertung von Gesprächen, Gruppendiskussionen und anderen Diskursen. Wiesbaden: VS Verlag für Sozialwissenschaften.

Schäffer, Burkhard (1996): Die Band. Stil und ästhetische Praxis im Jugendalter. Opladen: Westdeutscher Verlag.

Schittenhelm, Karin (2001): Milieubildung, symbolische Gewalt und soziale Ungleichheit. Statuspassagen junger Frauen aus eingewanderten Herkunftsfamilien. In: Weiß, Anja / Koppetsch, Cornelia / Scharenberg, Albert / Schmidtke, Oliver (Hrsg.): Klasse und Klassifikation. Die symbolische Dimension sozialer Ungleichheit (S. 175-206). Opladen: Westdeutscher Verlag.

Sparschuh, Vera (2001): Generationenverhältnisse und Wissenschaftskultur. Eine Rekonstruktion von Generationenverhältnissen in der DDR-Soziologie. Kassel: Universität Kassel (unv. Habilitationsschrift).

Vogd, Werner (2006): Die Organisation Krankenhaus im Wandel. Eine dokumentarische Evaluation aus Sicht der ärztlichen Akteure (Studien zur Gesundheits- und Pflegewissenschaft). Bern: Huber Verlag.

SECHSTES KAPITEL

Vergleich der vier interpretativen Verfahren

Inhalt

In den Kapiteln II-V wurden die Konversationsanalyse, die Narrationsanalyse, die Objektive Hermeneutik und die Dokumentarische Methode einzeln dargestellt. Die von Jo Reichertz (2007: 198) hervorgehobene Eigenschaft dieser interpretativen Verfahren, methodologisch begründete ‚elaborierte' Methoden zu sein, wurde ausgewiesen (vgl. jeweils Abschn. 1). Im Folgenden soll es um die praktische Seite des Interpretierens gehen. Hierzu werden die vier Verfahren vergleichend betrachtet. Kenntlich gemacht wird zum einen, worin sie sich unterscheiden (Abschn. 1). Das Aufzeigen der Differenzen kann hilfreich sein, wenn man sich bei einem Forschungsvorhaben für einen Ansatz entscheidet. Man sollte nämlich genau wissen, was seine Stärken sind und welche Schwächen man womöglich in Kauf nimmt. Zum anderen sollen in diesem Kapitel die Gemeinsamkeiten der Verfahren herausgestellt werden (Abschn. 2). Schließlich scheinen in den vorgestellten interpretativen Methoden drei Grundmodi des Interpretierens textförmiger Daten auf, die für qualitative Verfahren allgemein grundlegend sind. Sie werden in Abschn. 3 kurz benannt.

Die Suche nach Gemeinsamkeiten bzw. Überschneidungen in den in diesem Buch behandelten Methoden ist von der Idee inspiriert, dass sich die vier interpretativen Verfahren nicht gegenseitig ausschließen müssen, sondern zum Teil auch miteinander kombinieren lassen. Die Verfahren lassen sich insofern nicht nur, in Reinform' anwenden, sondern können auch als eine Art „Werkzeugkasten" dienen, dem man für bestimmte Forschungsfragen und -kontexte geeignete Untersuchungsinstrumente entnimmt. Wie dies möglich ist, soll anschließend (Kapitel VII) beispielhaft für Leitfadeninterviews aufgezeigt werden.

1 Unterschiede

Unterscheidungsdimensionen

Die vier interpretativen Verfahren weisen neben den oben dargestellten Gemeinsamkeiten auch Unterschiede auf. Die Differenzen betreffen die leitende Fragestellung und den grundlagentheoretischen Bezug ebenso wie die Datenart und -erhebungsform, das Sampling sowie die Vorgehensweise beim Interpretieren einschließlich der Analyseschritte. In der Tabelle auf der folgenden Seite sind diese Unterschiede veranschaulicht.

Leitfragen

Die einzelnen Methoden stellen jeweils unterschiedliche Leitfragen ins Zentrum ihres Vorgehens: Während die Konversationsanalyse nach der Herstellung von Ordnung in Interaktionen fragt, richtet die Narrationsanalyse ihr Augenmerk darauf, wie Interaktionen den Lebensverlauf von Subjekten beeinflussen. Der Objektiven Hermeneutik geht es darum, die für den jeweiligen Untersuchungsgegenstand typischen sozialen Strukturen (latente Sinn- und Bedeutungsstrukturen) in Handlungen und Äußerungen zu erkennen. Die Dokumentarische Methode fokussiert auf kollektiv geteilte Anschauungen und Wissensbestände, die dem Handeln von Personen zugrunde liegen.

Grundlagentheoretischer Bezug

Das Vorgehen selbst wird jeweils grundlagentheoretisch zum einen durch unterschiedliche sprach- bzw. erzähltheoretische Referenztheorien und zum anderen durch soziologische Theorien wie Ethnomethodologie, Wissenssoziologie, Biographie- und Sozialisationstheorie fundiert. In Teilen überschneiden und ergänzen sich Theorieaspekte, so dass die einzelnen Methoden in der Regel an Theoriebausteinen anderer partizipieren.

Unterschiede zwischen den vorgestellten interpretativen Methoden

	Konversationsanalyse	Narrationsanalyse	Objektive Hermeneutik	Dokumentarische Methode
Leitfrage	Welche soziale Ordnung erzeugen Interaktionspartner, wenn sie kommunizieren, und auf welchem Wege erreichen sie dies?	Wie gestalten oder erleiden Subjekte Interaktionsprozesse bzw. ihren bisherigen Lebensverlauf?	Welche typischen latenten Sinnstrukturen manifestieren sich in Handlungen und Äußerungen von Personen?	Welche gewohnheitsmäßigen (kollektiven) Anschauungen liegen dem Handeln von Gruppen zugrunde?
Grundlagentheoretischer Bezug	Linguistische Theorie sprachbasierter Interaktion im Alltag	Erzähl- und Biographietheorie	Sprach- und Sozialisationstheorie	Wissenssoziologische Theorie der Alltagserfahrung und Erzähl- bzw. Sprachtheorie
Datenart	Alltagsgespräche	Narratives Interview (Stegreiferzählungen und Argumentationen)	Interviews; natürliche Daten aller Art (Alltagsgespräche, Texte, Bilder)	Gruppendiskussion; narrationsorientierte Einzelinterviews; Bilder etc.
Datenerhebung	(Nonreaktive) Aufzeichnung ‚natürlicher' (nicht von Forschenden erzeugter) Interaktionen bestimmter Art (auf Tonband oder Video)	Interview mit den drei aufeinander folgenden Teilen: Narrationsphase – Nachfragephase – Argumentationsphase	Nicht festgelegt – bei Interviews: möglichst geringer Interviewereinfluss	Aufnahme von Gruppendiskussionen / Einzelinterviews mit möglichst wenig Einflussnahme durch Interviewer
Samplebildung	Phänomengebundene Sammlung von ähnlichen Fällen	Systematischer Aufbau des Samples nach Prinzipien des theoretical sampling	Kein Sampling im strengen Sinne wegen Orientierung auf Einzelfallstudien	Systematischer Aufbau des Samples nach Prinzipien des theoretical sampling
Interpretatives Vorgehen	Formalsprachliche Analyse entlang von substanziellem linguistischem Vorwissen	Formalsprachliche Gliederung der Daten und anschließende Analyse der Modi des Handelns bzw. Verhaltens / Erleidens	Extensives gedankenexperimentelles Aufstellen von Deutungsmöglichkeiten („Lesarten“) und deren sukzessive Reduktion im sequenziellen Vergleich (Hypothesenverifikation)	Kontextvariation: Elaboration von Vergleichshorizonten durch minimale / maximale Kontrastierung
Analyseschritte	1. Sequenzierung 2. Heranziehen des Kontextwissens 3. Fallübergreifende Analyse	1. Formale Textanalyse 2. Strukturelle inhaltliche Beschreibung 3. Analytische Abstraktion (theoretische Generalisierung und Zusammenführung der Einzelaussagen) 4. Wissensanalyse (Analyse der Eigentheorien des Befragten) 5. Kontrastiver Fallvergleich	1. Sequenzanalyse (Hypothesengenerierung) 2. Nachkorrektur des Auswertungsprotokolls (Systematisieren der festgehaltenen Lesarten) 3. Überprüfung der Lesarten an weiteren Belegstellen (Hypothesenverifikation) 4. Ausformulieren der verifizierten Lesarten (Entwickeln der Fallstruktur unter Einbeziehung relevanter Theorieansätze)	1. Selektion von Daten auf dem Wege thematischer Sequenzierung 2. Formulierende Interpretation 3. Reflektierende Interpretation 4. Fallanalyse / Diskursbeschreibung 5. Typenbildung
Ziel der Analyse	Sprachlich basierte soziale Ordnung: Strukturen und Mechanismen	Prozessstrukturen (Lebenslauf, Interaktionsprozesse)	Typische Fallstruktur der Lebenspraxis	Sozial geprägte kollektive Alltagsorientierungen

Datenarten und Datenerhebung

In Bezug auf die Datenarten ist der Fokus auf möglichst authentische Daten gerichtet, d.h. der möglichst unbeeinflussten Entfaltung von Sinnhorizonten durch die untersuchten Subjekte wird in allen Methoden breiter Raum beigemessen. Bei Alltagsgesprächen und Bildern handelt es sich um „natürliche Daten", während die anderen aufgeführten Datenarten jeweils von den Forschenden generiert werden. Die Datenerhebung ist möglichst nonreaktiv angelegt. Insbesondere in den Nachfragesequenzen bei Einzel- oder Gruppeninterviews steigt allerdings der Einfluss der interviewenden Forschenden an, was aber während der Auswertung methodisch kontrolliert wird.

Samplebildung

Die Bildung des Samples erfolgt entweder nach dem Verständnis des Theoretical Sampling bzw. bei der Konversationsanalyse als phänomengebundene Sammlung ähnlicher Fälle. Die Objektive Hermeneutik orientiert auf Einzelfallstudien und hat keinen Musterweg des Samplings ausgebildet. In der Praxis bewegt sie sich häufig zwischen phänomenologischem und theoretischem Sampling.

Interpretatives Vorgehen

Das Interpretieren verläuft im Rahmen der theoretischen Grundlagen als formalsprachliche Analyse der Daten vor dem Hintergrund linguistischer Wissensbestände (Konversationsanalyse) oder als formalsprachlich gegliederter Zugang zu den Modi des Handelns bzw. Erleidens in biographischen Situationen (Narrationsanalyse). Die Objektive Hermeneutik nutzt anhand einer Basissequenz kontrolliert durchgeführte Gedankenexperimente zur Gewinnung von Hypothesen (Lesarten), die dann anhand von Belegsequenzen überprüft werden. Die Dokumentarische Methode nutzt systematische Kontextvariationen durch minimale und maximale Kontrastierung als Interpretationsweg.

Zielpunkte der Analyse

Die Ziele der Analyse variieren zwischen den vier Methoden. Die an sprachlichen Strukturen und Mechanismen orientierte Konversationsanalyse ist an sozialen Ordnungen interessiert, die durch Sprache hergestellt werden. Die Narrationsanalyse will Prozessstrukturen entdecken und der Objektiven Hermeneutik geht es um die typische Fallstruktur des Einzelfalles, d.h. die Prozessstruktur einer Lebenspraxis. Die Dokumentarische Methode fokussiert auf kollektive Alltagsorientierungen der beforschten Akteure als Ausdruck gesellschaftlicher Prägungen.

2 Gemeinsamkeiten

Textbasierte Interpretation

Eine zentrale Gemeinsamkeit der in diesem Lehrbuch vorgestellten Verfahren besteht darin, dass textförmige (d.h. in verschriftlichter Form vorliegende) Daten die Grundlage der Interpretation bilden. Eindrücke und Wahrnehmungen sind fluide und vergängliche Daten und damit für die Forschenden nur in eingeschränktem Maß als Grundlage der Analyse geeignet. Das ist für Sinneswahrnehmungen (Gerüche, Berührungen, visuelle Eindrücke) unmittelbar einsichtig, gilt aber ebenso für die sprachliche Artikulation: Das gesprochene Wort ist ‚flüchtig' und entzieht sich dem nachprüfbaren Verständnis. Daher bedürfen solche (‚natürlichen' wie eigens zu Forschungszwecken erhobenen) Daten nicht nur einer Aufzeichnung (im Audio- oder Videoformat), sondern auch der Transkription, die aus beliebigen Daten eine schriftbasierte Grundlage für die Interpretation macht. Der damit verbundene Rückgriff auf allgemeine Standards der Schrift- bzw. Lautsprache ermöglicht einen gleichberechtigten Zugriff aller Interpreten: die durch alle Beteiligten kontrollierte Transkription stellt eine gemeinsame Basis für die weiteren Interpretationsschritte dar. Die damit erhöhte Genauigkeit der Datenlage schränkt das rein intuitive Interpretieren ein: es gilt das geschriebene Wort.

Bsp.

> Wenn sich zwei Personen begegnen und eine von ihnen streckt die Hand aus, wird diese Geste von der zweiten Person als Aufforderung verstanden werden, ebenfalls die Hand auszustrecken, die dargebotene Hand zu ergreifen und im Moment des Händeschüttelns eine Grußformel zu sagen: „Hallo Petra". Forschenden ist diese Situation aus ihrem Alltagsleben selbstverständlich vertraut – allerdings wäre es methodisch problematisch, wenn sie ihre eigenen Alltagsroutinen unreflektiert zum Maßstab der Interpretation machen würden. Um dem entgegenzutreten, ist die genaue Wiedergabe des Rituals hilfreich, z. B. durch Transkription der bei der Begrüßung fallenden Worte. Dadurch werden gegebenenfalls Aspekte erkennbar, die bei der intuitiven Interpretation der Szene als „Begrüßen mit Händeschütteln" unerkannt blieben: Eine genauere Transkription einer audiovisuellen Aufzeichnung der obigen Szene ließe dann unter Umständen unterschwellige Phänomene erkennen, zum Beispiel das schwere Einatmen eines Beteiligten (als mögliches Anzeichen psychischer Belastung) oder die Herstellung von Distanz durch die Verwendung bestimmter sprachlicher Konventionen bei der Erwiderung der Grußformel (z. B. „Guten Tag Herr Müller" statt „Hallo Jürgen").

Verschriftlichung von Daten

Können die Beteiligten die Zeichen der Begrüßung relativ umstandslos und zumeist ohne langes Nachdenken erfassen, deuten und darauf bezogen agieren, sind Forschende auf die genaue Beschreibung des (auf Tonband oder Video aufgezeichneten) Vorgangs angewiesen, um ihn sinnvoll interpretieren zu können. Dafür hat sich der Standard der textbasierten Interpretation durchgesetzt: Die aufgezeichneten Daten werden in beschreibende Protokolle (von Bildmaterial) bzw. sie wiedergebende Transkriptionen (von audiovisuellen bzw. Audio-Aufzeichnungen) umgewandelt. Für die Transkription von Daten gibt es Standards (vgl. Kapitel I, S. 28-33). Bei beschreibenden Protokollen ist die Standardisierung weniger weit fortgeschritten.

Als Faustregel kann gelten, dass beide Formen der Verschriftlichung jeweils dem Gegenstand und der Forschungsfrage entsprechend anzuwenden sind; so ist z. B. zu entscheiden, in welcher Exaktheit Überlappungen in Gesprächen wiedergegeben werden: gibt bereits ein wortgetreues Kennzeichnen von Sprecherwechseln die Dynamik einer Sequenz hinreichend wieder oder muss die Transkription hier silbengetreu bzw. sogar buchstabengenau sein?

Formalanalytisches Vorgehen

Eine weitere gemeinsame Grundlage der vorgestellten interpretativen Verfahren ist die Einbeziehung von Grundlagenwissen bei der Analyse – insbesondere formalsprachliches Grundlagenwissen. Möglich wird damit ein dem inhaltlichen Interpretieren vorgeschalteter Arbeitsschritt: die formalanalytische Durchdringung der Daten. Diese geschieht im Rückgriff auf das Wissen um sprachliche Konventionen (z. B. in der Konversationsanalyse; vgl. S. 36-43), um die Textsorte (in der Narrationsanalyse; vgl. S. 65 f.) oder der Wortbedeutung (z. B. in der Objektiven Hermeneutik; vgl. S. 112-123). Mit dem formalanalytischen Vorgehen wird ein universeller – und damit auch für den beforschten

Gegenstand als gültig angenommener – Interpretationsmaßstab angelegt, der ein unkontrolliertes, rein subjektives Deuten der Forschenden verhindert.

Sequenzielle Analyse

Zum formalen Vorgehen der Rekonstruktion empirischer Phänomene gehört die strikt sequenzielle Analyse. Damit kann berücksichtigt werden, dass die Reihenfolge sprachlicher Äußerungen von Bedeutung für eine Annäherung an empirische Phänomene ist. Das bezieht sich einerseits auf die übergreifende Struktur eines Gesamttextes (z. B. der Abschrift eines Interviews), aber auch auf einzelne ausgewählte Textstellen. Das Vorgehen entlang des empirischen Verlaufs der Daten verhindert, dass einzelne Elemente oder Passagen willkürlich aus ihrem sequenziellen Zusammenhang heraus gerissen werden und ihnen auf dieser Grundlage möglicherweise ein anderer Sinngehalt zugewiesen wird. Für die interpretative Sozialforschung haben alle Bestandteile von Äußerungen eine Bedeutung. Es gibt keine Zufälle sondern – getreu der ethnomethodologischen Maxime – eine Ordnung an allen Punkten („order at all points", vgl. Kapitel II, S. 40). Diese Ordnung ist nur dadurch nachzuvollziehen, dass ihr Entstehungszusammenhang mittels eines sequenzanalytischen Zugangs rekonstruierbar wird.

Kontrollierter Umgang mit eigenem Alltagswissen

Gemeinsam ist interpretativen Methoden außerdem, dass die Forschenden ihr subjektiv-intuitives Verständnis von Alltagssituationen im Hinblick auf die Interpretation ausklammern (vgl. obiges Beispiel der Begrüßung): Ein dem Alltagsverstehen entsprechendes, „unmittelbares" (intuitives) Verstehen, d. h. die Annahme, dass man „irgendwie schon dasselbe meine" (und verstehe) wie der Andere ist gerade auszuschließen bzw. muss methodisch kontrolliert werden.

Reflexives Herangehen an die Daten

An die Stelle des Alltagsverstehens tritt ein reflexives Herangehen an die Daten auf dem Wege eines *formalisierten* methodischen Vorgehens. Jeder Ansatz hat eine methodologisch begründete Forschungspraxis entwickelt, die in den vorangegangenen Kapiteln im Einzelnen vorgestellt wurde. Im Kern steht die strikte Orientierung an den Daten: Erkenntnisse werden nur vor dem Hintergrund empirisch greifbarer Phänomene formuliert. Dieses grundlegende Prinzip leitet in Abhängigkeit vom jeweiligen Erkenntnisinteresse konzeptionell wie praktisch die methodische Anlage von Studien an.

Permanente Weiterentwicklungen

Reflexives Herangehen an die Daten heißt auch, bisherige konzeptionelle Ansätze weiter zu entwickeln oder auf neue empirische Datenformen zu erweitern. In diesem Sinne sind auch die hier vorgestellten Methoden immer nur ein vorläufiges Instrumentarium und die einzelnen Methoden wachsen um einen methodologisch stringenten Kern. So wird die Dokumentarische Methode inzwischen auch auf Leitfadeninterviews angewendet (vgl. Kapitel V, S. 154) oder es werden Videosequenzen konversationsanalytisch untersucht. Eine andere Form ist die der Ausdifferenzierung in verschiedene methodische und themenbezogene Zweige, wie es zum Beispiel in der narrationsanalytisch orientierten Biographieforschung (vgl. Kapitel III, S. 68 f. und 102 f.) der Fall ist. In diesem Sinne bedeutet eine reflexive Herangehensweise auch, dass die Methoden keine starre Handlungsanweisung sind, wie etwa die Bedienungsanleitung für ein Handy. Die Methoden können durchaus – jeweils an Gegenstand und Forschungsfrage wie am Datenmaterial orientiert und innerhalb des methodologischen Rahmens – modifiziert werden.

Prinzip der Offenheit

Die generelle Fragestellung der Untersuchung sollte so formuliert sein, dass darin keine inhaltlichen Vorannahmen oder Hypothesen zum Untersuchungsgegenstand enthalten sind. Gesichert erscheinendes Vorwissen kann anhand der

Daten überprüft werden; zugleich aber muss die Datenanalyse stets offen sein für die Entdeckung neuer Zusammenhänge. Daher nähern sich die Forschenden den empirischen Phänomenen in einer Suchbewegung an, die auf formaltheoretischer Grundlage (wie z. B. Sprach- und Sprechtheorien) auf induktivem bzw. abduktivem Wege theoretisches Wissen aus dem Material heraus generiert. Herangezogen wird damit nur Basiswissen über Sprache und Sprechen – sei es über die Bedeutung von aufsteigender bzw. abfallender Tonlage oder über die möglichen sozialen Verwendungskontexte bestimmter sprachlicher Ausdrücke. Dieses Wissen erlaubt es, einen Zugang zu finden, wie Beforschte über einen bestimmten Forschungsgegenstand sprechen (und damit: denken), ohne dass die Forschenden darüber selbst schon Annahmen haben müssten.

Dem Prinzip der Offenheit ist auch die Verschachtelung von Erhebung und Auswertung geschuldet: stellen sich aus dem Material heraus neue Fragen, werden dazu gegebenenfalls neue Daten erhoben. Prinzipiell gewinnt auf diese Weise das zu rekonstruierende Phänomen erst im Forschungsverlauf seine Konturen und wird nicht von vornherein durch hypothetische Annahmen geformt. Damit wird zugleich eine Ergebnisoffenheit erreicht: den Zielpunkt der Analyse bestimmt die empirische Wirklichkeit und nicht der theoretische Wissensbestand der Forschenden.

Deutendes Verstehen von Sinnstrukturen

Schließlich ist für interpretative Verfahren nicht von Interesse, was ein Sprecher oder Autor mit einer Aussage mitteilen will, sondern es geht darum, was mit einer Aussage über die soziale Verortung des Sprechers zum Ausdruck kommt. Jenseits des „subjektiv gemeinten" Sinns werden also sozial geprägte Sinnstrukturen fokussiert. Im Zentrum stehen damit verallgemeinerbare Muster, die gleichsam hinter konkreten Absichten der Probanden liegen. Insofern zielen die interpretativen Verfahren nicht auf Personen, sondern auf überindividuelle Sinnbezüge, die gesellschaftlich verankert sind und an Individuen qua Sozialisation und Alltagserfahrung vermittelt werden. Bei allen vier hier dargestellten Verfahren geht es darum, über individuelle und kollektive Entäußerungen soziale Prozesse als prägende Kraft von Handlungen und Orientierungen Einzelner oder Gruppen zu analysieren. Dieser Anspruch bedeutet, Äußerungen nicht nur „wörtlich zu nehmen", sondern sie im sozialen Kontext zu verstehen und als Chiffre für soziale Prozesse zu deuten. Das beinhaltet auch, Äußerungen von Beforschten nicht lediglich aneinanderzureihen oder mit der Häufigkeit von Argumentationsmustern, Erläuterungen etc. schon eine wie auch immer geartete gesellschaftliche Relevanz zu behaupten.

Systematisches Interpretieren

Die genannten Aspekte – Textbasiertheit der Interpretation und Datentranskription, formalanalytisches Vorgehen und sequenzielle Analyse, kontrollierter Umgang mit eigenem Alltagswissen, reflexiver Umgang mit Daten und Prinzip der Offenheit, Rekonstruktion von Sinnstrukturen – werden von den vier in diesem Lehrbuch vorgestellten Ansätzen interpretativer Sozialforschung weitgehend geteilt. Die Aspekte zielen insgesamt auf ein intersubjektiv nachvollziehbares und systematisch praktiziertes Verstehen von textförmigen Daten.

Spektrum der interpretativen Sozialforschung

Wie der Vergleich der vier in diesem Buch behandelten Verfahren gezeigt hat, gibt es zwischen ihnen zentrale methodologische Gemeinsamkeiten (vgl. Abschn. 2) und partielle methodische Wahlverwandtschaften (vgl. Abschn. 1). Die Gemeinsamkeiten und Überschneidungen lassen es als gerechtfertigt erscheinen, sie zu einer besonderen Kategorie der Qualitativen Sozialforschung zusammenzufassen – der *interpretativen* Sozialforschung. Erwähnt werden muss, dass mit diesen vier Verfahren das Spektrum der interpretativen Sozialforschung nicht vollständig abgedeckt ist. So gibt es weitere aus den vier Verfahren heraus entstandene oder von ihnen angeregte methodische Ansätze (z. B. das episodische Interview; vgl. Flick 1996: 130-165). Zudem sind auch Verfahren aus anderen Forschungstraditionen wichtiger Bestandteil der interpretativen Sozialforschung. Stellvertretend genannt seien hier die wissenssoziologische Diskursanalyse (vgl. Keller 2005) und die hermeneutische Wissenssoziologie (vgl. Soeffner 2004).

3 Grundmodi des Interpretierens

Aus den in diesem Kapitel aufgezeigten Gemeinsamkeiten und Überschneidungen der vier interpretativen Verfahren lassen sich drei allgemeine Grundoperationen bzw. -modi des Interpretierens textförmiger Daten identifizieren. Es handelt sich insofern um grundlegende Aspekte der qualitativen Auswertung, als mit ihnen der Schritt von dem rein intuitiven Verstehen, wie wir es normalerweise in unserem Alltagshandeln praktizieren, hin zum methodisch kontrollierten interpretativen Verstehen vollzogen werden kann. Diese Grundmodi des Interpretierens sind:

a) formalsprachliche Analyse,
b) gedankenexperimentelle Wortlaut- und Kontextvariation und
c) empirischer Vergleich von Textsequenzen.

Ad a)

Formalsprachliche Analyse

Auf der Grundlage formaler Wissensbestände über unterschiedliche Aussageformen und ihre Funktionen lassen sich einzelne sprachliche Elemente (von parasprachlichen Lauten über einzelne Wörter und Sätze bis hin zu umfangreichen Darstellungen) und sequenzielle Abfolgen (z. B. Frage und Antwort, Rede und Gegenrede, Durcheinanderreden in Gruppendiskussionen) in ihrer Bedeutung analysieren. Seien es Textsorten bzw. -gattungen wie in der narrationsanalytischen Unterscheidung von Erzählung, Beschreibung und Argumentation, Sprecherwechsel in der Konversationsanalyse bzw. der Dokumentarischen Methode oder objektive Bedeutungsstrukturen von Aussagen und sprachlichen Interaktionen in der Objektiven Hermeneutik – immer handelt es sich um eine formalsprachliche Analyse, die die ersten Schritte der Interpretation anleitet bzw. die gesamte Analyse durchdringt. An den jeweiligen Forschungsgegenstand wird damit jeweils ein externes kategoriales Raster – die formalen Sprachmuster – angelegt. Der Rückgriff auf sprachwissenschaftliche Erkenntnisse stellt dazu Hilfsmittel bereit, über die der Zugang jenseits inhaltlicher Vorannahmen gelingt.

Ad b)

Gedankenexperimente

Bei einer inhaltlichen Interpretation von Äußerungen bzw. Interaktionsakten kann es nützlich sein, mit Gedankenexperimenten (d. h. assoziativen Deutungen) zu arbeiten. Hierbei gibt es zwei Vorgehensweisen:

Variation des Wortlauts

- Gedanklich wird der Wortlaut der vorliegenden Sequenz variiert. Möglich ist auch eine Kontrastierung mit vollkommen andersartigen, aber an dieser Stelle gleichwohl möglichen Aussagen. In gewisser Weise wird hier ein Umweg über die Veränderung des Wortlauts gegangen, um sich der faktischen Bedeutung der Aussage zu nähern. Soll beispielsweise der Sinngehalt der Äußerung „Halbtagsjob hat nicht mehr gelangt, auch vom Geld her" genau erfasst werden, ist es hilfreich, eine ebenfalls denkbare Äußerung „Halbtagsjob hat nicht mehr gelangt, vom Geld her" gegenüberzustellen. Es zeigt sich, dass das gedankenexperimentell ausgelassene „auch" in der zweiten Formulierung darauf verweist, dass es für die befragte Person außer finanziellen auch noch weitere Gründe gab, das Arbeitszeitvolumen zu erhöhen.

Variation des Kontextes

- Dient die Wortlautvariation dazu, möglichst genau den in der Sequenz dokumentierten Sinngehalt zu erfassen, kann auch der Kontext variiert werden, um überhaupt zu plausiblen Deutungen zu kommen. D.h. es werden möglichst viele für die relevante Äußerung denkbare soziale Kontexte bzw. Situationen gedankenexperimentell zusammengetragen, in denen die Äußerung in genau diesem Wortlaut sinnvoll vorkommen kann. Diese Form des gedankenexperimentellen Vorgehens wurde als zentraler Analyseschritt der Objektiven Hermeneutik bereits ausführlich dargestellt (vgl. Kapitel IV, S. 124-139).

Ad c)

Empirischer Vergleich von Textsequenzen

Neben der gedankenexperimentellen Variation stellt der empirische Vergleich von Aussagen aus dem Datenkorpus einen basalen inhaltlichen Interpretationsmodus dar. Wiederum sind zwei Varianten zu unterscheiden:

Zum einen können unmittelbar auf die zu analysierende Sequenz folgende weitere Sequenzen hinzugezogen werden. Diese Operation erfolgt beim gedankenexperimentellen Verfahren der Objektiven Hermeneutik, wenn Lesarten aufeinanderfolgender Sequenzen mit einander abgeglichen und nicht kompatible sukzessiv ausgeschlossen werden. Die Dokumentarische Methode bedient sich ebenfalls dieses Verfahrens, wenn homologe Äußerungen innerhalb einer größeren Textsequenz erfasst werden (vgl. Kapitel V, Abschn. 2.2.2, S. 180 f.).

Ein zweites Vorgehen besteht darin, andere Sequenzen – die dem gleichen oder einem anderen „Fall" (Interview, Gespräch, ...) zugehören können – aus dem Datenkorpus hinzuzuziehen. In der Konversationsanalyse bspw. werden formal ähnliche Sequenzen (z.B. Eröffnungssequenzen von Telefonaten) verschiedener Fälle miteinander verglichen, um strukturelle Gemeinsamkeiten und Variationen zu identifizieren. In der Objektiven Hermeneutik werden weitere Sequenzen zur Überprüfung von Hypothesen herangezogen. Und in der Dokumentarischen Methode wird das Instrument des minimalen bzw. maximalen Kontrastierens von Sequenzen wie Fällen systematisch eingesetzt.

Die unterschiedlichen Formen empirischer Vergleiche dienen alle der systematischen Variation des Interpretationsgegenstandes und erzeugen auf diesem Weg eine hinsichtlich der Verallgemeinerbarkeit auf breitere Füße gestellte Analyse. Zugleich wird durch das Erfordernis, alle Textsequenzen in die Analyse einzubeziehen, vorschnellen Deutungen ein Riegel vorgeschoben – Einzelfälle bzw. Sequenzen tragen stets nur ein Bruchstück der möglichen analytischen Erkenntnisse in sich und bedürfen der systematischen Ergänzung durch den Vergleich.

Durch die methodisch wie grundlagentheoretisch gegebene Komplementarität können einzelne Verfahrensschritte der in den Kapiteln II-V vorgestellten

Methoden auch auf Datenarten angewendet werden, die nicht zum bevorzugten Standard (vgl. Abschn. 1, Tabelle, S. 199) gehören. Das ist insbesondere für die Analyse von Leitfadeninterviews interessant, der in der qualitativen Sozialforschung am häufigsten genutzten Erhebungsform. Im folgenden Kapitel werden beispielhaft die Möglichkeiten einer (sich wechselseitig ergänzenden) Anwendung einzelner Interpretationsschritte in Leitfadeninterviews aufgezeigt.

4 Literaturverzeichnis

Flick, Uwe (1996): Psychologie des technisierten Alltags. Opladen: Westdeutscher Verlag.

Keller, Reiner (2005): Wissenssoziologische Diskursanalyse. Grundlegung eines Forschungsprogramms. Wiesbaden: VS Verlag für Sozialwissenschaften.

Reichertz, Jo (2007): Qualitative Sozialforschung. Ansprüche, Prämissen, Probleme. In: Erwägen – Wissen – Ethik, 18 (2), 195-208.

Soeffner, Hans-Georg (2004): Auslegung des Alltags. Der Alltag der Auslegung. Konstanz: UVK-Universitätsverlag Konstanz.

SIEBENTES KAPITEL

Anwendung interpretativer Methoden auf Leitfadeninterviews

Inhalt

Einführung

In diesem Kapitel soll gezeigt werden, dass sich die vier in diesem Buch vorgestellten interpretativen Methoden nicht nur in geschlossener Form auf bestimmte Datenarten oder Untersuchungsgegenstände anwenden lassen, sondern auch als eine Art „Werkzeugkasten" dienen können, dem man – je nach Forschungsfrage und -kontext – geeignete Untersuchungsinstrumente entnehmen kann. Exemplarisch wird dazu auf die in der Forschungspraxis der qualitativen Sozialforschung häufig verwendete Datenart Leitfadeninterview fokussiert. Die Absicht dieses Kapitels ist nicht, eine kohärente neue Methode zu entwickeln. Vielmehr soll entlang kurzer Interpretationsbeispiele zu Passagen eines leitfadengestützten Interviews veranschaulicht werden, welche Möglichkeiten zu einer profunden Analyse das Instrumentarium interpretativer Methoden eröffnet.

1 Leitfadeninterview als Form der Datenerhebung

Leitfaden-interview

Das Leitfadeninterview ist das wohl gängigste Erhebungsinstrument in der qualitativen Sozialforschung. Eine Vielzahl von elaborierten, für verschiedene Forschungszwecke und Erkenntnisinteressen geeigneten, Verfahren basiert auf Interviewleitfäden – so z. B. das dezidiert Themen fokussierende „problemzentrierte" (Witzel 1982) Interview; das auf einen thematisch begrenzten Austausch von sich fremden Einzelpersonen in Gruppen zielende „Fokusgruppeninterview" (Merton / Kendall 1979) oder das auf Darstellungen eigener Erlebnisse und Wahrnehmungen orientierte „episodische" Interview (Flick 1996: 129-165).

Leitfaden als Checkliste für Interview-führung

Leitfadeninterviews sind dadurch gekennzeichnet, dass der Interviewer eine Reihe von vorab festgelegten (und im Leitfaden in Form von thematischen Aspekten oder konkreten Fragen niedergeschriebenen) Themenbereichen anspricht. Durch gezielte Fragen werden neue Gesprächsimpulse für den Probanden gesetzt. Allerdings werden die Fragen und Antwortmöglichkeiten nicht standardisiert vorgegeben wie bei der quantitativen Datenerhebung mittels Fragebogen. Oftmals benutzt der Interviewer lediglich Stichpunkte und der Leitfaden wird als eine flexible Checkliste gehandhabt. Selbst die Reihenfolge der Fragestellungen ist nicht zwingend vorgeschrieben.

Erzählgenerierung und Interview-strukturierung

Den Interviewten wird mit dieser Datenerhebungsform ermöglicht, offen und in eigenen Worten über das angesprochene Thema zu sprechen. Zudem können für den Interviewer neue Gesichtspunkte in die Gesprächssituation eingebracht bzw. in Hinblick auf die Forschungsfrage interessante Einzelaspekte vertiefend dargestellt werden. Neben der Funktion, Darstellungen des Befragten zu generieren, ist der Leitfaden eine wichtige Unterstützung zur Strukturierung des Interviews.

7-01

Zur Veranschaulichung finden Sie ein Beispiel für einen Interviewleitfaden auf der Begleit-CD. Dieser wurde in einer Studie zur Arbeits- und Alltagspraxis von TeleheimarbeiterInnen verwendet (vgl. Kleemann 2005). Sowohl die Beispielinterviews aus Kapitel III (Frau Herz S. 74-76, Frau Klar S. 96 f., Frau Roth, Begleit-CD 3-04) als auch das nun folgende Interview (Herr Reder S. 213) stammen aus diesem Untersuchungskontext.

Gängige Analysepraxis

Bei der Analyse von Leitfadeninterviews wird eher selten auf ein elaboriertes sequenzanalytisch-sinnverstehendes Analyseinstrumentarium zurückgegriffen (siehe aber Flick 1996: 129-165; Nohl 2006). Überwiegend werden sie inhaltsanalytisch (vgl. Mayring 2008) oder entsprechend des „Codierparadigmas" der Grounded Theory (vgl. Strauss 1991; Strauss / Corbin 1996) ausgewertet. Auf dieser Grundlage besteht aber die Gefahr, eigene kategoriale Raster an die Interviews heranzutragen, ohne den von den Befragten selbst zum Ausdruck gebrachten Sinngehalt angemessen zu erfassen. Die Anwendung interpretiver Verfahrensweisen ermöglicht gerade eine methodisch kontrollierte Interpretation in diesem Sinne. Wie dies im Anschluss an die vorgestellten Methoden aussehen kann, wird im Folgenden erläutert.

2 Interpretative Analyse eines Fallbeispiels

Im Folgenden wird demonstriert, wie einige der in den vorherigen Kapiteln behandelten interpretativen Analyseschritte zur Auswertung eines Leitfadeninterviews herangezogen werden können. Die Darstellung gliedert sich entlang der drei in Kapitel VI (S. 204-206) identifizierten basalen Modi des Interpretierens: formalsprachliche Analyse (Abschn. 2.1), gedankenexperimentelle Analyse (Abschn. 2.2) und Vergleich von Textsequenzen (Abschn. 2.3) Innerhalb dieses Rahmens werden einzelne in den Kapiteln II-V dargestellte Verfahrensschritte exemplarisch entlang von Auszügen aus einem Leitfadeninterview praktisch angewendet.

2.1 Formalsprachliche Analyse

Spezifik der Interview-situation

Formal betrachtet ist das Leitfadeninterview eine dialogische Kommunikationssituation, in der Interviewer und Befragter wechselseitig aufeinander bezogene Redebeiträge leisten. Allerdings verhalten sich die Teilnehmer nicht wie in einem üblichen Alltagsgespräch. Die spezifische Interviewsituation bedingt eine Asymmetrie zwischen den Beteiligten dahingehend, dass der Interviewer (überwiegend) Fragen stellt und der Befragte Antworten auf diese Fragen gibt und aus eigenem Antrieb darüber hinausgehende Dinge ausführt. Die Sprecher gestalten also in unterschiedlicher Weise den Diskurs, d. h. den Ablauf des Gesprächs.

In *thematischer Hinsicht* lässt sich der Diskursverlauf formalsprachlich (d. h. mit Blick darauf, in welcher Weise ein Thema ein- oder fortgeführt wird) dahingehend näher bestimmen, in welcher Form auf unmittelbar vorangehende Äußerungen Bezug genommen wird. In Anlehnung an das Begriffsinstrumentarium der Dokumentarischen Methode, die ebenfalls in diesem Sinne auf den Diskursverlauf fokussiert, lassen sich formalsprachliche Formen der thematischen Bezugnahme der am Leitfadeninterview Beteiligten aufeinander unterscheiden. Sie dienen als Grundlage für den formalsprachlichen Analyseschritt der *Interaktionskontrolle* (vgl. Abschn. 2.1.1) – der methodischen Kontrolle eines Grundproblems der Interviewsituation in Leitfadeninterviews: Der Interviewer beeinflusst durch seine Fragen und / oder durch seine sonstige Beteiligung am Diskurs das Antwortverhalten des Befragten. Es gilt daher zu kontrollieren, ob das vom Interviewer vorgegebene Thema für den Befragten überhaupt relevant ist, inwieweit dieser in der Lage ist, die für ihn relevanten

Aspekte auch frei und umfassend darzustellen und inwieweit die Beteiligten mit ihren Beiträgen Inhalt und Verlauf des Diskurses steuern.

Im unmittelbaren Anschluss an die (oder zugleich mit der) Interaktionskontrolle lässt sich als weiterer formalsprachlicher Analyseschritt die Sequenzierung (vgl. Abschn. 2.1.2) durchführen, d. h. die Gliederung des Interviewtexts nach formalsprachlichen Kriterien. Dies umfasst zum einen die Einteilung des Interviews entlang der sich quasi natürlich ergebenden Paarsequenzen von Frage (bzw. sonstiger Einlassung) des Interviewers und darauf bezogener Antwort (bzw. sonstiger Reaktion) des Befragten (an die wiederum eine neue Paarsequenz gleicher Struktur anschließt). Im Gesamtbild wird so der Diskursverlauf des Interviews erkennbar. Zum anderen lassen sich mithilfe einiger der aufgelisteten Formen der Bezugnahme auch interne Anschlüsse des Befragten innerhalb einer Antwortpassage identifizieren, so dass die Antwortpassage ihrerseits in (Fein-)Sequenzen unterteilt wird. Mit diesem Teilschritt können bereits auf formalsprachlichem Weg Relevanzen der Befragten identifiziert werden.

Ein weiterer formalsprachlicher Schritt in Ergänzung zur Sequenzierung von Antwortpassagen ist die Textsortenanalyse (Abschn. 2.1.3), die auf das Instrumentarium der Narrationsanalyse zurückgreift. Sie ermöglicht insbesondere eine Bestimmung des Abstraktionsgrades von Textpassagen.

Die drei formalsprachlichen Analyseschritte werden nachfolgend zunächst einzeln dargestellt. In der Forschungspraxis werden sie zumeist gemeinsam durchgeführt. Um dieser Tatsache Rechnung zu tragen, wird in Abschn. 2.1.3 eine entsprechend integrierte Beispielanalyse einer Textpassage eines Leitfadeninterviews durchgeführt. Da aber die Interaktionskontrolle in diesem Rahmen wenig Raum erhält, wird zuvor (in Abschn. 2.1.1) entlang einer anderen, dafür besonders ergiebigen Textpassage in einer separaten Beispielanalyse das Vorgehen der Interaktionskontrolle veranschaulicht.

2.1.1 Interaktionskontrolle

Kommunikation im Leitfadeninterview

Im Zusammenhang mit der basalen Frage-Antwort-Struktur von Leitfadeninterviews ergibt sich ein grundlegendes Problem: Der Interviewer beeinflusst möglicherweise das Antwortverhalten des Befragten. Zwar ist die Literatur zum „richtigen" Verhalten in der Interviewsituation reichhaltig (vgl. v. a. Helfferich 2005, Hermanns 2000, Maindok 1996), doch Einflussnahmen von Seiten des Interviewers (insbesondere suggestive Fragen, Unterbrechungen, Wortvorgaben etc.), die den Befragten daran hindern, im Interview seinen eigenen Relevanzrahmen zu entfalten, sind in Leitfadeninterviews nie auszuschließen.

Solche Beeinflussungen geschehen nicht nur in der Form offensichtlich suggestiver Fragestellungen, bei denen dem Befragten offenkundig etwas ‚in den Mund gelegt' wird. Der Interviewer ist im Verlauf des Interviews häufig ‚spontan' in der Pflicht, Fragen zu stellen, und kann sich nie sicher sein, ob eine Frage für den Befragten überhaupt relevant ist. Auch wenn das nicht der Fall ist, könnte sich dieser aber verpflichtet fühlen, darauf Bezug zu nehmen; schließlich besteht eine allgemeine soziale Verpflichtung, auf Fragen zu antworten. Die Äußerung könnte dann bei der Auswertung fälschlicherweise dahingehend interpretiert werden, dass die Antwort tatsächlich die subjektiven Relevanzen des Befragten zum Ausdruck bringt.

Interaktionskontrolle

Neben den Beeinflussungen sind aber auch die Strukturierungsversuche der Interviewten als solche interessant, können sie doch Hinweise zum Relevanzrahmen liefern: Ein deutliches Zurückweisen einer Frage in einem ansonsten harmonischem Interview etwa ist ein solcher Hinweis, ebenso Versuche des Ausweichens vor einer Fragestellung. Deshalb ist die Kommunikation zwischen den Beteiligten sowohl hinsichtlich möglicher Beeinflussungen als auch hinsichtlich der Performanz der Befragten methodisch zu kontrollieren. Dies kann beim Leitfadeninterview im Rückgriff auf die Regeln des turn-taking (vgl. Kapitel II, S. 41-43) und Verfahrensweisen der Dokumentarischen Methode (vgl. Kapitel V, S. 175-178) geschehen.

Aufmerksamkeitsfoki der Textanalyse

Neben der Art, wie Interviewer ihre Fragen formulieren und wie Befragte darauf reagieren, interessieren vor allem die Form des Sprecherwechsels (turn-taking) und Störungen des Verlaufs durch Einschübe des Gesprächspartners in einer fortlaufenden Äußerung bis hin zu Einlässen, die den noch nicht beendeten Redebeitrag eines Sprechers massiv unterbrechen (vgl. Linke / Nussbaumer / Portmann 2004). Zu prüfen ist, ob es damit zu Beeinflussungen kommt und ob Relevanzsetzungen der Interviewten unterbunden werden.

Vorgehen der Interaktionskontrolle

Interaktionsdichte als Gradmesser

Entlang der nachfolgend aufgeführten Formen der wechselseitigen diskursiven Bezugnahme in Leitfadeninterviews werden alle für die weitere Analyse herangezogenen Textpassagen (bzw. das gesamte Interview) formalsprachlich klassifiziert. Besonders ist auf solche Stellen zu achten, an denen eine hohe „Interaktionsdichte" besteht, in denen also das Rederecht zwischen Interviewer und Befragtem umkämpft ist. Solche Momente sind häufig Ausdruck eines Ringens um Relevanzsetzungen. Zur Bestimmung der Güte der Interviewdaten ist es wichtig zu prüfen, ob hier unter der Hand eine Überformung seitens des Interviewers stattgefunden hat.

Kontrolle von Interviewereinflüssen

Aussagen, bei denen tatsächlich eine Beeinflussung durch die Interviewer vorliegt, sind nicht per se wertlos. Sie sind aber im Vergleich zu validen (nicht beeinflussten) Textpassagen genauer zu prüfen: Geben die Äußerungen des Interviewten seinen eigenen Relevanzrahmen wieder? Spiegeln sie nur begriffliche oder inhaltliche Inputs (und damit implizite Vorannahmen bzw. Perspektiven) des Interviewers wider? In welcher Weise und unter welcher (vom Interviewer vorgegebenen) Perspektive bringt der Befragte für ihn relevante Sachverhalte zur Sprache? Es ist zu klären, ob eine Äußerung noch weiter ausgewertet werden oder ausgeklammert werden sollte. Letzteres wäre etwa dann der Fall, wenn die Antwort eines Befragten – etwa auf eine suggestive Frage hin – die inhaltlichen Vorgaben des Interviewers bloß übernimmt, ohne dass eigene, den Fragegehalt überschreitende Relevanzen entfaltet werden.

In Anlehnung an die Kategorien der Dokumentarischen Methode (vgl. Kapitel V, S. 175-178) kann das folgende Begriffsinstrumentarium für die Interaktionskontrolle verwendet werden (vgl. Matuschek 2005). Eine druckbare Fassung der folgenden Aufzählung finden Sie auf der Begleit-CD.

7-02

Formen der Interaktion in Leitfadeninterviews

Auf Seiten des Interviewers:

Initiierende Frage: Neue Frage, anderer Themenbereich oder spezifische Variation des Themenbereichs, wobei ein Bruch zum vorher Gesagten deutlich sein muss (etwa wenn im Anschluss an Ausführungen zu Freizeitaktivitäten im Jugendalter nach Freizeitaktivitäten in der Gegenwart gefragt wird – z. B. „Wie sieht es denn mit Ihrer Freizeit heute aus? Was unternehmen Sie da?").

Immanente Nachfrage: Weiterführende Frage, die an eine unmittelbare oder mittelbare Äußerung anschließt (z. B. „Und dieser Tagesablauf, ist der immer gleich oder gibt es andere Abläufe?“).

Mögliche Mischform:

Immanente initiierende (Nach-)Frage: Zwischenform der beiden ersten Formen, wobei die Variation geringer ist als bei der initiierenden Fragestellung (z. B. „Sie hatten vorhin schon einmal von den Telefonaten erzählt und jetzt gerade wieder ... Hängt das denn zusammen?“).

Aufforderung zur Detaillierung: Bitte, etwas genauer zu erläutern (z. B. „Wie war das denn genau?“; „Könnten Sie mir bitte mal ein Beispiel geben?“).

Auf Seiten des Befragten:

Ratifizierung: Signalisierung des Verstehens der Frage (u. U. mit nachfolgenden Ausführungen) bzw. Antwort (z. B. „Ja, ich verstehe schon, was Sie meinen“, „Das ist eine wichtige Frage“), auch in Form einer **ratifizierenden Nachfrage** möglich (z. B. „Meinen Sie jetzt in Bezug auf die Freizeit?“).

Validierung: Eingehen auf den Sinngehalt einer Frage mit propositionalem Gehalt – in zustimmender oder ablehnender Form möglich:

- **positive Validierung:** Zustimmung zum propositionalen Gehalt einer Frage oder Aussage (z. B. „Ja, da haben Sie Recht.“).
- **negative Validierung:** Ablehnung des propositionalen Gehalts einer Frage oder Aussage (z. B. „Nein, so ist das ja nicht, sondern...“).

Proposition: Stellungnahme zu einem Thema (Statements, Stichworte, ironische Äußerungen, auch in Frageform (z. B. „Was soll man machen...“; „Man steht ja sowieso ganz alleine da, nicht?“).

Elaboration: Nähere Ausführungen zu einem Thema (Erzählungen, Berichte etc.).

Exemplifizierung: Beispielhafte Ausarbeitung, Erläuterung einer vorher gemachten Aussage.

Differenzierung: Inhaltliche Ergänzung einer Aussage (z. B. „Also genau genommen ist es sogar so, dass...“).

Antithetische Differenzierung: Zweifelndes Eingehen auf eine Aufforderung bzw. Beschränkung eigener Aussage (z. B. „Obwohl, ich weiß nicht, andererseits ist es ja auch so, dass...“).

Abstraktion: Verweisendes Erläutern, wobei die interviewte Person global Bezug auf außen stehende Personen oder Ereignisse nimmt (z. B. „Na, wenn der Schröder, der Bundeskanzler jetzt was gesagt hat zur Steuerbelastung..., so mein ich das...“).

Negation: Verweigerung der Beantwortung (Beispiel: „Dazu will ich jetzt nichts sagen.“).

Retardation: Antwort, dessen Inhalt nicht über bereits Gesagtes hinausgeht; Verzögerung, die eine Nachfrage erzwingt (z. B. „Was habt ihr in der Freizeit so gemacht? – Na ja, was man so macht...“).

Coda: Eigenständig gesetzte abschließende Äußerung zu einem Thema (Beispiel: „Ja, das war's.“).

Auf beiden Seiten:

Unterstützende Einlassung: Äußerung, die über ein fehlendes Wort, einen entfallenen Namen etc. hinweghilft.

Metakommunikation: Verständigung über den Fortgang des Gesprächs (z.B. über eine Pause).

Kommentar: Äußerungen zur Sinnhaftigkeit einer Frage oder Äußerungen (auch im Sinne einer Eigenkommentierung).

Konklusion: Inhaltliche Zusammenfassung einer Passage durch Interviewten oder Interviewenden.

Suggestion: Beeinflussende Fragestellung des Interviewers bzw. Äußerung des Interviewten.

Beispielanalyse

Wie eine ausführliche Interaktionskontrolle aussehen kann und welcher Erkenntnisgewinn damit für die Auswertungen verbunden ist, wird im Folgenden anhand einer sprachlich besonders dichten Interviewpassage mit mehreren schnell aufeinander folgenden Sprecherwechseln beispielhaft gezeigt.

Kontextinformationen zum Interview

Vorab einige Kontextinformationen zu dem im Folgenden analysierten Leitfadeninterview: Der Interviewte, Herr Reder (A) ist zum Zeitpunkt des Interviews (Sept. 1996) 32 Jahre alt und arbeitet als Fachinformatiker bei einem Elektronikkonzern. Er nimmt seit knapp einem halben Jahr an einem Modellversuch seiner Firma zur alternierenden Teleheimarbeit teil: Einen selbst definierbaren Teil seiner Arbeitszeit arbeitet er in seiner Privatwohnung statt im Betrieb. Herr Reder lebt mit seiner Frau und seiner vierjährigen Tochter in einer deutschen Großstadt. – An dem Interview nahmen zwei InterviewerInnen teil, ein Mann (I1) und eine Frau (I2).

Interview „Frank Reder", Z. 2344-2373

Beispielsequenz

```
I1: (.) Ja. Aber nochmal zu den Prioritäten. Mein- Prioritäten
    kann ja auch heißen, daß sie sagen "äh lieber die Arbeit
    reduziern, wenn das denn geht, /A: mhm// und- und dafür
    sich mehr um die Familie kümmern," oder noch n zweites
    Kind, was ja auch
A:                    /was auch geht.
                                     / (I2 lacht)
I1:                                  /mehr- deutlich mehr Arbeit
    auch bedeuten würde (.) für diesen privaten Bereich; /A:
    ja// n Kind is ja nich nur Spaß, sondern auch einfach
    Zeit aufwand.
A:  Oh ja, das stimmt. Sprechen Sie auch aus Erfahrung?
I1: Nee.
    (I2 lacht)
A:  Es klang so. (.) Ja, es bedeutet sehr viel Zeitaufwand, das
    bedeutet vor allem noch viel mehr Koordinationsaufwand;
    /I1: mhm, mhm// ja? und das is einfach dabei auch zu
    sehn. Also es is so;(.) ich arbeite ja heute fünfunddreißig
    Stunden, /I1: mh// (.) ich hab die Möglichkeit schon m-
    mehrfach gehabt auch einen Vierzigstundenvertrag /I1:
    aha// zu kriegen; /I1: aha// ich hab aber diese Möglichkeit
    bisher nich ergriffen, /I1: mhm// das deutet vielleicht
    schon drauf hin, /I1: ja// äh daß mir das eigentlich genug
    is, was ich tue; (.) al- wie gesagt, meistens komm ich auch
    mit den fünfundreißg Stunden nich aus, im Moment schaff
    ich s aber eben auch die Überstunden wieder abzubaun,
    (.) bin ich auch ganz froh drüber, daß ich s wieder
    schaffe, das hab ich ne Zeit lang eben nich geschafft; (.)
```

```
ähm (.) mir ist der private Freiraum schon sehr, sehr wich-
tig;
```

7-03

Eine druckbare Fassung der Interviewpassage finden Sie auf der Begleit-CD.

Mit der auf die einzelnen Äußerungen angewendeten Interaktionskontrolle werden die jeweiligen Beiträge der Beteiligten dem Verlauf nach analysiert. Dabei wird auf die obigen Begriffe der Interaktionskontrolle zurückgegriffen:

Einlassung von Interviewer 1 mit Zwischenruf des Befragten (Z. 2344 – 2354)

Interviewer 1 greift in Z. 2344 erkennbar („*nochmal* zu den Prioritäten") ein bereits zuvor angesprochenes Thema wieder auf. Insofern erfolgt hier kein Input, der den Interviewten in eine bestimmte Richtung drängt, wie es bei einer ein neues Thema *initiierenden* Fragestellung der Fall wäre. Die Frage verbleibt (*immanent)* innerhalb des Relevanzrahmens des Interviewten.

Der Interviewer stellt allerdings keine Frage, sondern formuliert in den Z. 2344-55 ein (*suggestives*) Statement, das den Interviewten implizit auffordert, Stellung zu nehmen. In Z. 2349 unterbricht der Befragte den Interviewer, indem er dessen begonnene Formulierung in eigener Weise fortführt („was auch geht") Die parasprachliche Reaktion von Interviewerin 2 (Z. 2350) ist als Kommentierung des Zwischenrufs des Befragten zu deuten. Der weiterhin im Besitz des Rederechts befindliche Interviewer 1 führt, ohne weiter auf den Zwischenruf des Befragten einzugehen, seine Proposition (2351-54) mit der inhaltlichen Wendung zur (zeitlichen) Arbeitsbelastung durch Kinder zu Ende.

Bezugnahme des Befragten auf Interviewer 1 (Z. 2355)

Dadurch ist der Befragte in der Pflicht, nun ernsthaft Stellung zu nehmen. Dem kommt er nach, indem er zunächst in Z. 2352-53 mit einem zwischengeschobenen „ja" anzeigt, dass er den Sinn der Proposition verstanden hat (*Ratifizierung*). In Z. 2355 wird die nun vom Interviewer beendete Proposition mit „Oh ja, das stimmt" in emphatischer Weise inhaltlich bestätigt (*positive Validierung*). Allerdings folgen nun keine weiteren Ausführungen des Befragten. Stattdessen formuliert er eine (geschlossene) Gegenfrage („Sprechen Sie auch aus Erfahrung?", Z. 2355). Diese Frage hebelt den geregelten Rahmen der Interviewsituation aus. Denn normalerweise stellt der Interviewer Fragen und erwartet Antworten vom Befragten.

Übung: Führen Sie die Interaktionskontrolle ab Z. 2356 weiter. Eine Beispiellösung finden Sie auf der Begleit-CD.

7-04

Fazit der formalsprachlichen Analyse Z. 2344-2373

Welche Schlussfolgerungen lassen sich aus der Analyse des Fallbeispiels ziehen? Auffällig ist, dass der Befragte an zwei Stellen durch einen Zwischenruf bzw. eine Gegenfrage den „normalen" Frage-Antwort-Ablauf der Interviewsituation unterbricht. Allerdings muss dies nicht automatisch als eine „Störung" des Interviewverlaufs gedeutet werden, sondern kann auch ein Indiz dafür sein, dass der Interviewte die an sich „künstliche" Interviewsituation als natürliches Gespräch wahrnimmt, bei dem der einseitig Fragende auch mal hinterfragt werden darf. Möglicherweise will er einfach wissen, wem er antwortet: ist der Interviewer jemand, der seine Fragen einfach nur herunterspult oder weiß er, wovon er spricht? Vielleicht sind die Äußerungen („was auch geht" Z. 2349; „Sprechen Sie auch aus Erfahrung?" Z. 2355 und „Es klang so." Z. 2358) sogar ironisch gemeint.

Aus formalsprachlicher Sicht lässt sich festhalten, dass in dieser Sequenz die Interviewsituation ansatzweise in Richtung einer lockeren Gesprächssituation aufgebrochen wird. Die Reaktionen des Interviewers, d. h. sein Nichteingehen auf die erste Äußerung und seine knappe Antwort in Z. 2356 („Nee") wirken allerdings einer solchen offenen Gesprächsentwicklung entgegen. Mit seinen Reaktionen bringt der Interviewer zum Ausdruck, dass er den Rahmen der formellen Interviewsituation beibehalten und nicht auf die Ebene eines Alltagsgesprächs wechseln möchte. Wie die sich anschließende längere Proposition des Interviewten ab Z. 2358 dokumentiert, begibt sich der Interviewte wieder zurück in den Rahmen der Interviewsituation. Hierbei sind die Ausführungen ab Z. 2361 („Also es is so ...") insofern aufschlussreich, als eine Verschiebung des thematischen Bezugspunktes – weg von der Familie und hin zur Erwerbsarbeit – vollzogen wird. Der Interviewte definiert damit zum ersten Mal in Anschluss an die ursprüngliche Interviewerfrage (Z. 2344-2354) seinen eigenen Relevanzrahmen: Arbeit bzw. Arbeitszeit ist zentraler Bezugspunkt, dem gegenüber die Frage nach weiteren Kindern ihren nachrangigen Platz zugewiesen bekommt.

Analyse der Interviewführung und des Gesprächsverlaufs

Wie an dem Beispiel gezeigt werden sollte, erlaubt die Interaktionskontrolle die Überprüfung der Kommunikation im Interview. Rekonstruiert wird, *wie* Themen im Rahmen des Interviews verhandelt werden und *welchen Verlauf* insgesamt die sprachliche Interaktion nimmt. In Blick genommen werden die sich manifestierenden Vorannahmen des Interviewers und die von ihm ausgehende Strukturierung der Interviewsituation. Zudem wird rekonstruiert, wie der Interviewte auf die Äußerungen und das Verhalten des Interviewers reagiert: Geht er auf einen Themenwechsel (initiierende Frage) mittels Validierungen, Elaborationen oder Differenzierungen etc. ein oder hält er an seinem vorherigen Thema fest? Weicht er Nachfragen aus, z. B. durch Negation von Fragen, retardierendem Antwortverhalten oder der Setzung von Antithesen? Setzt er selbst Themen, womöglich jenseits der im Leitfaden aufgeführten Aspekte?

An den Sprecherwechseln zeigt sich, wie die einzelnen Redebeiträge im Interview gerahmt und miteinander verknüpft sind. Bei der Interaktionskontrolle wird darauf geachtet, wie ein Thema in andere eingebettet ist bzw. inhaltlich anschließt. Ebenso ist von Belang, was sich in vordergründig beiläufigen Bemerkungen dokumentiert.

Formal-analytische Validierung der Daten

Wozu kann eine solche Interaktionskontrolle gut sein? Beim Leitfadeninterview wird eine nicht beeinflussende Interviewführung angestrebt. Die Interaktionskontrolle erlaubt eine Prüfung, ob dieser Anspruch tatsächlich erfüllt wurde: Ist das Gespräch durch die Interviewer beeinflusst worden? Wo lässt sich dies feststellen und welche Auswirkungen hat das auf die Güte der Daten? Ob vom Interviewer im Vorfeld des Interviews Aspekte als relevant angenommen und im Interview abgearbeitet werden, oder aber eine Bezugnahme auf Ausführungen des Interviewten in vorgängigen Sequenzen unternommen wird, kann für die Interpretation durchaus von Belang sein, insoweit analysiert wird, wer welche Themen auf die Agenda des Interviews setzt und in welcher Weise dies geschieht. Anders formuliert: Mithilfe der Interaktionskontrolle wird die Validität der Textdaten überprüft. Durch eine systematisch formal-analytische (d. h. nicht bloß intuitive) Prüfung kann bestimmt werden, welche Textpassagen der weiteren Interpretation zugeführt werden und ggf. in welcher spezifischen Hinsicht sie valide Informationen liefern.

Immanente versus initiierende Fragen

Im Rahmen der Interaktionskontrolle ist daher unter anderem formal zu klären, ob ein Thema durch eine Frage *initiiert* – und damit vom Interviewer vorgegeben – wird oder dem Interview *immanent* ist, also an bereits Gesagtes – und vom Befragten selbst Eingeführtes bzw. in Reaktion auf eine Interviewerfrage als eigene Relevanz Entfaltetes – anschließt. Dazu müssen unter Umständen vorgängige Textpassagen berücksichtigt werden, in denen entsprechende Ausführungen und gegebenenfalls bestimmte Begriffe bereits genannt worden sind, auf die Bezug genommen wird.

> Die Interaktionskontrolle dient der methodischen Kontrolle von Interviewereinflüssen auf die Äußerungen des Befragten und auf den Diskursverlauf. Untersucht wird, ob und inwieweit der Befragte in der Lage ist, die für ihn relevanten Aspekte frei und umfassend darzustellen und inwieweit die Beteiligten mit ihren Beiträgen Inhalt und Verlauf des Diskurses steuern.

Vertiefende Literatur: Matuschek 2005.

2.1.2 Sequenzierung und Textsortenanalyse

Neben der im vorherigen Abschnitt vorgestellten Interaktionskontrolle sind die Sequenzierung und die Textsortenanalyse weitere formalsprachliche Instrumente einer methodisch kontrollierten Interpretation. Ziel beider Schritte ist eine Unterteilung des Interviewtexts in kleinere Einheiten auf dem Wege einer genauen formalen Abgrenzung einzelner Segmente. Diese formale Bestimmung eröffnet zugleich bereits Möglichkeiten für die ‚inhaltliche' Interpretation.

Formale Struktur von Leitfadeninterviews

Die Sequenzierung folgt zunächst entlang der formalen Struktur von Leitfadeninterviews, die sich als eine Abfolge von Frage (bzw. „Stimulus") des Interviewers und darauf bezogener Antwort des Befragten darstellt. Formal kann ein Interview daher zunächst in Paarsequenzen von Interviewereinlassung (Frage) und verbaler Reaktion (Antwort) des Befragten unterteilt werden.

Unterteilung in Frage-Antwort-Sequenzen

Daher ist zunächst eine dieser formalen Gliederungsstruktur von Leitfadeninterviews entsprechende Sequenzierung sinnvoll. Hierbei werden einerseits Zusammenhänge zwischen einzelnen aufeinander folgenden Paarsequenzen, etwa das Muster: Frage des Interviewers – Antwort des Befragten – Nachfrage des Interviewers – Antwort des Befragten untersucht. Auf dieser Grundlage lassen sich größere Einheiten des transkribierten Interviews rekonstruieren. Hilfreich ist eine solche Sequenzierung, weil nicht jede Frage des Interviewers automatisch eine neue thematische Sequenz eröffnet. Möglich sind auch themenimmanente Nachfragen (z. B. „Sie erwähnten eben .... was ist damit gemeint?").

Feinsequenzierung von Antwortpassagen

Die Sequenzierung sollte nicht nur dazu dienen, die logischen und thematischen Zusammenhänge zwischen den Paarsequenzen festzuhalten. Mit ihrer Hilfe sollte darüber hinaus auch der Verlauf jeder einzelnen Frage-Antwort-Paarsequenz genauer bestimmt werden. Eine solche Feinsequenzierung ist insbesondere bei komplexen Antworten des Befragten hilfreich. Denn innerhalb einer „geschlossenen" (d. h. nicht vom Interviewer unterbrochenen) Antwortsequenz nimmt der Befragte oftmals selbst (formalsprachliche wie thematische) Strukturierungen vor, die eigene Relevanzen zum Ausdruck bringen. So kann der Befragte etwa in thematischer Hinsicht mittels einer Proposition im Sinne der Dokumentarischen Methode „ungefragt" ein neues Thema einführen.

> Leitfadeninterviews lassen sich zunächst in Frage-Antwort-Paarsequenzen gliedern. Auf dieser Grundlage wird die Verlaufslogik einzelner thematischer Teile des Interviews deutlich. Einzelne Antwortsequenzen lassen sich gegebenenfalls weiter untergliedern. Dadurch werden insbesondere eigene Relevanzsetzungen der Befragten deutlich.

Vertiefende Literatur: Flick 2002: 117-145.

Ziel des Analyseschrittes

Die Textsortenanalyse zielt darauf, unterschiedliche Gehalte des Gesagten zu identifizieren. Herausgearbeitet wird dazu der Darstellungsmodus und an welchen Stellen innerhalb eines Leitfadeninterviews dieser gewechselt wird. Dies geschieht für gewöhnlich entlang der Darstellungsformen Erzählung, Beschreibung und Argumentation (vgl. Kapitel III, S. 65 f.). Bei Bedarf lassen sich die Analysekategorien auch verfeinern (vgl. etwa Flick 1996: 154 ff.). Insbesondere bei längeren Ausführungen des Interviewten zu einem Thema bietet sich dieser Analyseschritt an.

Dokumentation der eigenen Erlebnisse

Erzählungen und mit Abstrichen Beschreibungen dokumentieren eine besondere Nähe zu Erlebnissen des Interviewten (vgl. Kapitel III, S. 64-68). Argumentationen beziehen sich keinesfalls auf Sphären jenseits der gelebten Realität von befragten Personen. Sie stellen vielmehr auf einer abstrakteren Ebene als die beiden anderen Textsorten die Sichtweise des Befragten bzw. seine Erfahrungen und Erlebnisse dar. Vor allem bei Experteninterviews oder problemorientierten Interviews sind die Argumentationen nicht per se Informationen zweiter Wahl. Argumentativ-theoretische Aussagen erfolgen zum Beispiel, wenn komplexe Sachverhalte (z. B. aus dem eigenen Arbeitskontext) erläutert werden oder einzelne Begriffe (Fachtermini etc.).

Verfeinerte Textsortengliederung

Es kann daher sinnvoll sein, die in einem Leitfaden unterscheidbaren Textsorten genau zu identifizieren. Welche der Textsorte(n) im Fokus der Analyse stehen soll(en), ist vom Untersuchungskontext abhängig. Interessieren subjektive Perspektiven, sind Argumentationen gegenüber der Erzählung bereits vergleichsweise distanzierte Mittel der Darstellung. Interessieren dagegen auch reflektierte Wahrnehmungen und geäußerte Intentionen der Beforschten, sind diesbezügliche Argumentationsmuster für Forschende durchaus aufschlussreich. Daher ist es wichtig, sich über die in Bezug auf die Untersuchungsfrage relevanten Textsorten klar zu werden und gegebenenfalls die nicht relevanten Passagen analytisch auszuklammern.

Die Textsortenanalyse ermöglicht eine nähere Bestimmung des Reflexionsgrades der Darstellungen des Befragten und eine Eingrenzung der weiteren Auswertungen auf Passagen mit den Textsorten, die entsprechend dem eigenen Erkenntnisinteresse auswertungsrelevant sind.

Vertiefende Literatur: Lucius-Hoene / Deppermann 2004: 141-175.

2.1.3 Formalsprachliche Beispielanalyse

In der Praxis werden die einzeln dargestellten formalsprachlichen Analyseschritte – Interaktionskontrolle (Abschn. 2.1.1), Sequenzierung und Textsortenkontrolle (Abschn. 2.1.2) – üblicherweise integriert durchgeführt. Im Folgenden wird die kombinierte Analyse anhand einer weiteren Textpassage des bereits in Abschn. 2.1.1 analysierten Interviews durchgeführt.

Interview „Frank Reder“, Z. 983-1042

Kontextinformation: In der Sequenz, die dem hier wiedergegebenen Interviewausschnitt vorausgeht, führt der Interviewte aus, warum es für ihn nicht praktikabel ist, während eines Arbeitstages zwischen den Arbeitsplätzen im Betrieb und zu Hause zu wechseln. Die Frage des Interviewers 1 in Z. 983 ff. schließt an die vorherigen Ausführungen des Interviewten darüber an, warum es ihm bislang nicht gelungen ist, innerhalb eines Arbeitstages den Arbeitsort vom betrieblichen zum Heimarbeitsplatz zu wechseln.

Beispielsequenz

```
I1: Wie planen sie das denn überhaupt; äh (.) müssen sie A die
    Tage, die sie daheim arbeiten, in der Firma vorbereiten,
    und (.) B äh wenn sie mal zuhause sind, überlegen sie
    sich da „morgen muss ich aber wieder rein“, oder oder is
    das eh schon für die Woche geplant?
A:                                          /Also es is so, es is
    schon eine (..) genauere Planung als vorher nötig.
    /I1: mhm// Is ganz klar. /I1: ja// Das hängt einfach schon
    mal damit zusammen, äh (räuspert sich) ich hab mir nun
    angewöhnt, die meisten Dinge elektronisch so verfügbar
    zu machen, /I1: mhm// dass ich von daheim und in der
    Firma (.) gleichzeitig oder (.) gleichmäßig drauf zugreifen
    kann; /I1: ja// das funktioniert recht gut; wir ham ein
    Gruppenlaufwerk, über das ich eben (.) von hier aus
    verfügen kann und auch aus der Firma, /I1: mhm// da kann
    ich dann die Datein reinlegen ich zieh sie mir rüber übern
    Dateimanager, is das eine sehr schöne Angelegenheit; es
    geht auch recht schnell, /I1: mhm// is kein Problem.
    Natürlich gibts dann aber auch wieder Sachen, die sind
    einfach elektronisch nicht da; irgendwelche Unterlagen
    irgendwelche Ausdrucke, die man hin und her tragen muss.
    /I1: mhm// Wenn ich sie eben brauche, dann hilfts mir nix
    wenn der Ordner jetzt in der Firma steht, /I1: ja// wenn ich
    daheim bin und den bräuchte. /I1: mh// Also muss ich mir
    schon überlegen, wenn ich jetzt morgen daheim bin, /I1:
    mh// was will ich auch tun, brauch ich noch irgendwelche
    Sachen, die ich jetzt hier habe in der Firma; die ich
    mit nehmen muss, oder (.) hab ich eigentlich alles, was ich
    brauche; beziehungsweise- das war am Anfang eine (.)
    Schwierigkeit, wir hatten viele Probleme auch so mit der
    Mail, (.) /I1: mhm// um (.) Nachrichten zu versenden, /I1:
    ja// (.) und da ich grade mit der Mail sehr viel arbeite,
    /I1: mhm// sehr viel (.) kriege, sehr viel aber auch wieder
    weiterverschicke, /I1: ja// äh war das für mich manchmal
    schwierig, (.) denn zum Beispiel die Software selber, die
    in <A-Stadt> entwickelt wird, krieg ich auch über die
    Mail. /I1: aha// Das sind dann aber Mailpakete von zwanzig
    Megabyte zum Beispiel die da kommen; /I1: mhm// das
    geht (.) mit daheim über I S D N- dann aber ziemlich
    schwierig, s is sehr zeitaufwendig; und dann überleg ich
    mir schon, is das jetzt n Kriterium, wo ich sach „Mensch,
    das kommt morgen ganz sicher, /I1: mhm// bin ich dann
    vielleicht doch in der Firma, um das eben wieder woanders
    hinzuleiten, um das erstmal zu haben, oder kann ich das
    anders (.) erledigen oder realisiern“. /I1: mhm// Ja?
I1: Entscheidet sich das dann recht spontan, also dass sie (--)
A:                                                          /Es
    entscheidet sich manchmal spontan, ich versuche aber
    eigentlich immer auch einen Plan für die Woche schon zu
```

```
machen wo ich also über die Woche hinweg sage „okay
ich bin an den und den Tagen in der Firma, an den und
den Tagen bin ich daheim." Das erfordert eigentlich auch
also ein bisschennn (..) ja des familiäre Umfeld. Weil
auch die anderen (lächelnd:) Familienmitglieder eigentlich
wissen wollen wo sind sie dran. / I1: Ja.// Jaa. Und denn
kann man schlecht sagen so in der Früh äh Du ich steh
jetzt auf ich geh jetz. Sondern des muss einfach eben
auch vorher besprochen sein- (&&&&&) in etwa (.) so weiß-
okay dann und dann bin ich da dann und dann bin ich in
der Firma.
```

7-05

Eine druckbare Version der Textpassage finden Sie auf der Begleit-CD.

Analyse der Beispielsequenz: Frage des Interviewers Z. 983-987

Interviewer 1 beginnt mit einer *immanent-initiierenden* Frage, die anknüpfend an die vorherigen Ausführungen des Befragten ein neues (Teil-) Thema ansprechen soll. An seine unspezifische Frage „Wie planen sie das denn überhaupt" (Z. 983) schließt der Interviewer unmittelbar zwei (disparate) Konkretionen – A) die Vorbereitung von Heimarbeitstagen in der Firma und B) die Planung des Folgetags an einem Heimarbeitstag – an. Innerhalb von Konkretion B gibt er wiederum zwei alternative Möglichkeiten vor.

Antwortbeginn Z. 988-990

Der Befragte antwortet zunächst mit einer allgemein auf das Thema Planung Bezug nehmenden, aber nicht unmittelbar auf die Konkretionen des Interviewers eingehenden Proposition – die als Vergleichshorizont auf seine Tätigkeit vor Beginn der Teleheimarbeit verweist –, dass „genauere Planung" erforderlich sei als bei einer ausschließlichen Tätigkeit im Betrieb (Z. 988-990).

Daraus ist aber nicht etwa zu folgern, der Befragte ‚antworte nicht auf die Frage'. Es handelt sich nur um den Beginn seiner Antwort, mit dem er die weiteren Ausführungen in einer für ihn sinnvollen Weise rahmt.[1]

Mit dem gewählten Antwort-Beginn (Z. 988-990) verweist der Befragte darauf, dass aus seiner Sicht „Planung", also ein bewusstes Festlegen von (noch genauer zu benennenden) Parametern der Tätigkeit, für ihn einen zentralen Aspekt der eigenständigen Gestaltung seiner Tätigkeit im Kontext der Teleheimarbeit darstellt.

Fortsetzung der Antwort Z. 990-1011

Der Befragte setzt an, im unmittelbaren Anschluss an seine Eingangsproposition den wichtigsten Grund für das erforderliche Mehr an Planung summarisch zu benennen („Das hängt einfach schon mal damit zusammen," Z. 990-991), bricht diesen Ansatz jedoch wieder ab („äh *(räuspert sich)*" Z. 991), und setzt fort, indem er diesen Grund in Form einer umfassenderen Beschreibung erläutert:

Ursächlich für die Änderung der Antwortstrategie ist offensichtlich ein vom Befragten im Ansatz der Antwort wahrgenommener Detaillierungszwang, wie er auch im Rahmen einer *Beschreibung* gilt. Er führt aus (Elaboration), dass er

1 Um der weiteren sequenziellen Analyse der Interviewpassage etwas vorzugreifen: Mit der Sequenz Z. 989-1027 gibt der Befragte, wie sich zeigen wird, sogar eine umfassende Antwort auf die Konkretion A des Interviewers, ob er die Heimarbeitstage zuvor in der Firma vorbereiten muss, indem er spezifiziert, welche Vorbereitungen zu treffen sind. Und auf die zweite Vorgabe des Interviewers bezüglich Konkretion B – ob er die Arbeitstage zu Hause bereits für die gesamte Woche im Voraus plant – antwortet er zum Teil bereits in den Zeilen 1011-1027 sowie explizit in den Zeilen 1030-1034 auf die Nachfrage von Interviewer 1. Warum er auf die erste Interviewer-Vorgabe bezüglich Konkretion B nicht explizit antwortet, wird die weitere Detailanalyse zeigen.

sich die meisten für seine Arbeit benötigten Unterlagen digital per Computer von zu Hause wie in der Firma gleichermaßen zugreifbar gemacht habe (Z. 991-1000 „ich hab ... kein Problem"). Gleichwohl gebe es weiterhin Arbeitsunterlagen auf Papier, die physisch am jeweiligen Arbeitsort vorhanden sein müssen (Z. 1000-03 „Natürlich ... tragen muss"). Diese Unterlagen lagern in der Firma und müssen von ihm am Vortag mit nach Hause genommen werden (Z. 1004-1006 „Wenn ich ... den bräuchte"). An diese Darstellung der technisch-organisatorischen Bedingungen in Zeile 991-1006 schließt er in Ziele 1006-1011 („Also muss ... ich brauche;") die Folgerung (Konklusion) an, dass in dieser Hinsicht eine vorherige Planung von Heimarbeitstagen erforderlich sei.

Z. 990-1011: Struktur und Inhalt

Die Sequenz Z. 991-1011 („ich hab ... was ich brauche") benennt also den Gegenstand (nicht digitale Arbeitsunterlagen), für den für Teleheimarbeitstage eine genaue Planung erforderlich ist, deren relativen Stellenwert gegenüber digitalen Unterlagen (eher gering) und den Modus der darauf bezogenen Planung (am Vortag mitzunehmen). Der rhetorischen Form nach handelt es sich um eine die Eingangsproposition (genauere Planung erforderlich) relativierende *Spezifikation* in drei Schritten: 1) zwar sind die meisten Unterlagen digital verfügbar – 2) einige aber nicht – 3) für diese ist Vorplanung erforderlich. Der Befragte gibt damit zugleich eine ausführliche explizite Antwort auf die Konkretion A des Interviewers (Z. 983-985). Implizit beantwortet er damit aber zugleich auch die erste Interviewer-Vorgabe bezüglich Konkretion B (Z. 985-986): Die Formulierung „wenn ich jetzt *morgen* daheim bin" (Z. 1007) bringt zum Ausdruck, dass der Horizont des Befragten bezüglich der Heimarbeit dahingehend limitiert ist, dass zwischen Arbeitstagen in der Firma nur einzelne Tage zu Hause gearbeitet wird, nicht aber mehrere Tage am Stück. Daraus folgt, dass ein Heimarbeitstag keinerlei zusätzliche Planungen für den folgenden Arbeitstag erforderlich macht: Der findet automatisch in der Firma statt; routinemäßig werden dazu alle nach Hause mitgenommenen physischen Unterlagen wieder in die Firma mitgenommen und am Heimarbeitstag bearbeitete Dateien elektronisch übertragen.

7-06

Übung: Führen Sie die formalsprachliche Analyse (Interaktionskontrolle, Sequenzierung und Textsortenanalyse) ab Z. 1011 („beziehungsweise, das war...") bis Z. 1042 weiter. Eine Beispiellösung finden Sie auf der Begleit-CD.

In diesem Abschnitt sollten heuristische Instrumente demonstriert werden, mit denen der Sinngehalt der Textsequenz durch eine sorgfältige formalsprachliche Analyse aufgeschlossen werden kann. Auch für die methodisch kontrollierte inhaltliche Interpretation von Interviewsequenzen gibt es entsprechende Instrumente. Diese Analyseinstrumente sind Gegenstand des folgenden Kapitels. Es handelt sich um die gedankenexperimentelle Vorgehensweise (Abschn. 2.2) und den empirischen Vergleich von Textsequenzen (Abschn. 2.3).

2.2 Gedankenexperimentelle Wortlaut- und Kontextvariation

Gedankenexperiment als heuristisches Instrument

Bei einer inhaltlichen Interpretation von Äußerungen bzw. Interaktionen kann es nützlich sein, mit Gedankenexperimenten (d. h. assoziativen Deutungen) zu arbeiten. Zum einen bieten sich Wortlautvariationen an, zum anderen Kontextvariationen (vgl. Kapitel VI, S. 204 f.).

Wortlaut-variation für Präzisierung

Zunächst scheint es paradox zu sein, dass sich der in einer Äußerung dokumentierte Inhalt präziser erfassen lässt, wenn man den Wortlaut variiert oder sogar durch eine Formulierung ersetzt, die genau das Gegenteil ausdrückt. In der Interpretationspraxis zeigt sich aber, dass gerade der Umweg über Wortlautvariationen von heuristischem Nutzen sein kann. Solche Gedankenexperimente (vgl. Kapitel IV, S. 124-129) schärfen die Sensibilität gegenüber den Daten. Scheinbar nebensächliche Formulierungen, die man normalerweise „überliest", können so auf ihre Bedeutung für den Gesamtzusammenhang der Aussage systematisch überprüft werden. Hierzu ein Beispiel aus der schon bekannten Interviewpassage mit Herrn Reder (vgl. S. 218 f. und Begleit-CD 7-05).

```
/I1: mhm// Wenn ich sie eben brauche, dann hilfts mir nix
 wenn der Ordner jetzt in der Firma steht, /I1: ja// wenn ich
 daheim bin und den bräuchte. /I1: mh// Also muss ich mir
 schon überlegen, wenn ich jetzt morgen daheim bin, /I1:
 mh// was will ich auch tun, brauch ich noch irgendwelche
 Sachen, die ich jetzt hier habe in der Firma; die ich
 mit nehmen muss, oder (.) hab ich eigentlich alles, …
```

Die Formulierung „wenn ich jetzt *morgen* daheim bin" (Z. 1007) bringt zum Ausdruck, dass der Horizont des Befragten bezüglich der Heimarbeit dahingehend ausgerichtet ist, dass nur einzelne Tage zu Hause gearbeitet wird, nicht aber mehrere Tage am Stück. Grundlage für diese Schlussfolgerung ist eine Kontrastierung mit ähnlichen Formulierungen. So ließen sich gedanklich folgende Varianten mit den entsprechenden Bedeutungen einfügen:

- „wenn ich *jetzt* daheim bin" (Zeitrahmen der Heimarbeit wird offen gelassen).
- „wenn ich *jetzt die nächsten Tage* daheim bin" (Hinweis auf die Möglichkeit, dass Heimarbeit an mehreren zusammenhängenden Arbeitstagen durchgeführt wird).
- „wenn ich *jetzt morgen oder die nächsten Tage* daheim bin" (Hinweis auf Möglichkeit einzelner Heimarbeitstage [„morgen"] oder konsekutiver Heimarbeitstage [„die nächsten Tage"]).

Diese durch Wortlautvariation gefundenen Varianten hat der Befragte aber an dieser Stelle des Interviews nicht gewählt. Die eindeutige Klärung, dass Herr Reder zwischen Arbeitstagen in der Firma nur einzelne Tage zu Hause arbeitet, ist ein wichtiges Detailwissen, wenn es um die Rekonstruktion seines Arbeitsarrangements geht. Mit diesem Wissen kann die Gesamtsequenz (Z. 1004-1010) dahingehend plausibel gedeutet werden, dass im Fall von Herrn Reder ein Heimarbeitstag keinerlei zusätzliche Planung erforderlich macht. Die Arbeitsplanung findet automatisch in der Firma statt; routinemäßig werden dazu alle nach Hause mitgenommenen physischen Unterlagen wieder in die Firma mitgenommen und am Heimarbeitstag bearbeitete Dateien elektronisch übertragen.

In der nachfolgenden Passage erscheint die markierte Äußerung zunächst beim ersten Lesen unscharf.

```
A:                                                  /Es
     entscheidet sich manchmal spontan, ich versuche aber
     eigentlich immer auch einen Plan für die Woche schon zu
     machen …
```

7-07

Übung: Führen Sie für die markierte Äußerung eine Wortlautvariation durch. Finden Sie Alternativen für das vom Interviewten akzentuiert gesprochene „manchmal". Eine Beispiellösung finden Sie auf der Begleit-CD.

> Die mithilfe von Gedankenexperimenten durchgeführte Wortlautvariation dient dazu, möglichst genau den in der Sequenz dokumentierten Sinngehalt zu erfassen.

Kontextvariation für die Lesartengewinnung

Oftmals ergibt sich bei der Interpretation von Leitfadeninterviews das Problem, dass man von einzelnen Äußerungen irritiert wird. Irgendetwas scheint merkwürdig zu sein, ohne dass man sofort angeben könnte, worin die Störung besteht. Es ist dann sinnvoll, an solchen Stellen gewissermaßen innezuhalten und sich zu fragen, in welchen typischen Kontexten bzw. Situationen würde genau diese Formulierung Sinn machen. Ein solches Vorgehen der gedankenexperimentellen *Kontextvariation* ist fester Bestandteil der Objektiven Hermeneutik (vgl. Kapitel IV). Für die Auswertung von Leitfadeninterviews erweist es sich als sehr nützlich. Damit können insbesondere Lücken der Interpretation geschlossen und plausible Deutungen herausgearbeitet werden.

Eine gedankenexperimentelle Kontextvariation wird im folgenden Beispiel demonstriert. Die ausgewählte Sequenz aus dem Interview mit Herrn Reder entstammt ebenfalls der in Abschn. 2.1.3 bereits formalsprachlich analysierten Textpassage.

In den Z. 1037-1042 führt der Befragte (im Rahmen seiner Darstellungen zu dem Thema, wie festgelegt wird, an welchen Tagen er in der Firma und an welchen er zu Hause arbeitet) die vorherige Proposition, dass seine Frau und seine Tochter darüber informiert sein wollen, weiter aus:

```
                                                     Und denn
kann man schlecht sagen so in der Früh äh Du ich steh
jetzt auf ich geh jetz. Sondern des muss einfach eben
auch vorher besprochen sein- (&&&&&) in etwa (.) so weiß-
okay dann und dann bin ich da dann und dann bin ich in
der Firma.
```

Lesartenentwicklung zu Z. 1039-1040

Nimmt man die markierte Äußerung des Befragten in Z. 1039-1040 wörtlich, dann klingt es intuitiv vielleicht etwas seltsam, dass er auch mit seiner vierjährigen Tochter „besprechen" möchte, an welchen Tagen der Woche er zu Hause arbeitet. Was genau dieser Vorgang des „Besprechens" eigentlich beinhaltet, erscheint zunächst unklar. Gedankenexperimentell lassen sich unterschiedliche Verwendungskontexte der Äußerung finden, die auf unterschiedliche Lesarten verweisen:

1) *Eine Grundschullehrerin teilt auf einem Elternabend mit, es gebe demnächst eine kostenlose Aufführung eines gastierenden Schülertheaters in einer anderen Schule, zu der sie gerne mit der ganzen Klasse gehen würde. Dazu müsse aber gemeinsam geklärt werden, wie man die Kinder dort hin transportieren solle. Sie fügt an: „des muss einfach eben auch vorher besprochen sein".*

Lesart 1: Die Äußerung verweist auf ein gemeinsames Abwägen und Sich-Koordinieren der Beteiligten, die sich wechselseitig austauschen und gleichberechtigt entscheiden.

2) *Der Leiter eines Call Centers bittet seine Sekretärin, sie solle für die morgige Dienstbesprechung als Tagesordnungspunkt die neue Anordnung der Telefonarbeitsplätze im Großraumbüro notieren, die nächste Woche umgesetzt werde, und fügt seiner Bitte den Kommentar an: „des muss einfach eben auch vorher besprochen sein".*

Lesart 2: Es handelt sich Anderen gegenüber um eine bloße Mitteilung eines Sachverhalts, den der Sprecher autonom festzulegen berechtigt ist.

3) *Eine Vierzehnjährige war abends gemeinsam mit Anderen im Kino und ist anschließend noch kurz mit zu einer Freundin gegangen, bevor sie wieder nach Hause kam. Ihre Eltern erwarten sie und machen ihr Vorwürfe, dass sie so lange ausgeblieben sei. Sie verteidigt sich, indem sie darauf verweist, doch nur eben kurz mit zu ihrer Freundin gegangen zu sein, um bei ihr einige Bücher auszuleihen. Darauf erwidert die Mutter, dass die Tochter nicht nach Lust und Laune länger wegbleiben könne als üblich, und fügt hinzu: "des muss einfach eben auch vorher besprochen sein".*

Lesart 3: Es handelt sich um die Mitteilung des Sprechers an sein Gegenüber, dass dieses kein Recht hat, autonom über eine Angelegenheit zu entscheiden, und zugleich um eine Forderung des Sprechers, dass der Andere sein Mitspracherecht berücksichtigen möge.

Hinzunahme der unmittelbar folgenden Sequenz

Um zu klären, welche dieser drei Lesarten für die Sequenz zutreffend ist, bietet es sich an, die nächste(n) Sequenz(en) ebenfalls gedankenexperimentell zu analysieren und die dazu identifizierten Lesarten mit denen der bereits analysierten Sequenz abzugleichen.

Im vorliegenden Fall wird die Passage „(&&&&&) in etwa (.) so weiß-" (Z. 1040) ausgeklammert, die aus einer kurzen unverständlichen Passage sowie zwei weiteren nicht klar zuzuordnenden Partikeln („in etwa" sowie nach kurzem Absetzen einem abgebrochenen „so weiß-") besteht, da allein aufgrund des kurzen unverständlichen Elements alle Deutungen der Passage „(&&&&&) in etwa (.) so weiß-" spekulativ bleiben.[2] Die weitere Analyse wird auf die nachfolgende Aussage „okay dann und dann bin ich da dann und dann bin ich in der Firma." beschränkt.

Entwicklung von Lesarten: „okay..."

Für das initiale „okay" ergeben sich mittels Kontextvariation zwei mögliche Bedeutungen (deren Darstellung hier allerdings rein ergebnisbezogen erfolgt, ohne dass ausführliche Beispielsituationen mit referiert werden):

1) Es kann die Funktion haben, auf etwas zuvor von anderen oder von einem selbst Gesagtes Bezug zu nehmen, sei es bestätigend (in Formulierungen wie „Okay, das noch ist ein wichtiger Aspekt bei der Sache ...") oder relativierend (z. B. „Okay, aber trotzdem ist das letztlich nicht entscheidend ...").

2 Denkbar wäre etwa, dass die unverständliche Passage „dass sie" bedeutet und sich folglich die Aussage ergäbe „dass sie [die Ehefrau] in etwa so weiß: dann und dann...". Denkbar ist aber ebenso, dass das „in etwa" noch als eine nachgeschobene Bemerkung zur vorigen Sequenz zu verstehen ist und dass das kurze Absetzen nach dem „weiß-" als Abbruch einer begonnenen Formulierung wie ‚so weiß-ich-nicht' zu verstehen ist, bei der das „weiß-ich-nicht" eine Unsicherheit darüber anzeigt, wie das Folgende am Besten zu formulieren ist.

2) Es kann die Funktion haben, vor Beginn eines Dialogs Aufmerksamkeit bei Anderen hervorzurufen (etwa wenn zu Beginn einer Besprechung einer der Anwesenden sagt: „Okay, lasst uns jetzt mal anfangen.").

Wortlautvariation zu „dann und dann ... in der Firma"

Die unmittelbar darauf folgende Sequenz „dann und dann bin ich da dann und dann bin ich in der Firma" ist eine Aussage über die Anwesenheitszeiten des Sprechers an zwei Orten im Indikativ und hat den Charakter einer Feststellung. Dies wird durch gedankenexperimentelle *Wortlaut*variation deutlich: Die Äußerung lautet nicht etwa „dann und dann könnte ich da sein und dann und dann bin ich in der Firma". Damit würden dem Gegenüber Informationen über durch die Arbeitsaufgaben vorgegebenen Bedingungen und Möglichkeiten gegeben, die als Grundlage für ein weiteres gemeinsames Abwägen und Koordinieren dienen könnten. Die Äußerung lautet auch nicht „dann und dann möchte ich da sein und dann und dann möchte ich in der Firma sein". Damit würde der Sprecher seine Präferenzen bzw. Wünsche mitteilen, was entweder wiederum als Grundlage für gemeinsames Abwägen und Koordinieren oder als ‚Anfrage' bei der Ehefrau fungieren könnte.

Lesarten zu „okay dann... Firma" und Abgleich mit den Lesarten zu Z. 1039-1042

Führt man die beiden Lesarten zum „okay" mit dem Feststellungscharakter der nachfolgenden Äußerung „dann und dann ... Firma" zusammen, dann ergeben sich prinzipiell zwei Lesarten für „okay dann und dann ... Firma" und unter Einbeziehung der oben entwickelten Lesarten zu „des muss ... besprochen sein" auch zwei distinkte Lesarten für die Gesamtsequenz Z. 1039-1042:

1) Auf eine vorhergehende Mitteilung der Ehefrau über ihre zeitlichen Präferenzen, an welchen Tagen er zu Hause arbeiten soll, antwortet er, indem er mit einem eröffnenden „okay" die Mitteilung der Ehefrau *ratifiziert* (im Sinne von „wenn das so ist, dann ...") und ihr dann mitteilt, wie er die Arbeitswoche auf dieser Grundlage zu gestalten gedenkt. In diesem Falle ist die Situation als ein „konditionaler" Aushandlungsprozess zu verstehen, in der die Partner im Sinne von Lesart 1 zum „Besprechen" „abwägen und sich koordinieren", er aber im Rahmen dieses (verkürzten) Abstimmungsprozesses letztlich im Sinne von Lesart 2 zum „Besprechen" (‚Mitteilen') eine Festlegung unter Einbeziehung der Präferenzen der Ehefrau trifft.

2) Der Befragte informiert seine Ehefrau (und seine Tochter) – im Sinne von Lesart 2 zum „Besprechen" – darüber, an welchen Tagen der Folgewoche er an welchem Ort arbeitet. (Das „okay" hätte in diesem Fall die Funktion, (im Sinne eines ‚hör mal zu') die Aufmerksamkeit der Partnerin für die Mitteilung zu sichern.)

Allerdings baut die erste Lesart auf der Prämisse, *dass* die Ehefrau ihre Präferenzen benennt. Dies kommt in der Darstellung des Befragten allerdings nicht vor. Vielmehr geht er von der Sequenz zum „Besprechen" unmittelbar zur „Feststellungs"-Sequenz über. Denn auch das zwischengeschaltete, nicht mit Gewissheit zu interpretierende Element „so weiß-" verweist definitiv nicht auf eine entsprechende Äußerung von Seiten der Ehefrau. Insofern ist die erste Lesart zur Sequenz „okay ... Firma" nicht haltbar, und allein die zweite Lesart hat Bestand.

Gesamtbefund zu Z. 1039-1042

Als Gesamtbefund ergibt sich, dass weder eine wirkliche „Absprache" mit der Ehefrau stattfindet noch bei ihr „Zustimmung eingeholt" wird für die Festlegung der Arbeitsortes. Vielmehr „informiert" der Befragte, weil er sich dazu verpflichtet fühlt, die „Anderen" nur über einen Sachverhalt, den er autonom festzulegen berechtigt ist.

In diesem Abschnitt wurde demonstriert, dass Wortlaut- und Kontextvariationen heuristische Mittel sind, um präziser den Sinngehalt einer Sequenz zu rekonstruieren bzw. um überhaupt Lesarten hypothetisch aufzustellen. Wichtig ist es aber, die so gewonnenen Interpretationen systematisch am weiteren Datenmaterial zu überprüfen.

2.3 Sequenzvergleichende Analyse

Die vergleichende Analyse von unterschiedlichen Sequenzen erfüllt zwei zentrale Aufgaben: Zum einen kann damit die Interpretation einer Sequenz an anderen Textstellen überprüft werden. Lassen sich Homologien (d. h. strukturelle Ähnlichkeiten) hinsichtlich der Sinnstruktur erkennen, so gilt eine Interpretation als bestätigt. Der Vergleich einer Sequenz mit einer anderen kann aber dazu führen, dass sich weitere Facetten für die Interpretation oder neue Erkenntnisse ergeben. In diesem Fall sollte nach einer Deutung gesucht werden, die beide Interpretationen integriert. Eine solche Suche ist wichtig, um das untersuchte Phänomen gründlicher zu erfassen und die Theoriegenerierung voranzutreiben.

Fallimmanenter oder fallübergreifender Vergleich

Die Vergleichssequenzen können entweder aus demselben Interview stammen (fallimmanent) oder aus anderen Interviews (fallübergreifend).

Vergleichssequenzen sind im Sinne minimaler und maximaler Kontrastierung auszuwählen. Die Kriterien dafür ergeben sich anhand der jeweiligen Vergleichsaspekte und auf der Grundlage des vorliegenden empirischen Materials. Die Technik des minimalen bzw. maximalen Vergleichs ist eine in den vorstehenden Kapiteln behandelten Methoden wie der elaborierten Methoden insgesamt fester Bestandteil, soweit sie nicht explizit auf den Einzelfall fokussieren. Vergleiche können thematisch angelegt oder als Fallvergleich ausgelegt sein. (vgl. dazu Kapitel V, S. 163 f.).

Fallbeispiel: Vergleich Z. 1039-1042 mit Z. 2235-2264

Sowohl der fallimmanente als auch der fallübergreifende Sequenzvergleich werden im Folgenden beispielhaft demonstriert. Die Ausgangssequenz knüpft an die gedankenexperimentelle Analyse zur Textsequenz Z. 1039-1042 („Besprechen") an (vgl. Abschn. 2.2, S. 220-224). Dort ergab sich als Befund, dass der Befragte seine Heimarbeitstage unabhängig von familialen Belangen für die Folgewoche im Voraus festlegt, weil er sich dazu berechtigt fühlt. Zugleich fühlt er sich dazu verpflichtet, die „anderen Familienmitglieder" darüber zu informieren, an welchen Tagen er zu Hause arbeitet und an welchen in der Firma.

Mit der vergleichenden Analyse der nachfolgenden Sequenz soll überprüft werden, ob sich dieser Befund bestätigt; und inwieweit er sich gegebenenfalls weiter spezifizieren lässt.

Interview „Frank Reder", Z. 2235-2264

Kontextinformation: In der Sequenz, die dem hier wiedergegebenen Interviewausschnitt vorausgeht, führt der Befragte aus, wie er die Aufgaben seines nächsten Arbeitstages plant und organisiert. Daran schließt die folgende immanente Nachfrage von Interviewerin 2 an:

```
2235 I2: Mhh; (.) also s is nich so, daß sie sozusagen sehn, mein
2236     Gott also diese Woche (.) da hat meine Frau den Termin,
2237     oder ich muß da zum Friseur, an dem Tag will ich doch
2238     gerne zu Hause sein; also es is mehr so, daß sie gucken in
```

der Firma da für Beratung, und wann ich muß also definitiv
in der Firma sein?
A: Die Termine haben also ersteinmal höchste Priorität; ja.
S is ganz klar so; denn ich will jetzt nich abwertend
gegenüber meiner Frau sein, also „ihre Termine interessiern
mich nicht"; nein. Aber es ist einfach so, wenn ich (.)
eben nicht daheim wäre, da muß sie tagsüber n Termin eben
auch anders (.) lösen; das muß sie sonst auch. / I1: ja//
Und es sind auch Zeiten da, wo ich eben auf Dienstreise
oder so was bin; / I1: mhm// bin ich einfach auch nicht
da, da muß sie diese Sachen anders lösen. / I1: ja// Also;
wenn das nun überhaupt nicht geht, und sich mit der Firma
vereinbaren läßt, da kann ich auch sagen „okay, an dem
Tag ist eben Teleworking; ich kümmere mich in der Zeit
dadrum;" (.) s is kein Problem. (.) Es kann aber nich
unbedingt andersrum sofort laufen, daß sie sagt „so; also
weißt du, nächste Woche Mittwoch hab ich dis und
Donnerstag hab ich dis, da mußt du auf jeden Fall schon
mal da sein." / I1: mhm, mhm / I2: mh// Ja? Also der Weg
is bei uns (.) andersrum. Denn da muß man erst sagen
„okay; da hat dann die Firma erst einmal Priorität," und
das muß ich an der Stelle irgendwie da drum(.)rumbaun.
/ I1: mhm / I2: mh// Da käme vielleicht mal, wo mer sagt
„okay, dann bin ich vormittags in der Firma und komme
nachmittags" oder so; / I1: ja// (.) vielleicht; aber es
is bisher eigentlich so noch nich dagewesen.

7-08
7-09

Auf der Begleit-CD finden Sie eine druckbare Version der Textpassage sowie – als Grundlage für die nachfolgende inhaltliche Interpretation – eine formalsprachliche Analyse der Passage. Sie können diese aber selbstredend auch im Sinne einer weiteren Übung zur formalsprachlichen Analyse zunächst selbst durchführen und dann mit der Version auf der Begleit-CD vergleichen.

Im Folgenden soll die vorliegende Textsequenz nicht als ganze inhaltlich interpretiert werden, sondern nur selektiv im Hinblick auf jene Aspekte, die für den Vergleich mit den Befunden zur Sequenz Z. 1039-1042 relevant sind. Im Anschluss an die formalsprachliche Analyse erfolgt nun auf der Grundlage einer formulierenden Interpretation, also der Reflektion des objektiven Sinngehalts der Äußerungen, eine weiterführende inhaltliche Interpretation im Hinblick auf die familiale Arbeitsteilung der Familie Reder:

Interpretation Z. 2241-2249

In den Z. 2241-2249 postuliert der Befragte einen Vorrang aller arbeitsbezogenen Erfordernisse vor familialen Ansprüchen und eine Verpflichtung für seine Frau, ihre Aufgaben und Termine unabhängig von seiner möglichen An- oder Abwesenheit zu Hause selbstständig zu bewältigen, ohne auf ihn als Ressource zurückzugreifen. – Herr Reder entkoppelt sich also während seiner üblichen betrieblichen Arbeitszeiten aus dem gemeinsamen Familienzusammenhang. Ursächlich dafür ist eine einseitige Zuweisung familialer Aufgaben an die Frau für diesen Zeitraum. Sie ist dann für die Organisation aller auf Familie und Kind bezogenen Termine allein verantwortlich.

Das bestätigt zum einen die Interpretation der Sequenz Z. 1039-1042, dass er über seine arbeitsbezogenen Termine autonom verfügt. Zum anderen wird hier spezifiziert, wie diese Autonomie subjektiv begründet ist: Während seiner Arbeitszeiten definiert er sich nicht als Teil des familialen Zusammenhangs.

Interpretation Z. 2253-2257

In den Zeilen 2253-2257 verweist er darauf, dass sich aus der ihm prinzipiell gegebenen Möglichkeit eines Einspringens in Sondersituationen keinerlei Anrechte für seine Frau ergeben, seine Präsenz zu Hause an bestimmten Wochentagen *einzufordern*. Vielmehr kann die Ehefrau nur um seine Unterstützung *bitten*. – Es besteht damit, bezogen auf die Arbeit im Haushalt und für die Familie eine deutliche Asymmetrie im Verhältnis der beiden zueinander: Allein der Befragte ist berechtigt, für familiale Aufgaben einen Arbeitstag zu Hause einzurichten, während seine Frau etwaige Überschneidungen eigener mit familialen Terminen selbstständig integrieren muss, was ihre Verfügungsgewalt über eigene Termine einschränkt. (Verwunderlich wirkt diese Haltung wohl erst vor dem Hintergrund, dass der Modellversuch zur Teleheimarbeit, an dem der Befragte teilnimmt, explizit mit der Zielsetzung einer besseren Vereinbarkeit von Beruf und Familie verbunden ist. Anhand weiterer Textsequenzen des gleichen Interviews wäre zu prüfen, wie der Befragte diese Zielsetzung des Betriebs interpretiert und ob sie für ihn überhaupt relevant ist.)

Interpretation Z. 2261-2264

Unterstützungsleistungen seitens des Befragten werden von ihm in Z. 2261-2264 hypothetisch skizziert, haben aber zumindest bislang keine praktische Relevanz: sie wurden bisher weder abgerufen noch hat der Befragte Anlass gesehen, in bestimmten Situationen seine Orientierung auf die priore Stellung der Arbeitsaufgaben gegenüber Haushalts- bzw. Familienpflichten zu revidieren. – Die Arbeit im Büro hat Vorrang und auch im Zweifelsfall bleibt die Erledigung von privaten Angelegenheiten allein Sache der Ehefrau.

Insgesamt bestätigt die Überprüfung der Befunde zur Sequenz Z. 1039-1042 anhand von Z. 2235-2264 die dort aufgestellte Deutung. Zugleich werden durch die Analyse der Vergleichssequenz die Hintergründe der familialen Ordnung und der Arbeitsteilung der Eheleute Reder (in ihrer Wahrnehmung durch Herrn Reder) spezifiziert.

Verweis auf weiterführende Fragen

Diese Erkenntnisse werfen in Bezug auf den zu analysierenden Fall unter anderem die Frage auf, wie er die Arbeit an Heimarbeitstagen gestaltet und ob dann auch familienbezogene Termine in den Arbeitstag integriert werden. Wie das Verhältnis von Arbeit und privaten Angelegenheiten an Heimarbeitstagen definiert wird, welche Praxis sich an diesen einstellt, ist *nicht* anhand der bisher ausgewählten Textstellen zu beantworten – ebenso wenig wie die Frage, welche Relation zur Familie der Befragte in seiner Freizeit einnimmt.

Zur Beantwortung dieser Fragen müssten weitere Interviewpassagen analysiert werden, die dazu Erkenntnisse erwarten lassen. Diese Textstellen werden wiederum im vergleichenden Modus mit den bislang erarbeiteten Ergebnissen kontrastiert; gegebenenfalls sind noch weitere Passagen heranzuziehen, bis die im Verlauf der bisherigen Interpretation auftauchende Frage im Zuge einer Gesamtschau beantwortet werden kann.

Fallvergleichende Sequenzanalyse

Wie bereits erwähnt, erfolgt die vergleichende Sequenzanalyse nicht nur innerhalb eines Falles, sondern auch fallvergleichend. Die grundlegende Verfahrensweise ist dabei die gleiche wie beim fallimmanenten Vergleich: Es werden – jeweils in Bezug auf bestimmte Vergleichsdimensionen – thematisch ähnliche Sequenzen ausgewählt, bei denen zu vermuten ist, dass sie das Kriterium minimaler oder maximaler Kontrastierung erfüllen.

Im Folgenden wird nur angedeutet, wie ein solcher fallübergreifender Vergleich angelegt ist und zu welchen Ergebnissen er führen kann. Dazu wird eine Textpassage aus einem anderen Fall ausgewählt, der ebenfalls die Zuweisung der Kinderbetreuung und die damit verbundene Gestaltung der Arbeitszeiten thematisiert, aber ganz andere inhaltliche Ausprägungen aufweist als der oben behandelte Fall „Frank Reder". Aus Platzgründen wird die ausgewählte Textsequenz nicht eingehend interpretiert, sondern es sollen nur Hinweise darauf gegeben werden, worauf eine solche sequenzvergleichende Analyse verschiedener Fälle Bezug nehmen würde.

Interview „Frau Senft", März 1997

Kontextinformationen: Die Interviewte ist 32 Jahre und arbeitet als Qualitätsprüferin für Laborberichte in einem Unternehmen der Pharmaindustrie. Sie hat ein halbjähriges Kind und arbeitet seit vier Monaten im Rahmen einer 20-Stunden-Woche in Teleheimarbeit – jeweils einen festen Tag pro Woche acht Stunden im Betrieb und die restlichen zwölf Wochenstunden über die Woche verteilt zu Hause. Ihr Mann ist Informatiker und arbeitet im gleichen Betrieb wie sie.

Der folgende Textausschnitt schließt als eine generalisierende Proposition an Ausführungen der Befragten darüber an, dass ihr Sohn an ihrem Betriebsarbeitstag von Verwandten betreut wird:

```
538   um solche Sachen machen zu könn, brauch man, glaub ich, auch
539   n recht flexibles Umfeld./I: Mh./S geht also nicht ohne (.)
540   ohne Hilfen./I: Ja.// Ja? Also sie benötigen jemand, der
541   auch, also relativ viele, die auch mal einspringen./I: Mh.//
542   Also s bleibt auch nich immer bei dem Dienstag, ja meist (.)
543   is es auch n Mittwoch oder n Montag oder so; und dann muß
544   schon jemand da sein der sacht: „Okay, is mir egal, obs
545   jetzt Montag Dienstag oder Mittwoch is, ich nehm es
546   Kind auf jeden Fall." Oder jetzt war ich äh auf ner
547   Dienstreise zwei Tage, da muß dann auch jemand sein/I: Mh.//
548   (.) Benötigen auch n- n Partner, der halt auch (.) äh immer
549   mal wieder Abstriche-/I: M-hm.// Äh, ja also wenn ich (.)
550   wenn ich irgendwelche Arbeiten mache, dann is es durchaus so
551   daß mein Mann halt auch äh das Kind (.) schon mal übernimmt,
552   ja; und das dann abends ins Bett bringt, weil ich sach, ich
553   bin hier grad dran,/I: Ja.// kannst du das mal/I: Ja.//
554   machen oder so. Und das muß auch so durchaus drin sein.
```

Perspektivenerweiterung durch Fallvergleich

Vordergründig dreht sich diese Textpassage darum, wie Arbeits- und Kinderbetreuungszeiten von der teleheimarbeitenden Person synchronisiert werden. Dahinter scheint aber die Frage auf, vor dem Hintergrund welcher familialer Aufgabenzuweisungen für Kinderbetreuung und Erwerbsarbeit dies geschieht. Insofern gibt diese Passage ebenso wie die zuvor analysierte Textpassage Z. 2235-2264 des Falles „Frank Reder" eine Antwort auf die Frage nach der zugrunde liegenden familialen Arbeitsteilung der Eheleute.

Eine genaue inhaltliche Interpretation der Sequenz „Frau Senft" zeigt, dass sie für die Kinderbetreuung verantwortlich ist. Damit sie ihrer Erwerbstätigkeit nachgehen kann, benötigt sie die Hilfe weiterer Personen, die einspringen, wenn sich Arbeits- und Kinderbetreuungszeiten überschneiden. Ihr Partner ist eine dieser unterstützenden Personen. Er steht aber aufgrund seiner Berufstätigkeit allenfalls abends zur Verfügung. Und dass er überhaupt Kinderbetreuungsaufgaben – wie das abendliche Zu-Bett-Bringen des Kindes – übernimmt, wird von Frau Senft nicht als Verpflichtung, sondern als besonderes Entgegenkommen gedeutet (er macht „Abstriche", wenn er das Kind „mal übernimmt").

Im Vergleich dieser Sequenz mit dem Fall „Frank Reder" wird deutlich, dass Frau Senft ihre Erwerbsarbeitszeiten in Abhängigkeit von den Kinderbetreuungszeiten und von unterstützenden Betreuungsleistungen durch Dritte festlegt, während Herr Reder (wie gezeigt) seine arbeitsbezogene Zeitplanung vollkommen autonom festlegt.

Auch ohne den hier nur angedeuteten fallübergreifenden Sequenzvergleich weiter auszuführen, wird deutlich, dass es für ein vertieftes Verständnis der (unterschiedlichen) Praxen von Teleheimarbeit erforderlich ist, die jeweils spezifische, den Fällen zugrunde liegende Basisordnung der innerfamilialen Arbeitsteilung und Aufgabenzuweisung in Bezug auf Erwerbsarbeit und Kinderbetreuung systematisch zu erfassen. Mit anderen Worten: Erst im sequenziellen Fallvergleich wird deutlich, welche *allgemeinen* Analysekategorien für die Interpretation des Untersuchungsfeldes insgesamt wie auch für jeden einzelnen Fall von Bedeutung sind.

Die sequenzvergleichende Analyse innerhalb eines Falles stellt den zentralen Modus der Auswertung hin zu einer integrativen Analyse des Gesamtfalles dar. In der fallvergleichenden Analyse einzelner Sequenzen werden zum einen Gemeinsamkeiten und unterschiedliche Ausprägungen einzelner Analysedimensionen sichtbar. Zum anderen dient der kontrastierende Fallvergleich auch dazu, allgemeine Faktoren zu identifizieren, die zur Erklärung konkreter Konstellationen der Einzelfälle herangezogen werden können.

3 Zusammenfassung

Mit diesem Kapitel sollte demonstriert werden, welche Interpretationsergebnisse sich erzielen lassen, wenn Äußerungen im Rahmen eines Leitfadeninterviews nicht unmittelbar als „Fakten" behandelt werden. Bei der Auswertung eines Leitfadeninterviews sollte man sich nicht auf ein vorschnelles und nur scheinbares „Verstehen" beschränken, das letztlich nur das eigene Alltagsverständnis bzw. die Sinnhorizonte der Forschenden in den Interviewtext hinein projiziert. Es geht um eine methodisch kontrollierte Entdeckung von neuen Zusammenhängen.

Formalsprachliche Analyse

Ziel dieses Analyseschrittes ist die Rekonstruktion des Interviewverlaufs. Im Mittelpunkt steht die Gesprächsdynamik und Aspekte der sprachlichen Form. Es geht primär um eine Analyse, *wie* etwas zur Sprache gebracht wird, und nicht um unmittelbare inhaltliche Deutungen (die sich aber auf Grundlage der formalsprachlichen Analyse ebenfalls ergeben können). Dieser Schritt ist notwendig, um vorschnelle Ad-hoc-Deutungen der Forschenden zu verhindern und um die Kommunikationssituation im Interview zu kontrollieren. Er umfasst Interaktionskontrolle (Abschn. 2.1.1, S. 210-216) sowie Sequenzierung und Textsortenanalyse (Abschn. 2.1.2, S. 216 f.).

Gedankenexperimentelle Analyse

Das Erfassen des Inhalts eines Leitfadeninterviews sollte über das bloß intuitive Verstehen der Aussagen hinausgehen. Die „erstbeste" bzw. „naheliegende" Deutung des Gesagten könnte in die Irre führen bzw. zu kurz greifen. Verhindert werden kann ein solches intuitives Interpretieren nur durch ein methodisch kontrolliertes Vorgehen. Die Operationen der gedankenexperimentellen Wortlaut- und Kontextvariation helfen, genau zu entschlüsseln, was das Gesagte beinhaltet, bzw. überhaupt erst mal gehaltvolle Deutungsmöglichkeiten aufzustellen.

Vergleich von Textsequenzen

Der Vergleich von Sequenzen dient zunächst der Prüfung von Interpretationen, die im Rahmen einer Textsequenz erarbeitet wurden. Im Kontrast zu anderen Sequenzen tritt die Bedeutung der zunächst analysierten Sequenz deutlicher hervor und wird umfassender kontextuiert. Schließlich kann das Einbeziehen von Vergleichssequenzen auch dazu dienen, systematisch nach neuen

Facetten des Themas zu suchen oder neue theoretische Aspekte herauszuarbeiten. Insbesondere, wenn sich starke Differenzen in der Interpretation von Vergleichssequenzen ergeben, sollte dies als Aufforderung angesehen werden, eine integrative Perspektive zu erarbeiten.

Abschließend ist zu betonen, dass es kein allgemeines „Rezept" gibt, welches der vorgestellten Analyseinstrumente sich für welche Art von Textsequenz anbietet. Es ist und bleibt letztlich die Aufgabe des Interpreten, im Verlauf der Datenanalyse zu „entdecken", welche Interpretationsmodi weiterführende Aufschlüsse über den Sinngehalt einer Sequenz zu bieten vermögen.

4 Literaturverzeichnis

Bergmann, Rolf / Pauly, Peter / Stricker, Stefanie (2005): Einführung in die deutsche Sprachwissenschaft. Heidelberg: Universitätsverlag Winter (4. Auflage, zuerst 1981).

Dittmar, Norbert (1997): Grundlagen der Soziolinguistik. Ein Arbeitsbuch mit Aufgaben. Tübingen: Niemeyer.

Flick, Uwe (1996): Psychologie des technisierten Alltags. Soziale Konstruktion und Repräsentation technischen Wandels. Opladen: Westdeutscher Verlag.

Flick, Uwe (2002): Qualitative Sozialforschung. Eine Einführung. Reinbek bei Hamburg: Rowohlt.

Helfferich, Cornelia (2005): Die Qualität qualitativer Daten. Manual für die Durchführung qualitativer Interviews. Wiesbaden: VS Verlag für Sozialwissenschaften (2. Auflage, zuerst 2004).

Hermanns, Harry (2000): Interviewen als Tätigkeit. In: Flick, Uwe / von Kardorff, Ernst / Steinke, Ines (Hrsg.): Qualitative Forschung. Ein Handbuch (S. 360-368). Reinbek bei Hamburg: Rowohlt.

Kleemann, Frank (2005): Die Wirklichkeit der Teleheimarbeit. Eine arbeitssoziologische Untersuchung. Berlin: edition sigma.

Linke, Angelika / Nussbaumer, Markus / Portmann, Paul R. (2004): Studienbuch Linguistik. Tübingen: Niemeyer. (5., erw. Auflage, zuerst 1991)

Lucius-Hoene, Gabriele / Deppermann, Arnulf (2004): Rekonstruktion narrativer Identität. Ein Arbeitsbuch zur Analyse narrativer Interviews. Wiesbaden: VS Verlag für Sozialwissenschaften. (2. Auflage, zuerst 2002)

Maindok, Herlinde (1996): Professionelle Interviewführung in der Sozialforschung. Interviewtraining: Bedarf, Stand und Perspektiven. Pfaffenweiler: Centaurus.

Matuschek, Ingo (2005): Interaktionskontrolle bei leitfadenorientierten Interviews. Rekonstruktive Methodenschritte in der Erforschung informatisierter Arbeit. In: Boes, Andreas / Pfeiffer, Sabine (Hrsg.): Informationsarbeit neu verstehen. Methoden zur Erfassung informatisierter Arbeit (S. 171-198). München: ISF-Institut für sozialwissenschaftliche Forschung.

Mayring, Philipp (2008): Qualitative Inhaltsanalyse. Grundlagen und Techniken. Weinheim: Beltz. (10. Auflage, zuerst 1983)

Merton, Robert K. / Kendall, Patricia L. (1979): Das fokussierte Interview. In: Hopf, Christel / Weingarten, Elmar (Hrsg.): Qualitative Sozialforschung (S. 171-204). Stuttgart: Klett-Cotta. (zuerst 1946)

Nohl, Arnd-Michael (2006): Interview und dokumentarische Methode. Anleitungen für die Forschungspraxis. Wiesbaden: VS Verlag für Sozialwissenschaften.

Schütz, Alfred (1971): Wissenschaftliche Interpretation und Alltagsverständnis menschlichen Handelns. In: Schütz, Alfred (Hrsg.): Gesammelte Aufsätze I. Das Problem der sozialen Wirklichkeit (S. 3-54). Den Haag: Nijhoff.

Strauss, Anselm L. (1991): Grundlagen qualitativer Sozialforschung. Datenanalyse und Theoriebildung in der empirischen soziologischen Forschung. München: Fink.

Strauss, Anselm L. / Corbin, Juliet (1996): Grounded Theory. Grundlagen qualitativer Sozialforschung. Weinheim: Beltz.

Witzel, Andreas (1982): Verfahren der qualitativen Sozialforschung. Überblick und Alternativen. Frankfurt am Main, New York: Campus.

Glossar

A

Abduktion / abduktiv: Logisches Schließverfahren, bei dem eine empirische Beobachtung durch eine hypothetisch angenommene neue theoretische Annahme erklärbar gemacht wird.
20, 22-25, 50, 122 f., 147, 164 f., 203

Alltägliche Handlungsmuster: Formen der Bearbeitung lebensweltlicher Aufgaben und Verhalten in Interaktionen, die auf einem je spezifisch ausgeprägten Alltagswissen beruhen. (Dokumentarische Methode)
164

Alltagswissen: Erfahrungsbasiertes und intuitiv abrufbares Wissen von Subjekten über die soziale Wirklichkeit, das sie im Alltag handlungsfähig macht.
50, 154-162, 164, 168, 170, 202 f.

Ausdrucksgestalt: Sprachliche Elemente (Wörter, Wortgruppen, Sätze) oder parasprachliche Elemente (z. B. Laute wie „äh" oder auch Pausen im Redefluss), in denen sich die latenten Sinnstrukturen manifestieren. (Objektive Hermeneutik)
114, 119 f., 122 f., 130, 133 f., 136-138, 149 f.

B

Biographieforschung: Sozialwissenschaftliche Forschungsperspektive (komplementär zur Lebensverlaufsforschung), mit der rekonstruiert wird, wie Subjekte ihren Lebenslauf selbst als geordneten Ablauf von aufeinander bezogenen Lebensabschnitten hervorbringen und erfahren.
65, 68, 73, 102, 105

Biographischer Wandlungsprozess: Beendigung einer (verlaufskurvenhaften) Prozessstruktur durch einen von außen induzierten Rückgewinn biographischer Handlungsfähigkeit; eine der vier Prozessstrukturen des Lebensablaufs. (Narrationsanalyse)
69, 72 f., 107

Biographisches Handlungsmuster: Jenseits institutioneller Vorgaben selbst initiierte und gesteuerte biographische Entwicklung („intentionales Prinzip des Lebensablaufs"); eine der vier Prozessstrukturen des Lebensablaufs. (Narrationsanalyse)
69-71, 73, 87 f., 107

C

Coda: s. Erzählcoda

D

Detaillierungszwang: Verpflichtung für den Erzählenden, in einer Stegreiferzählung ergänzende Sachverhalte und Hintergründe darzustellen, die Zuhö-

rende zum Verstehen der Erzählung benötigen; einer der drei Zugzwänge der Erzählens. **(Narrationsanalyse)**
66 f., 79, 107, 170, 219

Diskurs: Abfolge von Äußerungen zu einem bestimmten Thema oder über dieses hinaus. (Dokumentarische Methode)
161, 168, 170, 175-179, 209 f., 216

Diskursive Validierung: Verständigung der Interpretationsgruppe auf eine gemeinsame Deutung des untersuchten Datenmaterials. Dieser Prozess erfolgt, indem die Forschenden ihre subjektiven Interpretationen und Sichtweisen (Lesarten) austauschen und mittels überzeugender, rationaler Argumente zu einem Konsens kommen. Hilfreich ist dieser Prozess, um Hypothesen und Erklärungen zu überprüfen und zu schärfen sowie gegebenenfalls zu modifizieren oder zu falsifizieren.
118, 125, 142, 148

Dokumentarischer Sinngehalt: (auch: Dokumentsinn) Die einer Äußerung impliziten Verweise auf das zugrundeliegende Alltagswissen bzw. das handlungsleitende Erfahrungswissen des Sprechenden. (Dokumentarische Methode)
159 f., 162, 164, 173, 193

E

Elaboration: Aus- bzw. Fortführung eines Themas in Form ergänzender Stellungnahmen im Anschluss an eine Proposition durch einen oder mehrere Sprechende. (Dokumentarische Methode)
176, 178-180, 182, 199, 212, 215, 219

Enaktierungspotenziale: Möglichkeiten der praktischen Verwirklichung eigener grundlegender Orientierungen. (Dokumentarische Methode)
155, 161 f., 178 f., 182, 185, 193

Erzählcoda: Phrase oder Satz, mit der der Erzählende seine Stegreiferzählung explizit beendet. **(Narrationsanalyse)**
66 f., 74, 212

Ethnomethoden: Allen Gesellschaftsmitgliedern in der Sozialisation vermittelte und implizit geläufige Methoden zur Hervorbringung sozialer Praktiken.
38-40, 50

Ethnomethodologie: Soziologische Theorieperspektive, die untersucht, mit welchen alltagspraktischen Handlungen soziale Wirklichkeit hergestellt wird.
20, 36 f., 60, 198, 202

Explorativ (-e Forschung, -es Verfahren): Auf die empirische Erkundung eines Forschungsfeldes sowie Entdeckung von Zusammenhängen und Entwicklung eines theoretischen Rahmens innerhalb dessen ausgerichtet.
19 f., 22, 24, 122, 124, 147

F

Fallimmanente Kontrastierung: Vergleich unterschiedlicher Sequenzen zu einem Thema innerhalb eines Falles. (Dokumentarische Methode)
164

Fallstruktur: (auch: Fallimmanente Strukturgesetzlichkeit) Spezifische Wirkungsweise der latenten Sinnstrukturen im Einzelfall im Zusammenspiel mit den sozialen Umweltbedingungen (Lebenspraxis) und den persönlichen Entscheidungsprozessen der Individuen. (Objektive Hermeneutik)
23, 116, 121, 123-125, 127 f. 133-135, 141-143, 149 f., 199 f.

Fallvergleichende Kontrastierung: Vergleich von Sequenzen zu einem Thema aus unterschiedlichen Fällen zum Zwecke minimaler und maximaler Kontrastierung. (Dokumentarische Methode)
164

Formulierende Interpretation: Analyseschritt zur Erfassung dessen, was in einer Äußerung explizit zum Ausdruck gebracht wird (des Objektsinns der Äußerung). (Dokumentarische Methode)
159, 173-175, 181 f., 193, 199, 226

G

Gedankenexperiment: Aufstellen von Lesarten zum untersuchten Textausschnitt, indem gedanklich möglichst verschiedene auf die Textsequenz passende Kontextbedingungen bzw. Situationen gesucht werden. (Objektive Hermeneutik)
117 f., 127 f., 144-147, 149, 179, 183, 200, 204, 220-223

Gegenstandsangemessenheit: Zentrales Gütekriterium für die qualitative Sozialforschung: Erhebungs- und Auswertungsverfahren müssen unter Bezugnahme auf etablierte allgemeine Verfahren und Grundsätze den Spezifika des Untersuchungsgegenstandes und der verfolgten Fragestellung angepasst werden (Prinzip der Offenheit).
19, 22, 24, 201-203

Gestaltschließungszwang: Verpflichtung für den Erzählenden, eine begonnene Stegreiferzählung in kohärenter Weise fortzuführen und zu einem angemessenen Ende zu bringen; einer der drei Zugzwänge des Erzählens. (Narrationsanalyse)
66 f., 107

Grounded Theory: Verfahren, durch wechselseitiges Ineinandergreifen von *theoriegeleiteter* Fallauswahl („theoretical sampling"), Kodierung, Hypothesenverifikation und fallübergreifender Typologie eine empirisch begründete Theoriebildung durchzuführen.
24, 26, 95, 98, 209

Gruppendiskussionsverfahren: Weitgehend non-reaktive Erhebungsmethode innerhalb der qualitativen Sozialforschung mit Fokus auf interindividuelle Kommunikationssituationen. (Dokumentarische Methode)
27, 154, 161 f., 168 f. 173, 176, 188 f., 191 f.

H

Handlungsleitendes Erfahrungswissen: Erfahrungsbasiertes Alltagswissen, das Akteure befähigt, in bestimmten Alltagskontexten situationsangemessen zu agieren; s. a. Orientierungsrahmen und Orientierungschemata. (Dokumentarische Methode)
156, 158, 193

Homologien: Hinsichtlich ihres dokumentarischen Sinngehalts gleichsinnige Aussagen zu einem Thema. (Dokumentarische Methode)
73, 180, 192, 225

Hörersignale: Sprachliche oder parasprachliche Anzeige der fortgesetzten Aufmerksamkeit des Zuhörenden. (z. B. kurzes „mhm" oder „ja").
43, 74, 79

I

Immanenter Sinngehalt: Beschreibt die einer Äußerung innewohnenden objektivierbaren Sachverhalte (Objektsinn); Fokus der Formulierenden Interpretation. (Dokumentarische Methode)
159

Institutionelles Ablaufmuster: Biographiebezogene Handlungen im Rahmen einer den Lebensabschnitt strukturierenden sozialen Institution („normativversachlichtes Prinzip des Lebensablaufs"); eine der vier Prozessstrukturen des Lebensablaufs. (Narrationsanalyse)
69 f., 73, 87 f., 107

Intendierter Ausdruckssinn: Motive und Absichten des Erzählenden bezüglich der kommunikativen Selbstdarstellung. (Dokumentarische Methode)
118, 159 f.

Interpretieren: Modus des deutenden Verstehens, mit dem subjektive Wahrnehmungs- und Handlungsmuster sowie die dahinter liegenden Sinnstrukturen rekonstruiert werden.
14, 91, 127, 174, 200 f., 203-206, 209

K

Kommunikativer Erfahrungsraum: Verständigung, die über die explizite Mitteilung von Sinnhorizonten erfolgt, da die an der Interaktion Beteiligten nicht über einen gemeinsam geteilten, konjunktiven Erfahrungsraum verfügen, der eine implizite Verständigung ermöglicht. (Dokumentarische Methode)
157-159, 175

Kondensierungszwang: Verpflichtung für den Erzählenden, in einer Stegreiferzählung seine Darstellungen zu verdichten und sich auf das Wesentliche zu beschränken; einer der drei Zugzwänge der Erzählens. (Narrationsanalyse)
66 f., 107

Konjunktiver Erfahrungsraum: Lebensweltlich (i. w. S. milieuspezifisch) verankerter Sinnhorizont von Gruppen, der auf gemeinsamen, prägenden Erfahrungen basiert. Um Verständigung zu erzielen, muss innerhalb der Gruppe

nur implizit auf entsprechende konjunktive Erfahrungen verwiesen werden (siehe Kommunikativer Erfahrungsraum). (Dokumentarische Methode)
157-161, 175 f.

Konklusion: Sprachliche Beendigung eines thematischen Diskurses. (Dokumentarische Methode).
177 f., 180, 182, 213, 220

Kontrast: siehe minimaler und maximaler Kontrast.
26, 95, 100, 147, 163 f., 183, 230

L

Latente Sinnstruktur: Jenseits der subjektiven Absichten der Menschen existierende übersubjektive Deutungsmuster und soziale Regeln, die ihre Wahrnehmung der Welt bzw. der Gesellschaft prägen, das Handeln normieren und die Lebenspraxen rahmen. Sie manifestieren sich in protokollierten Handlungen und Äußerungen. (Objektive Hermeneutik)
112-116, 119-125, 132 f., 138, 141 f., 146, 148 f., 198 f.

Lebenspraxis: Prozesshaftes Geschehen, das insgesamt eine konkrete Lebensgeschichte (z. B. eines Individuums, einer Familie, Hausgemeinschaft, eines Milieus etc.) ausmacht. (Objektive Hermeneutik)
112, 114-116, 121-124, 127 f., 138, 141-144, 148 f., 199 f.

Lebensverlaufsforschung: Sozialwissenschaftliche Forschungsperspektive, die entlang objektiv beobachtbarer Zustände und Ereignisse untersucht, welche Regelmäßigkeiten und welche Wirkfaktoren sich in den Ablaufmustern verschiedener Lebenslaufphasen von Individuen identifizieren lassen (komplementär zur Biographieforschung).
68

Lesart: Mögliche Deutung eines zu interpretierenden Textausschnittes. (Objektive Hermeneutik)
84, 106, 118, 124-146, 150, 199 f., 205, 222-225

M

Maximaler Kontrast: Vergleich von gegensätzlichen Facetten eines Falles bzw. von hinsichtlich eines Themas bzw. Kriteriums gegensätzlich ausgeprägten Fällen. (Dokumentarische Methode)
26, 95, 100, 164, 183, 199 f., 205, 225, 227

Minimaler Kontrast: Vergleich ähnlicher Facetten eines Falles bzw. hinsichtlich eines Themas bzw. Kriteriums ähnlich ausgeprägten Fällen. (Dokumentarische Methode)
26, 95, 100, 164, 183, 199 f., 205, 225, 227

N

Narratives Interview: Interviewverfahren, bei dem der interviewten Person nach einer detaillierten Erzählaufforderung zunächst Raum gegeben wird, Ereignisse unbeeinflusst von Interviewerfragen ausführlich darzustellen; erst wenn die Darstellung erkennbar beendet ist, stellen die Interviewer weitere Nachfragen, zunächst ebenfalls in Form von Erzählaufforderungen.
23, 27, 64, 73 f., 76, 102 f., 106, 108, 199

Natürliche Daten: Audio- oder audiovisuelle Aufzeichnungen von in Alltagssituationen ohne das Zutun von Forschenden stattfindenden Interaktionen.
44 f., 60, 199 f.

Negativer Gegenhorizont: Bezugspunkt (Handlungen, Personen, Haltungen etc.), von dem man sich als Individuum oder Gruppe mehr oder weniger explizit abgrenzt und damit anzeigt, was nicht zum eigenen Wollen gehört. (Dokumentarische Methode)
161 f., 176-179

O

Objektsinn: Dem Zuhörer bzw. Leser eines Textes (aufgrund des gleichen allgemeinen Sprachverständnisses) sachlich verstehbarer und nachvollziehbarer Inhalt von Äußerungen (vs. dokumentarischer Sinngehalt). (Dokumentarische Methode)
118, 159 f., 162, 171, 173-175

Offenheit: siehe Gegenstandsangemessenheit

Order at all points: Maxime, die besagt, dass jeder tatsächliche Beitrag in einer Konversation dazu beiträgt, eine Gesamtordnung zu produzieren, indem sie sinnhaft Bezug auf vorgängige Äußerungen nimmt und sprachliche Anschlussaktivitäten eröffnet. (Konversationsanalyse)
20, 40, 43, 48 f., 60, 202

Orientierungsrahmen: (Als Wissensform des handlungsleitenden Erfahrungswissens) Wissen um gesellschaftlich institutionalisierte und normierte Vorgaben. (Dokumentarische Methode)
157, 160-162, 165-168, 175 f., 178 f., 181, 183

Orientierungsschemata: (Als Wissensform des handlungsleitenden Erfahrungswissens) In der eigenen Sozialisation erworbene Erfahrungen mit eigenem und fremden Handeln. (Dokumentarische Methode)
156 f., 161, 164, 183, 191

P

Positiver Gegenhorizont: Bezugspunkt (Handlungen, Personen, Haltungen etc.), an den man sich als Individuum oder Gruppe mehr oder weniger explizit anlehnt und damit anzeigt, was zum eigenen Wollen gehört. (Dokumentarische Methode)
161 f., 176-179

Proposition: Setzung eines neuen Themas in einem Diskurs. (Dokumentarische Methode)
176-180, 182, 212, 214-216, 219, 222, 228

Prosodie: Für die Gliederung der Rede relevante Merkmale wie Betonungen, Pausen, Intonation, Sprechtempo, Wortdehnungen, Lautstärke oder das ‚Verschlucken' von Silben.
30, 32 f.

Prozessstrukturen des Lebensablaufs: Verlaufslogiken einzelner individueller Lebenslaufphasen, die von der individuellen Wahrnehmungs- und Verhaltensweise des Subjekts seinem Lebenslauf gegenüber gekennzeichnet sind

(vgl. institutionelles Ablaufmuster, biographisches Handlungsmuster, Verlaufskurve, biographischer Wandlungsprozess). (Narrationsanalyse)
69, 72, 86, 107

R

Rahmenschaltelement: Sprachliche Markierungen (z. B. „danach", „Ende 2003", „inzwischen", „dann", „drei Monate später"), die das zeitliche Nacheinander einzelner Elemente einer Erzählung (ihre Sequenzialität) anzeigen und die Erzählung in formale Einheiten gliedern. (Narrationsanalyse)
67, 80-83

Reflektierende Interpretation: Analyseschritt zur Erfassung des dokumentarischen Sinngehalts. (Dokumentarische Methode)
160, 173, 175, 178-181, 193, 199

Relevanzsetzungen: Thematisierung von für Beforschte wichtigen Themen durch sie selbst.
18, 161, 175, 193, 210 f., 217

S

Sequenz / sequenziell: Formalsprachliche oder inhaltlich abgrenzbare Einheit (Abschnitt) eines Textes.
20-22, 29, 41, 47-49, 67, 72 f., 76 f., 86, 88, 90, 118, 122 f., 125, 140, 150, 193, 199, 201-205

Sequenzialität (von Erzählungen): Gegliedertheit von Stegreiferzählungen in aufeinander folgende Einheiten, die jeweils einen bestimmten Sachverhalt oder Ablauf zum Thema haben; einzelne Sequenzen werden durch Rahmenschaltelemente markiert. (Narrationsanalyse)
67, 92, 126

Sequenzierung: a) Unterteilung einer Textpassage in formalsprachlich oder inhaltlich abgrenzbare Einheiten; b) im Anschluss an a) erfolgende Zusammenfassung mehrerer Einzel-Einheiten zu übergeordneten zusammenhängenden Einheiten.
47, 51, 60, 80, 168, 170-172, 199, 210, 216 f., 229

Sinngenetische Typenbildung: Fallvergleichende, abstrahierende Analyse der in den Einzelfällen identifizierbaren unterschiedlichen Orientierungen, auf deren Grundlage spezifische Themen bearbeitet werden. (Dokumentarische Methode)
165 f., 181, 185, 193

Sinnstruktur: Sozio-kulturelle Grundlage des individuellen Handelns, der Interaktionen und der gesellschaftlichen Institutionen. Darunter fallen auf der Ebene des subjektiv intendierten Sinns die Handlungs- und Entscheidungsmotive, auf der Ebene der übersubjektiven Sinnstrukturen die universalen Muster (z. B. logische Sprachregeln) sowie die gruppen- und milieuspezifischen Deutungsmuster bzw. Wissensbestände.
14-19, 26, 112-116, 119-125, 132 f., 138, 141 f., 146, 148 f., 199, 203, 225

Soziogenetische Typenbildung: Themenübergreifender Fallvergleich unter Einbeziehung weiteren Kontextwissens, mit dem die Konstellationen ein-

zelner Orientierungen zueinander, ihre sozialen Zusammenhänge sowie ihre Genese erfasst werden. (Dokumentarische Methode)
165-168, 181, 185, 187, 192 f.

Sprecherwechsel: s. turn taking

Stegreiferzählung: Spontane, vom Erzähler nicht vorher zurechtgelegte Erzählung. (Narrationsanalyse)
66-68, 73, 76 f., 92, 106-108, 199

T

Theoretical Sampling: „Theoriegeleitete Fallauswahl", ursprünglich im Kontext der Grounded Theory entwickeltes Verfahren der schrittweisen Fallauswahl nach theoretischen Gesichtspunkten (und nicht nach Kriterien statistischer Repräsentativität): neue Fälle werden danach ausgewählt, ob sie geeignet sind, auf Grundlage des bis dahin gewonnenen Samples Verallgemeinerungen zu überprüfen und ggf. zu modifizieren oder zu erweitern.
24 f., 103, 199 f.

Transkript / Transkription / Transkribieren: Verschriftlichung von auf Tonband oder Video aufgezeichneten Daten nach einheitlichem Notationssystem.
14, 27-33, 45 f., 51, 53, 57, 74, 124, 168, 171 f., 193, 200 f.

Turn-taking: (Sprecherwechsel) Wechsel des Rederechts zwischen Teilnehmern einer Konversation, die allgemein geteilten basalen Regeln folgt. (Konversationsanalyse)
41 f., 47 f., 170, 201, 204, 211, 213, 215

Typologie / Typenbildung: Ergebnis eines Sortierprozesses, bei dem das Datenmaterial anhand eines oder mehrerer Merkmale in Gruppen, d. h. Typen eingeteilt werden. Ein Typus umfasst Einzelfälle mit gemeinsamen Eigenschaften.
26, 76, 105, 119, 149, 155, 164-168, 173, 181, 185, 187, 192 f., 199

V

Verlaufskurve: Fortschreitendes passives Erleiden der eigenen Biographie durch den Verlust von biographischer Handlungsfähigkeit und Kontrolle über den eigenen Lebensablauf aufgrund eintretender äußerer Ereignisse („Prinzip des Getriebenwerdens"); eine der vier Prozessstrukturen des Lebensablaufs. (Narrationsanalyse)
69, 71-73, 88, 107

Z

Zugzwänge des Erzählens: Auf allgemeinen alltagskulturellen Erwartungen basierende Verpflichtung, in einer einmal begonnenen Stegreiferzählung drei Regeln der Gestaltung seiner Erzählung (Detaillierungs-, Kondensierungs- und Gestaltschließungszwang) einzuhalten. Die Zugzwänge bewirken, dass die Darstellung nah an den erlebten Sachverhalten ausgerichtet und nicht intentional verändert wird.
66-68, 107